China und Deutschland – Praxis der Beziehungen in Recht,
Wirtschaft und Kultur

Winfried Huck
Weida Wang
(Hrsg.)

China und Deutschland – Praxis der Beziehungen in Recht, Wirtschaft und Kultur

Ausgewählte Beiträge der
deutsch-chinesischen Wirtschaftsrechtssymposien
aus 2002–2004

PETER LANG

Frankfurt am Main · Berlin · Bern · Bruxelles · New York · Oxford · Wien

Bibliografische Information Der Deutschen Bibliothek
Die Deutsche Bibliothek verzeichnet diese Publikation in der
Deutschen Nationalbibliografie; detaillierte bibliografische
Daten sind im Internet über <http://dnb.ddb.de> abrufbar.

Gedruckt mit Unterstützung der
Siemens AG, Braunschweig.

Gedruckt auf alterungsbeständigem,
säurefreiem Papier.

ISBN 3-631-54863-X

© Peter Lang GmbH
Europäischer Verlag der Wissenschaften
Frankfurt am Main 2006
Alle Rechte vorbehalten.

Printed in Germany 1 2 4 5 6 7

www.peterlang.de

Vorwort

Wir leben in einer sich ständig weiter vernetzenden und nicht nur wirtschaftlich immer enger miteinander verflochtenen Welt. Ein stetig größerer Anteil des Umsatzes deutscher Unternehmen wird im Ausland erwirtschaftet und die Siemens AG, Transportation Systems bildet insofern keine Ausnahme.

Aus dem Bewusstsein heraus, dass die Volksrepublik China eine zunehmend wichtigere Rolle spielen wird, ergab sich 2001 die Idee einer gemeinsamen Zusammenarbeit zwischen Wirtschaft und Hochschule.

Die Siemens AG, Transportation Systems, Braunschweig nahm daher die Gelegenheit wahr, in der von Herrn Prof. Dr. Huck und Herrn Prof. Dr. Wang begründeten Kooperation zwischen der Fachhochschule Braunschweig/Wolfenbüttel, dem Institute for International Business & Law (IBL) sowie dem Chinesisch-Deutschen Hochschulkolleg (CDHK) an der Tongji Universität in Shanghai mitzuwirken.

Insbesondere die Tatsache, dass für die erfolgreiche Abwicklung von Anlagenverträgen die autonom vereinbarten vertraglichen Grundlagen sowie ihre Konformität mit dem jeweilig zugrunde gelegten Recht von entscheidender Bedeutung ist, macht diese Institutionen für das Chinageschäft zu idealen Partnern.

Unmittelbares Resultat dieser Zusammenarbeit bilden die jährlich stattfindenden Chinesisch-Deutschen Wirtschaftsrechtssymposien. Der hier vorgelegte Band vereint ausgewählte Ergebnisse und Vorträge der ersten drei Tagungen aus 2002 bis 2004. Idealerweise ist der Band zugleich eine Hilfestellung für die Unternehmen, die in China bereits agieren oder ein Engagement planen.

Was dieser Band sicher nicht wiederzugeben vermag, sind die Erkenntnisse und Erfahrungen, die am Rande der Veranstaltungen zwischen den Teilnehmern ausgetauscht wurden und die das gegenseitige Verständnis stärkten.

Eine Fortsetzung wird dieser Band durch die Veröffentlichung des Tagungsbands zur vierten Chinesisch-Deutschen Tagung (2005) finden.

Braunschweig im Januar 2006

Dr. Roland Alter

Siemens AG, Transportation Systems, Rail Automation, Braunschweig

Vorwort der Herausgeber

In den Jahren 2002 bis 2004 veranstalteten der Fachbereich Recht der Fachhochschule Braunschweig/Wolfenbüttel, das Chinesisch-Deutsche Hochschulkolleg (CDHK) an der Tongji-Universität, Shanghai, sowie die Siemens AG, Braunschweig, Wirtschaftsrechtssymposien in deren Mittelpunkt die deutsch-chinesischen Wirtschaftsbeziehungen standen. Tagungsorte waren Wolfenbüttel, Shanghai und Braunschweig. In sachlicher Hinsicht wurden Themenfelder wie Anlagenbau und Transfer von Hochtechnologie abgedeckt.

Die Erörterung lediglich rechtlicher Aspekte ohne die Betrachtung des „Seins" eines Landes griffe nach dem Verständnis der Herausgeber allerdings ein wenig zu kurz. Erst das gegenseitige Verständnis kultureller Werte erlaubt den Brückenschlag in die jeweils andere Kultur. Die erfolgreiche Realisierung eines internationalen Projekts setzt neben der technologischen Leistungsfähigkeit, den ökonomischen positiven Randbedingungen ein nicht minder geringes Verständnis für die Besonderheiten, kurz: das Trennende und das Verbindende der Kulturkreise voraus. Das geschaffene Recht einer Nation ist ein Teilstück ihrer Kultur, wobei Geschichte, Philosophie und Ethik konkreten Einfluss auf Fragen und Antworten des Rechts nehmen. An den Tagungen nahmen u.a. Professoren und wissenschaftliche Assistenten des CDHK an der Tongji-Universität teil, die durch qualitativ hochwertige Beiträge vorstehende Gedanken unterstreichen konnten.

Die Herausgeber haben etlichen Personen für die Unterstützung bei der Planung und Durchführung der Tagungen zu danken. In besonderer Weise danken die Herausgeber den Herren Dr. Roland Alter, Reinhard Grolms und Michael Klemt (Siemens AG, Braunschweig), ohne deren ausdauerndes Engagement die Tagungen und der Druck dieses Bandes nicht hätten durchgeführt werden können.

Den zahlreichen Studierenden, Mitarbeitern, Referenten, Sitzungsleitern und Ehrengästen in China und Deutschland ist dafür zu danken, dass sie die zusätzliche Arbeit übernommen haben, die durch Organisation, das Verfassen von Beiträgen oder durch eine Schirmherrschaft hervorgerufen wurde.

Die Herausgeber wünschen der Tagungsreihe weiterhin anregende Vorträge und Diskussionen, die eine weitere Verbreitung in den sich wechselseitig verschränkenden Feldern des Rechts, der Wirtschaft und der Kultur nach sich ziehen möge, und zwar in China und in Deutschland.

Braunschweig und Shanghai im Januar 2006

Prof. Dr. Winfried Huck   Prof. Dr. WANG Weida

Inhaltsverzeichnis

ERSTES CHINESISCH-DEUTSCHES WIRTSCHAFTSRECHTSSYMPOSIUM

Erfolg im internationalen Anlagengeschäft in China

31.10.2002 bis 01.11.2002 in Wolfenbüttel

Helwig Schmidt-Glintzer
Direktor der Herzog-August-Bibliothek, Wolfenbüttel

Aspekte deutscher Kultur in China, Verbindendes und Trennendes

Vorbemerkung

Meine sehr verehrten Damen, meine Herren!

Um den - so der Titel dieser Tagung - "Erfolg im internationalen Anlagengeschäft in China" auch für Deutschland zu sichern, muss jeder nicht nur auf sein Know-how und auf seine eigene Leistungsfähigkeit bedacht sein, sondern immer auch daran denken, wie ihn die einzelnen Partner einschätzen.

Es ist zu einem nicht geringen Teil das Bild, das einem entgegengebracht wird, wenn man in fremder Umgebung als Deutscher auftritt, das die Handlungsspielräume bestimmt. Auch wenn wir heute im Zeitalter der Globalisierung von Europa und den Regionen und nicht mehr von Nationalstaaten als Ordnungsgrößen sprechen, haben die Nationen ihre ordnungspolitische Funktion nicht verloren, und sie werden diese regulative Rolle wohl noch lange spielen.

Solange, wie der Globalisierungsbegriff im wesentlichen vom alten Okzident her, also von Westeuropa aus, erweitert durch Nordamerika und Australien, gedacht wird - oder anders formuliert: solange sich nicht ein allgemeiner Menschheitsbegriff als konstitutiv für den Gedanken einer breitenwirksamen Wohlstandsvermehrung durchgesetzt hat. Und selbst dann werden wir es weiterhin trotz aller Globalisierung mit kultureller Vielfalt zu tun haben und man wird mit dem Begriff des Deutschen auch weiterhin etwas verbinden. Solange im übrigen dem erweiterten Westeuropa nur Ostasien als Entwicklungsregion sich zugesellt, denen andere Teile der Welt in Lateinamerika, im Nahen und Mittleren Osten, in Osteuropa, in Zentralasien und in Afrika südlich der Sahara gegenüber stehen, die von einem Prozess nachholender Entwicklung weit entfernt sind, bleibt es sinnvoll, den Bezug auf Nationalstaaten nicht aufzugeben.

Die Zurechnung von Eigenschaften und Charakterzügen zu einzelnen Völkern wird also weiter eine Rolle spielen. Daher gehe ich auch gerne auf die Bezugsgröße "deutsch" und "deutsche Kultur" ein und will mich damit beschäftigen, wie man in China Deutschland sieht.

Dazu gehören

a. Einblicke in die Geschichte,

b. die Erfahrungen Chinas mit Deutschland sowie

c. eigene deutsche Erfahrungen.

Dazu gehört auch, was wir über China wissen. Denn wie sonst könnten wir einschätzen, was Chinesen über uns meinen und aussprechen, wenn wir solche Aussagen nicht einordnen können?

Es geht um die Frage danach:
– was denkt man in China über Deutschland, über die Deutschen, über deutsche Produkte?

Und vor allem interessiert uns,
– ob das als unsere Stärke angesehen wird, was wir gerne als solche verstanden wissen wollen.

Wenn es um Aspekte deutscher Kultur in China geht, dann bezieht das natürlich die Literatur ebenso ein wie den Fußball und dessen Stars und deutsche Automobile. Aber auch *Namen einzelner Deutscher* sind zu nennen,
– wie der des Missionars und großen Übersetzers Richard Wilhelm (1873-1930), dessen Übersetzung des Weissagungsbuches *Yijing* ins Deutsche dieses Werk über eine Übersetzung ins Englische der westlichen Welt erschlossen hat,
– oder wie der des Kölner Jesuiten Adam Schall von Bell, der in der Mitte des 17. Jahrhunderts zwei aufeinander folgenden Dynastien als Hofastronom diente, weil seine Berechnungsmethoden denen der chinesischen Fachleute einfach überlegen waren,
– oder wie Gottfried Wilhelm Leibniz, der Universalgelehrte aus Hannover und Wolfenbüttel, der aufgrund der Systematik des chinesischen Buchs der Wandlungen (*Yijing*) zu den Grundlagen der Digitalisierung fand und so als Vorläufer des Computers gelten kann,
– oder wie Johann Wolfgang von Goethe, von dem jeder chinesische Germanist mindestens ein Gedicht auswendig gelernt hat und dessen *Leiden des jungen Werthers* in den 20er Jahren des 20. Jahrhunderts auch in China eine regelrechte Selbstmordwelle auslöste,
– oder wie Theodor Storm aus Husum, der mit seiner Novelle *Immensee* für lange Zeit das Bild deutscher Literatur in China prägte,
– oder wie Max Weber, der mit seinen Studien zur Erklärung der Moderne aus dem Geist des Protestantismus sowie mit seinen Untersuchungen zur

chinesischen Geistes- und Sozialgeschichte in den 80er Jahren des 20. Jahrhunderts in China unter Sozialwissenschaftlern und Intellektuellen ein regelrechtes "Weber-Fieber" entfachte. Was wir aber vor allem nicht vergessen dürfen, wenn wir mit deutsch sprechenden Partnern konfrontiert sind, dass sie dann in der Regel eine germanistische Ausbildung haben. Und dann ist es gut, wenn wir die deutschen Autoren kennen, die unseren chinesischen Partnern ein Begriff sind.

Es ist also mit Namen zu rechnen

- wie Franz Kafka, Thomas Mann, Heinrich Böll

- oder wie Arthur Schnitzler, wenn auch Österreicher, über dessen Romane und Novellen mir vor 20 Jahren Germanisten in Kanton Fragen stellten, die mich dazu veranlassten, das erste Mal in meinem Leben Schnitzler zu lesen,

- oder wie Heinrich Heine, den in China besonders beliebten,

- oder wie Bismarck, Adenauer, Schröder;

- und auch der Nationalsozialismus und seine Akteure sind China und den Chinesen nicht verborgen geblieben,

- oder wie John Rabe, der "gute Deutsche aus Nanjing", der als Schindler Chinas gilt, jener Siemens-Mitarbeiter, der in dem halben Jahr von Oktober 1937 bis März 1938 in Nanjing während der japanischen Besatzung 250 000 chinesische Zivilisten vor dem sicheren Tod durch die japanischen Truppen rettete. Erst vor wenigen Jahren wurde durch Erwin Wickert und eine chinesisch-amerikanische Journalistin diese Geschichte veröffentlicht, die seit 1938 auch von deutscher Seite totgeschwiegen worden war. Heute noch wird in Nanjing - auf dem Gebiet der Siemens-Niederlassung, wie man mir kürzlich sagte[1] - dieser John Rabe verehrt wie ein Heiliger. - Über diesen Siemens-Mitarbeiter, der nach dem Krieg noch als Aushilfskraft bei Siemens in Berlin arbeitete, wo er am 5. Januar 1950 in der Firma einen Schlaganfall erlebte, über John Rabe also könnte ich jetzt den verbleibenden Rest meiner Redezeit sprechen![2]

- oder wie Jürgen Habermas, der Frankfurter Philosoph ....oder ....oder ...

- noch viele könnten genannt werden ..... und Luwig van Beethovens *Ode an die Freude* kann ihnen jedes chinesische Schulkind singen.

Nun mögen wir Deutschen viele Namen und Produkte in China als deutsche erkennen, aber in China spielt die nationale Zuordnung bei der Mehrzahl der Be-

---

1   Mitteilung von Herrn Ahrens, Siemens AG, ZN Hannover

2   Siehe Erwin Wickert, Hrsg., John Rabe. Der gute Deutsche von Nanking. Deutsche Verlags-Anstalt Stuttgart 1997.

völkerung sicher keine große Rolle mehr. Vielleicht sind Menschen wichtiger als Produkte! Die 1,9 Millionen VW-Fahrzeuge in China etwa werden wohl kaum als deutsche erkannt, zumal die Fertigungstiefe inzwischen so groß ist, dass man hier fast schon von chinesischer Produktion sprechen kann. Ebenso unklar ist, ob die großen Werke von BASF oder BAYER noch als deutsche erkannt werden. Dies wird auch für den Transrapid gelten, zumal dieser seine "Geburt" in China erlebt (- und der in China nur ein Erfolg werden wird, wenn auch die Triebköpfe in China gefertigt werden dürfen). Zu einem positiven Deutschlandbild werden sicher die Erfahrungen der zunehmenden Zahl chinesischer Deutschland-Touristen, mehr noch aber die Erfahrungen der Studierenden beitragen. Und dann wird es darum gehen, wie unsere Ingenieure und Techniker, insbesondere mittelständische Unternehmen, in China auftreten. Und sie werden umso erfolgreicher sein, je mehr sie sich auf Kooperationen in der Fläche einzustellen bereit und in der Lage sind. Und dazu müssen sie Chinesisch und sich den Landessitten aussetzen können, und das besteht nicht nur aus der Benutzung von Essstäbchen. Deutsche Kultur in China erscheint also gar nicht als solche, sondern sie ist immer an einzelne Menschen oder Produkte gebunden, und in jedem Falle tritt sie fast immer nur als vermittelte auf, vermittelt über die Handels- und Reisewege - hier kommt historisch die Seidenstraße ins Spiel und Zentralasien -, häufig vermittelt auch über Menschen, die nicht selbst deutsch sein müssen, vermittelt auch über Moden und Strömungen. Karl Marx und Friedrich Engels gelten als Deutsche und sind doch vor allem über Russland und Japan nach China gekommen, anderes gelangte über chinesische Auslandsstudenten nach China - und heute sind es über 10.000 Studenten aus China, die an deutschen Universitäten und Fachhochschulen studieren! Im Grunde ist der kulturelle Austauschprozeß ebenso wie der Warenverkehr wechselseitig und geht oft Umwege; doch es hängt mit den geschichtlichen Verwerfungen und wirtschaftsgeschichtlichen Ungleichzeitigkeiten zusammen, dass in China manches mit größerer Anspannung aufgenommen wurde als umgekehrt chinesische Gedanken und Waren in Deutschland und Europa.

Überdies gilt, dass Informationen über fremde Länder von sehr langer Dauer sein können. Auch dies gilt wechselseitig. Dies gilt aber weniger für positive Urteile. So galten die Deutschen zeitweise als die besten Problemlöser. Vom U-Bahn-Bau in Taipeh etwa wurde 1994 berichtet: "Die Japaner erledigen die Aufträge nach unseren Wünschen, die Deutschen übertreffen unsere Wünsche noch."[3] Offenbar hatte man das bei der Bewerbung des deutschen ICE-Konsortiums um den Auftrag für ein neues Schnellzugsystem dann wieder vergessen. Natürlich wissen wir, dass Nachrichten über fremde Länder gerne als Klischees - sei es als innenpolitische Waffe, sei es als Mittel zur Durchsetzung

---

3   Freies Asien Nr. 2, 36. Jahrgang (21. Januar 1994).

bestimmter Ordnungsvorstellungen - gebraucht werden. So sah auch der CSU-Europa-Abgeordnete Ingo Friedrich im Jahre 1994 Europa angesichts der Arbeitsameisen aus Asien sowie "durch das Heranrücken der asiatischen Mentalität" in Gefahr.[4] Andererseits erscheint es als undenkbar, ein chinesisches Produkt erhielte in Deutschland solche Aufmerksamkeit wie jene Mercedes-Limousine in China, die wegen einiger Mängel öffentlich von ihrem Eigentümer mit einem Baseballschläger zertrümmert wurde - geschehen zum Jahresbeginn 2002 - ein Bild, das durch die chinesische wie auch durch die deutsche Presse ging und das dazu führte, dass ein anderer Luxus-Mercedes-Besitzer ein ähnliches Happening ankündigte. Ich habe den Vorgang nicht weiter verfolgt; mir tat es nur um die schönen Autos leid. Doch weisen solche medienwirksamen Demonstrationen auf Spannungen hin, die sehr ernst genommen werden müssen: Mercedes als negativ-affektiv besetztes "Made in Germany"!

Wenn man einmal genauer hinschaut, ist China bei uns ebenso präsent wie Deutschland in China. Und es ist nicht nur so, dass wir uns mit Schweineborsten aus China die Nägel bürsten, während in chinesischen Kaufhäusern deutsche Rolltreppen laufen. Zum Teil ist die wirtschaftliche Produktion dermaßen auf gleicher Augenhöhe, dass die Qualität des Golf aus Shanghai der des Golf aus Wolfsburg ebenbürtig ist, auch wenn das wegen der beschränkten Produktionszahlen in China noch nicht wirklich zur Herausforderung geworden ist - aber durchaus werden kann und, denke ich, auch werden wird. Natürlich braucht solche Entwicklung Zeit. Bei meinem ersten Besuch auf der Kantoner Messe 1985 war die Lage noch sehr anders, als die Tür des Santana nicht so schloss, wie man es gewohnt war. Wenn manche früher gerne glaubten, deutsche Präzision könne nur aus Deutschland kommen, so werden sie erkennen müssen, dass sich dies geändert hat. Und das nach einem Zeitraum von weniger als 20 Jahren! Und wo werden wir in 20 Jahren stehen? Was muss geschehen, um dann in Deutschland noch Autos aus deutscher Produktion verkaufen zu können?

"Aspekte deutscher Kultur in China". Da fällt einem vieles ein, und je nach Tageszeit zuerst das eine oder das andere. Abends ist es das Tsingtao-Bier, dessen deutscher Ursprung - 1903 von deutschen Siedlern gegründet - verbürgt ist. Und wenn nach Verbindendem und Trennendem gefragt wird, so ist das Bier sicher etwas Verbindendes, auch wenn Anheuser Busch bald der größte ausländische Anteilseigner von "Tsingtao-Beer" ist (27 %, Stand 2002). Es gibt darüber hinaus vieles mehr, was uns, Deutsche und Chinesen, miteinander verbindet - und vielleicht bald auch das Unternehmen DHL, mit dem sich die Deutsche Post einen exzellenten Zugang zum chinesischen Logistikmarkt der Zukunft gesichert

---

4   Siehe den Bericht in der Süddeutschen Zeitung vom 15./16. Januar 1994 unter der Überschrift: „CSU sieht abendländische Werte bedroht. Den Fernen Osten als Gefahr erkannt. Europäer sollen sich vor Arbeitsameisen aus Asien hüten."

hat. Auch ist das Rechtssystem zu nennen, die Übernahme des Bürgerlichen Gesetzbuches in der Republikzeit, und nach der Kulturrevolution der intensive Austausch zwischen deutschem Recht und der Formulierung neuer Gesetze in China, ein Austausch, der fortgesetzt wird.

Deutschland und China: Wechselnde Identitäten

Wenn wir von deutscher Kultur in China reden - ich deutete es an -, müssen wir zunächst davon ausgehen, dass wir selbst nicht genau wissen, was gemeint sein könnte. Wir können freilich Goethe und Schiller und Beethoven reklamieren, aber wir müssen bald erkennen, dass wir auch als Teil Europas wahrgenommen werden, - und dass wir in Deutschland Deutsch und nicht Englisch sprechen, muss man manchem Chinesen heute noch erklären. Es soll schon vorgekommen sein, dass ein Chinese nach Berlin kam und fragte: "Wo ist denn da der Eifelturm?"

Freilich konnte Deutschland in China lange Zeit auch nicht gut wahrgenommen werden, hat es seit dem 17. Jahrhundert doch selbst Schwierigkeiten mit seiner Identitätssuche gehabt. Hinzu traten im 20. Jahrhundert die Traumatisierung durch das Dritte Reich und die anschließende Teilung.[5] Die deutsche Teilung und die Taiwan-Frage waren übrigens über einige Jahrzehnte durchaus verbindende Themen, denn die Ein-China-Theorie und die Vorstellung von einem Gesamtdeutschland wurden bis in die 80er Jahre des letzten Jahrhunderts in einem Atemzug genannt.

Bei näherer Betrachtung wird bald deutlich, wie intensiv der Austausch zwischen China und Deutschland auch schon in früheren Jahrhunderten war. Im 20. Jahrhundert hatte er vielerlei Gestalt, politisch, militärisch, kommerziell und technisch-industriell. Es gibt keines der bedeutenden größeren deutschen Unternehmen, das nicht früh schon seine Chancen in China gesucht und oft auch gefunden hätte.

Doch Deutschland blieb lange im Bewusstsein Chinas nur ein Teil Europas und wurde oft nur im Kontrast zu Frankreich gesehen. Während England und Frankreich in China schon früh auf den Plan getreten waren und sich durch ihre Kolonialarchitektur verewigt hatten, kam Deutschland als Kolonialmacht spät und konnte deutscher Einfluss nur kurze Zeit wirken, wovon aber immerhin noch etliche Bauwerke auf der Shandong-Halbinsel, insbesondere in Qingdao, aber

---

5   Siehe etwa Michael Stolleis, Geschichte des öffentlichen Rechts in Deutschland. Band
     1, 1988, S. 55.

auch in Shanghai in der Tongji Universität (*Tongji gonye daxue*) beispielsweise zeugen.[6]

Es gilt also auch hier, was Goethe auf die knappe Formel brachte:

„Das Deutsche Reich Deutschland? Aber wo liegt es? Ich weiß das Land nicht zu finden; wo das gelehrte beginnt, hört das politische auf."

Für China war das anders, doch auch China hatte sich seit den intensiveren Beziehungen mit Europa, seit dem 16. Jahrhundert in seiner Ausdehnung und auch in seinem Charakter verändert. In Umkehrung der Worte Goethes könnte man sagen, "wo das politische beginnt, hört das gelehrte auf". Aber auch das träfe nicht ganz zu, denn die kulturelle und gelehrte Sinisierung findet auch dort statt, wo zunächst nur fremde Völker lebten wie in Tibet und Ostturkestan.[7]

Will man die wechselseitige Wahrnehmung Chinas und Europas - oder Deutschlands als eines Teils davon - verstehen, so muss man sich vor allem vor Augen halten, dass insbesondere seit dem 16./17. Jahrhundert Europa und China völlig unterschiedliche Wege gegangen sind. Während sich Europa in Nationalstaaten mit unterschiedlichen Entwicklungsgeschwindigkeiten differenzierte und die halbe Welt mit Auswanderungswellen und Koloniebildung überschwemmte, konsolidierte sich in China unter der Herrschaft des Mandschu-Kaiserhauses ein nur an den eigenen Landgrenzen expandierender und nach innen Kolonisation betreibender Vielvölkerstaat.

Während heute China vor der Aufgabe steht, sich im Inneren zu differenzieren und bestimmte Regelungen von der Zentrale auf Regionen oder Provinzen zu verlagern, um den vielfältigen Herausforderungen gerecht zu werden, steht für Europa jedenfalls teilweise ein Programm der Entdifferenzierung auf der Tagesordnung. Die Nationalstaaten geben Teile ihrer Souveränität an die EU ab. Die Ergebnisse dieser gegenläufigen Bewegungen - jedenfalls im Detail - sind nicht voraussehbar. Gerade wegen dieser gegenläufigen Entwicklung kann auch Europa nicht als Vorbild für China gelten, was nicht heißt, dass beide nicht voneinander lernen könnten. Dazu bedarf es aber - ich wiederhole mich - wechselseitiger Kenntnis, auch Kenntnis der jeweiligen Geschichte.

---

6   Siehe Torsten Warner, Deutsche Architektur in China. Architekturtransfer. Berlin: Ernst & Sohn 1994.

7   Meine Gedanken hierzu sind in dem 1997 erschienen Buch "China. Vielvölkerreich und Einheitsstaat" (Verlag C.H.Beck München) nachzulesen.

Das Deutschlandbild in China - und welche Lehren wir daraus ziehen könnten.

Wir haben es heute also mit einer Überlagerung von alten und neuen Deutschlandbildern zu tun. Vor über 90 Jahren schrieb Gu Hongming (gest. 1928), ein chinesischer Literat: „Man muss nun zugeben, dass in der Tat gegenwärtig ein Kampf der Kulturen Europas und des fernen Ostens sich abspielt. Dieser Kampf scheint mir jedoch nicht ein Kampf der Kultur der gelben Rasse [- das Wort Kaiser Wilhelm von der Gelben Gefahr war seit den Boxerkriegen in der Welt! -] und der Kultur der weißen Rasse zu sein, man könnte ihn eher bezeichnen als einen Kampf zwischen der ostasiatischen Kultur und der mittelalterlichen Kultur Europas". Gu meinte nämlich, die Aufklärung in Europa sei ein Ergebnis chinesischer Weisheit durch die Jesuiten gewesen, und wenn man die Vorlesung etwa des Hallenser Philosophen Wolff über die Weisheit der Chinesen liest, so hat Gu einige Argumente auf seiner Seite. Er bezieht sich damit zugleich auf ein positives Chinabild in Europa, das erst im 18. Jahrhundert durch ein negatives Chinabild abgelöst wurde.

Wir können hier als **Zwischenergebnis** festhalten: So wie sich das Chinabild in Europa gewandelt hat, so hat sich auch das Europa- und das Deutschlandbild in China gewandelt.

Gu Hongming argumentiert aus einer Überlegenheit heraus und betont: „Fast will es mir scheinen, als ob der Geisteszustand des modernen Durchschnitts-Europäers, der nach China kommt und von Fortschritt und Reform redet, noch weit hoffnungsloser wäre als selbst der unserer alten chinesischen Literaten. Es ist wahr, die chinesischen Literaten kennen keine andere Kultur außer der eigenen, aber sie wissen wenigstens *etwas* von ihrer eigenen Kultur. Der Durchschnitts-Engländer oder -Europäer auf der anderen Seite, der so gewandt von Fortschritt und Reform in China zu reden versteht, kennt nicht einmal seine eigene Kultur, ja er weiß nicht und kann nicht wissen, was Kultur überhaupt ist [...]".

Dreierlei gilt es hier festzuhalten. **Erstens**, die Kenntnis der eigenen Kultur wird als Zeichen von Überlegenheit verstanden; **zweitens** wissen wir, dass man zwischenzeitlich auch in China die eigene Tradition auf den "Müllhaufen der Geschichte" hatte werfen wollen, und zwar nicht erst in der Kulturrevolution, sondern bereits während der sogenannten 4.-Mai-Bewegung 1919, die eine chinesische Reaktion auf den Versailler Friedensvertrag war. Daraus folgt dann aber **drittens**, dass beides erforderlich ist, die Kenntnis der eigenen wie der fremden Kultur. Und darin liegt wegen der unterschiedlichen Perspektiven notwendigerweise **Verbindendes und Trennendes**.

Eine kleine Anekdote:

Am letzten Wochenende (26. Oktober 2002) besuchte mich die Frau des jetzigen chines. Botschafters, Frau Zhu Yiqing, mit dem ehemaligen chinesischen Botschafter in Wien, Herr Yang Chengxu. Der bat mich um ein Lehrbuch für die alte deutsche Kurrentschrift, die er nicht mehr richtig beherrsche, und mit der er Marx-Handschriften etwa im Original lesen könne. - Fragen Sie heute mal einen deutschen Schüler, ob er die Briefe seiner Urgroßmutter noch lesen kann!

Verbindendes und Trennendes

Manches, was verbindend ist, trennt uns zugleich. Dies gilt vor allem für den Umstand, dass man wenig voneinander weiß und den anderen aus den eigenen Augen wahrnimmt. Trennend aber ist, und dann doch wieder verbindend: Wenige Deutsche können Chinesisch, viele Chinesen können Deutsch.

Verbindend ist:

China und Deutschland haben lange Erfahrungen mit Zuwanderung.

Trennend ist:

In China ist der Austausch mit Fremden allein durch den Charakter Chinas als Vielvölkerstaat präsent, während Deutschland sich schwer tut, sich als Einwanderungsland zu definieren. (Man bedenke nur: in China können sich nicht alle in ihrer gesprochenen Sprache untereinander verständigen.)

Verbindend ist:

In China wie in Deutschland herrscht eine gewisse Weltoffenheit, und in beiden Ländern studieren zahlreiche ausländische Studierende.

Trennend ist:

Während in China Gästehäuser für ausländische Studierende in genügender Zahl angeboten werden (und manche Studenten froh sind, wenn sie wie in Nanjing möglich auch privat unterkommen können), so fehlen uns entsprechende Unterbringungsangebote in genügender Zahl. In Braunschweig-Wolfenbüttel könnten wir solche Quartiere gut gebrauchen!

Aus dieser Gegenüberstellung allein lassen sich für uns folgende Imperative ableiten:

– Wir müssen das Lernen des Chinesischen und Auslandserfahrungen junger Deutscher entschieden mehr fördern als bisher.

Wenn wir auf gleicher Augenhöhe mit China kooperieren und auch in Zukunft sogenannte "Win-Win-Situationen" erreichen wollen, dann müssen wir bei den volkswirtschaftlichen Perspektiven Chinas

- bei weiter rapide steigendem Bruttoinlandsprodukt
- bei zunehmendem Außenhandelsvolumen
- bei stabiler inländischer Nachfrage
- bei einer zu erwartenden Bevölkerung Chinas von bis zu 1,6 Milliarden Menschen bis zur Jahrhundertmitte
- bei der Notwendigkeit der Entwicklung dezentraler Standorte, nicht zuletzt in Mittelchina und in Chinas Westen, dann müssen wir genügend deutsche Experten für den chinesischen Markt entwickeln.
- **Wir müssen selbst die Zuwanderung annehmen und gestalten.**

Es ist immer noch ein Unding, dass chinesische Studenten bis zu einem halben Jahr auf ihr Einreisevisum nach Deutschland warten müssen. Wenn wir Interesse an den besten jungen Kräften Chinas haben, müssen wir ihnen die Wege in unser Bildungssystem ebnen und ihnen eine Arbeitserlaubnis in Deutschland gewähren.

- Und noch eine praktische Forderung: Wir müssen Gästehäuser für ausländische Studierende einrichten.

Für die Aufnahme einer größeren Zahl von chinesischen Studierenden bedürfen wir entsprechender Unterbringungsmöglichkeiten.

Offenheit füreinander

Natürlich hat vieles aus Deutschland in China Erfolg gehabt, das Bier, der Volkswagen, Medizintechnik, Druckmaschinen, Chemieprodukte und vieles andere mehr. Und auf dem deutschen Markt ist die Menge der aus dem chinesischen Kulturraum importierten Güter von großer Bedeutung. Neben den USA und Japan ist China Deutschlands wichtigster Außenhandelspartner außerhalb der EU.

Die Chancen eines weiteren wechselseitigen Austauschs sind um so größer, je besser wir die jeweils anderen Bedingungen kennen; aber gerade zur Kenntnis und Einschätzung solcher Andersartigkeit ist es notwendig, die Entstehung der eigenen Besonderheiten zu kennen. So kann man sich in China heimisch fühlen, ohne Chinese werden zu müssen - oder sich in Deutschland heimisch fühlen, ohne Deutscher werden zu müssen.

Aber ich will doch darauf hinweisen, dass genauso wie wir stolz sein können auf die Errungenschaften unserer Kultur, die Chinesen stolz sein können auf die Errungenschaften der ihrigen, nicht nur auf Kompass und Schießpulver und Papierherstellung und Nudeln und Seidentechnik, sondern auch auf ihre Dichtung, die mehrere Jahrtausende zurückreicht. Die Offenheit füreinander auch auf den Gebieten der Kultur, zu der übrigens auch die Kochkunst gehört, ist die beste Voraussetzung dafür, dass wir die Handlungs- und Kooperationsfelder erkennen, auf denen wir uns einbringen können. Und es wird der Tag kommen, an dem sich erneut wird erweisen müssen, ob manche unserer Produkte auf den Weltmärkten verzichtbar oder unverzichtbar sind.

Gerade weil wir auf solchen internationalen Austausch angewiesen sind und bleiben, kommt es darauf an zu erkennen,

- dass die eigenen Visionen nicht die Visionen der anderen sind. Daher die notwendige Frage: *kenne ich meine Visionen, kenne ich die der anderen?*

- dass die Zielvorstellungen der anderen ebenso ernst genommen werden müssen wie die eigenen. Daher der eiserne Grundsatz: *keine Bevormundung!*

- dass die gemeinsamen Rahmenbedingungen erörtert werden müssen. Dazu gehören Wettbewerbsverzerrungen, unterschiedliche moralische Standards (Stellung der Frau, Kinderarbeit, etc.), aber auch ökologische Rahmenbedingungen und Handlungsmaximen.

Es geht also pragmatisch darum, dass wir die Ziele der anderen kennen und die eigenen Ziele mitteilen und angesichts von beidem konsistent handeln. Von diesem Ideal sind wir noch weit entfernt. Aber ich erkenne an vielen Initiativen Ansätze zu adäquatem Handeln, wobei einige Unternehmen und nicht wenige Fachhochschulen - etwa mit regionalwissenschaftlichen Studiengängen - Vorreiterrollen spielen. Ich hatte eingangs davon gesprochen, dass nationale Identitäten wohl noch lange benötigt werden. Doch müssen wir - und vielleicht ist das der Kern des Prozesses der heutigen Globalisierung - neben der Beibehaltung pragmatischer Nationalstaatlichkeit und der Berücksichtigung emotionaler und psychosozialer Bedürfnisse bei weiten Teilen der Bevölkerung unser bisheriges Verständnis von Fremdheit und Andersartigkeit praxisbezogen überwinden. Über Zuwanderung wollte ich eigentlich nicht reden! Aber, - und dabei beziehe ich mich auf meine Gegenüberstellung der unterschiedlichen staatlichen Entwicklungen Chinas und Europas seit dem 17. Jahrhundert -, es ist nicht zu leugnen, dass in Europa, in den Worten von Michael Stolleis, "die Bekämpfung der Angst vor dem Fremden ein Konstituens des modernen Staates" war.[8] "Jede Öffnung beschwört Gefahren heraus. Die Abwehr der Fremden dient der Binnenstabilisierung, sowohl der Individuen als auch des ganzen Gemeinwesens".

---

8   Michael Stolleis, Die Fremden im frühmodernen Staat, in: Die Zeit Nr. 27, 2. Juli 1993, S. 32.

(ebd.) Wenn aber Michael Stolleis darauf hinweist, dass "hinter dieser Irritation [sc.: durch das Fremde] der archaische Abwehrgestus des sesshaft siedelnden Ackerbauern gegen den gefährlichen, nomadisierenden Hirten und Krieger stecken" mag, so weise ich darauf hin, dass die chinesische Zivilisation durch die jahrhundertelange Auseinandersetzung zwischen nomadischen Gesellschaften und sesshaften Ackerbauern geprägt worden ist. Vielleicht hat China gerade aus dieser Erfahrung mit ungebundenen Menschen, "die leben wie Lilien auf dem Felde, die sich den Zwängen kollektiver Ordnungs- und Sicherungssysteme entziehen und vor Ländergrenzen nicht Haltmachen", die besseren Voraussetzungen. Wir wissen es nicht. Denn die innerchinesischen Konflikte zwischen Land- und Stadtbevölkerung, einem Resultat der großstiligen Binnenmigration, sind eben auch eine Folge solcher Ungebundenheit. Hier könnte ein anderes Gegensatzpaar formuliert werden: die **große Migrationsbereitschaft innerhalb Chinas** ist eine Chance und eine Gefahr zugleich; und dies gilt ebenso, insbesondere unter dem Gesichtspunkt der Arbeitsvermittlung, für die **mangelnde Mobilität in Deutschland**. In diesem Punkt haben China und Deutschland etwas gemeinsam, wenn auch mit jeweils unterschiedlichem Vorzeichen.

Doch noch einmal zurück zu den "wahren" Unterschieden. Sie finden sich im geistigen und im psychosozialen, und sicher auch im Religiösen. Und wenn ich jetzt noch auf den Aspekt des Militärischen verweise, so werden diejenigen unter Ihnen, die mit internationalem Wettbewerb vertraut sind, sich vielleicht wundern, warum ich erst so spät darauf zu sprechen komme.

In einem chinesischen Klassiker lesen wir:

> Wer seine Feinde kennt und sich selbst, Wird auch in hundert Schlachten nicht in Gefahr geraten. Wer den Feind nicht kennt, aber sich selbst, Wird manchmal gewinnen, manchmal verlieren. Wer weder sich noch den Feind kennt, Wird in jeder Schlacht in Gefahr geraten.[9]

Dieser Satz des Sun Zi, jenes Klassikers der Kriegskunst und Vertreters einer als "Strategieschule" (*bingfa*) bekannten Lehrtradition in der Zeit der Streitenden Reiche, spiegelt das Grundverständnis von Spionage in China wider: den Feind kennen und sich selbst. Diese Lehre wiederholt eine der zentralen Gedankenfiguren des klassischen China, nämlich den Verweis auf Reziprozität und Entsprechungsbeziehungen. Wie die Kenntnis des anderen die Grundlage jeder Freundschaft war, so galt dies auch für den Feind. Freund und Feind zu kennen, was zugleich bedeutete zu wissen, wer der eigene Freund und wer der Feind sei, das war die entscheidende Grundlage für jede weitere Handlungsentscheidung. Ganz in dieser Tradition formulierte auch Mao Zedong in der zentralen Schrift

---

9   Siehe Lionel Giles, Sun Tzu, S. 25-25.

"Analyse der Klassen in der chinesischen Gesellschaft" (*Zhongguo shehui gejieji de fanxi*, März 1926): "Wer sind unsere Feinde, wer sind unsere Freunde? Das ist die entscheidende Frage!"[10]

Hier möchte ich nur auf die schon von anderen herausgestellte Gegensätzlichkeit bzw. Parallelität zwischen dem chinesischen Kriegsklassiker Sun Zi und Carl Philipp Gottfried von Clausewitz, geb. 1780 in Burg bei Magdeburg, hinweisen, wie sie sich auch im Unterschied zwischen dem chinesischen Brettspiel Weiqi (jap.: Go) und dem westlichen Schach manifestiert. Während *Go* in erster Linie auf die Eroberung möglichst großer Gebiete durch Einkreisung abzielt, zielt das Schachspiel auf die Verbindung einzelner Gefechte zum Angriff auf die zentrale Figur des Gegners. *Go* kennt keine funktional differenzierten Spielfiguren, sondern nur 181 schwarze und 180 weiße Spielsteine; es beginnt mit dem Setzen des ersten schwarzen Steines auf ein leeres Brett mit 361 Gitterpunkten und endet, wenn alle Gitterpunkte besetzt und eingekreist sind. Beim *Go* wird also ein umfassender "Krieg" simuliert, wobei jede Seite versucht, zusammenhängende Ketten aufzubauen, um möglichst große Gebiete bzw. gegnerische Steine einzukreisen. Im Unterschied hierzu steht am Ende des Schachspiels kein Gebietsgewinn, sondern die Kampfunfähigkeit des Gegeners: Schah mata ("der König ist tot").[11]

Meine sehr verehrten Damen und Herren! Gerne hätte ich die Geschichte der Beziehungen zwischen China und Europa bzw. Deutschland detailliert dargestellt und den Wandel in der wechselseitigen Wahrnehmung. Dann aber wären Sie nicht mehr zu Ihrer Tagung gekommen.

Ich habe stattdessen nur andeuten können, dass die Wahrnehmung Deutschlands sich im Laufe der Zeit geändert hat. Es liegt auch an uns, das Deutschlandbild in China im Interesse einer fruchtbaren Zusammenarbeit beider Länder mit zu gestalten. Das Bild setzt sich aus vielen Klischees, aus Schulbüchern und Pressemitteilungen zusammen. In der heute eng vernetzten und mobilen Welt sind jedoch am allerwichtigsten die Erfahrungen derjenigen, die praktisch zusammenarbeiten. Die Kulturwissenschaftler, die Sinologen und die Germanisten, kennen

---

10   Siehe Mao Zedong, "Zhongguo shehui gejieji de fanxi" (Analyse der Klassen in der chinesischen Gesellschaft, März 1926), in: Mao Zedong xuanji, Jinan 1967, 3. Vgl. auch die Übersetzung in Mao Tsetung, Ausgewählte Werke, 4 Bde., Beijing: Verlag für fremdsprachige Literatur, 1968, Bd. 10, S. 9.

11   Ich folge hier der Darstellung von Carl Chung, Strategisches Denken in zwei Kulturkreisen - Sun Tsu versus Clausewitz, in: Tzöl Zae Chung/Hans-Wolf Sievert (Hrsg.), Joint Ventures im chinesischen Kulturkreis. Eintrittsbarrieren überwinden, Marktchancen nutzen. Wiesbaden: Gabler 1995, S. 63-87, hier S. 78.

sich verhältnismäßig gut, doch auf der Ebene der angewandten Wissenschaften und Techniken gibt es noch viel Handlungsbedarf.

Ich wünsche mir, dass Ihnen meine Ausführungen Lust darauf gemacht haben, die Kooperationen zwischen Deutschland und China zu intensivieren, vielleicht das Schachspiel gegen das Go-Spiel zu vertauschen. Wir Deutsche werden nicht zu Chinesen, und die Chinesen werden nicht zu Deutschen werden, jedenfalls nicht in einem kurzen Menschenleben, aber wir haben die Chance, die Sichtweise des Gegenüber kennenzulernen und zumindest teilweise nachzuvollziehen, - wenn wir uns nur darauf einlassen.

Für Deutschland als größtem europäischem Investor sind die Chancen in China sicher denkbar günstig. Die chinesischen Partner, die wir dazu brauchen, werden wir am ehesten dann finden, wenn wir selbst zu einer solchen Partnerschaft fähig sind.

Das Selbstbewusstsein Chinas, das nicht nur auf wirtschaftlichem Erfolg der Gegenwart fußt, sondern auf der immer wieder neuen Vergegenwärtigung der Geschichte und der vielfältigen Kultur Chinas, lebt auch davon, dass sich andere mit China beschäftigen und die Vielfalt der chinesischen Welt kennenlernen wollen – und es lebt zugleich davon, dass in China die anderen Kulturen der Welt wahrgenommen und gewürdigt werden.

Vielleicht ist es das Geheimnis Chinas, dass es unter einem großen gemeinsamen Dach eine sonst in keiner Gesellschaft vorfindliche Vielfalt ermöglicht. Vielleicht wird man von Europa aus noch einmal sehnsüchtig nach China blicken, wenn wir uns mit dem europäischen Einigungsprozess herumschlagen und die vielfältigen nationalen Hemmnisse zu überwinden suchen, während China seine Integration längst hinter sich hat und nur noch an der Ausgestaltung der internen Differenzierung arbeitet.

"Lieber einig als frei" hieß vor einigen Jahren eine Zeitungsüberschrift zu China, und wenige Monate später stand in dem gleichen Blatt "Mehr Europa durch weniger Demokratie". Und so mag es gut sein, wenn sich Chinesen und Deutsche, Europäer und Chinesen immer wieder zusammensetzen und sich über den Stand der jeweiligen Modernisierung und internen Restrukturierung austauschen. Vielleicht können beide voneinander lernen, so wie dies vor 300 Jahren bereits Leibniz sah – zumindest aber können sie doch einander kennenlernen und respektieren. In diesem Sinne wünsche ich den deutschchinesischen Beziehungen überhaupt für die Zukunft alles Gute.

Beschließen möchte ich meine Ausführungen jedoch mit einigen Bemerkungen eines chinesischen Reisenden, der - es handelt sich um den Reformer Kang Y-ouwei - im Jahre 1906, vor über 90 Jahren also, an den Rhein kam und schrieb: In ganz Deutschland gibt es wenig Gegenden, die sich hiermit (d.h. mit dem

Rhein) vergleichen ließen. Auch die Frauen sind hier besonders schön; am schönsten von ganz Deutschland ... Der Rheinwein ist sehr berühmt, ich habe auch davon getrunken. ... An günstigen Plätzen sind überall Burgen von Rittern aus früherer Zeit; Stätten, wo Kämpfe stattgefunden haben. Sie sind errichtet auf den weißen Knochen von Menschen und mit ihrem roten Blut gefärbt. Das betrübt einem das Herz. Wie viele Schlachtfelder kann man schon in unserem Lande noch sehen? Aber hier an den Ufern des Rheins sind alles, was das Auge erblickt, alte Kampfburgen. Welche Sünden und welche Vergehen hat noch das europäische Volk vor fünfzig Jahren begangen! Und zweitausend Jahre hindurch erduldete es diese Grausamkeiten. Ich kann noch heute das europäische Volk bedauern. In unserem Lande ist das ganze Volk zu einem Reiche zusammengefügt, und in einem Gebiet von zehntausend Li ist keine einzige Kampfburg zu finden. Die Menschen starben meist erst im Alter. Man sah keine Waffen. Vater und Sohn, Mann und Frau schützten sich gegenseitig. Die erwachsenen Söhne sorgten für die Enkel. Wie sollten sie ein solches Elend wie die Europäer kennen? ... Wer zum ersten Male am Rhein entlang fährt, wird die Farbe des Gesichts wechseln (vor Entsetzen) über das Unglück des europäischen Volkes; und er wird froh sein, dass das friedliche China seine Heimat ist ... Aber der Wechsel von Glück und Unglück ist nicht bestimmt, und Gewinn und Verlust rufen einander hervor. So hat sich Europa von seinen dauernden Kämpfen zu der jetzigen geordneten Regierung entwickelt ... Also wenn man reist, muss man unbedingt an den Rhein reisen; und wenn man etwas lernen will, muss man unbedingt die Berichte über die Rheinburgen lesen. (Übersetzung von Wolfgang Franke) Ich hoffe, dass in zukünftigen Berichten chinesischer Reisender Braunschweig und Wolfenbüttel eine ebenso hymnische Beachtung finden. Vielleicht kann das heute beginnende Symposium dazu beitragen.

Achim Rogmann

Fachhochschule Braunschweig/Wolfenbüttel, Fachbereich Recht, Wolfenbüttel

China und die WTO

I. Einstieg

Herr Prof. Dr. Schmidt-Glintzer sprach in seinem Auftaktreferat über Verbindendes und Trennendes zwischen Deutschland und China. Hier darf ich anknüpfen und darauf hinweisen, dass uns der Handel verbindet und der Protektionismus trennt. Ich möchte mit meinem Referat darauf aufbauen und die Auswirkungen darstellen, die sich aus dem Beitritt Chinas zur Welthandelsorganisation (WTO) für unternehmerische Aktivitäten ergeben. Vor gut 10 1/2 Monaten wurde China offiziell Mitglied der WTO. Zwei Aspekte sind für diesen Beitritt bedeutsam:

1. Die Länge der Verhandlungen, die sich über mehr als 15 Jahre hinzogen
2. Die Auswirkungen auf die Weltwirtschaft, die eher überschwenglich als zurückhaltend beurteilt werden.

Sicherlich war Punkt 2 eine wesentliche Ursache für Punkt 1.

Während in Europa eher die Terroranschläge vom 11. September und die bevorstehende Einführung des Euro-Bargeldes für Schlagzeilen sorgten, war die Wahrnehmung des WTO-Beitritts in China eine andere. Auch wenn das chinesische Alphabet nicht arm an Buchstaben ist, tauchten in allen chinesischen Medien die **3 Englischen Buchstaben** W, T und O auf. Nahezu jeden Tag wurden die Leitartikel der führenden Zeitungen dem WTO-Beitritt gewidmet. Riesige Buchstaben, die das Kürzel WTO formten, zierten eine der belebtesten Straßenkreuzungen Shanghais.

Ein wichtiger Gradmesser für die Relevanz einer Entwicklung sind immer noch die Einschätzungen der Taxifahrer. In Shanghai – so wird überliefert – waren die Taxifahrer sehr versiert in WTO-Fragen. Der WTO-Beitritt wurde sogar beinahe mit mehr Begeisterung gefeiert, als der Zuschlag der Olympischen Spiele 2008 an Peking.

Und der damalige **Generalsekretär der WTO**, Mike Moore, hat den Beitritt wie folgt kommentiert: „Dies ist ein historischer Augenblick für die WTO, für China und für die Weltwirtschaft".

Was aber **ist** eigentlich **die WTO** und **wieso** ist eine **Mitgliedschaft so bedeutsam**?

Um ein wenig Licht in das Dunkel zu bringen, gilt es zunächst einmal die **Entstehungsgeschichte** der WTO näher zu beleuchten.

II. Vom GATT zur WTO - mit und ohne China

1. Die Entstehungsgeschichte der WTO

Bereits kurz nach Ende des 2. Weltkrieges wurde der Gedanke wieder aufgegriffen, in den Kernbereichen der Welthandelsbeziehungen eine Liberalisierung in Gang zu setzen. Die Hochzollpolitik und insgesamt der Protektionismus sollten endgültig überwunden werden.

Nach vorausgegangenen Verhandlungen erfolgte im März 1948 die Unterzeichnung der Havanna-Charta zur Gründung einer International Trade Organization (ITO).

Obwohl der Anlauf zur Gründung zur ITO erst im Jahre 1950 mit dem Verzicht der USA auf die Ratifizierung scheiterte, trat gleichwohl bereits zum 1. Januar 1948 das Allgemeine Zoll- und Handelsabkommen (GATT) in Kraft. Dem GATT kam nämlich die Aufgabe zu, die Zeit bis zur Gründung der ITO zu überbrücken, ohne sie aber in toto ersetzen zu wollen. Inhaltlich war es getragen von dem Wunsch, die aus der Weltwirtschaftskrise und den Kriegsjahren stammenden Handelshemmnisse abzubauen.

Das GATT blieb aber ein völkerrechtliches Provisorium, das nie den Status als Völkerrechtssubjekt erlangt hat. Gleichwohl verdanken wir ihm insgesamt acht Handelsrunden (Zollrunden), die unter seiner Schirmherrschaft ausgehandelt wurden. Sie führten zu einer drastischen Reduzierung des internationalen Zollniveaus und dem Abbau sonstiger Handelsschranken.

Die bislang letzte dieser Handelsrunden – die Uruguay-Runde (1986 - 1993) – führte zum Abschluss des Übereinkommens zur Errichtung der WTO, mit dessen Inkrafttreten am 1. Januar 1995 die WTO gegründet wurde. An die Stelle des eigentlich nach wie vor provisorisch angewendeten GATT-Vertrages ist die WTO als internationale Organisation mit eigener Rechtspersönlichkeit getreten.

Das GATT 1994 hat – weitestgehend inhaltsgleich – das GATT 1947 abgelöst. Es ist rechtlich eigenständig und nicht Rechtsnachfolger des „alten" GATT. Bedeutsam für den Erfolg der Uruguay-Runde ist, dass nunmehr endgültig der Durchbruch bei dem Handel mit Dienstleistungen erzielt wurde. Der Diensthandel hat nämlich einen immer stärkeren Anteil am Welthandel insgesamt und war bislang nur unzureichend in die Liberalisierungsverhandlungen einbezogen. Auch ist es gelungen, den Schutz des geistigen Eigentums zum Vertragsinhalt zu machen. Ein wesentlicher Schritt nach vorne ist aber insbesondere die Institutionalisierung der Streitbeilegung durch das WTO-Recht. Ein Streitbeilegungsverfahren dient der – rechtlich verbindlichen – Schlichtung von Handelskonflikten zwischen den Mitgliedern der WTO. Trotz aller Vorbehalte in Bezug auf die Aufgabe von Souveränitätsrechten haben die USA das WTO-Streitbeilegungs-verfahren akzeptiert und bislang alle Schiedssprüche auch respektiert.

Im November des letzten Jahres wurde in Doha am Persischen Golf eine neue Welthandelsrunde gestartet, die Anfang 2005 zum Abschluss gebracht werden soll. Der vorherige Versuch, im Herbst 1999 in Seattle eine Millennium-Runde zu starten, ging in den wütenden Protesten der Globalisierungsgegner - der Battle in Seattle - unter.

2. Die Rolle Chinas in GATT und WTO

China gehörte zu den 23 Staaten, welche das GATT im Jahre 1947 aus der Taufe hoben. Allerdings währte Chinas Mitgliedschaft im GATT nicht besonders lange. Mit der Gründung der VR China am 1. Oktober 1949 reduzierte sich das Zollterritorium der Republik China auf die Insel Taiwan. Schließlich teilte dann am 6. März 1950 die chinesische Nationalregierung auf Taiwan dem General-sekretär der Vereinten Nationen den Rückzug Chinas aus dem GATT mit. Für die folgenden 3 Jahrzehnte waren dann von Seiten der VR China keine Bestre-bungen im Hinblick auf die Teilnahme am GATT zu erkennen. Im Zuge der Öffnungspolitik Chinas ab 1978/79 zeigte die Volksrepublik stetig wachsendes Interesse an den Tätigkeiten und Möglichkeiten des GATT. 1980 beantragte China dann die Aufnahme als Beobachter ohne Stimmrecht. Im November 1982 wurde China dieser Status für verschiedene Teilkonferenzen des GATT gewährt.

1984 wurde der Status Chinas dann zum ständigen Beobachter beim GATT-Ministerrat ausgebaut. Diese Nähe zum GATT gab China die Möglichkeit, Ein-blick in die Handlungsabläufe und die Regeln der Organisation zu gewinnen. Im Juli 1986 wurde der förmliche Antrag gestellt, Chinas Status als Signatarstaat des GATT wiederherzustellen. Dies in der Hoffnung, den langwierigen Bei-trittsprozess vermeiden zu können, indem es die Rückgabe des 1950 verlorenen Sitzes beantragte. Das GATT bildete daraufhin im März 1987 eine Arbeitsgrup-pe zu Chinas Status als Vertragspartei.

Wie dann aber die folgenden 15 Jahre währenden Verhandlungen zeigten, ging die Strategie des „Wiederauflebens der Mitgliedschaft" nicht auf. Insbesondere gelang es nicht, China als Gründungsmitglied in die WTO aufzunehmen.

Obwohl China seinen Antrag auf Wiedereinräumung des Sitzes niemals förm-lich zurückzog, starb er Mitte der 90er Jahre einen stillen Tod, als sich mehr und mehr herauskristallierte, dass das normale Beitrittsverfahren nicht zu umgehen war.

Die Aufnahmeverhandlungen zogen sich auch deshalb so lange hin, weil sie von chinesischer Seite mit wenig Nachdruck verfolgt wurden. Ursache dafür mag die Tatsache gewesen sein, dass die wichtigsten Handelspartner China ohnehin die Meistbegünstigung eingeräumt hatten. Zudem stellte das GATT kein rechtlich bindendes Verfahren zur Schlichtung von Handelsstreitigkeiten zur Verfügung. Es fehlte also an echten Anreizen für einen schnellen Beitritt. Zudem hätte ein Beitritt eine Reihe von Konzessionen und Reformen der nationalen Wirtschaft erfordert.

Die Beitrittsverhandlungen wurden aber auch erheblich durch Meinungsverschiedenheiten zwischen China und den USA belastet. So wurde durch das GATT erst im September 1992 eine Arbeitsgruppe eingesetzt, in der der Antrag zur Mitgliedschaft Chinas beraten werden sollte.

In den nächsten Jahren belasteten zusätzlich verschiedene Handelsstreitigkeiten die Beitrittsverhandlungen. Insbesondere die USA bemängelten die massive und massenhafte Verletzung von gewerblichen Schutzrechten an Software, Filmen, Videos, CDs usw. Raubkopien waren in China weit verbreitet, aber auch vermehrt aus China exportiert. Ein bilaterales Abkommen über den Schutz geistigen Eigentums zeigte wenig Wirkung, und die amerikanische Regierung drohte 1995 mit der Verhängung von drastischen Strafzöllen auf chinesische Güter. Die Drohung zeigte Wirkung, und China ging von nun an effektiv gegen Produktpiraten vor.

Aber erst politisches Tauwetter, das ab Oktober 1997 einsetzte, ebnete den Weg zu wirklich ernsthaften Beitrittsverhandlungen zwischen den USA und China, aber auch zwischen der EU und China. Insgesamt waren es nicht weniger als 37 Staaten, die bilaterale Verhandlungen mit China führen wollten.

Erst im November 1999 unterzeichneten die VR China und die USA ein bilaterales Abkommen zu den Beitrittsbedingungen. Die Verhandlungen zwischen der EG und China wurden im September 2001 abgeschlossen.

Während der Ministerkonferenz der WTO in Doha im vergangenen November wurde China dann endlich in die WTO aufgenommen. Wirksam wurde der Beitritt einen Monat später, am 11. Dezember 2001.

Was ist nun das besondere an der WTO? Weshalb ist der Beitritt Chinas ein solch historisches Ereignis? Dazu ist erst einmal zu klären, was die Mitgliedschaft in der WTO alles beinhaltet.

III. Die Architektur der WTO

Die WTO hat zwei Ausrichtungen: Zum einen ist sie eine **internationale Organisation**, zum anderen beinhaltet das WTO-Übereinkommen ein umfangreiches

Vertragspaket, dem sich die Mitglieder unterwerfen. Das materielle WTO-Recht besteht im Wesentlichen aus drei Säulen, die durch die multilateralen Übereinkommen zum Warenhandel (GATT), zum Dienstleistungshandel (GATS) und zu den Rechten des geistigen Eigentums (TRIPS) geschaffen wurden.

Das **GATT** befasst sich mit der Liberalisierung des **Waren**handels, also in erster Linie mit dem Abbau der Zölle und der sog. nichttarifären Maßnahmen (wie z.b. Einfuhrquoten oder Vermarktungsnormen).

Mit der Schaffung des **GATS** wurde der Tatsache Rechnung getragen, dass der Handel mit Dienstleistungen einen immer größer werdenden **Anteil am Welthandel** hat. Es ist damit erstmals ein multilaterales Regelwerk über die Liberalisierung des internationalen Dienstleistungshandels vereinbart worden und diese **vom GATT nicht erfasste Lücke** geschlossen. Erfasst werden damit nunmehr z.b. die Dienstleistungsangebote von Banken und Versicherungen, aber auch Direktinvestitionen oder der Aufenthalt von dienstleistungserbringenden Personen.

Das **TRIPS** wiederum dient eher mittelbar der Handelsliberalisierung. In erster Linie geht es um einen **zeitlich begrenzten Schutz wohlerworbener Rechte** im Bereich des geistigen Eigentums. Erfasst werden u.a. **Patente, Urheberrechte** aber auch **Betriebs- und Geschäftsgeheimnisse**. Mittelfristig soll das TRIPS zur **weltweiten Harmonisierung** der nationalen Normen zum Schutze des geistigen Eigentums führen, um auch dadurch einen nach Fairness-Grundsätzen organisierten Freihandel zu ermöglichen.

Wie wichtig der Schutz von Patenten sein kann, belegt die Geschäftspolitik des führenden deutschen Herstellers von Erntemaschinen. Er will als global agierendes Unternehmen auf allen wichtigen Märkten auf Rang eins oder zwei stehen. In Asien gelte nur gegenüber **China** eine gewissen Zurückhaltung, hieß es noch am letzten Freitag in der Frankfurter Allgemeine Zeitung. Begründung: Man habe dort schlechte Erfahrungen mit dem Schutz von Patenten gemacht.

Bei **internationalen Anlagengeschäften** können **alle 3 Säulen** von Bedeutung sein, etwa wenn Anlagenteile geliefert werden, dazu das Know-How und es gleichzeitig um den Schutz von Patenten und Marken geht.

Die Säulen der WTO sind **unterschiedlich stark** ausgestaltet. Während etwa Subventionen im Bereich des GATT grundsätzlich verboten sind, gehen die Zugeständnisse der Mitgliedstaaten im Bereich des GATS nicht so weit. Abgrenzungsfragen sind daher auch für die Wirtschaftspraxis von hoher Bedeutung.

IV. Die Verpflichtungen Chinas durch Beitritt zur WTO

Mit Beitritt zur WTO muss sich das neue Mitglied ihren Regelungen **unterwerfen**. Denn **Art. XVI Abs. 4 WTOÜ** verpflichtet die Mitglieder sicherzustellen, dass ihre Gesetze, sonstigen Vorschriften und Verwaltungsverfahren mit ihren Verpflichtungen aufgrund der im WTO-Paket enthaltenen Übereinkommen in Einklang stehen.

Hier gilt – und das ist besonders wichtig – der sog. **single package-Ansatz**, d.h. es ist keine Rosinenpickerei möglich, nach der man nur die Vertragsbestandteile übernimmt, die Vorteile versprechen. WTO bedeutet also: Alles oder nichts. Und China hat sich – wie die anderen 142 Mitglieder vorher – für „Alles" entschieden.

Das WTO-Recht beinhaltet eine **Reihe von Prinzipien**, die sich **querschnittmäßig** durch alle **3 Säulen** ziehen. Diese beinhalten die Kernverpflichtungen des WTO-Rechts, denen sich nunmehr auch China unterworfen hat.

- Grundsatz der Nichtdiskriminierung
- Meistbegünstigung
- Inländerbehandlung
- Transparenz
- Reziprozität
- Abbau der Handelsschranken

Welche **besonderen Verpflichtungen** ergeben sich aus diesen Prinzipien für **China durch den Beitritt zur WTO**? Nachfolgend sollen die grundlegenden Prinzipien des WTO-Rechts im Hinblick auf eine etwaig notwendige Anpassung der chinesischen Wirtschaftsordnung betrachtet werden.

1. Grundsatz der Nichtdiskriminierung

Dieser Grundsatz hat zwei Aspekte: Die **Meistbegünstigung** und die **Inländerbehandlung**. Aus dem **Meistbegünstigungsprinzip** ergibt sich, dass innerhalb der WTO ein Land nicht gegenüber einem anderen Land bevorzugt werden darf.

Das Diskriminierungsverbot kommt darin zum Vorschein, dass kein WTO-Mitglied die übrigen Mitglieder unterschiedlich behandeln und auch nicht gegenüber Drittmärkten (also Nicht-WTO-Gebieten) schlechter stellen darf. Räumte etwa China im Rahmen der Beitrittsverhandlungen den USA einen niedrigeren Zollsatz für ein bestimmtes Produkt ein, dann profitieren automatisch alle anderen WTO-Mitgliedstaaten von dieser an sich bilateralen Vereinbarung.

Dadurch, dass Handelsvergünstigungen, die zwischen zwei oder mehreren WTO-Vertragspartnern ausgehandelt werden, allen Vertragsparteien zugänglich gemacht werden müssen, werden **bilateral** ausgehandelte Vergünstigungen durch das Meistbegünstigungsprinzip **multilateral** wirksam. Es kommt also automatisch zur **Globalisierung** von Liberalisierungsfortschritten.

Natürlich gibt es auch Ausnahmen von der Meistbegünstigung. Sonst könnte beispielsweise die EU nicht funktionieren, in der die Mitgliedstaaten untereinander keine Zölle erheben, sehr wohl aber bei Einfuhren aus Drittländern.

Aber auch die sog. **Inländerbehandlung** ist Bestandteil des Diskriminierungsverbots. Sobald Waren die Zollabfertigung passiert haben, darf es keine Diskriminierung ausländischer Waren geben, etwa durch Besteuerung oder andere Maßnahmen. Gesetze und sonstige Vorschriften dürfen einheimische Produkte nicht gegenüber fremden Produkten bevorzugen.

Die Nichtdiskriminierung kann zu einem **steigenden Importvolumen** für China führen. Die Gleichstellung von chinesischen mit ausländischen Privatunternehmen wird aber auch zu einem Abbau der Sonderstellung der chinesischen Staatsunternehmen führen. Eine Fortführung der **Privilegien** für die etwa 300.000 noch existierenden **Staatsunternehmen**, die immerhin etwa 1/3 des chinesischen Bruttoinlandsproduktes erwirtschaften, ließe sich nicht mit der Inländerbehandlung vereinbaren. Insofern ist Reformbedarf gegeben.

2. Transparenzprinzip

Für einen möglichst ungehinderten Welthandel mit Waren und Dienstleistungen ist ein umfassender Informationsfluss zwischen den Handelspartnern erforderlich. Es ist Art. X GATT, der die Vertragsparteien entsprechend dazu verpflichtet, die handelsrelevanten Gesetze, sonstigen Vorschriften sowie Gerichts- und Verwaltungsentscheidungen von allgemeiner Bedeutung unverzüglich so zu veröffentlichen, dass Regierungen und Wirtschaftskreise sich mit ihnen vertraut machen können.

Die VR China muss also sicherstellen, dass nur solche rechtlichen Bestimmungen und Maßnahmen, die die Wirtschaftsbeziehungen mit China betreffen, durchgesetzt werden, die ordnungsgemäß veröffentlicht und den Mitgliedern der WTO aber auch Unternehmen und Privatpersonen zugänglich gemacht worden sind. China hat sich verpflichtet, ein eigens dafür bestimmtes Mitteilungsblatt zu schaffen. Auch hat China eine Informationsstelle einzurichten, bei der auf Anfrage alle Informationen zu den WTO-relevanten Bestimmungen und Maßnahmen erteilt werden.

Es muss auch eine Überprüfungsinstanz geschaffen werden, die objektiv handelsbezogene Verwaltungsentscheidungen überprüfen und ggf. auch korrigieren kann.

Die Vorschriften zur Transparenz schaffen den im Wirtschaftsverkehr mit China tätigen Unternehmen eine verlässliche und berechenbare Planungs-, Kalkulations- und Entscheidungshilfe. Das senkt Risiken und Transaktionskosten. Mit der Verpflichtung zur Schaffung einer Kontrollinstanz wird auch der Aufbau einer Rechtsstaatlichkeit unterstützt.

3. Grundsatz der Reziprozität

Ziel dieses Grundsatzes ist eine für alle WTO-Mitgliedstaaten gleichgewichtige Welthandelsordnung. Handelszugeständnisse erfolgen daher auf der Grundlage der Gegenseitigkeit und des gemeinsamen Nutzens.

Die bilateralen Verhandlungen der VR China mit der Europäischen Gemeinschaft und den USA waren von der wechselseitigen Verpflichtung geprägt, Handelsbarrieren abzubauen. Im Kern möchte dabei jeder Verhandlungspartner seine Exporttätigkeit erhöhen und den heimischen Markt vor Billigimporten abschotten. Reziprozität verlangt hier aber ein wechselseitiges Nachgeben.

Insbesondere der Aspekt, den ich jetzt aufgreifen möchte, veranschaulicht das Geben und Nehmen bei diesen Verhandlungen. Es geht hier um den Abbau der Handelshemmnisse.

4. Abbau der Handelshemmnisse

Bereits aus der Präambel des GATT 1947 ergab sich die Überzeugung, mit dem Abbau der Zölle und der Beseitigung der nichttarifären Handelshemmnisse einen Beitrag zur Erhöhung des Wohlstands, zur Verwirklichung der Vollbeschäftigung, zur Anhebung des Realeinkommens und zur Steigerung der Produktion leisten zu können.

Allein durch das Verbot der Diskriminierung, der Transparenz und der Gegenseitigkeit lässt sich aber ein nachhaltiger Abbau von Handelshemmnissen nicht erreichen. Die acht Handelsrunden des GATT waren daher dazu bestimmt, in wechselseitigen Vereinbarungen Liberalisierungsfortschritte zu erzielen.

Im Rahmen der Beitrittsverhandlungen musste China bilaterale Zugeständnisse mit allen WTO-Mitgliedern aushandeln, die dies verlangten. Durch die Meistbegünstigungsklausel muss das günstigste Angebot, das einem Staat gemacht wurde, allen WTO-Mitgliedern als Teil des Beitrittsabkommens eingeräumt werden. Es kam also zu Verhandlungen über tausende von Zollsätzen für die unterschiedlichsten Waren. Und ungleich komplizierter waren noch die Vereinbarungen über den Abbau nichttarifärer Handelshemmnisse.

Seit 1992 hatte China allerdings schon vor WTO-Beitritt von sich aus seine Zollsätze in großem Umfang gesenkt. Der durchschnittliche Zollsatz sank von 23 % auf 15,3 %, also um immerhin ein Drittel.

Nach WTO-Beitritt werden die Zolltarife für Industriegüter bis zum Jahr 2005 schrittweise auf unter 10 % (9,4 %) gesenkt.

Beispiele: Die Zölle für Autos/Fahrzeuge wurden von vorher 80-120 % auf 25 % gesenkt. Die Zölle für Auto-Zulieferteile auf sogar nur 10 %. Die Zölle für Maschinen und Anlagen von 35 % auf 5 bis 10 %.

Der durchschnittliche Zollsatz auf Agrarprodukte wird von 50 % auf 15 % sinken.

Alle Zölle im Bereich von Produkten der Informationstechnologie werden beseitigt.

Zusätzlich erfolgt die Abschaffung von diversen Quoten (z.B. auf landwirtschaftliche Erzeugnisse, Getreide, Düngemittel).

Hier noch ein paar Kostproben aus dem Bereich der Dienstleistungen, also des GATS:

Das Beitrittsprotokoll legt den Abbau des staatlichen Handelsmonopols sowie volle Außenhandelsrechte und inländische Distributionsrechte auch für ausländische Unternehmen innerhalb von 3 Jahren nach Beitritt fest.

Im Bereich der Lebensversicherungen werden ausländische Beteiligungen von 50 % erlaubt. Für die Bereiche Sach-, Haftpflicht- und Kreditversicherung sind mit Beitritt Beteiligungen von 51 % und nach zwei Jahren von 100 % zulässig. Der Bereich der Rückversicherungen ist dagegen mit Beitritt vollständig geöffnet. Noch bestehende geographische Beschränkungen sind schrittweise abzubauen, sodass alle Risiken landesweit und unbegrenzt von ausländischen Anbietern versichert werden können.

V. Ausblick

Wenn wir auf dieser Tagung über „Erfolg im internationalen Anlagengeschäft in China" sprechen, setzt ein solcher Erfolg unabdingbar voraus, dass die rechtlichen Rahmenbedingungen überhaupt die dafür maßgeblichen Geschäftsbeziehungen zulassen.

Die WTO ist ein Garant dafür, dass die Basis für fruchtbare Wirtschaftsbeziehungen zwischen den WTO-Mitgliedern Deutschland und China ausgebaut werden kann.

Mit der WTO-Mitgliedschaft übernimmt China umfangreiche Verpflichtungen, seine Wirtschaftsverfassung, insbesondere sein Handels- und Investitionsbestimmungen **WTO-konform** umzugestalten. Es geht schließlich um Investitions- und Rechtssicherheit.

Zölle werden **abgebaut, Importlizenzen,** mengenmäßige Beschränkungen und andere nichttarifäre Handelshemmnisse werden **verschwinden.** Die noch verbliebenen Reste des staatlichen Außenwirtschaftsmonopols werden **abgeschafft.** Gleichzeitig öffnet sich China für die ausländische Dienstleistungswirtschaft. Schließlich wird der Beitritt Chinas zu einigen sektorübergreifenden Zusatzabkommen über den Schutz geistigen Eigentums, handelsrelevante Investitionsmaßnahmen und technische Handelsbarrieren das chinesische Wirtschaftsrecht nachhaltig umgestalten. Selbstverständlich werden **nicht** alle Veränderungen **über Nacht** wirksam. Denn für die meisten dieser Verpflichtungen wurden mehrjährige Übergangsfristen vereinbart.

Einigen der bislang dem internationalen Wettbewerb weitgehend verschlossenen Bereiche der verarbeitenden Industrie in China stehen aber nach der Übergangsphase harte Zeiten bevor. Das gilt zumindest für Branchen wie die Papierproduktion, die ölverarbeitende und petrochemische Industrie, die Metallverhüttung aber auch die Herstellung von Kfz- und Transportausrüstungen. Sie werden Anpassungs- und Modernisierungsdruck ausgesetzt sein. Sie werden gezwungen sein, in moderne Maschinen, Anlagen und Verfahren zu investieren, um ihre Produktivität sowie die Qualität ihrer Erzeugnisse und Dienstleistungen zu erhöhen. Das wird unweigerlich zum Abbau von **Arbeitsplätzen** führen.

So sind erste **Zwischenbilanzen** zu den Auswirkungen des WTO-Beitritts nicht unbedingt euphorisch. **Schätzungen** gehen davon aus, dass China in diesem Jahr bis zu 200.000 Automobile einführen wird, ungefähr **dreimal** so viele wie noch im letzten Jahr. Die Importe setzen den chinesischen Markt unter Druck. Von den mehr als hundert Automobilherstellern in China werden nur wenige den Druck überstehen. Denn neben weiteren Zollsenkungen werden bis 2004 die Einfuhrquoten entfallen. Schon im Vorfeld der erwarteten Einfuhrwelle haben die Hersteller in China die Preise gesenkt. Hiervon profitieren aber auf der anderen Hand wiederum die **Verbraucher**, denen im übrigen die Bemühungen der WTO gewidmet sind.

Das Gesamtergebnis des WTO-Beitritts wird aber sein, dass nicht nur auf dem chinesischen Markt von Jahr zu Jahr mehr Wettbewerb stattfindet. Auch die deutsche und europäische Industrie muss sich auf eine stärkere Konkurrenz aus China einstellen, bekommt aber zugleich die Chance von preiswerteren Zulieferungen.

Letztlich müssen **Arbeitsplätze** zu Gunsten der **Verbraucher** auf den Prüfstand gestellt werden. Die nächsten Jahre müssen beweisen, dass die Chancen die Risiken der Aufnahme Chinas in die Welthandelsgemeinschaft überwiegen.

WANG Weida

Inhaber des Lehrstuhls für Wirtschaftsverwaltungsrecht, Tongji-Universität, Chinesisch-Deutsches Hochschulkolleg (CDHK), Shanghai

Die rechtlichen Regelungen der Projektvergabe

Das vorliegende Referat hat „die rechtlichen Regelungen der Projektvergabe" zum Thema und behandelt folglich das „Ausschreibungsgesetz der VR China". In anderen Ländern sind die rechtlichen Regelungen der Ausschreibung in der Regel in den nationalen Beschaffungsgesetzen enthalten. Im Prozess der Gesetzgebung in China wurde der Vorschlag gemacht, dass die rechtlichen Regelungen der Ausschreibung von öffentlichen Projekten als Bestandteil des Beschaffungsgesetzes aufgenommen werden sollten. Aufgrund der historischen Entwicklung soll das chinesische Ausschreibungsgesetz ein Einzelgesetz bleiben, da der öffentliche Sektor immerhin einen großen Teil der Volkswirtschaft ausmacht. Sowohl die öffentlichen Projekte, die durch staatliche Mittel finanziert werden, als auch die Regierungsbeschaffungen sind von großem Wert. So hat die VR China neben dem Beschaffungsgesetz das Ausschreibungsgesetz verabschiedet. Die beiden Gesetze legen ihren inhaltlichen Schwerpunkt in unterschiedlichen Gebieten, weisen jedoch trotzdem einige Gemeinsamkeiten auf. Was die rechtlichen Regelungen der öffentlichen Bauprojekte anbelangt, wendet man hauptsächlich das Ausschreibungsgesetz an. Hiermit werde ich das Ausschreibungsgesetz für die öffentlichen Bauprojekte darstellen.

I. Die Entwicklung der Ausschreibung und entsprechender Gesetzgebung in China

In der Zeit der Planwirtschaft wurden alle öffentlichen Bauprojekte und Beschaffungen von der Regierung einheitlich geplant und durch Verwaltungsbefehl den Unternehmen zugewiesen. Deshalb gab es damals überhaupt keine Ausschreibung.

Seit 1980 hat China marktwirtschaftsorientierte Reformen durchgeführt. Die staatlichen Unternehmen haben mehr Autonomie erhalten und es haben sich nicht-staatliche Unternehmen entwickelt. Die Reform des staatlichen Investitionssystems und die Veränderung der Regierungshandlungsformen haben die Ausschreibung ins Leben gerufen. Mit dieser Entwicklung ist die Regelung der Ausschreibung der öffentlichen Bauprojekte und Anschaffungen notwendig geworden.

Die erste Normensetzung in Bezug auf die Ausschreibung erfolgte im Oktober 1980. In der vom Staatsrat erlassenen Rechtsverordnung „Die provisorischen Regelungen über die Entfaltung und den Schutz des sozialistischen Wettbewerbs" steht geschrieben: „Um das vorhandene Wirtschaftsverwaltungssystem zu reformieren und den sozialistischen Wettbewerb zu entfalten, können die Bauprojekte, die zur vertraglichen Übernahme geeignet sind, probeweise durch Ausschreibung vergeben werden."

Am 7. Juni 1983 hat das Ministerium für Aufbau und Umweltschutz die „Methoden zur Ausschreibung der Bauprojekte" erlassen. Diese gelten als die ersten Rechtsnormen in China, die die Ausschreibung ausführlich regeln. Da diese Rechtsnormen als Verwaltungsvorschriften gelten, welche den Gesetzen untergeordnet sind, haben sie nur geringen Einfluss auf die Rechtsprechung.

Im September 1984 hat der Staatsrat die „provisorischen Bestimmungen über die Reform des Bauwesens, des Verwaltungssystems und des Infrastrukturbaus" erlassen. In dieser Rechtsverordnung ist vorgesehen, dass die vertragliche Übernahme der Bauprojekte und Ausschreibungen im großen Stil durchgeführt werden sollen. Im November desselben Jahres haben die staatliche Planungskommission und das Ministerium für Aufbau und Umweltschutz gemeinsam die „provisorischen Bestimmungen über die Ausschreibung der Bauprojekte" erlassen.

Danach und mit der Vertiefung der Reform, hat die chinesische Regierung Ausschreibungen auf dem Gebiet der Vergabe von Bauprojekten, beim Import von Maschinen und Anlagen, der Vergabe von Forschungsprojekten und anderen Dienstleistungsprojekten, der Durchführung der Projekte, die von ausländischen Regierungskrediten oder internationalen Finanzinstitutionen finanziert werden, umfangreich durchgeführt.

Die Durchführung des Systems der Ausschreibung hat einen positiven Einfluss auf die Entwicklung der Reform des Investitionssystems, der Erhöhung der Effizienz der öffentlichen Investitionen und Regierungsbeschaffungen, Einsparung der Projektfinanzmittel, Absicherung der Qualität der Bauprojekte und Produkte, Verkürzung der Baufrist und Dämpfung der Korruption genommen. Wir nehmen die Ausschreibungen der Vergabe von Bauprojekten als Beispiel: Der Anteil der Ausschreibungen im Verhältnis zur Gesamtzahl der Bauprojekte steigerte sich:

(gemäß der Baupläne berechnet),

1984	4,8 %;
1985	13 %
1986	15 %
1987	18 %
1988	21,7 %

1989   24 %

1990   29,5 %

1999   60 %.

Durch die Ausschreibungen wurden 1-3 % der Finanzmittel gespart und die Arbeitsdauer um 10 % gekürzt.[1]

Obwohl China bei der Durchführung des Systems der Ausschreibung und der Einführung der entsprechenden Gesetzgebung sehr erfolgreich war, sind im Verlauf der Veränderungen auch einige Probleme aufgetaucht:

– Es gibt noch wenige Bauprojekte, die nicht gesetzmäßig durch Ausschreibung vergeben wurden.

– Manche Bauherren wollen die Bauprojekte nicht durch Ausschreibung vergeben oder versuchen die gesetzlichen Regelungen zu umgehen.

– Die Verfahren der Ausschreibung wurden nicht vereinheitlicht, und es existieren noch Regelungslücken.

– Unlauteres Verhalten kam oft in der Ausschreibung vor: Der Ausschreibende ließ die Ausschreibung mit Absicht leer laufen, oder verriet die ausgeschriebenen Grenzbeträge. Die Bewerber bemühten sich durch Bestechung um den Zuschlag für ihre Bewerbung oder die Bewerber nahmen mit Angebotspreisen unter den Kosten an der Bewerbung teil oder erschwindelten sich durch falsche Angaben in ihrer Bewerbung den Zuschlag.

– Die Regierungsbehörden trennten sich nicht von dem staatlichen Unternehmen oder mischten sich willkürlich in die Ausschreibungen ein.

– Die Aufsicht über die Ausschreibungen wurde nicht intensiv genug betrieben.[2]

Deshalb hat vor dem Hintergrund des Aufbaus eines sozialistischen Marktwirtschaftssystems und eines Rechtsstaats und aufgrund der Erfahrungen in den letzten Jahren der NVK am 30. August 1999 das „Ausschreibungsgesetz der VR China" verabschiedet, das zum 1. Januar 2000 in Kraft getreten ist. Danach werden im Jahre 2000 und 2002 eine Reihe von Verordnungen und Verwaltungsvorschriften zur Durchführung des Ausschreibungsgesetzes erlassen.

---

1   Zhao Lei: <Zum Ausschreibungsgesetz>, Baumaterialverlag, 1999, S. 29.

2   Liu Changchun: <Kommentar zum Ausschreibungsgesetz>, Chinesischer Rechtsordnungsverlag, 1999, S. 2.

II. Anwendungsbereich des Ausschreibungsgesetzes

1. Zum räumlichen Anwendungsbereich

Der § 2 des Ausschreibungsgesetzes sieht vor, dass bei der Durchführung von Ausschreibungen im Gebiet der VR China dieses Gesetz angewandt wird. Vom Territorium der VR China her gesehen, umfasst das Gebiet der VR China das Festland, Hongkong, Macao und Taiwan. In der VR China wird das sogenannte „Ein Land, zwei Systeme"-Modell der Ausschreibung durchgeführt. In Hongkong und Macao wurden Sonderverwaltungszonen errichtet. Taiwan ist noch nicht mit dem Festland vereinigt. So gilt zur Zeit das Ausschreibungsgesetz nur für das Festland der VR China.

2. Geltung für die Zwangsausschreibungsprojekte

Das Ausschreibungsgesetz gilt für die Zwangsausschreibungsprojekte, die der § 3 (1) vorsieht. Dieser umfasst die Durchführung der Voruntersuchung, die Ausarbeitung der Baupläne, die Ausführung, die Überwachung und Lenkung der Arbeiten sowie den Ankauf mit dem Vorhaben verbundener wichtiger Anlagen und Materialien.

Konkret gesagt, dies umfasst:

1. Große Infrastrukturanlagen, öffentlich genutzte Institutionen und andere gesellschaftliche öffentliche Interessen oder die öffentliche Sicherheit berührende Vorhaben;

2. Vorhaben, bei denen ganz oder teilweise vom Staat investierte oder finanzierte Mittel genutzt werden;

3. Vorhaben, bei denen Darlehen oder Mittel aus Hilfen internationaler Organisationen oder ausländischer Regierungen verwandt werden.

Das vom Staatsrat erlassene Gesetz zur „Bestimmung über Art und Umfang der Bauprojekte" legt den Umfang der Zwangsausschreibung für Bauprojekte detailliert vor. Die Bauprojekte aus den oben genannten Bereichen, welche eine der folgenden Bedingungen erfüllen, müssen ausgeschrieben werden:

- Projekte, deren Voranschlag des einzelnen Bauvertrags über 2 Mio. Yuan liegt;
- Projekte, deren Voranschlag des einzelnen Ankaufsvertrags für wichtige Anlagen und Maschinen über 1 Mio. Yuan liegt;
- Projekte deren Voranschlag des einzelnen Vertrags über Dienstleistungen wie Voruntersuchung, Planung und Überwachung über 500.000 Yuan liegt;

– Projekte, deren Voranschlag des einzelnen Vertrags über dem oben genannten Normenwert, aber dessen Gesamtinvestionsvolumen über 30 Mio. Yuan ist.

Da die Marktwirtschaft ein dynamisches und offenes System ist, kann der konkrete Bereich und die Normen für den Umfang der Zwangsausschreibungsprojekte von der Abteilung des Staatsrates für den Entwicklungsplan in Zusammenarbeit mit den betroffenen Staatsratsabteilungen teilweise reguliert werden.

3. Ausnahme

Als Ausnahme des Anwendungsbereichs gilt auch § 67 des Ausschreibungsgesetzes: Bei Ausschreibungen von Vorhaben, die Mittel aus Darlehen oder Hilfen internationaler Organisationen oder ausländischer Regierungen verwenden, kann, wenn derjenige, der das Darlehen bzw. die Hilfe gibt, abweichende Bestimmungen für die konkreten Bedingungen und das Verfahren der Ausschreibung trifft, nach diesen Regeln verfahren werden, soweit dies nicht gegen gesellschaftliche oder öffentliche Interessen der VR China verstößt.

Besonders bemerkenswert ist, dass § 66 des Ausschreibungsgesetzes für Projekte, welche die Staatssicherheit oder Staatsgeheimnisse berühren, zur Gefahrenabwehr und zur Rettung bei Naturkatastrophen dienen, Projekte, welche die Fonds zur Armenunterstützung nutzen oder den Einsatz von Bauern zur Arbeit erforderlich machen oder sonst. Vorhaben unter besonderen Umständen, die für Ausschreibungen ungeeignet sind, vorsieht, dass auf eine Ausschreibung verzichtet werden kann.

III. Die gesetzlichen Prinzipien der Ausschreibung

Die Ausschreibung der öffentlichen Projekte ist, im Grunde genommen, eine privatrechtliche Handlung zur Erfüllung der öffentlichen Aufgaben. Diese Handlung soll den Prinzipien des Privatrechts folgen. Der § 5 des Ausschreibungsgesetzes legt folgende Prinzipien fest:

Das Prinzip der Öffentlichkeit, Ausgewogenheit und Gerechtigkeit und das Prinzip von Treu und Glauben.

Das Prinzip der Öffentlichkeit umfasst die Öffentlichkeit der Informationen über die Ausschreibung, das Verfahren der Ausschreibung und die Kriterien, nach welchen die Bewerbung bewertet werden soll.

Das Prinzip der Ausgewogenheit bedeutet für den Ausschreibenden, dass er sich an das gesetzliche Verfahren halten muss und keine Bewerber diskriminieren darf, während es für die Bewerber bedeutet, dass sie miteinander einen fairen Wettbewerb betreiben müssen.

Das Prinzip der Gerechtigkeit bezieht sich vor allem auf die Bewertung der Bewerbungen, welche streng gemäß den veröffentlichten Kriterien und Bewertungsmethoden betrieben werden muss. Die Bewertung muss objektiv und neutral sein und darf nicht von anderen Faktoren beeinflusst werden.

Das Prinzip von Treu und Glauben ist ein grundlegendes zivilrechtliches Prinzip. Die Ausschreibenden und Bewerber müssen nach diesem Prinzip ihre jeweiligen Rechte und Pflichten ausüben. Beide Seiten dürfen nicht betrügen. Dieses Prinzip wird in mehreren Regelungen im Ausschreibungsgesetz verkörpert.

IV. Ausschreibung

1. Ausschreibender

§ 8 des Ausschreibungsgesetzes sieht vor:

Der Ausschreibende ist eine juristische Person oder sonstige Organisation, welche nach den Bestimmungen dieses Gesetzes ein Ausschreibungsvorhaben vorschlägt und die Ausschreibung durchführt. Damit ist die natürliche Person als Ausschreibender ausgeschlossen. Der Ausschreibende kann ein Unternehmen, eine Verwaltungsbehörde, eine Institution oder ein Verein mit Rechtsstatus einer juristischen Person sein. Oder er kann eine andere Organisation ohne den Rechtsstatus einer juristischen Person wie eine Organisation in Form einer Partnerschaft oder einer Zweigorganisation eines Unternehmens sein. Es muss ein Projekt ausgeschrieben werden.

2. Vorrausetzungen der Ausschreibung

§ 9 legt die Vorraussetzungen der Ausschreibung fest: Wenn für ein Ausschreibungsvorhaben nach den einschlägigen staatsrechtlichen Vorschriften die Durchführung eines Verfahrens zur Genehmigung des Vorhabens erforderlich ist, muss dieses zuerst durchgeführt und die Genehmigung eingeholt werden. Der Ausschreibende muss zur Durchführung des Ausschreibungsvorhabens entsprechende Geldmittel haben oder deren Finanzierung gesichert haben und dies in den Ausschreibungsunterlagen wahrheitsgemäß vermerken.

Da die von § 3 festgelegten Zwangsausschreibungsprojekte meistens die großen Projekte sind, die mit öffentlichem Interesse und öffentlicher Sicherheit eng verbunden und für die Volkswirtschaft und das Leben des Volks wichtig sind, setzen sie oft die Genehmigung des Staatsrates, der Ministerien oder der Provinzregierungen voraus. Solche Genehmigungsbedürftigen Projekte sind z.B. die Genehmigung der Finanzpläne, die Genehmigung für Sicherheit, die Genehmigung für Umweltschutz usw. Obwohl China, um den Anforderungen der WTO entgegenzukommen, die Zahl der Genehmigungen in großem Umfang reduziert hat, wird das Genehmigungsverfahren in den Bereichen der oben genannten Projekte aus Gründen der Rücksicht auf die öffentliche Sicherheit und die öffentlichen Interessen noch immer durchgeführt. Deswegen muss, aus der Perspektive der Bewerber, die Aufmerksamkeit darauf liegen, damit sie unnötige Verluste vermeiden können.

3. Formen der Ausschreibung

§ 10 des Ausschreibungsgesetzes sieht zwei Formen der Ausschreibung vor. Es gibt eine öffentliche und eine beschränkte Ausschreibung.

Bei der öffentlichen Ausschreibungen wird durch Bekanntmachung ein unbestimmter Kreis von juristischen Personen und anderen Organisationen aufgefordert sich für das ausgeschriebene Projekt zu bewerben, während bei beschränkten Ausschreibungen bestimmte juristische Personen und sonstige Organisationen schriftlich zu Bewerbungen aufgefordert werden. In der Regel müssen alle Ausschreibungen in der Form der öffentlichen Ausschreibung durchgeführt werden,

§ 11 sieht hierzu eine Ausnahme vor, welche als beschränkte Ausschreibung bezeichnet wird: Wenn sich ein von der Entwicklungsplanabteilung des Staatsrates festgestelltes staatliches Schwerpunktvorhaben oder ein von der Volksregierung einer PAS festgestelltes territoriales Schwerpunktvorhaben nicht für eine öffentliche Ausschreibung eignet, kann mit Genehmigung der Entwicklungsplanabteilung des Staatsrates bzw. der Volksregierung der PAS eine beschränkte Ausschreibung durchgeführt werden.

4. Verfahren der Ausschreibung

Die §§ 16-24 des Ausschreibungsgesetzes haben das allgemeine Verfahren der Ausschreibung und die diesbezüglichen Regelungen zum Thema.

Der Ausschreibende muss entsprechend den Besonderheiten und Bedürfnissen des ausgeschriebenen Vorhabens die Ausschreibungsunterlagen zusammenstellen. Die Ausschreibungsunterlagen müssen alle substanzielle Anforderungen und Bedingungen umfassen, insbesondere die technischen Anforderungen des ausgeschriebenen Vorhabens, die Normen, nach denen die Befähigung des Bewerbers geprüft wird, die Anforderungen an den vom Bewerber geforderten Preis und die Normen für die Bewertung der Bewerbung. Ferner müssen die Hauptklauseln des zum Abschluss vorgesehenen Vertrags aufgeführt sein.

Wenn der Staat Bestimmungen zur Technik und zu den Normen des ausgeschriebenen Vorhabens getroffen hat, muss der Ausschreibende in den Ausschreibungsunterlagen diesen Bestimmungen entsprechende Anforderungen stellen.

Wenn das ausgeschriebene Vorhaben die Unterteilung von Ausschreibungsab-
schnitten und die Festsetzung von Fristen für die Arbeiten erfordert, muss der
Ausschreibende seine Bewerbung in vernünftige Ausschreibungsabschnitte unterteilen und Fristen für die Arbeiten festsetzen und dies in den Ausschreibungsunterlagen angeben.

Wenn der Ausschreibende die Form der öffentlichen Ausschreibung wählt, muss
er die Ausschreibung in einem vom Staat bestimmten Periodikum, Datennetz
oder sonstigen Medium bekannt machen, wie z.b. die Tagesblätter „China Daily", „People's Daily", „Economic Daily" und dem Datennetz
„www.chinabiding.gov.cn" usw. Wählt der Ausschreibende die Form der beschränkten Ausschreibung, so muss er mindestens drei bestimmte juristische
Personen oder andere Organisationen, die fähig sind, das ausgeschriebene Vorhaben zu übernehmen und guten Kredit haben, schriftlich zu Bewerbungen auffordern. Die Bekanntmachung oder der Aufforderungsbrief der Ausschreibung
muss die Bezeichnung und Adresse des Ausschreibenden, die Anforderungen,
die Quantität, Zeit und Ort der Ausführung des ausgeschriebenen Vorhabens
nennen und ferner angeben, wie man die Ausschreibungsunterlagen bekommt.

Der Ausschreibende prüft die Bewerber und deren Bewerbung. Bemerkenswert
ist, dass die Zeit für die Überprüfungen im Ausschreibungsgesetz nicht festgelegt ist. In der Praxis verwendet der Ausschreibende oft die Vor- und Nachprüfung. Bei der Vorprüfung verlangt der Ausschreibende von den möglichen Bewerbern, den schriftlichen Nachweis ihrer Qualifikation vorzulegen. Erst nach
der Überprüfung des Nachweises ihrer Qualifikation dürfen den möglichen Bewerbern die Bewerbungsunterlagen vorgelegt werden. Bei der Nachprüfung ü-
berprüft der Ausschreibende die schriftlichen Nachweise der Bewerber und die
Bewerbungsunterlagen gleichzeitig. Mit der Vorprüfung kann man die Arbeit
und die Kosten für die Überprüfung der Bewerbungsunterlagen wesentlich reduzieren und die Arbeitseffizienz erhöhen. Aber die Vorprüfung kann auch dazu
führen, dass der Ausschreibende die Rechte zur Vorprüfung missbraucht und die
Interessen der Bewerber beeinträchtigt. Der Gesetzgeber hat deswegen folgende
Verbotsklausel dazu festgelegt:

Der Ausschreibende darf nicht durch unvernünftige Bedingungen den Kreis der
möglichen Bewerber einschränken oder mögliche Bewerber ausschließen.

Er darf mögliche Bewerber nicht diskriminierend behandeln.

Der Ausschreibende kann, entsprechend den konkreten Umständen des ausgeschriebenen Bauprojektes, Ortsbesichtigungen durch mögliche Bewerber orga-
nisieren.

Der Ausschreibende muss den Bewerbern eine vernünftige Frist für die Zusammenstellung der Bewerbungsunterlagen geben; jedoch müssen bei Vorhaben, bei

denen nach dem Recht eine Ausschreibung durchzuführen ist, zwischen dem Tag, an dem die Ausschreibungsunterlagen zuerst versandt werden, und dem letzten Tag, an dem ein Bewerber die Bewerbungsunterlagen einreichen kann, mindestens 20 Tage liegen.

Wenn der Ausschreibende die Bewerbungsunterlagen erhalten hat, muss er eine Quittung unterschreiben und die Unterlagen aufbewahren. Er darf sie nicht öffnen. Gibt es weniger als drei Bewerber, so muss der Ausschreibende das Vorhaben erneut nach diesem Gesetz ausschreiben.

5. Ausschreibungsvertretungsorgan

Der Ausschreibende kann die Ausschreibung selbst durchführen, er kann aber auch ein Ausschreibungsvertretungsorgan auswählen und dieses mit der Durchführung der Ausschreibung beauftragen. Keine Behörde oder Privatperson darf den Ausschreibenden in irgendeiner Form beeinflussen oder sich in den Prozess der Entscheidungsfindung einmischen. Wenn der Ausschreibende eine Ausschreibung selbst durchführt, muss er dies der betroffenen Verwaltungsüberwachungsabteilung melden. Dies wird in den Akten vermerkt.

Ausschreibungsvertretungsorgane sind nach dem Recht errichtete gesellschaftliche Vermittlungsorganisationen, die sich als Vertreter bei Ausschreibungen betätigen und einschlägige Dienstleistungen anbieten. Sie müssen die folgenden Voraussetzungen erfüllen:

1. Sie müssen Geschäftsräume für die Durchführung von Vertretungen bei Ausschreibungen und die entsprechenden Geldmittel besitzen;
2. Sie müssen für die Zusammenstellung der Ausschreibungsunterlagen und die Organisation der Bewertung die entsprechenden Fachkräfte haben;
3. Sie müssen eine Reserve von Fachleuten auf technischen, wirtschaftlichen und anderen Gebieten haben, die den bestimmten Bedingungen entsprechen und als Mitglieder der Bewertungskommission in Frage kommen.

Die Befähigung von Ausschreibungsvertretungsorganen zur gewerbsmäßigen Vertretung bei der Ausschreibung von Bauvorhaben wird von der Bauverwaltungsabteilung des Staatsrates oder der Volksregierung einer PAS festgestellt. Sie müssen sich bei Ausschreibungen im Rahmen des Auftrags des Ausschreibenden betätigen und die Vorschriften dieses Gesetzes für Ausschreibende einhalten.

6. Recht und Pflichten der Ausschreibenden

Der Ausschreibende hat folgende Rechte:

– Der Ausschreibende kann entsprechend den Erfordernissen des ausgeschriebenen Vorhabens in der Ausschreibungsbekanntmachung bzw. der

schriftlichen Aufforderung zur Bewerbung mögliche Bewerber auffordern, schriftliche Nachweise ihrer Qualitäten vorzulegen, Angaben über
ihre bisherigen Leistungen verlangen und ihre Befähigung überprüfen.

- Der Ausschreibende ist berechtigt, selbst ein Ausschreibungsvertretungsorgan auszuwählen und mit der Durchführung der Ausschreibung
zu beauftragen.
- Er kann ihre Befähigung überprüfen.
- Der Ausschreibende kann notwendige Klarstellungen oder Korrekturen
an bereits ausgegebenen Ausschreibungsunterlagen bis spätestens 15
Tage vor Ablauf der von den Ausschreibungsunterlagen gesetzten Frist
für die Einreichung der Bewerbungsunterlagen schriftlich allen Bewerbern bekannt geben. Der Inhalt der Klarstellungen und Korrekturen wird
Bestandteil der Ausschreibungsunterlagen.
- Der Ausschreibende bestimmt aufgrund des schriftlichen Berichts der
Bewertungskommission und der von ihr vorgeschlagenen Kandidaten
den Bewerber, der den Zuschlag erhält. Der Ausschreibende kann auch
die Bewertungskommission ermächtigen, direkt zu entscheiden, wer den
Zuschlag erhält.

Auf der anderen Seite hat der Ausschreibende folgende Pflichten:

- Der Ausschreibende darf nicht durch unvernünftige Bedingungen den
Kreis der möglichen Bewerber einschränken, mögliche Bewerber ausschließen oder diskriminierend behandeln.
- Die Ausschreibungsunterlagen dürfen keine bestimmten Produzenten
und Lieferanten verlangen oder angeben oder sonst einen Inhalt haben,
der zu möglichen Bewerbern tendiert oder sie ausschließt.
- Der Ausschreibende muss den Bewerbern eine vernünftige Frist für die
Zusammenstellung der Bewerbungsunterlagen geben; jedoch müssen
bei Vorhaben, bei denen nach dem Recht eine Ausschreibung durchzuführen ist, zwischen dem Tag, an dem die Ausschreibungsunterlagen
zuerst versandt werden, und dem letzten Tag, an dem ein Bewerber die
Bewerbungsunterlagen einreichen kann, mindestens 20 Tage liegen.
- Der Ausschreibende darf die Bezeichnungen der möglichen Bewerber,
die bereits die Ausschreibungsunterlagen erhalten haben, ihre Zahl oder
andere Umstände, die einen ausgewogenen Wettbewerb beeinträchtigen
könnten, nicht Dritten bekannt werden lassen. Wenn der Ausschreibende Grenzbeträge bestimmt hat, sind sie geheim zu halten.
- Der Ausschreibende muss alle Bewerbungsunterlagen, die er bei Ablauf
der in den Ausschreibungsunterlagen für ihre Einreichung vorgesehenen
Frist erhalten hat, vor dem Publikum öffnen und verlesen.

- Der Ausschreibende muss die nötigen Vorkehrungen treffen, um zu gewährleisten, dass die Bewertung unter strenger Geheimhaltung durchgeführt wird.

- Nachdem der Bewerber, der den Zuschlag erhält, bestimmt worden ist,
  muss der Ausschreibende ihm eine schriftliche Mitteilung schicken und
  das Ergebnis des Zuschlags gleichzeitig allen anderen Bewerbern mitteilen.

- Der Ausschreibende und der Bewerber, der den Zuschlag erhalten hat,
  müssen innerhalb von 30 Tagen vom Tag der Absendung der schriftlichen Mitteilung des Zuschlags entsprechend den Ausschreibungsunterlagen und den Bewerbungsunterlagen dieses Bewerbers einen schriftlichen Vertrag schließen.

V. Die Bewerbung

1. Der Bewerber und dessen Voraussetzungen

Bewerber sind juristische Personen und andere Organisationen, die auf eine
Ausschreibung hin an dem ausgeschriebenen Wettbewerb teilnehmen. Sie dürfen keine Einzelperson sein. Aber die Besonderheit der wissenschaftlichen For-
schungsprojekte gestattet es auch Einzelpersonen sich zu bewerben.

Mehrere juristische Personen und andere Organisationen können sich verbinden
und sich als ein Bewerber gemeinsam bewerben. Alle an der Verbindung Beteiligten müssen eine Vereinbarung über die gemeinsame Bewerbung abschließen,
welche die Arbeit und Verantwortung klarstellt, die jeder einzelne Beteiligte bei
dem ausgeschriebenen Vorhaben übernehmen soll, und diese Vereinbarung zusammen mit den Bewerbungsunterlagen dem Ausschreibenden einreichen.

Der Bewerber muss fähig sein, das ausgeschriebene Vorhaben zu übernehmen.
Richtet sich die Bewerbung nach den oben genannten Vorschriften, muss der
Bewerber diese Voraussetzungen erfüllen. Wenn einschlägige staatliche Vorschriften oder die Ausschreibungsunterlagen die Voraussetzungen der Befähigung als Bewerber regeln, müssen die Bewerber diese Voraussetzungen erfüllen. Bei einer Verbindung von Einheiten der gleichen Fachgruppe bestimmt die
nach ihrer Qualifikation am tiefsten eingestufte Einheit die qualitative Einstu-
fung der Fachgruppe.

In den „vorläufigen Bestimmungen für die Durchführung der Ausschreibung in
großen und mittleren staatlichen Infrastrukturbauprojekten" sind die näheren
Vorraussetzungen festgelegt:

- Der Bewerber muss das „Zeugnis der Qualifikation" haben und selbständige juristische Person sein.

- Der Bewerber muss Projekte fertiggestellt haben, welche den Bauvorhaben in der Ausschreibung ähnlich sind, und ferner die Protokolle der Leistungen der erfüllten Projekte haben.
- Der Bewerber muss im guten Finanzzustand sein.
- Der Bewerber darf kein Wirtschaftsverbrechen oder gesetzwidriges Verhalten in den letzten Jahren begangen haben.
- Der Bewerber muss die Regeln der Arbeitssicherheit in seinem Betrieb beachten, und es dürfen in seinem Unternehmen in dem vergangenen Jahr keine Qualitätsprobleme oder Arbeitsunfälle vorgekommen sein.

2. Verfahren der Bewerbung

Der Bewerber muss die Bewerbungsunterlagen entsprechend den Anforderungen der Ausschreibungsunterlagen zusammenstellen. Die Bewerbungsunterlagen müssen auf die in den Ausschreibungsunterlagen erhobenen substanziellen Anforderungen und Bedingungen eingehen.

Wenn das ausgeschriebene Vorhaben in der Ausführung von Bauarbeiten besteht, müssen die Bewerbungsunterlagen Kurzbiographien und Angaben über die bisherigen beruflichen Leistungen des vorgesehenen Verantwortlichen und der vorgesehenen Haupttechniker für das Vorhaben sowie Angaben über die für die Ausführung des Vorhabens vorgesehenen Maschinen und Anlagen enthalten.

3. Rechte und Pflichten der Bewerber

Der Bewerber hat folgende Rechte:
- Der Bewerber kann einen Teil der nebensächlichen Arbeiten an Unterauftragnehmer weiter vergeben.
- Der Bewerber kann eingereichte Bewerbungsunterlagen bis zum Ablauf der in den Ausschreibungsunterlagen für ihre Einreichung vorgesehenen Frist ergänzen, korrigieren oder zurücknehmen und dies schriftlich dem Ausschreibenden mitteilen. Der Inhalt der Ergänzungen und Korrekturen wird Bestandteil der Bewerbungsunterlagen.

Auf der anderen Seite muss der Bewerber folgende Pflichten erfüllen:
- Der Bewerber muss im Fall der Vergabe eines nebensächlichen Arbeitsabschnittes an andere Subunternehmen, dies in den Bewerbungsunterlagen angeben und auch die einschlägigen Gesetze und Verordnungen beachten. Er muss als Hauptauftragnehmer den übernommenen Hauptteil der Arbeiten selbst durchführen. Er muss dem Bauherren gegenüber im Rahmen des Bauvertrags Haftung tragen. Der Beauftragte ist dem Auftragenden gegenüber im Rahmen des Auftragsvertrags haftbar. Beauftragter und Auftragender haften gemeinsam.

- Bewerber dürfen die Angebotspreise der Bewerbungen nicht miteinander absprechen, den ausgewogenen Wettbewerb mit anderen Bewerbern nicht verdrängen und die legalen Rechte des Ausschreibenden oder anderer Bewerber nicht schädigen.

- Bewerber dürfen nicht in Zusammenarbeit mit dem Ausschreibenden die Bewerbung absprechen und die Interessen des Staates, die gesellschaftlichen öffentlichen Interessen oder die legalen Rechte anderer schädigen.

- Es ist den Bewerbern verboten, sich gegenüber dem Ausschreibenden oder Mitgliedern der Bewertungskommission mit Bestechung um den Zuschlag für ihre Bewerbung zu bemühen.

- Bewerber dürfen nicht mit Angebotspreisen unter den Kosten an der Bewerbung teilnehmen, sie dürfen sich auch nicht unter dem Namen anderer bewerben oder in anderer Weise mit falschen Angaben ihrer Bewerbung den Zuschlag erschwindeln.

VI. Öffnung und Bewertung von Bewerbungen und Zuschlag

1. Öffnung der Bewerbungen

Die Bewerbungen werden bei Ablauf der in den Ausschreibungsunterlagen für die Einreichung der Bewerbungsunterlagen vorgesehenen Frist öffentlich geöffnet; der Ort der Öffnung muss in den Ausschreibungsunterlagen im Voraus festgelegt werden. Die Öffnung der Bewerbungen wird vom Ausschreibenden geleitet, der alle Bewerber zur Teilnahme einlädt. Der Ausschreibende verpflichtet sich, den Bewerbern den Zeitpunkt der Öffnung der Bewerbungen mitzuteilen und sie zur Teilnahme einzuladen. Die Bewerber haben das Recht daran teilzunehmen. Wenn der Ausschreibende das Recht des Bewerbers zur Teilnahme an der Öffnung der Bewerbung beeinträchtigt hat, hat der Bewerber das Recht, eine Beschwerde gegenüber dem Ausschreibenden oder bei der zuständigen Verwaltungsbehörde zu erheben.

Bei der Öffnung der Bewerbungen untersucht der Ausschreibende oder der von ihm gewählte Vertreter den Zustand der Umschläge der Bewerbungsunterlagen; es kann auch ein vom Ausschreibenden beauftragtes Beurkundungsorgan (=Notariat) die Untersuchung durchführen und beurkunden; nachdem festgestellt worden ist, dass kein Irrtum vorliegt, öffnet ein Beschäftigter vor dem Publikum die Umschläge (der Bewerbungen), verliest die Bezeichnungen der Bewerber und die Preise, mit denen sie sich bewerben, und den sonstigen Hauptinhalt der Bewerbungsunterlagen.

Der Ausschreibende muss alle Bewerbungsunterlagen, die er bei Ablauf der in den Ausschreibungsunterlagen für ihre Einreichung vorgesehenen Frist erhalten hat, bei der Öffnung vor dem Publikum öffnen und verlesen.

Der Verlauf der Öffnung muss protokolliert werden, und das Protokoll muss für Überprüfungen aufbewahrt werden.

2. Bewertung der Bewerbungen

Die Bewertung der Bewerbungen obliegt der vom Ausschreibenden organisierten und errichteten Bewertungskommission. Die Bewertungskommission setzt sich aus Vertretern des Ausschreibenden und Fachleuten aus den einschlägigen technischen und wirtschaftlichen Bereichen zusammen; sie hat eine ungerade Zahl, mindestens aber 5 Mitglieder, von denen mindestens zwei Drittel Fachleute aus der Wirtschaft und der Technik sein müssen. Die Fachleute müssen in dem betreffenden Bereich mindestens 8 Jahre tätig gewesen sein und eine hochgradige Berufsbezeichnung oder ein entsprechendes fachliches Niveau besitzen und vom Ausschreibenden aus einer von der entsprechenden Staatsratsabteilung oder der entsprechenden Abteilung der PAS-Regierung zur Verfügung gestellten Liste von Fachleuten oder aus der Namensliste der Fachleute zu dem betreffenden Fach in der Reserve von Fachleuten des Ausschreibungsvertretungsorgans bestimmt werden; bei gewöhnlichen Ausschreibungsvorhaben können sie ausgewählt werden, wie es sich gerade ergibt; bei besonderen Ausschreibungsvorhaben können sie vom Ausschreibenden direkt bestimmt werden. Die Namensliste der Mitglieder der Bewertungskommission muss bis zur Entscheidung des Ergebnisses der Bewertung geheimgehalten werden. An Bewerbern materiell Interessierte dürfen nicht in die Bewertungskommission der betreffenden Vorhaben aufgenommen werden; wenn solche Personen bereits aufgenommen worden sind, müssen sie ausgetauscht werden.

In anderen Ländern gibt es zwar Regelungen für die Bewertung der Bewerbungen bei der öffentlichen Projektvergabe, aber es gibt keine Regelungen über die Bewertungskommission. Der chinesische Gesetzgeber hat die Bewertung von Bewerbungen als entscheidendes Glied der Ausschreibung betrachtet. Um die Gerechtigkeit zu gewährleisten und gegen die Korruption bei der Ausschreibung zu kämpfen, hat der chinesische Gesetzgeber die Bewertung von Bewerbungen bei der öffentlichen Projektvergabe streng geregelt, um in gewissem Maße die Ausschreibenden zu kontrollieren. Die Regelungen über die Bewertungskommission sind eine Besonderheit des chinesischen Ausschreibungsgesetzes.

Das Ausschreibungsgesetz sieht ferner vor: Der Ausschreibende muss die nötigen Vorkehrungen treffen, um zu gewährleisten, dass die Bewertung unter strenger Geheimhaltung durchgeführt wird. Keine Behörde und keine Privatperson darf sich illegal in den Ablauf und das Ergebnis der Bewertung einmischen oder sie beeinflussen. Die Bewertungskommission muss nach der Methode und Maßstäben, die in den Ausschreibungsunterlagen festgelegt worden sind, die Bewerbungen miteinander vergleichen und bewerten. Im Bewertungsablauf kann die Bewertungskommission verlangen, dass der Bewerber unklare Stellen in den Bewerbungsunterlagen notfalls klarstellt oder erklärt, aber die Klarstellungen oder Erklärungen dürfen nicht über den Bereich der Bewerbungsunterlagen hinausgehen oder deren substanziellen Inhalt ändern. Bevor die Entscheidung getroffen worden ist, darf der Ausschreibende mit Bewerbern nicht über den Preis, das Projekt und sonstigen substanziellen Inhalt einer Bewerbung verhandeln.

Die Bewerbung desjenigen, der den Zuschlag erhält, muss einer der folgenden Bedingungen entsprechen: Sie muss entweder in größtem Maße die verschiedenen, in den Ausschreibungsunterlagen bestimmten allgemeinen Bewertungsnormen erfüllen oder sie muss die substanziellen Anforderungen der Ausschreibungsunterlagen erfüllen können und nach der Bewertung unter den Bewerbungen den niedrigsten Preis verlangen, soweit dieser Preis nicht unter den Kosten liegt.

Wenn die Bewertungskommission die Bewertung beendet hat, muss sie dem Ausschreibenden schriftlich Bericht erstatten und die den Anforderungen entsprechenden Kandidaten für den Zuschlag vorschlagen. Der Ausschreibende bestimmt aufgrund des schriftlichen Berichts der Bewertungskommission und der von ihr vorgeschlagenen Kandidaten den Bewerber, der den Zuschlag erhält. Der Ausschreibende kann auch die Bewertungskommission ermächtigen, direkt zu entscheiden, wer den Zuschlag erhält. Wenn die Bewertungskommission nach der Bewertung festgestellt hat, dass alle Bewerber die Voraussetzungen und Anforderungen der Ausschreibung nicht erfüllen, kann sie die Bewerbungen ablehnen und eine erneute Ausschreibung vorschlagen.

3. Zuschlag

Nachdem der Bewerber, der den Zuschlag erhält, bestimmt worden ist, muss der Ausschreibende ihm eine schriftliche Mitteilung schicken und das Ergebnis des Zuschlags gleichzeitig allen anderen Bewerbern mitteilen. Die schriftliche Mitteilung des Zuschlags hat für den Ausschreibenden und den Bewerber, der den Zuschlag erhalten hat, rechtliche Bindungskraft. Wenn der Ausschreibende, nachdem die schriftliche Mitteilung des Zuschlags abgeschickt worden ist, das Ergebnis des Zuschlags ändert oder der Bewerber, der den Zuschlag erhalten hat, von dem Vorhaben zurücktritt, haften sie nach dem Recht.

Der Ausschreibende und der Bewerber, der den Zuschlag erhalten hat, müssen innerhalb von 30 Tagen vom Tag der Absendung der schriftlichen Mitteilung des Zuschlags entsprechend den Ausschreibungsunterlagen und den Bewerbungsunterlagen dieses Bewerbers einen schriftlichen Vertrag schließen. Sie dürfen nicht später andere Vereinbarungen treffen, die dem substantiellen Inhalt des Vertrages zuwiderlaufen. Wenn die Ausschreibungsunterlagen verlangen, dass der Bewerber, der den Zuschlag erhält, Sicherheit für die Erfüllung des Vertrages leistet, muss er dies tun.

Bei einem Vorhaben, bei dem nach dem Recht eine Ausschreibung durchzuführen ist, muss der Ausschreibende innerhalb von 15 Tagen nachdem der Bewerber, der den Zuschlag erhält, bestimmt worden ist, der betreffenden überwachenden Verwaltungsabteilung über die Umstände der Ausschreibung schriftlich Bericht erstatten.

VII. Verwaltungsaufsicht

Wie schon erwähnt, ist die Ausschreibung im Grunde genommen eine privatrechtliche Handlung. Aber die Projekte, die ausgeschrieben werden müssen, haben eine hohe soziale Bedeutung. Deshalb legt China großen Wert auf die Verwaltungsaufsicht über die Ausschreibung für öffentliche Projekte. Im „Ausschreibungsgesetz" sind mehrere Paragraphen festgelegt, um die Ausschreibung für öffentliche Projekte während des Ablaufs der Ausschreibung und nach dem Ablauf der Ausschreibung der Verwaltungsaufsicht zu unterstellen. Da es sehr viele öffentliche Projekte gibt, wird der Staatsrat aufgrund des „Ausschreibungsgesetzes" zu konkreten Aufsichtsbefugnissen ermächtigt.

Die Befgugnisse sind wie folgt aufgeteilt:
– Die staatliche Planungskommission ist zuständig für die staatlichen Schwerpunkt-Bauprojekte,
– das Aufbauministerium für die Bauprojekte in der Stadt und auf dem Land,
– das jeweilige Fachministerium für die Bauprojekte auf den Gebieten Eisenbahn, Landstraße, Hafen, Flughafen, Wasserbau, Kraftwerk, Telekommunikation usw.

VIII. Rechtshaftung

Da die Ausschreibung eine Aktivität ist, die privatrechtlichen und öffentlichen Bezug hat, hat das „Ausschreibungsgesetz" die Rechte und Pflichten aller Subjekte der Rechtsbeziehungen und deren Rechtshaftungen festgelegt. Darunter sind die verwaltungsrechtlichen Haftungen dominierend.

In den folgenden Fällen werden die verwaltungsrechtlichen Haftungen aufgelistet.

Es führt zu einer verwaltungsrechtlichen Haftung,

- wenn der Ausschreibende die Zwangsausschreibung gesetzwidrig umgeht,
- wenn die Ausschreibungsvertretungsorgane mit der Ausschreibung zusammenhängende Umstände und Unterlagen, die geheimgehalten werden müssen, bekannt werden lassen oder wenn sie in Kollision mit Ausschreibenden oder Bewerbern die Interessen des Staates oder gesellschaftliche öffentliche Interessen oder legale Rechte anderer schädigen,
- wenn der Ausschreibende mögliche Bewerber durch unvernünftige Bedingungen beschränkt oder ausschließt und mögliche Bewerber diskriminierend behandelt. Außerdem wenn er Bewerber zwingt, eine Verbindung zu bilden und sich gemeinsam zu bewerben oder wenn er den Wettbewerb zwischen den Bewerbern einschränkt,
- wenn der Ausschreibende anderen die Bezeichnungen oder die Zahl der möglichen Bewerber, die die Ausschreibungsunterlagen erhalten haben, oder Grenzbeträge oder andere auf die Ausschreibung bezügliche Umstände bekannt werden lässt, welche einen ausgewogenen Wettbewerb beeinträchtigen können,
- wenn der Bewerber, der den Zuschlag erhalten hat, seine vertraglichen Verrpflichtungen aufgrund des geschlossenen Vertrags nicht oder nicht richtig erfüllt,
- wenn der Ausschreibende entgegen dem Gesetz mit Bewerbern über den Angebotspreis, das Projekt und andere substantielle Bedingungen der Bewerbung verhandelt,
- wenn Mitglieder der Bewertungskommission vom Bewerber vermögenswerte Gegenstände oder andere Vorteile erhalten oder wenn sie oder an der Bewertung beteiligte Beschäftigte etwas über die Bewertung von Bewerbungsunterlagen und deren Vergleich, die für den Zuschlag empfohlenen Kandidaten oder sonstige mit der Bewertung zusammenhängende Umstände anderen bekannt werden lassen,
- wenn der Ausschreibende jemandem nicht nach dem Gesetz den Zuschlag gibt,
- wenn jemand, der den Zuschlag erhalten hat, das erteilte Vorhaben anderen übertragen oder es aufgeteilt hat;
- wenn der Ausschreibende mit dem, der den Zuschlag erhalten hat, nicht gemäß den Ausschreibungsunterlagen und den Bewerbungsunterlagen dieses Bewerbers einen Vertrag schließt oder wenn sie später Vereinbarungen entgegen dem substantiellen Inhalt des Vertrags treffen,
- wenn der Bewerber, welcher den Zuschlag erhalten hat, seine Pflichten nicht gemäß des Vertrages mit dem Ausschreibenden erfüllt.

Die verwaltungsrechtlichen Haftungen sind Verwaltungsstrafen wie Verwarnung, Verhängen eines Bußgeldes, Entzug des Gewerbescheins, Beschlagnahme der Gewinne, Entzug der Befähigung an Ausschreibungen teilzunehmen. Die Stafe wird nach der Schwere der Schuld verhängt.

Bildet der Sachverhalt eine Straftat, so wird der Täter nach den Regeln des Strafrechts zur Verantwortung gezogen.

Bemerkenswert ist, dass die öffentlich-rechtliche Haftung die zivilrechtliche Haftung nicht ersetzt. Wenn die oben erwähnten gesetzwidrigen Handlungen gleichzeitig einem anderen einen Schaden verursachen, haftet derjenige, der die Handlungen vorgenommen hat nach den Gesetzen des Zivilrechts auf Schadenersatz.

Schlusswort:

Das chinesische Ausschreibungsgesetz ist seit kaum 2 Jahren in Kraft. Bei der Implementierung des Gesetzes haben wir noch viel zu tun. Wir hoffen, bei dieser Gelegenheit, die Meinungen von deutschen Unternehmern und deutschen Juristen zu hören, damit wir die Implementierung des Gesetzes verbessern können.

LIU Ying

Master of Law, Assistentin, Tongji-Universität, Chinesisch-Deutsches Hoch-schulkolleg (CDHK), Shanghai

Die rechtlichen Regelungen der staatlichen Beschaffung in China

I. Die Entwicklung der Gesetzgebung über die „staatliche Beschaffung" in China

Die „staatliche Beschaffung" ist, international gesehen, keine neue Sache. Bereits im Jahre 1782 hatte die damalige Britische Regierung ein Amt für Anschaffung von Schreibzeug errichtet, welches sich später zum Ministerium für Materialversorgung entwickelt hat. Die Bundesregierung der USA hat im Jahre 1792 mit der staatlichen Anschaffung begonnen. Im Jahre 1806 hat die USA das erste Gesetz über die staatlichen Anschaffungen verabschiedet und danach eine Reihe von Anschaffungsgesetzen erlassen. Nach dem zweiten Weltkrieg wurden eine Reihe von internationalen und regionalen Abkommen über die staatliche Anschaffung mit der Liberalisierung des Handels und Intensivierung der internationalen und regionalen Zusammenarbeit unterzeichnet. Im Jahre 1979, direkt nach den Tokyo-Gesprächen, wurde das „Abkommen über die Regierungsanschaffung" im Rahmen des GATT unterzeichnet. Nach den Uruguay-Gesprächen hat sich der Geltungsbereich des Abkommens auf Dienstleistungsverträge erweitert. 1992-1993 hat der Rat der EU die „Verfahren zur Koordinierung der Verträge der Regierungsanschaffung", „Verfahren zur Koordinierung der Verträge über öffentliche Bauprojekte", „Verfahren zur Koordinierung der Verträge über Dienstleistungen" usw. festgelegt. Die U.N. und die Weltbank haben jeweils das „Mustergesetz" und den „Führer zur Anschaffung auf Kredit" verabschiedet.

Ab 1996 hat China die Gesetzgebung zur Regierungsanschaffung in Shanghai und Shengzhen probeweise durchgeführt. Das Gesetz hat sich bald in China landesweit entwickelt. Der Umfang der Regierungsanschaffungen war von 3,1 Milliarden Yuan im Jahre 1998 auf 13 Milliarden Yuan im Jahre 1999, auf 32,8 Milliarden Yuan im Jahre 2000 und letztlich auf 65,3 Milliarden Yuan im Jahre 2001 gestiegen. Der Bereich der Regierungsanschaffungen hat sich auch auf die Anschaffung der Güter im Bereich der Dienstleistung erweitert. Dementsprechend wurden lokale Verordnungen in Shanghai und Shenzhen sowie ministeriale Verwaltungsvorschriften erlassen, wodurch die staatliche Gesetzgebung wertvolle Erfahrungen gesammelt hat. Im April 1999 hat der Ausschuss für Finanzen und Wirtschaft des NVKs eine Arbeitsgruppe für den Entwurf des Gesetzes über die Regierungsanschaffung errichtet. Damit hat China mit dem Entwurf des Regierungsanschaffungsgesetzes begonnen. Im Oktober und Dezember 2001 hat der „Ständige Ausschuss" des NVK zweimal die Entwürfe überprüft.

Auf Basis einer Anhörung der relevanten gesellschaftlichen Kräfte hat der Ständige Ausschuss des NVKs auf der 28. Plenarkonferenz der IX. Tagung das „Regierungsanschaffungsgesetz der VR China" verabschiedet, welches die Aufmerksamkeit aller Welt auf sich zieht.

II. Die Bedeutung des Regierungsanschaffungsgesetzes

Das Regierungsanschaffungsgesetz hat deswegen die Aufmerksamkeit aller Welt erweckt, weil die Regierungsanschaffung von großer Bedeutung ist.

1. Verstärkung der Kontrolle der öffentlichen Ausgaben und Steigerung der Effizienz der Finanzmittel

Vor einigen Jahren hat China eine Finanz- und Steuerreform durchgeführt. Das Prinzip der Sparsamkeit muss verfolgt werden. Die Regierungsanschaffungen spielten bei den staatlichen Ausgaben eine bedeutende Rolle. Die Regierungsanschaffungen der meisten Länder machen etwa 10 % der GDP und mehr als 30 % der jährlichen Ausgaben aus. Folglich müssen, um die Effizienz der Regierungsanschaffungen zu sichern, in fast jedem Land die Ausgaben der Regierungen besonders kontrolliert werden. In der Praxis hat sich gezeigt, dass die Regierungsanschaffungen den Wettbewerbsmechanismus bei der Anwendung der staatlichen Ausgaben einführen; folglich dürfte zu erwarten sein, dass die Staatsausgaben in großem Umfang reduziert werden und zugleich die Effizienz der öffentlich eingesetzten Mittel gesteigert wird.

Ein Beispiel: der Haushalt für die Regierungsanschaffungen Chinas im Jahre 2001 lag bei 73,16 Milliarden Yuan. Die realen Ausgaben für das öffentliche Beschaffungswesen der Regierung lagen bei 65,32 Milliarden Yuan. Es konnten 7,85 Milliarden Yuan, etwa 10,7 % der ursprünglich eingeplanten Ausgaben eingespart werden.

2. Steigerung der Makrosteuerungsfähigkeit der Regierung und Förderung zur Verwirklichung des Politikziels

Die gesunde Entwicklung der Marktwirtschaft ist mit der vernünftigen und angemessenen Makrosteuerung sowie der wissenschaftlichen Verteilung der Finanzen der Regierung eng verbunden. Da der Umfang öffentlicher Beschaffungen durch die Regierung ein enormes Ausmaß von volkswirtschaftlicher Bedeutung angenommen hat, ist ein einheitliches System für die öffentliche Beschaffung eine effektive Handlungsform und Maßnahme für die Regierung.

Vor allem kann die Regierung auf der Grundlage einer einheitlichen Regierungsanschaffung ihre Intention der Makrosteuerung verwirklichen. Die Regierung kann anhand des Wirtschaftsentwicklungszustands in der elastischen Zone die Anschaffung zeitrechtlich und angemessen arrangieren. Damit kann die Regierung einen Multiplikationseffekt erzielen und die Globalsteuerung verwirklichen, z. B. wenn die Wirtschaftsentwicklung Überhitzungstendenzen zeigt, kann die Regierung die Anschaffung beschränken oder verschieben, um die Nachfrage zu steuern und ggf. auch zu reduzieren. Umgekehrt kann sie die Anschaffung steigern oder frühzeitig durchführen, um die Zunahme der Nachfrage zu fördern. Damit kann die Regierung mit der Anschaffung die Ausgewogenheit zwischen Angebot und Nachfrage regulieren.

Zum Zweiten kann die Regierung mit einheitlicher Regierungsanschaffung ihre Intention der strukturellen Regulierung verwirklichen. Die Regierung hat bei der Anschaffung einen gewissen Spielraum in Bezug auf Produkte und Branchen. Die Regierungsanschaffung kann die differenzierte Politiktendenz verkörpern, z. B. wenn die Regierung aus der Überlegung der Industriepolitik oder der Wirtschafts- und Technologiepolitik bestimmte, neue Industrien oder Technologien fördern möchte, so kann sie bei der Anschaffung die Produkte aus solchen Bereichen mehr berücksichtigen. Die Regierung investiert nicht nur gezielt in solche Branchen, sondern spielt auch eine Vorreiterrolle.

Zum Dritten kann die Regierung mit Anschaffungen das Preisniveau stabilisieren. Die Regierungsanschaffung hat einen Charakter von "großen Massen". Sie ist ein großes Gewicht im Verhältnis zwischen Angebot und Nachfrage und kann das Preisniveau und die Tendenz in gewissem Maße beeinflussen. Durch öffentliche Ausschreibungen und den einsetzenden Wettbewerb wird in der Regel ein günstigerer Angebotspreis erzielt. Die Handlung und deren Effekt kann zu einer Dämpfung oder Stabilisierung des Preisniveaus für die Produkte in gleichen Bereichen führen. Die Regierung kann den Regulierungseffekt der Anschaffung ausnutzen, indem sie den Zeitpunkt und die Menge der Anschaffung wählt. Der Prozess der öffentlichen Ausschreibung hat in gewissem Umfang eine messbare und positive Auswirkung auf eine Preisregulierung.

Schließlich kann die Regierung mit der Anschaffung eine bestimmte Politik verkörpern, z. B. Förderung der Beschäftigung, Verwirklichung der Industrie- und Wettbewerbspolitik, Ankurbelung der Umweltpolitik sowie Durchführung der Regionalpolitik, z. B. kann die Regierung bei der Anschaffung die Produkte mehr berücksichtigen, die umweltfreundlich sind oder die von einer Fabrik herstellt werden, in der Behinderte beschäftigt werden.

3. Steigerung der Transparenz der Regierungsanschaffung zur Bekämpfung der Korruption

Eine saubere Regierung ist stets eines der Ziele des Systemaufbaus. Die dezentrale und nicht gesteuerte Regierungsanschaffung erweist sich als Grundlage für die Korruption. Das beste Mittel gegen die Korruption ist die Transparenz. Der Aufbau eines Systems für eine einheitliche Regierungsanschaffung, Regelung des Anschaffungsverfahrens, Öffentlichkeit der Operation, berechtigte Vergabe des Auftrags, Kontrolle durch Finanzamt, Aufsichtsamt, Justiz, Rechnungshof sowie Lieferanten und Massenmedien und die Beseitigung der "Black Box" sind die bedeutendsten Maßnahmen, welche die Korruption bekämpfen sollen.

III. Internationaler Hintergrund der Gesetzgebung

Neben der bedeutenden Funktion der Regierungsanschaffung an sich, spielt der internationale Hintergrund bei der Gesetzgebung des „Regierungsanschaffungsgesetzes" eine wichtige Rolle. Der Markt für die Regierungsanschaffung war über längere Zeit als ein besonderer Markt nicht zugänglich. Da in der Regel mit der Regierungsanschaffung die stillschweigende staatliche Subvention an Lieferanten einhergeht, war die Regierungsanschaffung seit langem ein effektives Mittel zum Schutz der nationalen Industrie in allen Ländern. Mit der Beschleunigung der Liberalisierung des Welthandels hat sich die Regierungsanschaffung von einem geschlossenen zu einem offenen System entwickelt und von einer reinen Finanzpolitik zur Internationalen Handelspolitik gewandelt. Sie ist zu einem wichtigen Gebiet der zwei- oder mehrseitigen Verhandlungen über die Liberalisierung des Handels geworden. In Verhandlungen über den Beitritt der VR China zur WTO haben einige Mitglieder der WTO die Anforderungen gestellt, dass die VR China auch demmultilateralen „Abkommen über die Regierungsanschaffung" beitreten sollte. Die chinesische Delegation hat die Anforderung angenommen. Auch die EU hat bei den Verhandlungen von China gefordert, dass der Regierungsanschaffungsmarkt gefördert werde. Im Jahre 1996 hat die VR China einen einseitigen Handlungsplan an die APEC vorgelegt, dass die VR China spätestens im Jahre 2020 den Regierungsanschaffungsmarkt öffnet. Deswegen ist der Aufbau eines Systems für die einheitliche Regierungsanschaffung ein immanenter Bereich der Öffnungspolitik Chinas. Obwohl die Öffnung des Regierungsanschaffungsmarktes die chinesische Industrie unvermeidlich beeinflussen wird, ist doch die Öffnung des Regierungsanschaffungsmarktes gegenseitig und paritätisch. Sie wird sowohl die Erschließung des internationalen Marktes für die chinesischen Produkte als auch die Einführung der neuen ausländischen Produkte nach China fördern.

IV. Der Hauptinhalt des chinesischen „Regierungsanschaffungsgesetzes"

Das „Gesetz über die Regierungsanschaffung der VR China" wurde am 29. Juni 2002 verabschiedet. Das Gesetz besteht aus 9 Kapiteln und 88 Paragraphen. Es enthält die allgemeinen Regelungen, die Parteien der Regierungsanschaffung, Formen der Anschaffung, Verfahren der Anschaffung, denVertrag der Regierungsanschaffung, Interpellationsrecht und Beschwerde, Aufsicht, Haftung und einen Anhang.

1. Das Ziel der Regierungsanschaffung

In den §§ 1, 9 und 10 werden folgende gesetzgeberischen Ziele für die Regierungsanschaffung genannt:

- die Steigerung der Effizienz der Finanzmittel für Regierungsanschaffungen,
- der Schutz der öffentlichen Interessen des Staates und der Gesellschaft,
- der Schutz der legitimen Rechte und Interesse der Parteien der Regierungsanschaffung,
- die Förderung des Aufbaus der sauberen Regierung,
- die Verwirklichung der Ziele der Entwicklungs-, Umwelt-, Regional und Strukturförderungspolitik.
- der Schutz der nationalen Industrie.

2. Geltungsbereich

a. Die Subjekte der Regierungsanschaffung

Das „Regierungsanschaffungsgesetz" definiert die Subjekte der Regierungsanschaffung als "Staatliche Organe auf allen Ebenen, öffentliche Institutionen und Vereine", die "mit Haushaltsmitteln" kaufen. Diese Definition ist der international üblichen Definition ähnlich, aber sie ist doch etwas enger. Im chinesischen Regierungsanschaffungsgesetz sind die Staatsunternehmen oder staatliche Holdinggesellschaften nicht enthalten, während im ausländischen Regierungsanschaffungsgesetz die staatlichen Monopolunternehmen enthalten sind. Das Wort „Finanzmittel" im chinesischen Gesetz beinhaltet nur die Haushaltsmittel, d.h. planmäßige und außerplanmäßige Mittel, die die mit Haushaltsmitteln rückzuzahlenden Kredite umfassen, während in ausländischen Gesetzen alle Mittel aus öffentlicher Hand im Begriff integriert sind.

China hat deshalb eine engere Definition gewählt, weil wir das System der Regierungsanschaffung erst seit einigen Jahren durchgeführt haben. Die bisherigen Erfahrungen sind noch nicht hinreichend. Ferner gibt es viele Staatsunternehmen, die auf nahezu allen Gebieten tätig sind. Der Einsatz öffentlicher Geldmittel in dem Gesamtsystem der Wirtschaft ist erheblich größer als der Gesamtbetrag ausländischer Direktinvestitionen. Wenn wir den Geltungsbereich der Regierungsanschaffung etwas stärker eingrenzen, können wir die Regierungsanschaffung insgesamt besser vorantreiben, und das ist günstig für den Schutz des Regierungsanschaffungsmarktes und der nationalen Industrie in der Anfangsphase. Andere Länder haben in der Anfangsphase auch ähnliche Maßnahmen getroffen. Dies entspricht sowohl internationalen Gepflogenheiten als auch den chinesischen Gegebenheiten.

b. Gegenstände der Regierungsanschaffung

Die Gegenstände der Regierungsanschaffung sind Güter, Bauprojekte und Dienstleistungen wie Ankauf, Miete, Beauftragung und Anstellung usw., die im Katalog der Regierungsanschaffung aufgestellt werden und die bestimmte Auftragsvolumina überschreiten.

Der Bereich entspricht dem im „Abkommen über Regierungsanschaffung" der WTO geregelten Bereich und den Gesetzen anderer Länder.

c. Ausnahmebereich

§ 85 des „Regierungsanschaffungsgesetzes" schließt die dringenden Anschaffungen, welche durch schwere Naturkatastrophen und andere Höhere Gewalt verursacht werden, sowie die Anschaffungen in Bezug auf die Staatssicherheit und Staatsgeheimnisse aus dem Geltungsbereich aus. Da die Verfahren der Regierungsanschaffung ziemlich kompliziert sind, lange dauern und ihr Ergebnis offen ist, wird, im Fall der Kollision zwischen unterschiedlichen Wertentscheidungskriterien bei dringenden Anschaffungen oder Anschaffungen für die nationale Verteidigung, oft auf das Regierungsanschaffungsverfahren verzichtet. Das ist international üblich.

3. Prinzipien der Regierungsanschaffung

Die Regierungsanschaffungen müssen sich an den Grundsatz der Öffentlichkeit und Transparenz, den Grundsatz der Aufrichtigkeit und Ausgewogenheit sowie den Grundsatz von Treu und Glauben halten.

Die Öffentlichkeit bezieht sich auf die Transparenz des Systems der Regierungsanschaffung. Das System soll garantieren, dass die potenziellen Lieferanten oder die Lieferanten in bestimmten Bereichen die gleichen Informationen über die Regierungsanschaffung erhalten. Das System soll auch garantieren, dass der Entscheidungsprozess der Regierung über die Anschaffung transparent ist. Zur Zeit hat die chinesische Regierung bereits ein Informationssystem über die Regierungsanschaffung aufgebaut, das die Zeitung „Economic Daily", das Internet (www.ccgp.gov.cn) und die Zeitschrift „Chinesische Regierungsanschaffung" umfasst. Die Normen und die Ergebnisse der Regierungsanschaffung müssen so viel wie möglich bekannt gegeben werden, damit die ganze Gesellschaft die Regierungsanschaffungen überwachen kann.

Die Ausgewogenheit bedeutet, dass allen potenziellen Lieferanten die gleichen Chancen und Rechte gegeben werden sollen. Niemand soll diskriminiert werden. Der Anschaffungsvertrag soll die Verwirklichung der Rechte anderer Parteien garantieren.

Die Aufrichtigkeit bedeutet, dass die Regierung über die möglichen und konkurrierenden Geschäftsparteien streng nach den gesetzlichen Bedingungen und Verfahren Entscheidungen treffen soll. Um diesen Grundsatz einzuhalten, sieht das Regierungsanschaffungsgesetz das System der Vermeidung vor. Und das Gesetz garantiert, dass die konkurrierenden Lieferanten, die den Zuschlag für den Abschluss des Vertrags nicht erhalten haben, sowie das Publikum das Recht haben, von der Regierung eine Begründung der Entscheidung zu verlangen.

Der Grundsatz von „Treu und Glauben" ist der sogenannte "kaiserliche Grundsatz" im Zivilrecht. Die Regierung soll sich an diesen Grundsatz halten, wenn sie bei der Anschaffung die Formen des Vertrags nutzt. Die Regierung soll auf der Basis von „Treu und Glauben" den Anschaffungsvertrag unterzeichnen und erfüllen. Die Regierung darf nicht mit ihrer überlegenen Stellung und Verwaltungsgewalt die Interessen anderer Parteien beeinträchtigen. Andererseits dürfen die bewerbenden Lieferanten nicht mit unlauteren Mitteln die Beamten der Exekutive beeinflussen, um die eigenen privaten Interessen zu erreichen. Sie dürfen nicht mit Fachkenntnissen die Regierung betrügen, in ihrem Angebot falsche Angaben oder Preise ausweisen oder durch Absprachen das öffentliche Interesse beeinträchtigen.

4. Die Parteien der Regierungsanschaffung

Das „Regierungsanschaffungsgesetz" sieht 3 Parteien in der Regierungsanschaffung vor: Ankäufer, Lieferant und Anschaffungsvertretungsorgan.

Der Ankäufer ist das Subjekt der Anschaffung. Die Person des Ankäufers bezieht sich auf Staatsorgane, Öffentliche Institutionen, Vereine. Der Ankäufer ist eine Partei des Anschaffungsvertrags.

Als Lieferanten kommen juristische Personen, andere Organisationen oder natürliche Personen in Betracht, welche dem Ankäufer Güter, Bauprojekte oder Dienstleistungen anbieten. Das „Regierungsanschaffungsgesetz" zählt als marktqualifizierende Bedingungen der Lieferanten folgende Kriterien auf:

- Fähigkeit zur Tragung der Zivilrechtshaftung,
- guter geschäftlicher Ruf und vervollkommnetes Finanz- und Buchführungssystem,
- die notwendigen Anlagen und Fachkräfte zur Erfüllung des Vertrags,
- Nachweise über die Entrichtung der Steuer und Sozialversicherungsprämie und
- keine Anklagen wegen gesetzwidrigen Handels in den letzten 3 Jahren.

Der Ankäufer kann auch, nach dem besonderen Bedarf des anzuschaffenden Gegenstandes, spezifische Bedingungen fordern, aber er darf nicht mit unvernünftigen Bedingungen die Lieferanten verschieden behandeln oder diskriminieren.

Mehrere juristische Personen, andere Organisationen oder natürliche Personen können sich gemeinschaftlich verbinden und sich als ein Lieferant an der Regierungsanschaffung beteiligen. Sie haben in Bezug auf ihre Beteiligung an der Regierungsanschaffung eine Gemeinschaftshaftung zu tragen.

Regierungsanschaffungsvertretungsorgane sind einheitliche Anschaffungsorganisationen und insoweit juristische Personen, die von den Regierungen gebildet werden und die über die Grenzen verschiedener Städte und Bezirke hinausgreifend auf der Beschaffung aktiv werden, um auf diese Weise einen einheitlichen Beschaffungsbedarf abzudecken.

5. Die Formen und Verfahren der Regierungsanschaffung

Das „Regierungsanschaffungsgesetz" sieht 5 Formen der Anschaffung vor:

Öffentliche Ausschreibung, beschränkte Ausschreibung (die bestimmte juristische Personen oder sonstige Organisationen zur Ausschreibung auffordern), konkurrierende Verhandlung, Anschaffung von einem einzigen Lieferanten, Preisauskunft. Vor allem sieht das Gesetz die öffentliche Ausschreibung als Hauptform der Regierungsanschaffung vor.

Das Gesetz bestimmt durch Aufzählung die Voraussetzungen für die Anwendung der jeweiligen Formen, z. B. für die Anschaffung von einem einzigen Lieferanten:

- Nur ein einziger Lieferant.
- Unter unvorhersehbaren und dringenden Umständen, keine Möglichkeit zur Anschaffung von einem anderen Lieferanten und
- Garantierung der Einheit zwischen den gekauften Gegenständen und anzukaufenden Gegenständen und die Summe der Zahlung der Anzukaufenden unter 10 % der Summe von den Gekauften. Daraus ergibt sich, dass es das Anliegen des Gesetzgebers ist, in den meisten Fällen die Form der konkurrierenden Regierungsanschaffung zu wählen.

Für die fünf Formen der Anschaffung sieht das Gesetz weiter die entsprechenden Verfahren vor, um völlige Konkurrenz zu garantieren. Die Verfahren richtet sich nach Öffentlichkeit, Ausgewogenheit und Aufrichtigkeit.

6. Der Vertrag über die Regierungsanschaffung

Der Vertrag über die Regierungsanschaffung dokumentiert die Rechte und Pflichten des Ankäufers und des Lieferanten bei der Regierungsanschaffung, welche eine bedeutende Stellung in der Regierungsanschaffung einnehmen. Der

Vertrag über die Regierungsanschaffung ist vom „Regierungsanschaffungsgesetz" in seiner Form festgelegt. Der Vertrag muss in schriftlicher Form ausgearbeitet werden.

Im Folgenden wird ein Problem behandelt, das der Gesetzgeber nicht berücksichtigt hat, welches aber in juristischen Kreisen umstritten ist: Ist der Vertrag über Regierungsanschaffungen ein privatrechtlicher Vertrag oder ein verwaltungsrechtlicher Vertrag?

Die Juristen, welche dem Vertrag über Regierungsanschaffung einen zivilrechtlichen Charakter zuweisen, sind der Meinung, dass die Handlung der Regierungsanschaffung sich von der Verwaltungshandlung dadurch unterscheidet, dass die Regierung bei der Anschaffung keine Verwaltungsgewalt ausübt. Sie ist eine Partei des Vertrags und nimmt die gleiche Stellung wie der Lieferant ein. Die Rechte und Pflichten von beiden Parteien sind paritätisch. Wenn der Vertrag zu Stande kommt und wirksam wird, dürfen beide Parteien nicht willkürlich den Vertrag ändern oder auflösen.

Auf der anderen Seite sind die Juristen, welche den Vertrag über Regierungsanschaffungen als verwaltungsrechtlichen Vertrag definieren, der Meinung, dass sich der Vertrag über die Regierungsanschaffung sich vom privatrechtlichen Vertrag wesentlich unterscheidet, weil die Finanzmittel für die Anschaffung aus dem Steueraufkommen kommen und die Anschaffung eine öffentliche Aufgabe ist. Der Vertrag über die Regierungsanschaffung hat seine Besonderheiten in Bezug auf die Änderung oder die Ergänzung des Vertrags usw., womit der Verwaltung notwendige Befugnisse verliehen werden, um das öffentliche Interesse zu schützen. Bei der Regierungsanschaffung wird die Vertragsfreiwilligkeit nicht wie bei dem privatrechtlichen Vertrag unterstrichen. Sie ist von mehreren Seiten beschränkt.

Wir sind der Meinung, dass der Regierungsanschaffungsvertrag sowohl durch privatrechtliche als auch verwaltungsrechtliche Merkmale charakterisiert wird, obgleich er dem Grunde nach ein privatrechtlicher Vertrag ist, weil das „Regierungsanschaffungsgesetz" vorsieht, dass auf den Regierungsanschaffungsvertrag das „Vertragsgesetz" Anwendung findet. Die Rechte und Pflichten der beiden Parteien des Vertrags, d.h. des öffentlichen Ankäufers und des Lieferanten, werden gemäß des Grundsatzes von Gleichberechtigung und Freiwilligkeit vereinbart und in Form eines Vertrags festgelegt. Die beiden Parteien des Regierungsanschaffungsvertrags dürfen nicht willkürlich den Vertrag ändern, suspendieren oder beenden. Aber gleichzeitig ist es gesetzlich vorgeschrieben, dass die beiden Parteien des Vertrags den Vertrag ändern, suspendieren oder beenden müssen, wenn die Erfüllung des Vertrags das staatliche oder öffentliche Interesse beeinträchtigt.

7. Die Aufsicht über die Regierungsanschaffung

Die Konzentration der zerstreuten Regierungsbeschaffung reduziert vom System her die Gefahr der Korruption bei der Regierung. Aber die Aufsicht über die Regierungsbeschaffung darf trotzdem nicht vernachlässigt werden, weil die Summe der Finanzmittel für konzentrierte Anschaffungen enorm ist und die angeschafften oder anzuschaffenden Gegenstände eine bedeutende Rolle in der öffentlichen Dienstleistung spielen. Daher ist es erforderlich, die Aufsicht über die Regierungsanschaffung zu verstärken.

Dazu sieht das „Regierungsanschaffungsgesetz" ein sog. Interpellationsrecht vor, d.h. die Lieferanten haben das Recht, dem Ankäufer oder dem Anschaffungsvertretungsorgan Fragen zu stellen. Wenn der Ankäufer oder das Vertretungsorgan keine zufriedenstellende Antwort geben kann oder in der gesetzlichen Frist keine Antwort gegeben hat, hat der Lieferant das Recht, bei der Aufsichtsbehörde eine Beschwerde zu erheben.

Das „Regierungsanschaffungsgesetz" sieht ferner vor: Wenn die Lieferanten mit der Behandlung der Beschwerde von der Aufsichtsbehörde nicht einverstanden sind oder die Aufsichtsbehörde in der gesetzlichen Frist der Beschwerde nicht abgeholfen hat, können die Lieferanten bei der zuständigen Behörde den Vertrag anfechten oder bei Gericht einen Verwaltungsprozess einleiten.

Auf der anderen Seite sieht das „Regierungsanschaffungsgesetz" vor, dass die Aufsichtsbehörde, der Rechnungshof und das Verwaltungsaufsichtsamt über die Regierungsanschaffungen die Aufsicht führen sollen. Den genannten Behörden steht das Recht zu, die gesetzwidrigen Handlungen in der Regierungsanschaffung anzuzeigen.

Ferner sieht das „Regierungsanschaffungsgesetz" Haftungstatbestände vor, um die Aufsicht weiter zu intensivieren.

Schlusswort:

Das System der chinesischen Regierungsanschaffung hat in den letzten Jahren eine positive Rolle bei der gesamtwirtschaftlichen Entwicklung gespielt. Wir sind davon überzeugt, dass die Bekanntmachung des „Regierungsanschaffungsgesetzes" und dessen Inkrafttreten am 01.01.2003 das Beschaffungswesen der chinesischen Regierung weiter stabilisieren und internationalen Standards entsprechend fördern und damit einen positiven Beitrag zum Aufbau einer prosperierenden Marktwirtschaft, eines internationalen Wirtschafts- und Handelsaustausches sowie zur Verwirklichung der Politikziele in China leisten wird.

ZWEITES CHINESISCH-DEUTSCHES WIRTSCHAFTSRECHTSSYMPOSIUM

Erfolg in China: Recht, Wirtschaft und Kultur

15.10.2003 bis 16.10.2003 in Shanghai

Martin Müller

Fachhochschule Braunschweig/Wolfenbüttel, Fachbereich Recht, Wolfenbüttel

Rezeption des deutschen Rechts in der VR China

Meine sehr geehrten Damen und Herren,

zunächst darf ich mich recht herzlich für die Gelegenheit bedanken, heute vor Ihnen sprechen zu dürfen. Mein Dank gilt vor allem Herrn Prof. Dr. Wang von der Tongji Universität und Herrn Prof. Dr. Huck von der FH Braunschweig/Wolfenbüttel sowie der Siemens AG, die gemeinsam dieses Symposium konzipiert und organisiert haben. Die Tagung ist damit ein Beleg für die in Deutschland zunehmend als wichtig erkannte und gerade hier und heute gelebte Kooperation zwischen Deutschland und China, nicht nur in der Wirtschaft[1], sondern zunehmend auch auf Hochschulebene[2] sowie schließlich in der Verzahnung von Wirtschaft und Wissenschaft.

---

[1] Allein fünf der sechs größten deutschen Industrieunternehmen (lt. FAZ vom 8.7.2003, Nr. 155, S. U2), sind stark im China-Geschäft engagiert: die Siemens AG mit dem Bau des Transrapid in Shanghai und ihrem Engagement in der Mobiltelefonsparte über die Shanghai Siemens Mobile Communication (SSMC), FAZ vom 7.8.2003, Nr. 181, S. 16; die Volkswagen AG mit dem Bau von zwei neuen Werken, FAZ vom 5.7.2003, Nr. 153, S. 14; die Daimler-Chrysler AG mit dem Abschluss einer Rahmenvereinbarung mit der Beijing Automotive Industry Holding Company (Baic), FAZ vom 8.9.2003, Nr. 208, S. 9. Eine ähnliche Rahmenvereinbarung besteht zwischen BMW und der Brilliance China Automotive Holding Ltd., FAZ vom 8.9.2003 (wie vor). Aus dem Bereich der New Economy sucht die Infineon Technologies AG aktuell einen chinesischen Partner zur Chipherstellung, FAZ vom 26.7.2003, Nr. 171, S. 12. Aus der Region Südostniedersachsen hat zudem das Braunschweiger Architekturbüro KSP Engel und Zimmermann im letzten Monat den internationalen Wettbewerb um die Erweiterung der Chinesischen Nationalbibliothek in Beijing sowie den städtebaulichen Wettbewerb um eine neue Bürostadt mit mehreren Hochhäusern in Xián gewonnen, Braunschweiger Zeitung vom 18.9.2003, S. 21.

[2] Beispielhaft seien genannt die Deutsch-Chinesische Juristenvereinigung und das gemeinsame Deutsch-Chinesische Institut für Rechtswissenschaft der Universitäten Göttingen und Nanjing; im Internet unter http://www.jura.uni-goettingen.de/kontakte.

I. Einleitung

Das Thema meines Vortrags „Die Rezeption des deutschen Rechts in China und ihre Auswirkungen in der Praxis" verlangt nach Präzisierung und Klarstellung:

Für einen deutschen Juristen (allgemein) bedeutet die Befassung mit dem gewählten Thema einen Blick von außen. Es hieße, vor den verehrten Kollegen der Tongji Universität „Eulen nach Athen tragen" zu wollen, wenn hier der Versuch unternommen werden sollte, das Chinesische Recht insgesamt zu beleuchten oder gar rechtsvergleichend vorzutragen. Denn dies würde zunächst die Beherrschung der chinesischen Sprache sowie die Kenntnis der chinesischen Kultur, einschließlich der Rechtssprache und Rechtskultur, voraussetzen. Und hier gehen meine Kenntnisse über ein freundliches „ni hau" kaum hinaus, allenfalls insoweit, als man bedenkt, dass auch diese Begrüßungsformel – je nach Betonung und Sprechgeschwindigkeit – mehrere unterschiedliche Bedeutungen haben kann. Selbst die Rechtsabteilung des Hauses Volkswagen, die in Wolfsburg einen Juristen beschäftigt, der fließend deutsch, englisch, japanisch und chinesisch spricht, kooperiert im China-Geschäft mit einer hiesigen Anwaltskanzlei.

Die im Titel meines Referates enthaltene Beschränkung auf die Rezeption des deutschen Rechts erscheint auf den ersten Blick hilfreich, ist aber bei näherer Betrachtung kaum realisierbar. Von noch untergeordneter Bedeutung ist in diesem Zusammenhang, dass das deutsche Recht seinerseits heute in weitem Umfang vom europäischen Gemeinschaftsrecht beeinflusst und zum Teil überlagert wird. Aber seit Mitte der 1970er Jahre engagieren sich nicht nur Deutschland sowie die übrigen kontinentaleuropäischen Staaten[3] und die EG in der VR China und beraten die Legislative bei den wirtschaftlichen und rechtlichen Reformvorhaben des Landes, sondern auch die USA sind ein wichtiger Handelspartner und Ratgeber in diesem Prozess. Mit dem Beitritt der VR China zur WTO am 11.12.2001 ist darüber hinaus das Rechtsregime der Welthandelsorganisation zu einem weiteren, wenn nicht gar zu dem bestimmenden Faktor der Rechtsent-

---

3   Dabei darf nicht übersehen werden, dass die kontinentaleuropäischen Rechtssysteme zwischen dem romanischen Typ der Institutionen (nach den römischen Juristen Gaius und Justinian) mit der Dreiteilung in Personal-, Sachen- und Prozessrecht einerseits und dem Pandekten-Modell des deutschen BGB mit seinen fünf Büchern – Allgemeiner Teil, Schuld-, Sachen, Familien- und Erbrecht – andererseits unterscheiden.

wicklung in der VR China geworden[4]. Denn als WTO-Mitglied ist die VR China verpflichtet, die internationalen Rechtsnormen im zwischenstaatlichen Wirtschaftsverkehr anzuerkennen. Und diese Verpflichtung hat natürlich auch Auswirkungen auf das innerstaatliche chinesische Recht.

Mit Deutschland (und Europa), den USA und der WTO besitzt die VR China mithin heute drei Partner, die das Land auf dem Weg in die Marktwirtschaft begleiten. Im Jahre 1999 hat Xin Chunying, Mitglied des Rechtsinstituts der Chinesischen Akademie der Sozialwissenschaften, die Art der Rezeption ausländischen Rechts in China wie folgt umschrieben: „on the one hand to transform and borrow the successful experiences of other countries and on the other hand to preserve and develop the valuable contents in Chinese legal culture"[5]. Diese vor dem WTO-Beitritt der VR China auf das Rechts- und Wirtschaftssystem anderer Staaten beschränkte Aussage dürfte – in zumindest abgeschwächter Form – auch für das internationale Rechtsregime der WTO gelten. Insgesamt wird hieraus deutlich, dass das chinesische Recht vielleicht im Ansatz das deutsche Rechtssystem mit seinen dogmatischen und systematischen Strukturen favorisiert, im Ergebnis jedoch häufig ein Destilat aus unterschiedlichen Rechtsordnungen ist und auch zukünftig sein wird.

II. Die zwei Phasen der Rezeption

Die Darstellung der Rezeption ausländischen Rechts in der VR China erfolgt am besten chronologisch. Die Rezeption des deutschen Rechts in China – und damit komme ich auf das vorgegebene Thema zurück – lässt sich zeitlich wie inhaltlich in zwei Phasen unterteilen:

1. Erste Phase der Rezeption des deutschen Rechts

Die 1. Phase umfasst die Jahre 1929 bis 1937. Nach dem Untergang des Kaiserreiches in der Revolution von 1911 war die Republik China gegründet worden, die ihrerseits bis zur Gründung der Volksrepublik China im Jahre 1949 bestand. Die Eingrenzung auf insgesamt nur neun Jahre erklärt sich aus dem Umstand,

---

4   Hilf/Göttsche, Chinas Beitritt zur WTO, RIW 2003, 161 ff.; Aaditya Mattoo, China's Accession to the WTO: The Service Dimension, in: Journal of International Economic Law, Vol. 6 No. 2, June 2003, S. 299 ff.; Halbig, Chinas WTO-Beitritt in politischer Perspektive, China Aktuell 1999, 1251 ff.; Schiller, Am Endes eines langen Weges: Chinas Beitritt zur WTO, China Aktuell 1999, 1156 ff. (zur Rechtsentwicklung im Bereich der Dienstleistungen (GATS)).

5   Xin Chunying, Chinese Legal System and Chinese Legal Reform, KAS Schriftenreihe, Beijing, 01/1999, S. 351 ff. Zum Konflikt zwischen Konfuzianismus, Legalismus und Daoismus; Weggel, Das nachrevolutionäre China. Mit konfuzianischen Spielregeln ins 21. Jahrhundert, Hamburg 1996, S. 162 f.

dass tatsächlich in dieser kurzen Zeit die Gesetze verabschiedet wurden, welche – im Sinne des Themas meines Vortrags – eine Rezeption des deutschen Rechts darstellen. Dabei soll nicht verschwiegen werden, dass erste Reformschritte bereits noch in der Kaiserzeit ihren Anfang nahmen: der seinerzeitige erste Entwurf eines chinesischen BGB von 1911 wurde jedoch ebenso wenig verabschiedet wie ein zweiter Entwurf aus dem Jahre 1927.

Die Zeit zwischen 1929 und 1937 war gekennzeichnet durch nachkaiserliche Reform- und Modernisierungsbemühungen. Es war die Blütezeit der Rezeption des deutschen Rechts in China:

Im Jahre 1930[6] bzw. in den Jahren 1929 bis 1931[7] wurde in China ein einheitliches Zivilgesetzbuch eingeführt. Dieses Zivilgesetzbuch basierte auf dem japanischen Zivilgesetzbuch. Und das japanische Zivilgesetzbuch basierte seinerseits maßgeblich auf dem deutschen Bürgerlichen Gesetzbuch (BGB) aus dem Jahre 1900. Insbesondere die Pandekten- und Begriffssystematik wurden seinerzeit rezipiert, zum Teil sogar einzelne Normen. Ihr Umfang wird auf seinerzeit 60 bis 70 Prozent, teilweise – unter Einschluss des schweizerischen Rechts – auf 95 Prozent geschätzt[8]. Das chinesische BGB übernahm dabei bereits seinerzeit nicht einfach ausländisches Recht, sondern es erfolgte „eine selbständige Durcharbeitung"[9].

Die damit mittelbare Übernahme des deutschen BGB in das chinesische Recht war allerdings nicht umfassend und geschah auch in den übernommenen Teilen nicht im Verhältnis 1:1. Nicht übernommen wurde das 3. Buch des BGB, also das Sachenrecht. Die Rezeption umfasste darüber hinaus nicht die gesellschaftlich besonders sensiblen Bereiche des Familien- und Erbrechts[10].

Fünf Jahre später, 1935, wurde eine Zivilprozessordnung (ZPO) in Kraft gesetzt, die ihrerseits im Wesentlichen auf dem im Titel gleichlautenden deutschen Reichsgesetz beruhte[11].

---

6   So z.B. Wang, AcP 166 (1966), 343, 347.

7   So z.B. Shao Jiandong, Newsletter der Deutsch-Chinesischen Juristenvereinigung, Heft 3/1999, S. 81, 84; Liang Huixing, AcP 1994 (1994), S. 479, 487.

8   Vgl. die Nachweise bei Shao Jinadong/Drewes, in: dies. (Hg.), Chinesisches Zivil und Wirtschaftsrecht, 2001, S. 13, 14, Fn. 5.

9   Brünger, Das neue chinesische BGB, BlIntPr 1931, Sp. 267, zitiert nach Shao Jiandong, Zur Rezeption des deutschen Zivilrechts in China, Newsletter der Deutsch-Chinesischen Juristenvereinigung 1999, S. 83, 85.

10   Shao Jiandong, a.a.O. (Fn. 9), S. 85; Wang Tze-chién, AcP 166 (1966), S. 343, 345.

11   Wang Tze-chien, a.a.O. (Fn. 10), S. 346.

Allerdings hat sich das rezipierte deutsche Recht seinerzeit nicht tatsächlich in China durchsetzen können, wurde also im Ergebnis nicht wirksam. Teilweise wird das seinerzeit rezipierte Recht folglich auch als „Papierrecht"[12] bezeichnet. Demgemäß verwundert es nicht, dass alle republikanischen Gesetze bereits vor der offiziellen Gründung der Volksrepublik China am 1.10.1949 wieder außer Kraft gesetzt wurden.

In der Folgezeit wurde das chinesische Recht dann stark vom sowjetischen Recht beeinflusst[13].

2. Zweite Phase der Rezeption des deutschen Rechts

Nach dem Tode Mao's und dem Sturz der sog. Viererbande im Jahre 1976 begann eine zweite, bis heute andauernde Phase der Rezeption des deutschen Rechts[14] und spätestens seit dem WTO-Beitritt im Jahre 2001 auch des Rechts der Welthandelsorganisation.

a) Politische Vorgaben

Den Anfang bildete ein Beschluss des 11. Zentralkommitees der chinesischen KP vom Dezember 1978, die Produktivkräfte zu entwickeln und das System der Wirtschaftsverwaltung umzugestalten, der gleichzeitig eine Periode von Reform und Öffnung einleitete[15].

Vom Oktober 1984 datiert ein KP-Beschluss über die Reform des Wirtschaftssystems, vom November 1994 ein weiterer zur Entwicklung eines sozialistischen Marktwirtschaftssystems.

Seit den Jahren 1987/1989 findet ein intensiver Dialog unter dem Stichwort Rechtsstaats-Debatte statt. Der im Sommer 1999 auf Regierungsebene initiierte Rechtsstaatsdialog[16] erhielt mit Unterzeichnung der „Deutsch-Chinesischen Vereinbarung zum Austausch und zur Zusammenarbeit im Rechtsbereich" vom

---

12　Shao Jiandong, a.a.O. (Fn. 9), S. 90.

13　Lujia Zhou, Zur Rezeption des „inneren Systems" des deutschen Privatrechts in der VR China, Frankfurt am Main 1998, S. 158; Liang Huixing, a.a.O. (Fn. 7), S. 490 f.

14　Teilweise wird hierin auch eine bloße Fortsetzung der Rezeption des westlichen Rechts gesehen, vgl. Shao Jiandong, Newsletter der Deutsch-Chinesischen Juristenvereinigung, Heft 3/1999, S. 81, 92.

15　Liang Huixing, a.a.O. (Fn. 7), S. 483.

16　Art. 5 der chin. Verfassung schreibt seit der Novelle 1999 das Rechtsstaatsprinzip ausdrücklich fest: „The People's Republic of China governs the country according to law and makes it a socialist country ruled by law." Kritisch zur praktischen Umsetzung Heilmann, China aktuell 1999, S. 587.

16.8.2000 sein rechtliches Fundament[17]. Ziel der Vereinbarung ist es, *„ausgehend von den jeweiligen grundlegenden nationalen Besonderheiten und den tatsächlichen Bedürfnissen, durch den gegenseitigen Austausch die nützlichen Erfahrungen der anderen Seite zu studieren und sich diese zu Nutzen zu machen, um zu gewährleisten, dass die Menschenrechte respektiert und garantiert und alles staatliche Handeln gesetzmäßig durchgeführt wird."*[18] Auf der Grundlage der Vereinbarung wurde am 22.6.2001 ein 2-Jahres-Programm beschlossen[19], welches eine verstärkte Zusammenarbeit zwischen der Bundesrepublik Deutschland und der VR China in folgenden Bereichen zum Gegenstand hatte und – fortgeschrieben – auch weiterhin haben wird: Verwaltungsrecht, Zivil- und Handelsrecht, Wirtschaftsrecht, Arbeits- und Sozialrecht, Strafrecht, Durchsetzung der Gesetze und Schutz der Bürgerrechte, Sonstiges. Organisatorisch geht es dabei vorrangig um die Abhaltung von Symposien, den Austausch von Forschungsdelegationen, Fortbildungsveranstaltungen und Publikationen.

Parallel fanden bereits seit Mitte der 1980er Jahre Verhandlungen um einen Beitritt Chinas zur WTO statt, an deren Ende China am 11.12.2001 Mitglied der Welthandelsorganisation wurde[20].

b) Rechtliche Umsetzung[21]

Die rechtliche Umsetzung dieser verschiedenen politischen Vorgaben erfolgt seit Beginn der 1980er Jahre mit einer beispiellosen Geschwindigkeit und in einem kaum vorstellbaren Umfang. Hierbei darf nicht vergessen werden, dass die VR China jahrtausendealte kulturelle und auch rechtliche Traditionen besitzt, die bis zum Beginn des vorigen Jahrhunderts weitestgehend unverändert fortbestanden. Zudem geht mit der Umgestaltung des Rechts parallel eine Umgestaltung des Wirtschaftssystems und letztlich auch des Sozialsystems einher.

Im Weiteren folgt ein Überblick über die Rechtsentwicklung in der VR China in Bezug auf das Wirtschaftsrecht in den letzten 20 Jahren sowie ein Ausblick auf zukünftige Reformvorhaben:

---

17   Bundesanzeiger vom 31.8.2000; im Internet abrufbar (12.9.2003) unter: www.bmj.de.

18   S. oben Fn. 17.

19   Im Internet abrufbar (12.9.2003) unter: www.bmj.de.

20   S. hierzu auch gic-German Industry & Commerce Shanghai & Beijing/Deutsche Handelskammer in China, China´s first year after joining WTO – Experiences, 2003, abrufbar über das Internet unter www.ahk-china.org.

21   Eine Vielzahl chinesischer Gesetze ist aufgelistet und teilweise im Volltext im Internet (12.9.2003) abrufbar unter: www.jura.uni-goettingen.de/chinarecht/index.htm.

aa) Privatrecht

Die grundsätzlichen Regelungen des Privatrechts bilden gegenwärtig die Allgemeinen Grundsätze des Zivilrechts (AGZ) vom 12.4.1986[22] (in Kraft getreten am 1.1.1987) sowie das Vertragsgesetz (VG)[23] vom 15.3.1999 (in Kraft getreten am 1.10.1999). AGZ und VG weisen in vielen Punkten Übereinstimmungen oder zumindest erhebliche Ähnlichkeiten mit dem deutschen BGB auf[24]. Beispielhaft sollen nachfolgend die Bestimmungen über Rechtsgeschäfte sowie diejenigen zum Kaufvertrag dargestellt werden:

Systematische und begriffliche Parallelen bestehen im Recht der Willenserklärungen sowie im Recht der Stellvertretung, aber auch – eingeschränkt – bei den Regelungen der Geschäfts-(un-)fähigkeit. So sind die Bestimmungen zu Willenserklärungen und Vertragsschluss im Grundsatz weitgehend deckungsgleich, mit Ausnahme der Vorschriften über die Bindung des Erklärenden an seinen Antrag (§ 19 VG: Bindung auch, wenn der Erklärungsempfänger nach Treu und Glauben annehmen durfte, das Angebot sei unwiderruflich, und im Vertrauen darauf gehandelt hat) und die Möglichkeit des Widerrufs des Antrags (§ 18 VG: Widerruf auch noch möglich zwischen Zugang und Annahme). Bei der Stellvertretung gelten hier wie dort ähnliche Regeln hinsichtlich des Repräsentationsprinzips und des Offenkundigkeitsprinzips (abweichend jedoch §§ 402 f. VG: wirksame Stellvertretung auch bei Handeln des Vertreters im eigenen Namen, soweit der Dritte Kenntnis von der Vollmachterteilung hat; Entstehen eines Schuldverhältnisses zwischen Drittem und nicht wirksam Vertretenem, wenn einer von ihnen zu vertreten hat, dass der vollmachtlose Vertreter seine Pflichten nicht erfüllt) sowie der Vertretung ohne Vertretungsmacht[25]. Schließlich sind Rechtshandlungen eines Geschäftsunfähigen (lt. § 12 II AGZ bis zur Vollendung des 10. Lebensjahres) unwirksam. Der beschränkt Geschäftsfähige (lt. § 12 I AGZ bis zur Vollendung des 18. Lebensjahres) bedarf grundsätzlich der Einwilligung des gesetzlichen Vertreters. Allerdings kann nach chinesischem Recht bereits der Geschäftsunfähige wirksam solche Handlungen vornehmen, die für ihn lediglich vorteilhaft sind[26]. Soweit insbesondere das neuere VG – wie darge-

---

22   S. Münzel, China Aktuell 1986, 288 ff. (mit deutscher Übersetzung). Zur Rechtsnatur Liang Huixing, a.a.O. (Fn. 7), S. 480.

23   Das Vertragsgesetz ersetzt das Wirtschaftsvertragsgesetz vom 1.7.1982 und das Technologievertragsgesetz vom 1.11.1987.

24   Zu den AGZ v. Senger, Einführung in das chinesische Recht, 1994, S. 12 ff. m.w.N.

25   Näher Beuchert/Yu Rong, Rechtsgeschäftslehre, in: Shao Jinadong/Drewes (Hg.), a.a.O. (Fn. 8), S. 17, 27 ff.

26   Ansichten zu den AGZ, Nr. 6, zitiert nach Beuchert/Yu Rong, Rechtsgeschäftslehre, in: Shao Jinadong/Drewes (Hg.), a.a.O. (Fn. 8), S. 21, Fn. 19.

stellt – Abweichungen vom deutschen Recht enthält, wird dies dem Einfluss des anglo-amerikanischen Rechts zugeschrieben[27].

Ähnliche Übereinstimmungen finden sich auch im Kaufvertragsrecht. Allerdings ist hier zu bedenken, dass nicht nur die in der VR China bestehenden Regelungen vor allem des VG aus dem Jahre 1999 stammen, sondern auch das deutsche BGB durch die europarechtlich determinierte Schuldrechtsreform zum 1.1.2002[28] eine grundlegende Neuausrichtung erfahren hat. Das deutsche Kaufrecht wurde dabei gemeinschaftskonform vereinheitlicht, gleichzeitig aber auch in zahlreichen Punkten dem UN-Kaufrecht angepasst. Und gerade dieser letzte Punkt, das UN-Kaufrecht, begründet neue Gemeinsamkeiten zwischen der deutschen und der chinesischen Rechtsordnung. Übereinstimmung besteht in beiden Rechtskulturen zunächst hinsichtlich eines möglichen Eigentumsvorbehalts[29] sowie der Regelungen zum Gefahrübergang[30]. Das im Wirtschaftsverkehr besonders bedeutsame Gewährleistungsrecht weist ebenfalls starke Parallelen auf. Waren die Regelungen betreffend Rechtsmängel schon vor der Reform des BGB ähnlich[31], gilt dies seit der Schuldrechtsreform in Deutschland auch für die Sachmängelhaftung. Besonders deutlich wird dies am nunmehr in beiden Rechtsordnungen für den Fall der Lieferung einer mangelhaften Sache verankerten Anspruch des Käufers auf Nacherfüllung[32]. Auch sonst sind die Rechte des Käufers bei Mängeln der Kaufsache weitestgehend identisch. Die Übereinstimmung reicht hier bis zum systematischen Ansatz. Da das chinesische Recht kein eigenes kaufrechtliches Gewährleistungsrecht kennt, gilt insoweit das allgemeine Recht zur Haftung für Vertragsverletzungen im 7. Kapitel des VG. Das deutsche BGB verweist insoweit in weiten Bereichen aus dem Kaufrecht in das allgemeine Schuldrecht[33]. Andererseits bestehen gravierende Unterschiede. So kennt das deutsche BGB neben dem Sach- auch den Rechtskauf[34], der im chine-

---

27   Beuchert/Yu Rong, Rechtsgeschäftslehre, in: Shao Jinadong/Drewes (Hg.), a.a.O. (Fn. 8), S. 17, 31.

28   S. Gesetz zur Modernisierung des Schuldrechts vom 26.11.2001, BGBl. I, 3138. Zu den daraus resultierenden Neuerungen im Kaufrecht statt vieler Westermann, NJW 2002, 241 ff.

29   Vgl. § 449 BGB und § 134 VG.

30   Vgl. §§ 466 f. BGB und §§ 142, 145 VG.

31   Vgl. §§ 435, 437 BGB und §§ 107 ff. 150 f. VG. S. Li Daxue/Stammann, Kaufrecht, in: Jinadong/Drewes (Hg.), a.a.O. (Fn. 8), S. 51, 61 f. (noch zum „alten" deutschen Schuldrecht).

32   Li Daxue/Stammann, a.a.O., (Fn. 31), S. 62 f.

33   Vgl. § 437 Nrn. 2 und 3 BGB.

34   Vgl. § 453 BGB.

sischen Kaufrecht des VG nicht vorgesehen ist[35]. Fremd ist dem chinesischen Recht auch (noch) der Grundstückskauf, da Grund und Boden im Eigentum des Staats oder der Kollektive stehen. Während im deutschen Recht das Abstraktionsprinzip gilt, unterscheidet das VG nicht zwischen schuldrechtlichem Verpflichtungs- und dinglichem Verfügungsgeschäft[36].

Die rezeptorischen und rechtsvergleichenden Betrachtungen ließen sich allein im Bereich des Zivilrechts nahezu unendlich fortführen, was jedoch in Anbetracht des vorgegebenen Zeitrahmens an dieser Stelle nicht möglich ist. Auch werden die nachfolgenden Referate insbesondere der chinesischen Kollegen hier noch einzelne neue Gesetze näher beleuchten. Schließlich ist zu bedenken, dass das chinesische Recht sich gegenwärtig noch in einem Reformprozess befindet, der vielleicht erst in 50 Jahren abgeschlossen sein wird. Im Rahmen des bereits erwähnten deutsch-chinesischen Rechtsstaatsdialogs sei für den Bereich des Zivilrechts auf das Projekt zum Handels- und Gewerberegister sowie dasjenige zur Vollstreckung von Zivilurteilen hingewiesen.

Dabei ist die Geschwindigkeit der Veränderungen gerade im Wirtschaftsrecht rasant, wie die gerade in den letzten Jahren erlassenen neueren Regelwerke zeigen. Genannt seien hier aus jüngerer Zeit das Gesetz gegen unlauteren Wettbewerb, das Gesetz über Verbraucherschutz, das Warenzeichengesetz und das aus diesem Jahr stammende Kartellgesetz[37], letzteres wiederum charakterisiert als eine Mischung aus angelsächsischen Elementen und kontinentaleuropäischen Elementen[38].

Auch der WTO-Beitritts der VR China hat im letzten Jahr zum Erlass einer Fülle ergänzender Bestimmungen geführt, so zum Urheberrechtsgesetz, zum Warenzeichengesetz, zu den Verwaltungsvorschriften betreffend Repräsentanzen ausländischer Unternehmen in China sowie zu Änderungen im Versicherungsgesetz[39].

---

35 Vgl. § 130 VG. Zur subsidiären Anwendbarkeit des VG Li Daxue/Stammann, a.a.O. (Fn. 31), S. 52.

36 Vgl. § 133 VG. Näher Li Daxue/Stammann, a.a.O. (Fn. 31), S. 55.

37 FAZ v. 3.9.2003, Nr. 204, S. 19.

38 FAZ v. 3.9.2003, Nr. 204, S. 19.

39 Vgl. Hilf/Göttsche, a.a.O. (Fn. 4), S. 163 ff.

bb) Öffentliches Recht

Im öffentlichen Recht sind die Veränderungen nicht weniger einschneidend und umfassend:

Auf Verfassungsebene ist dabei die im Jahre 1999 erfolgte Aufnahme des Rechtsstaatsprinzips in Art. 5 der chinesischen Verfassung von herausragender Bedeutung[40]. Die Bestimmung lautet nunmehr: *"The People's Republic of China governs the country according to law and makes it a socialist country ruled by law."* Bereits vor nunmehr 10 Jahren hatte eine Änderung des Art. 11 der chinesischen Verfassung das private Unternehmertum gestärkt, das nunmehr den Stellenwert als *„important component of the country 's socialist market economy"* besitzt[41]. An dieser Stelle mag der Hinweis genügen, dass es sich bei den erwähnten Verfassungsartikeln zwar um fundamentale Grundentscheidungen handelt, ihre Umsetzung auf Gesetzesebene – unter Zugrundelegung des deutschen Rechtsverständnisses hinsichtlich der Inhalte – jedoch noch (weitgehend) aussteht.

Auf der einfachgesetzlichen Ebene des Verwaltungsrechts sind bereits verabschiedet ein Verwaltungsorganisationsgesetz, ein Verwaltungsüberwachungsgesetz, die Vorläufige Verordnung über Staatsbedienstete, das Haushaltsgesetz sowie das Gesetzgebungsgesetz[42], ein Gesetz über Verwaltungsbestrafung[43] und schließlich ein Verwaltungswiderspruchsgesetz und eine Verwaltungsprozessordnung[44]. Zum Beginn dieses Jahres ist zudem das Vergabegesetz[45] vom 29.6.2002 in Kraft getreten. Und auch der Bereich des Umweltschutzes gewinnt in der VR China zunehmend an Bedeutung. Beispielhaft sei das Gesetz über die Folgenabschätzung von umweltrelevanten Handlungen vom 29.10.2002 (in Kraft getreten am 1.9.2002) genannt.

---

40   Zur Entwicklung s. Liu Feng, Constitutional Law in China, Hong Kong u.a. 2000, S. 38 ff.

41   Vgl. Stober, Zum deutsch-chinesischen Rechtsdialog im Verwaltungsrecht, in: ders., Ordnungsrahmen und Akteure einer sozialen und ökologischen Markt- und Weltwirtschaft, 2003, S. 213, 217.

42   Vgl. Stober, a.a.O. (Fn. 41) S. 227.

43   Vgl. Wang, WTO und die Reform der Gewerbeverwaltung und Vervollkommnung der Gewerbeordnung in der VR China, in: Graf/Paschke/Stober (Hg.), Gewerberecht in der Reform (im Erscheinen), Manuskript.

44   Vgl. Stober, a.a.O. (Fn. 41), S. 227.

45   S. dazu das Referat von Wang Weida, Zu Problemen der Implementierung des Ausschreibungsgesetzes bei der Durchführung von Regierungsprojekten in China.

Zahlreiche Neuregelungen stehen jedoch noch aus: Bislang nicht verabschiedet ist z.b. eine Gewerbeordnung[46]. Gegenwärtig im Entwurf liegen vor das Gesetz über Genehmigungen, das Gesetz über Verwaltungsvollstreckung sowie ein Gesetz über Verwaltungsaufsicht. Letzteres soll vor allem der Anpassung des chinesischen Rechts an die Erfordernisse der WTO dienen.

Organisatorisch steht die Neustrukturierung der chinesischen Industrie- und Handelsbehörde noch aus[47].

Im Rahmen des deutsch-chinesischen Rechtsstaatsdialogs existiert zudem im Bereich des öffentlichen Rechts ein (langfristig angelegtes) Projekt zur Reform des Verwaltungsverfahrens und des Verwaltungsprozesses.

III. Auswirkungen der Rezeption in der Praxis

1. Erwartungen und Rechtswirklichkeit

Damit komme ich zum zweiten Teil meines Themas, d.h. der Frage nach den Auswirkungen der Rezeption in der Praxis. Die Rezeption von Rechtsvorschriften oder gar Rechtssystemen hat bei vordergründiger Betrachtung gerade für den Rezeptierer den Vorteil, dass sein nationales Heimatrecht nunmehr auch im Staat des Rezeptors gilt. China wäre damit nicht nur ein Zukunftsmarkt für die deutsche Wirtschaft, sondern auch für die deutschen Juristen.

Die Rechtswirklichkeit sieht hingegen anders aus. Wie bereits einleitend ausgeführt, bedient sich die deutsche Wirtschaft regelmäßig chinesischer Rechtsanwälte, wenn es um den Abschluss von Verträgen oder sonstige Rechtsgeschäfte geht, die dem chinesischen Recht unterliegen, und zwar selbst dann, wenn der deutsche Partner über Juristen verfügt, die Kenntnisse des chinesischen Rechts vorweisen können und der chinesischen Sprache kundig sind. Auch haben beispielsweise deutsche Rechtsanwaltskanzleien kaum Niederlassungen in China. Die Gründe hierfür sind vielfältig:

2. Rechtskultur und Rechtssprache

Wie bereits mehrfach dargelegt, lässt sich Recht nicht isoliert von Kultur und Sprache, einschließlich Rechtskultur und Rechtssprache, betrachten und verstehen. Beispielhaft soll zur Verdeutlichung der insoweit bestehenden fundamentalen Unterschiede das unterschiedliche Verständnis der Begriffe des Gesetzes und des Rechtsstaats aufgezeigt werden:

---

46   Näher: Wang, a.a.O. (Fn. 43), S. 1.

47   Wang, a.a.O. (Fn. 43), S. 1 ff. (passim)

Zunächst soll der Begriff des Gesetzes, im Chinesischen „fa", betrachtet werden. Mit dem Begriff des Gesetzes verbindet sich in Deutschland die Vorstellung von der Herrschaft des Gesetzes i.s. des Vorrangs des Gesetzes gegenüber anderen staatlichen Meinungsäußerungen. Ein solches Verständnis existiert im chinesischen Recht nicht bzw. ist dort negativ besetzt; es ist zudem nur als Teil der Dreiheit der Normkreise „quing" (menschliche Beziehungen), „li" (Vernunft) und „fa" (Gesetze) vermittelbar. Allein hieraus erklärt sich bereits, dass in China das Rechtsbewusstsein und das Verständnis für Recht grundlegend anders sind als in Deutschland. Als Folge hieraus werden Gesetzesanwendung und -vollzug nicht zuletzt häufig überlagert von „guanxi", d.h. den persönlichen Kontakten und zwischenmenschlichen Beziehungen. Guanxi waren, sind und bleiben ein Eckpfeiler der chinesichen Kultur, einschließlich der Rechtskultur und existieren weitgehend unabhängig von rechtlichen Veränderungen fort[48].

Als zweites Beispiel mag der Begriff des Rechtsstaats, im Chinesischen „yifa zhiguo", dienen. Nach deutschem Verständnis knüpfen sich an diesen Begriff zahlreiche Ausprägungen. Im chinesischen Recht besitzt der Begriff des Rechtsstaats selbst bereits zwei Bedeutungen mit völlig unterschiedlichem, nicht miteinander zu vereinbarendem Inhalt, abhängig von der Aussprache der Silbe „ya". Im einen Fall bedeutet der Begriff, sich auf das Recht zu stützen, um das Land zu regieren, im anderen Fall, das Recht zu benutzen, um über das Land zu herrschen[49].

China ist sich dieser Unterschiede sehr wohl bewusst. Die bereits zitierte Erklärung von Xin Chunying, Mitglied des Rechtsinstituts der Chinesischen Akademie der Sozialwissenschaften, zur Art der Rezeption ausländischen Rechts legt hiervon Zeugnis ab[50]. Aber auch deutsche China-Experten sind sich des chinesischen Weges und der daraus resultierenden Folgen bewusst. So formuliert etwa Oskar Weggel im Handbuch Wirtschaft und Recht in Asien: „Deutschrechtlich ist nur die Fassade des Systems. Während das Mobiliar, das gleich hinter den Mauern steht, vor allem aber die Art und Weise seiner Anordnung, ganz anderen Gesetzmäßigkeiten folgt – Regeln namentlich, die auf einer vielhundertjährigen Tradition beruhen und jedem Chinesen zur zweiten Natur geworden sind."[51]

---

48   Instruktiv Schramm/Taube, Erfolg ohne Guanxi?, China Contact 3/2002, S. 44 ff.
49   Stober, a.a.O. (Fn. 41), S. 222.
50   S. oben Fn. 5.
51   Weggel, in: Handbuch Wirtschaft und Recht in Asien, Losebl., 1999, Länderteil China, Kap. A Rn. 34.

3. Kontinental-europäisches Rechtssystem versus anglo-amerikanisches Rechtssystem

Zudem ist das chinesische Recht ein Recht der zwei Rechtssysteme, nämlich einerseits des kontinental-europäischen Rechtssystems und andererseits des anglo-amerikanischen Rechtssystems. Zwar hat die chinesische Regierung gerade in den letzten Jahren wiederholt die Hinwendung zum kontinental-europäischen Recht betont, die Legislative praktiziert allerdings bis heute ein Nebeneinander beider Systeme, teilweise auch deren Vermischung, z.b. im Fall des Trustgesetzes[52].

4. Faktische Rechtssetzungsdefizite

Schließlich ist zu berücksichtigen, dass nach deutschem Rechtsverständnis rein faktisch Rechtssetzungsdefizite in China existieren:

Im Bereich des Zivilrechts fehlt es für eine umfassende Kodifizierung gegenwärtig noch an einem dem Dritten Buch des BGB vergleichbaren Sachenrecht. Das Insolvenzgesetz liegt im Entwurf vor, ist aber noch nicht verabschiedet.[53] Im Bereich des Verwaltungsrechts steht eine neuerliche Reform des Verwaltungsverfahrens- und des Verwaltungsprozessrechts noch aus. Hierbei wird es im Rahmen des Rechtsstaatsdialogs entscheidend darauf ankommen, im Verwaltungsverfahren die Transparenz und im Verwaltungsprozess die Unabhängigkeit der gerichtlichen Kontrolle zu optimieren.

IV. Schlusswort

Ungeachtet der vorstehend aufgezeigten Probleme bleibt festzuhalten, dass die VR China hinsichtlich der Bereitschaft zu Reformen wie auch der Realisierung von Reformen eine beeindruckende Offenheit und Dynamik aufweist, wie sie den Staaten der westlichen Welt, einschließlich der Bundesrepublik Deutschland, allzu häufig fehlt. Dabei muss man sich immer wieder vor Augen führen, welchen Weg dieses Land in den letzten 100 Jahren zurückgelegt hat. Das deutsche Recht und seine Rezeption waren und sind bis heute ein bestimmender Faktor der chinesischen Reformen. Der deutsch-chinesische Rechtsstaatsdialog ist ein Beleg dafür, dass die Rezeption des deutschen Rechts in der VR China andauert, und bildet gleichzeitig das Fundament für einen auch zukünftig fruchtbaren Austausch.

---

52 FAZ vom 3.9.2003, Nr. 204, S. 19.
53 FAZ vom 3.9.2003, Nr. 204, S. 19.

Nach dem chinesischen Kalender befinden wir uns gegenwärtig in der Mitte des Jahres der Ziege. Die Ziege steht dabei für ein turbulentes Jahr mit insgesamt positiver Tendenz; sie hinterlässt gern geordnete Verhältnisse. Wirtschaftlich symbolisiert dieses Tier moderaten Wohlstand und Gerechtigkeit für alle. Möge der andauernde Prozess der Rezeption des deutschen Rechts zur Verwirklichung dieser Ziele beitragen, über das Jahr der Ziege hinaus.

Achim Rogmann

Fachhochschule Braunschweig/Wolfenbüttel, Fachbereich Recht, Wolfenbüttel

Staatliche Grenzen für internationale Verträge

I. Einführung

Schon auf unserem 1. Symposium im Herbst 2002 ging es um die rechtlichen Rahmenbedingungen für Verträge zur Ausgestaltung der Rechtsbeziehungen zwischen chinesischen und deutschen Unternehmen. Diese Überlegungen werden während dieses 2. chinesisch-deutschen Symposiums vertieft, etwa wenn es um Vertragsanpassungen zur Projektabwicklung oder das Handling von Vertragsstörungen gehen wird. Die privatrechtlichen Vereinbarungen und Transaktionen zwischen den Unternehmen beruhen zunächst einmal auf dem Prinzip der Vertragsfreiheit. Es bleibt also der unternehmerischen Entscheidung überlassen, ob und ggf. mit welchem Inhalt internationale Verträge abgeschlossen werden.

Allerdings verzichtet weltweit kein Staat darauf, die Außenwirtschaftsbeziehungen zu lenken oder erforderlichenfalls sogar zu unterbinden. Beispiele gibt es zahlreiche dafür, wie die Staaten (bzw. die EU als ein Zusammenschluss von Staaten) den internationalen Wirtschaftsverkehr zwischen Unternehmen durch finanzielle Belastungen oder mengenmäßige Beschränkungen und Maßnahmen gleicher Wirkung steuern können. Das der staatlichen Souveränität entspringende Außenwirtschaftsrecht beschränkt durch seine vielfältigen Steuerungsinstrumente damit die Vertragsfreiheit der Unternehmen.

Die Unternehmen sind den außenwirtschaftsrechtlichen Einschränkungen aber nicht machtlos ausgeliefert. Denn mit dem Beitritt zur WTO haben sich nahezu alle für den Welthandel relevanten Staaten freiwillig verpflichtet, von bestimmten außenwirtschaftsrechtlichen Steuerungsinstrumenten keinen Gebrauch zu machen und insoweit die Vertragsfreiheit unangetastet zu lassen. Die sich aus dem Wirtschaftsvölkerrecht ergebenden Rechte und Pflichten beziehen sich unmittelbar aber nur auf die beteiligten Staaten. Nicht diese sondern die Unternehmen treiben miteinander Handel und schließen dazu privatrechtliche Vereinbarungen. Beide Ebenen können nicht ohne weiteres miteinander in Beziehung gebracht werden. Schon deshalb herrscht die Auffassung vor, „dass das WTO-Recht Einzelnen wenig nutze[1]".

In diesem Vortrag gilt es darzustellen, mit welchen außenwirtschaftsrechtlichen Instrumentarien die Staaten die wirtschaftliche Freiheit der Unternehmen beschränken und wie das WTO-Recht demgegenüber die Freiräume wieder her-

---

1 So die Überschrift in der Frankfurter Allgemeinen Zeitung vom 28.02.2001.

stellen soll. Dabei möchte ich es nicht versäumen, den Blick auch auf die außenwirtschaftliche Freiheit als Standortfaktor zu lenken (unten II. 3). Weiterhin
gilt es darzulegen, wie der einzelne Unternehmer Nutzen aus den Marktöff-
nungsinstrumenten des WTO-Rechts ziehen kann.

II. Europäisches und nationales Außenwirtschaftsrecht in den Schranken des Wirtschaftsvölkerrechts

1. Staatliche Schranken der unternehmerischen Außenwirtschaftsfreiheit

Sowohl auf europäischer als auch auf nationaler Ebene besteht der Grundsatz,
dass die unternehmerische Freiheit auch die Vertragsfreiheit bei internationalen
Rechtsgeschäften umfasst. Dass der Handel über Grenzen hinweg aber besonderen Belastungen unterliegt, ist allgemein bekannt. Ein exportierendes Unternehmen muss gleich zwei Grenzüberquerungen im Blick behalten: Bei der Ausfuhr
die der deutschen bzw. EU-Grenze und die der Grenze des Bestimmungsstaates
bei der dortigen Einfuhr (die Tatsache, dass häufig weitere Grenzen im Rahmen
des Transits überschritten werden müssen, soll hier nicht näher berücksichtigt
werden, zumal Art. V GATT die Freiheit der Durchfuhr gewährleistet). Bei beiden Grenzüberquerungen kann der jeweilige Staat die Aus- bzw. Einfuhr durch
hoheitliche Maßnahmen erschweren oder gar unterbinden. Bei der Lieferung
von Waren geht es regelmäßig bereits um die Erfüllung eines internationalen
Vertrages; die Aus- und Einfuhrbeschränkungen können aber auch auf das Verpflichtungsgeschäft durchschlagen.

Die hoheitlichen Maßnahmen bestehen in finanziellen Belastungen oder mengenmäßige Beschränkungen und reichen hin bis zum Ausfuhrverbot. Diese
staatlichen Grenzen für die unternehmerische Freiheit gilt es näher zu betrachten. Mit Rücksicht auf den Schwerpunkt unseres Symposiums möchte ich mich
auf die Sichtweise eines exportorientierten Unternehmers in Deutschland kon-
zentrieren.

a.) Tarifäre Maßnahmen

Beim Grenzübertritt von Waren werden – je nach Richtung – Einfuhr- und Aus-
fuhrzölle erhoben. Sie dienen schon immer dem Schutz des nationalen Marktes
vor Konkurrenz und mindern daher den Anpassungsdruck auf Löhne, Preise und
Sozialstandards (daher Schutzzölle)[2]. Zusätzlich können andere Abgaben und
Belastungen anlässlich des Grenzübertritts anfallen, die als zollgleich das
Schicksal der Zölle teilen[3]. Diese Abgaben und Belastungen verteuern die Pro-

---

2   Stoll/Schorkopf, WTO, Rz. 193.
3   Senti, WTO, Rz. 497.

dukte beim Grenzübertritt und greifen damit in die unternehmerische Freiheit, den Preis des Produktes vertraglich festzulegen, ein.

Grundlage der Europäischen Gemeinschaft ist nach Art. 23 Abs. 1 EGV eine Zollunion, welche die Einführung eines Zolltarifs gegenüber Drittländern beinhaltet. Die Befugnis zur Festlegung von Ausfuhrabgaben liegt somit in den Händen der Gemeinschaft[4].

Art. 209 bis 211 des EG-Zollkodex[5] legen fest, wann eine Ausfuhrzollschuld entsteht. Voraussetzung ist immer, dass es sich um ausfuhrabgabenpflichtige Waren handelt, die aus dem Zollgebiet der Gemeinschaft verbracht werden. Ausfuhrabgaben sind in den letzten Jahren immer nur zeitweilig erhoben worden und dann auch nur für bestimmte landwirtschaftliche Produkte (Getreide)[6]. Ansonsten zeigt die Gemeinschaft kein Interesse daran, die Ausfuhr von Produkten aus der Gemeinschaft durch Zölle zu behindern. Der Ausfuhrzoll ist für uns also ohne Belang.

Erhebliche Bedeutung kommt aber den Einfuhrzöllen im Bestimmungsland zu. Diese spielen insbesondere im Handel mit China nach wie vor eine bedeutende Rolle. Die Erhebung von Einfuhrzöllen verteuert ausländische Produkte auf dem chinesischen Markt, während einheimische Produkte von diesen Abgaben nicht erfasst werden. Dadurch kommt es zur einseitigen Verteuerung von Einfuhrwaren gegenüber nationalen Produkten. Die unternehmerische Freiheit wird hierdurch allerdings nur insoweit eingeschränkt, als dass bei Ausübung der Vertragsfreiheit berücksichtigt werden muss, dass auf den Endpreis des Produktes im Bestimmungsland noch Einfuhrabgaben erhoben werden. Ob diese vom Käufer oder Verkäufer der Waren übernommen werden, ist von den Vertragsparteien festzulegen und wird u.a. durch die INCOTERMS niedergelegt[7]. Damit wirken die bei der Erfüllung eines internationalen Vertrages zu entrichtenden Einfuhrabgaben bereits auf das Verpflichtungsgeschäft ein. Der Einfuhrstaat hat es dadurch in der Hand, die Einfuhr durch prohibitive Zölle so stark zu verteuern, dass potenzielle Vertragsparteien kein Interesse mehr an dem Rechtsgeschäft haben. Damit wird das Zustandekommen von internationalen Verträgen verhindert, ohne diese aber zu verbieten.

---

4   Vgl. Art. 26 EGV.
5   VO (EWG) Nr. 2913/92 des Rates vom 12. Oktober 1992 zur Festlegung des Zollkodex der Gemeinschaften, ABl. EG Nr. L 302/1.
6   Witte, Zollkodex, Art. 209 Rz. 3.
7   Vgl. etwa Altmann, Außenwirtschaft für Unternehmen, S. 227 ff.

b) Nichttarifäre Maßnahmen

Der internationale Handel wird nicht nur durch finanzielle Belastungen behindert sondern auch durch eine Vielzahl sog. nichttarifärer Maßnahmen, die die Ausfuhr beschränken oder verbieten können.

Auf gemeinschaftsrechtlicher Ebene beinhaltet Art. 1 der AusfuhrVO[8] den Grundsatz der Ausfuhrfreiheit. Es wird ausdrücklich festgelegt, dass Ausfuhren aus der EWG nach dritten Ländern frei, d.h. keinen mengenmäßigen Beschränkungen unterworfen sind. Auch das nationale Außenwirtschaftsrecht bestimmt in § 1 S. 1 AWG als Ausfluss der verfassungsrechtlich geschützten Freiheit der unternehmerischen Betätigung, dass der Wirtschaftsverkehr mit fremden Wirtschaftsgebieten grundsätzlich frei ist.

Dieser Grundsatz ist jedoch auf beiden Regelungsebenen bereits mit einem Vorbehalt versehen: Ausnahmen von der Ausfuhrfreiheit sind nach Art. 1 der AusfuhrVO diejenigen Beschränkungen, die in Übereinstimmung mit den Vorschriften dieser VO Anwendung finden. Zudem gilt dieser Grundsatz nicht für die in Anh. I der VO aufgeführten Waren, und die VO ermöglicht die Überwachung und Kontingentierung bei Mangelsituationen (Art. 6 I) oder zur Erfüllung internationaler Verpflichtungen (Art. 7 I). Diese Einschränkungen haben aber nur eine geringe praktische Bedeutung erhalten[9]. § 1 S. 2 AWG bestimmt auf nationaler Ebene, dass der grenzüberschreitende Wirtschaftsverkehr den Beschränkungen unterliegt, die das AWG enthält oder durch Rechtsverordnung auf Grund dieses Gesetzes vorgeschrieben werden.

aa) Genehmigungspflichten

Wesentlich bedeutsamer sind auf dem Boden des Gemeinschaftsrechts etwa die Beschränkungen der Dual-use-VO[10]. Hier beinhaltet Art. 3 I die Genehmigungspflichtigkeit von Ausfuhren der in der Ausfuhrliste genannten Güter mit doppeltem Verwendungszweck. Art. 3 II der Dual-use-VO enthält die Option, auch für nicht gelistete Güter eine Genehmigung vorzuschreiben. Die Qualifizierung eines Gutes mit „doppeltem Verwendungszweck" wird von der „doppelten Verwendung" durch den Nutzer definiert und nicht etwa vom Hersteller oder Händ-

---

8   VO (EWG) 2603/69 des Rates vom 20. Dezember 1969 zur Festlegung einer gemeinsamen Ausfuhrregelung, ABl. EG Nr. L324/25. Diese VO wird kommentiert in Hohmann/John, Ausfuhrrecht, Teil 1, S. 1 ff.

9   Hohmann/Karpenstein in Hohmann/John, Ausfuhrrecht, S. 24 Rz. 2.

10   Verordnung (EG) Nr. 1334/2000 des Rates vom 22. Juni 2000 über eine Gemeinschaftsregelung für die Kontrolle der Ausfuhr von Gütern und Technologien mit doppeltem Verwendungszweck, ABl. EG Nr. L 159/1.

ler dieses Gutes. Auch grundsätzlich harmlose und ungefährliche Produkte können damit einer Genehmigungspflicht unterfallen[11].

Wie stark das öffentliche Recht hier in die Vertragsautonomie eingreift, zeigt § 31 AWG. Ist ein Rechtsgeschäft nach objektiver Rechtslage genehmigungsbedürftig und genehmigungsfähig, so führt das zur schwebenden Unwirksamkeit des genehmigungsbedürftigen Rechtsgeschäfts. Es spielt dabei keine Rolle, ob sich die Genehmigungspflicht aus EG-Recht oder nationalem Recht ergibt[12]. Solange der Schwebezustand dauert, können keine Hauptleistungspflichten aus dem genehmigungspflichtigen Rechtsgeschäft bestehen. Auch können keine Sekundäransprüche nach dem Recht der Leistungsstörung wegen Verletzung der Hauptleistungspflicht erwachsen[13]. Es erwachsen aus dem schwebend unwirksamen Rechtsgeschäft jedoch Nebenpflichten für die Vertragsparteien, insbesondere die Pflicht, alle zur Erteilung der Genehmigung erforderlichen Schritte zu unternehmen[14]. Die Vertragsparteien sollten auf jeden Fall ihre Vorsorgemöglichkeiten nutzen und das Genehmigungsrisiko über entsprechende Klauseln im Vertrag erfassen und verteilen[15].

Wird die erforderliche Genehmigung erteilt, wird das Rechtsgeschäft mit Rückwirkung auf den Zeitpunkt, zu welchem das genehmigte Rechtsgeschäft abgeschlossen wurde, wirksam[16]. Der öffentlich-rechtlichen Genehmigung kommt damit zivilrechtsgestaltende Wirkung zu[17]. Wird der Genehmigungsantrag von der zuständigen Behörde abgelehnt, so wird das Rechtsgeschäft endgültig unwirksam[18].

Schon aus dem Wortlaut des § 31 AWG ergibt sich aber, dass sich die Unwirksamkeit nur auf *Rechtsgeschäfte* bezieht. Dazu zählen alle ein- oder zweiseitigen Rechtsgeschäfte des Zivilrechts und zwar einschließlich der Vereinbarungen im Vorfeld eines Vertrages wie Vorverträge oder Letters of Intent[19]. Nicht erfasst

---

11 Simonsen/Beutel in Wolffgang/Simonsen, AWR-Kommentar, Art. 3 Dual-use-VO, Rz. 5.

12 Mankowski in Wolffgang/Simonsen, AWR-Kommentar, § 31 AWG Rz. 9.

13 BGH, NJW 1977, 2030 (2032); Just in Hohmann/John, Ausfuhrrecht, S. 680 Rz. 12; Mankowski in Wolffgang/Simonsen, AWR-Kommentar, § 31 AWG Rz. 18.

14 Just in Hohmann/John, Ausfuhrrecht, S. 680 Rz. 13.

15 Vgl. Mankowski in Wolffgang/Simonsen, § 31 AWG Rz. 38 ff.

16 Just in Hohmann/John, Ausfuhrrecht, S. 680 Rz. 14.

17 Mankowski in Wolffgang/Simonsen, AWR-Kommentar, § 31 AWG Rz. 25.

18 Mankowski in Wolffgang/Simonsen, AWR-Kommentar, § 31 AWG Rz. 28.

19 Mankowski in Wolffgang/Simonsen, AWR-Kommentar, § 31 AWG Rz. 11.

werden dagegen die Fälle, in denen die Genehmigung nicht für das Verpflichtungsgeschäft sondern nur für dessen Durchführung erforderlich ist[20].

So sind die Fälle gelagert, die unter die Genehmigungspflicht von Art. 3 der Dual-use-VO fallen. Denn hier bezieht sich die Genehmigungspflicht auf die Ausfuhr als tatsächliche Handlung und nicht auf das zugrunde liegende Erfüllungs- bzw. Verpflichtungsgeschäft. Insofern trifft man auf die Feststellung, dass die Genehmigungspflicht im Normalfall nur einen Realakt wie die Ausfuhr erfasst, nicht aber ein Rechtsgeschäft[21]. Internationale Verträge, die nach der Dual-use-VO genehmigungspflichtig sind, sind damit wirksam. Sie können aber nicht erfüllt werden, wenn die erforderliche Genehmigung ausbleibt. Wirtschaftlich macht es aber keinen Sinn einen Vertrag über die Lieferung einer Ware abzuschließen, die mangels Genehmigung nicht ausgeführt werden darf.

Es gibt im Außenwirtschaftsrecht aber auch Fälle, in denen nicht erst die Ausfuhr, sondern bereits die vorgelagerten Rechtsgeschäfte genehmigungsbedürftig sind. So sieht die Ermächtigungsnorm in § 2 I Nr. 1 AWG vor, dass Rechtsgeschäfte und Handlungen allgemein oder unter bestimmten Voraussetzungen einer Genehmigungspflicht unterworfen werden können. Als Rechtsgeschäfte werden Verpflichtungs- und Verfügungsgeschäfte von der Beschränkungsnorm erfasst. Diese Beschränkungen haben bislang überwiegend im Embargobereich eine Rolle gespielt[22]. Auf dieser Regelung fußt aber auch § 40 AWG, der bestimmte Transithandelsgeschäfte der Genehmigungspflicht und den Rechtsfolgen des § 31 AWG unterwirft.

bb) Verbote

Wenngleich das Verbot mit Erlaubnisvorbehalt den Regelfall im Außenwirtschaftsrecht bildet, so beinhaltet Art. 5 Dual-use-VO eine Öffnungsklausel, die es den Mitgliedstaaten gestattet, die Ausfuhr von bestimmten Gütern mit doppeltem Verwendungszweck aus Gründen der öffentlichen Sicherheit oder aus Menschenrechtserwägungen zu untersagen. Entsprechend beinhaltet § 2 I Nr. 2 AWG die Ermächtigung, Rechtsgeschäfte und Handlungen allgemein oder unter bestimmten Voraussetzungen zu verbieten, und zwingt damit die betroffenen Wirtschaftsbeteiligten zwingt, die Rechtsgeschäfte zu unterlassen. Verbote finden vor allen Dingen aber im Embargobereich Anwendung, wenn der Außenwirtschaftsverkehr zu bestimmten Staaten ganz oder teilweise unterbunden wer-

---

20 Mankowski in Wolffgang/Simonsen, AWR-Kommentar, § 31 AWG Rz. 11; Bieneck in
    Wolffgang/Simonsen, AWR-Kommentar, § 36 AWG Rz. 10.

21 Mankowski in Wolffgang/Simonsen, AWR-Kommentar, § 32 AWG Rz. 4.

22 Beutel in Wolffgang/Simonsen, AWR-Kommentar, § 2 AWG Rz. 2.

den soll[23], wobei ein Embargo nichts anderes ist als die Beschränkungen der Freiheit im Außenwirtschaftsverkehr. Diese Beschränkungen gehen über die klassischen kaufrechtlichen Vereinbarungen weit hinaus.

Embargoregeln können nämlich u.a. umfassen[24]:

- die Einfuhr,
- die Bereitstellung,
- den Vertragsabschluss,
- den Verkauf,
- die Lieferung,
- die Erfüllung,
- die Ausfuhr/die Verbringung,
- die Durchfuhr,
- die Erbringung von Dienstleistung,
- den Kapital- und Zahlungsverkehr,
- die Kontaktaufnahme mit bestimmten Organisationen oder operative Tätigkeiten für diese,
- die Tätigkeiten Deutscher im Ausland,
- (Ein)Reisebeschränkungen,
- Beschränkungen des Flugverkehrs
- sowie das Fördern von Rechtsgeschäften oder Tätigkeiten mit dem Ziel der Umgehung des Embargos.

Für die Rechtsfolgen absoluter Verbote kann – anders als bei Verboten mit Genehmigungsvorbehalt – nicht auf § 31 AWG zurückgegriffen werden. Denn verbotene Rechtsgeschäfte können aus Rechtsgründen überhaupt nicht genehmigt werden[25]. Vielmehr greift die allgemeine Regelung des § 134 BGB, wonach gegen ein gesetzliches Verbot verstoßende Verträge nichtig sind. Anders als bei der Unwirksamkeit nach § 31 AWG ist hier eine Heilung ausgeschlossen[26].

Da es sich bei diesen Beschränkungen um schwerwiegende Eingriffe in das durch Art. 12 GG sowie § 1 AWG geschützte Recht auf Ausübung des freien Außenwirtschaftsverkehrs handelt, greift das Verhältnismäßigkeitsprinzip, das

---

23 Beutel in Wolffgang/Simonsen, AWR-Kommentar, § 2 AWG Rz. 6.

24 Vgl. Merkblatt für den Außenwirtschaftsverkehr mit „Embargo-Ländern" des Bundesamts für Wirtschaft und Ausfuhrkontrolle (BAFA), Stand 16.09.2003, S. 7. Das Merkblatt steht im Internet zum Download bereit unter www.bafa.de.

25 Just in Hohmann/John, Ausfuhrrecht, S. 678 Rz.11.

26 Mankowski in Wolffgang/Simonsen, AWR-Kommentar, § 31 AWG Rz. 34.

durch § 2 III AWG konkretisiert wird. Danach sind Beschränkungen nach Art und Umfang auf das Maß zu begrenzen, das notwendig ist, um den in der Ermächtigung angegebenen Zweck zu erreichen. Sie sind so zu gestalten, dass in die Freiheit der wirtschaftlichen Betätigung so wenig wie möglich eingegriffen wird. Aber auch für die durch das Gemeinschaftsrecht auferlegten Beschränkungen der außenwirtschaftlichen Freiheit gilt das Verhältnismäßigkeitsprinzip, welcher als allgemeiner Rechtsgrundsatz zum primären Gemeinschaftsrecht gehört und damit auch für den nationalen Verwaltungsvollzug von Gemeinschaftsrecht zu beachten ist[27].

2. WTO-Recht und Vertragsfreiheit

Im Rahmen des primären Gemeinschaftsrechts und des nationalen Verfassungsrechts sind die Gemeinschaft und die Bundesrepublik im Rahmen ihrer jeweiligen Souveränitätsrechte frei, die Außenwirtschaftsfreiheit zu beschränken. Diese Freiheit zur Beschränkung oder zumindest der Lenkung der grenzüberschreitenden unternehmerischen Aktivitäten besteht aber nur noch in den Grenzen, des internationalen Rechts, indem sich die Staaten in völkerrechtlichen Verträgen freiwillig verpflichten, von bestimmten außenwirtschaftsrechtlichen Lenkungsmöglichkeiten abzusehen. Die Selbstbeschränkung der Staaten zur Handelsliberalisierung greifen zu Gunsten einer dazu korrespondierenden Erweiterung der Vertragsfreiheit der Unternehmen[28]. Umgekehrt gibt es aber auch Nichtverbreitungsregime ohne völkerrechtlichen Charakter, die freiwillige Selbstbeschränkungen beinhalten.

Stärksten Niederschlag hat die Selbstverpflichtung zur Handelsliberalisierung im WTO-Vertragspaket gefunden, das insoweit das GATT-Recht übernommen hat. Daneben gibt es eine Reihe von bilateralen und multilateralen Vereinbarungen zur Handelsliberalisierung, etwa durch Freihandelsabkommen oder die Gründung von Zollunionen. Einen entsprechenden Schritt sind China und Hong Kong gegangen, die unlängst mit dem Closer Economic Partnership Arrangement (CEPA) eine Vereinbarung unterzeichnet haben, die die Züge eines Freihandelsabkommens trägt und über die allgemeinen Liberalisierungsverpflichtungen erheblich hinaus geht.

Auch wenn die Staaten bzw. die Gemeinschaft jeweils Vertragsparteien sind, so ist dem WTO-Recht privatnütziger Charakter zuerkannt worden, weil es dem Schutz der individuellen Interessen der Teilnehmer am weltweiten Handel gegen

---

27   Vgl. Streinz, Europarecht, Rz. 354 und 368 f.
28   Behrens in Nowak/Cremer, Individualrechtsschutz in der EG und der WTO, S. 201
      (202).

staatliche Beschränkungen und Wettbewerbsverzerrungen dienen soll[29]. Es darf dabei aber nicht übersehen werden, dass nicht alle Marktteilnehmer ein Interesse am Abbau von Handelshemmnissen haben. Importeure und Exporteure profitieren besonders stark von einem möglichst freien grenzüberschreitenden Wirtschaftsverkehr und sind damit naturgemäß Befürworter von Liberalisierungsmaßnahmen. Rein oder zumindest überwiegend national tätige Unternehmer werden dagegen offene Grenzen als nachteilig ansehen, weil sie ausländische Konkurrenz zu befürchten haben. Hier bietet das WTO-Recht Schutz- und Abwehrmechanismen gegenüber unfairen Handelspraktiken.

Wie ich in meinem Vortrag auf dem letzten Symposium dargestellt habe, beinhaltet das WTO-Recht ein Reihe von Prinzipien, die dem Abbau von Handelsschranken und Diskriminierungen dienen. Zu nennen sind in erster Linie der Abbau und die Begrenzung des Zollschutzes, das grundsätzliche Verbot mengenmäßiger Beschränkungen sowie das Meistbegünstigungsprinzip und der Grundsatz der Inländerbehandlung als Elemente des Diskriminierungsverbotes. Wie diese Prinzipien auf die Position *eines exportorientierten Unternehmens* einwirken, soll nachfolgend kurz dargestellt werden.

a.) Sicherung unternehmerischer Freiräume auf der Exportseite

Da die EG keine Ausfuhrzölle auf Industriegüter erhebt, bedarf es keiner Beschränkung des Zollschutzes auf der Ausfuhrseite. Sowohl die Bundesrepublik als auch die Gemeinschaft haben ein großes Interesse an einer regen Exporttätigkeit der hier ansässigen Unternehmen. Eventuelle Beihilfen zur Förderung der Exportwirtschaft müssen sich aber ihrerseits am multilateralen Subventionsregime der WTO[30] messen lassen, das zwischen verbotenen und anfechtbaren Subventionen unterscheidet[31].

Von Bedeutung sind aber in erster Linie die nichttarifären Maßnahmen, die im Exportkontrollrecht beheimatet sind. Art. XI GATT beinhaltet das Prinzip „Tariffs only", wonach als handelssteuernde Maßnahmen nur Zölle und andere Abgaben erlaubt sind. Verboten sind dagegen Beschränkungen nichttarifärer Art. Das gilt auch für die Ausfuhr von Waren. Erfasst werden neben Verboten auch Beschränkungen, die die Ausfuhr zwar beschränken, aber nicht unmöglich ma-

---

29 Behrens in Nowak/Cremer, Individualrechtsschutz in der EG und der WTO, S. 201 (202).

30 Übereinkommen über Subventionen und Ausgleichsmaßnahmen.

31 Vgl. dazu Pitschas in Prieß/Berrisch, WTO-Handbuch, Teil B.I.12. Rz. 27 ff.; Stoll/Schorkopf, WTO, Rz. 377 ff.

chen[32]. Dazu zählen nach dem ausdrücklichen Wortlaut von Art. XI:1 GATT auch Ausfuhrbewilligungen.

Das bedeutet aber noch nicht, dass das System der Ausfuhrverbote und -beschränkungen im Widerspruch zum WTO-Recht stünde. Art. XXI GATT enthält nämlich Ausnahmebestimmungen vom Verbot der nichttarifären Maßnahmen. Dieser Artikel enthält weit reichende Ausnahmeregelungen, welche die WTO-Mitglieder zur Suspendierung von GATT-Verpflichtungen aus Gründen der nationalen Sicherheit berechtigen. Darunter fallen auch Exportbeschränkungen bei Dual-use-Waren[33]. Damit besteht kein Konflikt zwischen den Maßnahmen zur Exportkontrolle und dem WTO-Recht. Das WTO-Recht bildet gleichwohl eine Sperre gegenüber weitergehenden nichttarifären Exportbeschränkungen, soweit sie nicht von den Ausnahmebestimmungen gedeckt sind.

b.) Sicherung unternehmerischer Freiräume beim Import in Drittländer

Auch beim Import in Drittländer kann die unternehmerische Freiheit schnell an ihre Grenzen stoßen, wenn finanzielle Belastungen oder mengenmäßige Beschränkungen die Einfuhr verteuern, verzögern oder gar verhindern. Insbesondere hier zeigen sich die Vorteile eines funktionierenden WTO-Systems: Wenn der Bestimmungsstaat sich den Liberalisierungsverpflichtungen des WTO-Rechts unterworfen hat und der betroffene Exporteur diese im Zweifel auch durchsetzen kann, zeigt sich, dass der weltweite Handel insgesamt verlässlichen und vorhersehbaren Spielregeln unterworfen ist. Die unternehmerische Dispositionsfreiheit wird dadurch maßgeblich gefördert.

Im Hinblick auf die tarifären Handelsbeschränkungen sieht Art. II:1 Buchst. b) GATT 1994 vor, dass Waren eines WTO-Mitgliedes bei der Einfuhr auf den Markt eines anderen nur mit den in der Liste der Zugeständnisse vorgesehenen Sätzen verzollt werden dürfen. Die Listen der Zugeständnisse sind Bestandteil des GATT und beinhalten den Zollsatz, der den maximalen Satz darstellt, den das betreffende Mitglied erheben kann. Die Mitglieder sind jedoch frei, in der Praxis einen niedrigeren als den sog. gebundenen Zollsatz anzuwenden[34]. Durch den Meistbegünstigungsgrundsatz wird dabei eine Differenzierung zwischen Exporteuren bzw. Waren aus unterschiedlichen Ländern verboten[35].

Im Rahmen der Beitrittsverhandlungen zur WTO hat China sich verpflichtet, die Zolltarife für Industriegüter bis zum Jahr 2005 von durchschnittlich 24,6 %

---

32   Berrisch in Prieß/Berrisch, WTO-Handbuch, Teil B.I.1. Rz 144.

33   Berrisch in Prieß/Berrisch, WTO-Handbuch, Teil B.I.1. Rz 291.

34   Stoll/Schorkopf, WTO, Rz. 194.

35   Stoll/Schorkopf, WTO, Rz. 120.

(1997) auf durchschnittlich 9,4 % zu senken. Aber auch weiter gehende Liberalisierungsfortschritte wurden übernommen, etwa die im Abkommen über Informationstechnologie von 1996 vereinbarte Zollfreiheit für Waren im Bereich der Informationstechnologie. Einige Sektoren – wie etwa die Belastung von Automobilimporten (Einfuhrzölle von bis zu 100 % mit Senkung auf 25 %) weisen noch extremere Tarifsenkungen aus[36].

Hinsichtlich der nichttarifären Handelshemmnisse bleibt es auch auf der Importseite bei dem grundsätzlichen Verbot mengenmäßiger Beschränkungen. Entsprechend hat China Quoten und Mengenbeschränkungen mit Beitritt zur WTO abgeschafft bzw. wird sie in naher Zukunft abschaffen. Ausnahmen sind nur im Rahmen der Bestimmungen des WTO-Rechts zulässig.

Neben den klassischen Kontingenten werden aber auch einfuhrbezogene Verbote, Auflagen und Anforderungen an die Beschaffenheit von Waren, ihre Verkaufsform und Herstellungsweise von Art. XI GATT erfasst (sog. technische Handelshemmnisse)[37]. Allerdings sieht Art. XX GATT weit gehende Ausnahmen im Interesse der Mitgliedstaaten vor. Handelsbeschränkende Maßnahmen dürfen aber auch hier nur unter Beachtung des Diskriminierungsverbotes angewandt werden.

3. Die außenwirtschaftliche Freiheit als Standortfaktor

Wichtigste Grundlage der Globalisierung ist ein möglichst ungehinderter grenzüberschreitender Handel. Die Proteste, die inzwischen jede Ministerkonferenz der WTO begleiten, zeigen, dass die Globalisierung auch ihre Gegner hat. Viele Staaten sehen der zunehmenden Öffnung ihrer Märkte für ausländische Produkte und Investitionen mit Sorge entgegen. Formeln wie „durch Handel ist noch niemand arm geworden" können wenig beschwichtigen. Wenn Unternehmer aber ein hohes Maß an Vertragsfreiheit für internationale Vereinbarungen einfordern, unterstützen sie dadurch den Globalisierungsprozess.

Aufschlussreich sind hier die Feststellungen des im Juli 2003 veröffentlichten „Economic Freedom of the World Report (EFW)"[38], den das kanadische Fraser Institute erstellt hat. Aufgrund von 38 Komponenten wird für 123 Staaten ein Index ermittelt. Die Komponenten umfassen den staatlichen Einfluss auf die Wirtschaft, die Rechtsstaatlichkeit, der Schutz privaten Eigentums, die Wäh-

---

36 Der schrittweise Abbau der Zolltarife kann anhand einer Übersicht nachvollzogen werden, die unter http://www.ahk-china.org/china-wto/wto-tariff-schedule.htm abgerufen werden kann.

37 Stoll/Schorkopf, WTO, Rz. 221 und Rz. 265 ff.

38 Im Internet abrufbar unter: http://www.fraserinstitute.ca/shared/readmore.asp?sNav=pb &id=551

rungsstabilität, die Regulierungsdichte und den Grad der Außenhandelsfreiheit. Auf einer Bewertungsskala von 0 bis 10 Punkten liegt Deutschland mit 7,3 Punkten auf Platz 20 der begutachteten Staaten[39]. 1985 nahm Deutschland noch den 8. Rang ein, seitdem geht es stetig nach unten.

Besonders positiv wirkt sich für Deutschland das hohe Maß der Außenwirtschaftsfreiheit aus. Hier wird Platz 7 erreicht, während etwa der Staatseinfluss auf die Wirtschaft so groß ist, dass Deutschland mit Rang 107 einen der untersten Plätze einnimmt[40].

China liegt im Gesamtindex mit 5,5 Punkten auf Platz 100[41]. Bei der Außenwirtschaftsfreiheit liegt China auf dem 67. Platz. Bei diesem Ranking muss allerdings berücksichtigt werden, dass die zugrunde liegenden Daten aus dem Jahre 2001 stammen, weil neuere Grundlagen noch nicht zur Verfügung standen. China ist allerdings kurz vor Ende des Jahres 2001 (am 11. Dezember) WTO-Mitglied geworden und hat sich zur weiteren schrittweisen Marktöffnung verpflichtet. Damit besteht die Chance, bei künftigen Erhebungen etliche Plätze nach vorne aufzurücken.

Eine erste Zwischenbilanz fällt aber eher ernüchternd aus. Nach einer Studie der Deutschen Handelskammer in China[42] verspürt ein Drittel der befragten deutschen Unternehmen in China keinerlei Verbesserung des Wirtschaftsklimas, 5 Prozent sehen sogar eine Verschlechterung. Ganze 64 Prozent der Firmen sehen mehr als ein Jahr nach Chinas Beitritt zur WTO noch spürbare Einfuhrbeschränkungen.

Dabei lohnt es sich, die wirtschaftliche Freiheit auszubauen. Die Rangliste zum Maß der wirtschaftlichen Freiheit erschöpft sich nicht in einem „Beauty-Contest". Wie der Economic Freedom Report nämlich zeigt, ist die wirtschaftliche Freiheit stark mit dem Pro-Kopf-Einkommen, dem Wirtschaftswachstum und der Lebenserwartung verbunden. Bei allen drei Faktoren nehmen diejenigen Länder die Spitzenpositionen ein, die auch auf der Rangliste für den Index der wirtschaftlichen Freiheit führend sind. Gleichzeitig wird die Auffassung widerlegt, dass höhere wirtschaftliche Freiheit zu einem größeren Einkommensgefälle und damit zu einer tieferen Kluft zwischen Arm und Reich führe[43].

---

39   Seite 11 des EFW.

40   Seite 14 des EFW.

41   Seite 11 des EFW.

42   China's first year after joining WTO – experiences, Download unter http://www.ahk-china.org/china-wto/startseite-china-and-wto.htm

43   Seite 20 f. des EFW.

III. Die private Durchsetzung von Marktöffnungsinteressen

Grundvoraussetzung für den Abschluss von internationalen Verträgen zwischen Unternehmern ist die Möglichkeit, diese überhaupt zu erfüllen. Wie dargestellt, kann die Vertragserfüllung oder bereits der Vertragsschluss durch staatliche Maßnahmen erheblich erschwert oder gar unmöglich gemacht werden. Verstoßen diese Maßnahmen gegen die Marktöffnungsgebote des WTO-Rechts, stellt sich die Frage, ob und ggf. wie ein Unternehmer handelsbeschränkende Maßnahmen unter Berufung auf das zu seinen Gunsten geschaffene WTO-Recht angreifen kann.

1. Direkte Durchsetzung

Für Unternehmer, die in einem Mitgliedstaat der EU ansässig sind, ist von grundlegender Bedeutung, dass die Kompetenz für die Handelspolitik gegenüber Drittstaaten durch Art. 133 EGV nahezu vollständig auf die Gemeinschaft übertragen wurde. Insbesondere im Exportkontrollrecht bestehen aber nach wie vor Bereiche die durch nationale Regelungen ausgefüllt werden, weil sie entweder von der Gemeinschaft nicht geregelt wurden oder das Gemeinschaftsrecht Ermächtigungen für zusätzliche nationale Maßnahmen enthält[44].

Soweit die Gemeinschaft handelsbeschränkende Maßnahmen erlässt, ist es fraglich, ob diese am Maßstab des WTO-Rechts gemessen werden können. Damit sich einzelne Unternehmer auf eine Norm des Gemeinschaftsrechts berufen können, muss diese Direktwirkung entfalten. Eine solche unmittelbare Wirkung des WTO-Rechts lehnt der EuGH u.a. deshalb ab, weil er eine Asymmetrie der handelspolitischen Spielräume der Gemeinschaftsorgane einerseits und der entsprechenden Organe der Handelspartner der Gemeinschaft (insbesondere der USA und Japans) andererseits befürchtet[45]. Damit kann das WTO-Recht grundsätzlich nicht als Rechtmäßigkeitsmaßstab für Gemeinschaftsrechtsakte zum Einsatz kommen. Die unmittelbare Durchsetzung des WTO-Rechts scheidet somit regelmäßig aus. Mit dieser Auffassung steht die EU aber nicht auf einsamem Posten, denn in allen OECD-Staaten wird eine Direktwirkung des WTO-Rechts abgelehnt[46].

---

44 Einen Überblick über die Bereiche, die die Dual-use-VO regelt und welche sie nicht regelt, geben Simonsen/Beutel in Wolffgang/Simonsen, AWR-Kommentar, Art. 3 Dual-use-VO Rz. 15.

45 EuGH, Rs. C-149/96 Portugal/Rat, Slg. 1999, I-8395; dazu eingehend Prieß/Berrisch in Prieß/Berrisch, WTO-Handbuch, Teil C.II.1 Rz. 20 ff.

46 Behrens in Nowak/Cremer, Individualrechtsschutz in der EG und der WTO, S. 201 (210).

Von diesem Grundsatz gibt es wiederum eine Ausnahme soweit, es um Maßnahmen zum Schutz von in der Gemeinschaft ansässigen Unternehmen geht.
Zwar ist das WTO-Recht auf Marktöffnung gerichtet. In bestimmten Fällen dürfen WTO-Mitglieder jedoch handelsbeschränkende Maßnahmen ergreifen, um
unlautere Handelspraktiken abzuwehren. Erlaubt sind unter bestimmten Voraussetzungen insbesondere Antidumping- und Ausgleichszölle (Art. VI GATT) o-
der Schutzmaßnahmen (Art. XIX GATT). In diesen Instrumenten liegt zugleich
eine Einschränkung der Außenwirtschaftsfreiheit der von diesen Abwehrmaß-
nahmen betroffenen Unternehmen.

Für diese Fälle hat der EuGH festgestellt, dass er die Rechtmäßigkeit einer Ge-
meinschaftsmaßnahme am WTO-Recht prüft, wenn durch sie eine bestimmte,
im Rahmen des GATT bzw. der WTO übernommene Verpflichtung umgesetzt
wird. Der EuGH nimmt dann eine inzidente Gültigkeitskontrolle nach Art. 241
EGV vor[47].

2. Indirekte Durchsetzung

Gibt es damit im Normalfall keine direkte Möglichkeit, handelsbeschränkende
Maßnahmen der EG am WTO-Recht messen zu lassen, so bietet sich der Rück-
griff auf das Streitbeilegungsverfahren der WTO an. Das WTO-Vertragspaket
beinhaltet dazu in seinem Anhang 2 die Vereinbarung über Regeln und Verfahren zur Beilegung von Streitigkeiten (Dispute Settlement Understanding, DSU),
wobei jeweils ein Panel mit der Schlichtung konkreter Streitigkeiten beauftragt
wird. Die WTO verfügt dadurch über ein starkes rechtsförmiges Element der
Streitbeilegung und Rechtsdurchsetzung[48].

Das Streitbeilegungssystem der WTO wird als ein zentrales Element zur Schaffung von Sicherheit und Vorhersehbarkeit im multilateralen Handelssystem bezeichnet[49]. Ein Streitbeilegungsverfahren kann aber nur von den WTO-
Mitgliedern initiiert werden, wobei für alle Mitgliedstaaten die EG handelt. Einzelne Unternehmen oder Unternehmensverbände haben keine Antragsbefugnis[50].
Die Einleitung eines Verfahrens kann damit zwar von der Gemeinschaft beantragt werden, dieses ist dann aber immer gegen Drittstaaten gerichtet. Zumindest

---

47 Behrens in Nowak/Cremer, Individualrechtsschutz in der EG und der WTO, S. 201
    (210).
48 Stoll/Schorkopf, WTO, Rz. 416.
49 So Art. 3 II DSU.
50 So ausdrücklich der Bericht des Berufungsgremiums vom 12.10.1998 im Fall United
    States Import-Prohibition of Certain Shrimp and Shrimp Products (WT/DS58/AB/R),
    Nr. 101; s. auch Ohloff in Prieß/Berrisch, WTO-Handbuch, Teil C.I.2. Rz. 55.

denkbar ist die Möglichkeit, in Drittstaaten die Einleitung eines Verfahrens gegen die EG anzustrengen[51].

Dennoch stehen sie nicht machtlos vor der Frage, wie zumindest WTO-widrige Handelsbarrieren in Drittländern von Deutschland aus angegriffen werden können. Die theoretisch bestehende Möglichkeit, die im Bestimmungsland getroffene Entscheidung der Zollbehörden anzufechten hilft, in der Praxis kaum weiter und mag ggf. Abhilfe im Einzelfall schaffen, nicht aber Handelsbarrieren insgesamt wirksam aus dem Weg räumen.

a) Vorgehen nach der HandelshemmnisVO

Viele WTO-Mitglieder haben spezifische Rechtsgrundlagen geschaffen, mit denen die Unternehmen die Möglichkeit haben, ihre Regierungen dazu zu veranlassen, sich für die Einhaltung des WTO-Rechts durch andere WTO-Mitglieder einzusetzen. Die EG hat – unter Aufhebung einer Vorgängerverordnung – 1994 die sog. HandelshemmnisVO[52] geschaffen. Durch sie wird ein Verfahren bereitgestellt, mit dem gewährleistet werden soll, dass die Gemeinschaftsorgane von ihren nach WTO-Recht gegebenen Möglichkeiten Gebrauch machen, gegen die von Drittländern angewandten Handelshemmnisse vorzugehen. Artikel 4 der HandelshemmnisVO gewährt neben jedem Wirtschaftszweig auch jedem einzelnen Unternehmen der Gemeinschaft das Recht, die Einleitung eines Untersuchungsverfahrens zu beantragen[53]. Im Verfahren selbst haben die betroffenen Unternehmen ein Anhörungsrecht, ein Recht auf Akteneinsicht sowie ein Recht auf Unterrichtung. Keine Voraussetzung für die Einleitung eines Streitbeilegungsverfahrens ist, dass zuvor der nationale Gerichtsweg beschritten wurde.

Die Erfolgsaussichten eines solchen Verfahrens können – bei Vorliegen der Voraussetzungen für die Einleitung eines WTO-Streitschlichtungsverfahrens – durchaus als gut eingeschätzt werden. Zwar verfügt die Europäische Kommission über umfangreiche Ermessens- und auch Beurteilungsspielräume. Sie wirbt aber selbst für die durch die HandelshemmnisVO angestrebte Marktöffnung. Zudem hat sie eine interaktive Datenbank entwickelt, mit der die Handelshemmnis-

---

51 Vgl. dazu Behrens in Nowak/Cremer, Individualrechtsschutz in der EG und der WTO, S. 201 (213 f.).

52 Verordnung Nr. 3286/94 des Rates vom 22. Dezember 1994 zur Festlegung der Verfahren der Gemeinschaft im Bereich der gemeinsamen Handelspolitik zur Ausübung der Rechte der Gemeinschaft nach internationalen Handelsregeln, insbesondere den im Rahmen der Welthandelsorganisation vereinbarten Regeln (Trade Barriers Regulation), ABl. EG Nr. L 349/71.

53 Vgl. dazu Prieß/Berrisch in Prieß/Berrisch, WTO-Handbuch, Teil C.II.1. Rz. 39 f.

se von Drittstaaten über das Internet systematisch erfasst und auch abgerufen werden können[54].

Der praktische Nutzen eines auf diese Weise angestrengten Streitbeilegungsverfahrens hängt aber maßgeblich von dessen Ausgang ab. Selbst wenn das WTO-Panel feststellt, dass die Handelspraktiken des Drittstaates nicht mit dem WTO-Recht in Einklang stehen, kann dieser Staat nicht dazu gezwungen werden, die Panelentscheidung als Anlass zur Änderung seiner Handelspraktiken zu betrachten. In diesem Fall kann es zu einer Entschädigungslösung kommen in Form der Aufhebung anderer als der angegriffenen Handelshemmnisse oder gar zu Kompensationen durch Aussetzung von Zugeständnissen seitens der EU. Dann hat der Unternehmer im Endeffekt obsiegt, aber nichts erreicht[55].

b.) Beteiligung an Streitbeilegungsverfahren

Nach geltendem WTO-Recht haben Privatrechtssubjekte keine Möglichkeit, ein Streitbeilegungsverfahren als Partei anzustrengen. Auch die Möglichkeit, als Verfahrensbeteiligter an einem Streitbeilegungsverfahren mitzuwirken, ist nicht gegeben. Dabei geht es in den Schlichtungsverfahren nicht um die Interessen von Regierungen, sondern um die wirtschaftlichen Interessen von einzelnen Unternehmen, die durch WTO-widrige handelspolitische Maßnahmen eines Mitgliedstaates in ihren unternehmerischen Freiheiten beschnitten werden[56]. Als Betroffene verfügen die Unternehmen naturgemäß über erheblich mehr Sachnähe als die jeweiligen Regierungen. Hier ist es unerlässlich, dass die betroffenen Unternehmen ihre Regierung (bzw. die EG-Kommission) in den verschiedenen Phasen des förmlichen WTO-Streitbeilegungsverfahrens maßgeblich unterstützen.

Einfacher und verlustärmer wäre es dagegen, wenn die beteiligten Unternehmen dem Panel selbst ihre Situation schildern und ihre Auffassung von der Rechtslage erläutern könnten. Dem steht aber zunächst die fehlende Beteiligtenfähigkeit von Privatrechtssubjekten entgegen. Art. 10 DSU räumt nur WTO-Mitgliedern selbst das Recht auf Anhörung oder schriftliche Stellungnahmen interessierter Dritter ein. Art. 13 DSU gibt dem WTO-Panel aber das Recht, von jeder Einzelperson oder jedem Gremium, die es für geeignet hält, Informationen oder fachlichen Rat einzuholen.

---

54   Die Market Access Database ist abrufbar unter http://mkaccdb.eu.int/, wobei einige In-
        formationen über Zugriffe aus der EU zugänglich sind.

55   Vgl. Behrens in Nowak/Cremer, Individualrechtsschutz in der EG und der WTO, S. 201
        (213).

56   Vgl. Behrens in Nowak/Cremer, Individualrechtsschutz in der EG und der WTO, S. 201
        (214).

Die Streitschlichtungsorgane haben im Wege der richterlichen Rechtsfortbildung inzwischen Regeln für die Beteiligung von privaten Personen und Organisationen als *amici curiae* geschaffen. Panels können nach Art. 13 DSU auch solche Informationen bei der Entscheidungsfindung berücksichtigen, die von Subjekten des Privatrechts unaufgefordert an das Panel übermittelt wurden. Die Entscheidung hierüber steht allerdings im Ermessen des Panels, das dabei ein faires Verfahren für alle Verfahrensbeteiligten sicherstellen muss. Das führt dazu, dass Panels Stellungnahmen von privaten *amici curiae* von vornherein unbeachtet lassen, wenn sie so spät eintreffen, dass die Parteien des Streitschlichtungsverfahrens keine Gelegenheit zur Stellungnahme mehr haben[57].

Insgesamt ergeben sich damit drei Wege, die Unternehmen nutzbar machen können, um ihre wirtschaftlichen Interessen und Rechtsauffassungen in ein Streitschlichtungsverfahren einfließen zu lassen[58]:

1. Die eigentlichen Parteien des Verfahrens können private Stellungnahmen der betroffenen Unternehmen übernehmen und sie als Teil ihrer eigenen Vorlagen in das Panelverfahren einführen.

2. Das Panel kann Art. 13 DSU dazu nutzen, von einzelnen Unternehmen Informationen oder fachlichen Rat einzuholen.

3. Aus dem Recht eines Panels, auch unaufgefordert eingereichte Stellungnahmen Privater nach seinem Ermessen zu berücksichtigen ergibt, sich die Möglichkeit, Stellungnahmen in der Form von *amicus curiae briefs* beim Panel einzureichen. Deren Berücksichtigung liegt dann aber im Ermessen eines Panels.

---

57 Vgl. Ohloff in Prieß/Berrisch, WTO-Handbuch, Teil C.I.2. Rz. 56.

58 Vgl. Behrens in Nowak/Cremer, Individualrechtsschutz in der EG und der WTO, S. 201 (214).

IV. Fazit

Die Überlegungen haben gezeigt, mit welch vielfältigen Mechanismen die Staaten die außenwirtschaftliche Freiheit der Unternehmen beschränken. Entsprechend vielfältig sind die staatlichen Grenzen für Internationale Verträge. Das gilt auch für das Anlagengeschäft zwischen chinesischen und deutschen Partnern. Gäbe es nicht die freiwilligen Selbstbeschränkungen im Rahmen des Wirtschaftsvölkerrechts so wäre allein die nationale Rechtsordnung Grundlage, aber auch Schranke für die Frage, inwieweit die unternehmerische Außenwirtschaftsfreiheit von staatlichen Eingriffen betoffen ist. Dabei ist die außenwirtschaftliche Freiheit eine wichtige Voraussetzung für wirtschaftliches Wachstum.

Während die unmittelbare Durchsetzung der Marktöffnungsmechanismen des WTO-Rechts nach der einschlägigen EuGH-Rechtsprechung regelmäßig nicht möglich ist, bietet das EG-Recht und auch das WTO-Recht selbst einige Ansatzpunkte, damit Unternehmer ihre Marktöffnungsinteressen zumindest mittelbar durchsetzen können, um so ihre wirtschaftliche Freiheit in dem Maße auszuüben, wie im Rahmen des Wirtschaftsvölkerrechts zu ihren Gunsten vereinbart wurde.

Literaturverzeichnis:

Altmann, Jörn: Außenwirtschaft für Unternehmer, 2. Aufl., Stuttgart 2001;

Behrens, Peter: Die private Durchsetzung von WTO-Recht, in *Nowak*, Carsten/ *Cremer*, Wolfram (Hrsg.), Individualrechtsschutz in der EG und der WTO, Baden-Baden 2002;

Hohmann, Harald/*John*, Klaus (Hrsg.): Ausfuhrrecht, München 2002;

Prieß, Hans-Joachim/*Berrisch*, Georg: WTO-Handbuch, München 2003;

Senti, Richard: System und Funktionsweise der Welthandelsordnung, Zürich 2000;

Stoll, Peter-Tobias/*Schorkopf*, Frank: WTO - Welthandelsordnung und Welthandelsrecht, Köln u.a. 2002;

Streinz, Rudolf: Europarecht, 5. Aufl., Heidelberg 2001;

Witte, Peter: Zollkodex, 3. Aufl., München 2002;

Wolffgang, Hans-Michael/*Simonsen*, Olaf: AWR-Kommentar, Loseblatt, Stand 3. Erg. Lfg., Köln 2003.

Edgar Isermann
Präsident des Oberlandesgerichts Braunschweig

Justizkultur versus Geschäftskultur?

Einleitung

Es ist mir eine große Freude, an Ihrem Seminar teilnehmen zu können. Nicht viele deutsche Richter haben die Gelegenheit, in China vor chinesischen Juristen sprechen zu können. Dass ich gerade vor einem Jahr schon einmal dieses Glück hatte, als ich in der Stadt Hefei einen Vortrag halten durfte, ist eher ein Zufall. Aber Tempo ist ein Zeichen unserer Zeit der Veränderungen. Jemand hat einmal die Geschwindigkeit der Reformen in China so beschrieben: „Vor 10 Jahren hatten wir 2 große und 3 kleine Veränderungen im Jahr. Heute bin ich froh, wenn beim Aufwachen das Bett noch im Schlafzimmer steht." So fühle ich mich bei der kurzen Zeit zwischen meinen beiden China-Besuchen.

Es gibt noch einen sehr persönlichen Grund für meine Freude: Der Bezirk meines Gerichts liegt in der Region Deutschlands, die früher Grenzland zur DDR war. Zur Schule gegangen bin ich in einer kleinen Stadt, die an der Autobahn nach Berlin die letzte Kontrollstation auf westlicher Seite war. Dort verlief die Grenze, die die Welt geteilt hat. Dort war unsere Welt zu Ende. Dort begann der Weg nach Moskau, Peking und auch Shanghai. Heute liegt diese Region mitten in Deutschland. In meinem Gerichtsbezirk liegt die Volkswagen-Stadt Wolfsburg. Auch die Firma Siemens hat hier wichtige Produktionsstätten. Damit sind wir beim Thema. Denn ohne den globalen Fortschritt in der Wirtschaft säßen wir heute nicht zusammen. Ohne die globalen Veränderungen in der Gesellschaft könnte ein deutscher Richter nicht in China sprechen. Auch die Idee des Rechts hat ihre nationalen Grenzen gesprengt. Seien wir also alle froh und dankbar, wenn wir heute offen und im Respekt vor der Geschichte und Kultur unserer Länder einen kollegialen Dialog führen dürfen.

Der deutsche Dichter Johann Wolfgang von Goethe hat gesagt: „Wenn man einmal weiß, worauf es alles ankommt, hört man auf, gesprächig zu sein". Dem entspricht der Satz: „Wer viel weiß, redet wenig. Wer viel redet, weiß nichts." Es soll ein chinesisches Zitat sein.

Auf diese Zitate bin ich gestoßen, weil das Thema meines Vortrags mir immer mehr Respekt abverlangt hat, je länger ich mich damit beschäftigt habe. Die Gedanken zu Recht und Justiz, zu Recht und Gesellschaft, zu Wirtschaft und Recht, sind unerschöpflich. Sie füllen die Bibliotheken in der ganzen Welt. Was soll ein Gerichtspräsident, also ein Justizpraktiker, dazu sagen? Besser nichts, war mein erster Gedanke, denn Fragen der Kultur sind Fragen der Philosophie, der Religion, der Geschichte. Sie betreffen Moral und Ethik. Bei diesen Themen verlässt ein Präsident den sicheren Boden der Praxis. Beim zweiten Blick gibt es aber auch aus Sicht der Praxis interessante Bezüge zwischen Justiz und Wirtschaft, die eine Betrachtung wert sind. Und natürlich ist auch jeder Praktiker in die Wertvorstellungen seiner Kulturwelt eingebunden.

Wenn ich aus der Sicht meines Berufs zu Ihnen spreche, tue ich das aus der beruflichen Doppelfunktion eines Gerichtspräsidenten. Ich bin zunächst Richter und Vorsitzender eines Senats für Verfahren aus dem Zivilrecht, speziell zur Haftung von Ärzten für Behandlungsfehler. Insoweit praktiziere ich Rechtsprechung und profitiere vom Privileg der Unabhängigkeit der Justiz. Zum größeren Teil meiner Arbeit bin ich zugleich Verwaltungschef. Insoweit gibt es eine Hierarchie zum Justizministerium. Ich bin verantwortlich für die personellen, finanziellen und organisatorischen Probleme in der Verwaltung des Gerichts und des gesamten Gerichtsbezirks (1,5 Mio. Einwohner, 19 Gerichte mit 1500 Mitarbeitern, davon 280 Richter, mit einem Haushalt von rund 60 Mio. €). Ich vergleiche diesen Aufgabenbereich gelegentlich mit dem Managerposten in einem mittleren Unternehmen. Deshalb verstehe mich auch hauptsächlich als Justizmanager. Der von mir verwaltete Bezirk gehört allerdings zu den kleinen Gerichtsbezirken Deutschlands.

Im Sinn der eingangs genannten Zitate möchte ich das Thema deshalb etwas bescheidener angehen. Schon gar nicht möchte ich die deutsche oder europäische Kultur mit der chinesischen Kultur vergleichen. Das würde meine Kapazitäten überfordern. Bescheidenheit ist also geboten.

Ich möchte deshalb aus deutscher Sicht über deutsche Erfahrungen sprechen. Es soll um das berufliche Selbstverständnis in Wirtschaft und Justiz gehen, um die Gebräuche und Gewohnheiten in beiden Bereichen, um geschriebene und ungeschriebene Regeln. Mir geht es primär um Überlegungen zur Rolle der Justiz in einer Gesellschaft und zu dem Problem des Wandels. Mein thematischer Bezug zur Wirtschaft ist eher ein Anknüpfungspunkt, um die Justiz, genauer: die deutsche Justiz vorzustellen und ihre Bedeutung für die Wirtschaft zu beleuchten.

Justiz und Wirtschaft treffen im Alltag der Zivilgerichte ständig aufeinander. Die Verfahren zeigen: Meist ist die Justiz der Reparaturbetrieb für die Wirtschaft (Insolvenzverfahren, Vertragsstreitigkeiten, Auflösung von Gesellschaften).

Aber das ist heute nicht unser Thema. Das Thema des Vortrags stellt Justizkultur und Geschäftskultur einander gegenüber. Was haben also beide gemeinsam?

Was unterscheidet sie? Das möchte ich an fünf Thesen erläutern:

These 1: Recht und Wirtschaft sind abhängig von den gesellschaftspolitischen Rahmenbedingungen. Jeder Wechsel der Weltanschauung schafft deshalb neue Prämissen und führt zu einem anderen Verständnis von Recht und Wirtschaft.

Um den Stellenwert von Justiz und Wirtschaft in der gesellschaftlichen Ordnung zu klären, komme ich zunächst auf das

Image von Justiz und Wirtschaft

zu sprechen. Die Wirtschaft versteht sich als modern, flexibel, zukunftsorientiert. Das dokumentiert sich im eleganten Glas und Stahl der Fabriken und Bürobauten. Nirgendwo ist das besser zu sehen als hier im Stadtteil Pudong. Die Fassaden der Gebäude sind weltweit ähnlich. Sie unterscheiden sich allenfalls in der Höhe der Wolkenkratzer. Diese Ähnlichkeit bei den Gebäuden dokumentiert zugleich die Globalität der heutigen Wirtschaft.

Das Bild von der Justiz wird vorrangig geprägt von ihrer hoheitlichen Aufgabenstellung. Beispielhaft möchte ich das an der Entwicklung der Gerichtsarchitektur in Deutschland verdeutlichen. Sie repräsentiert plastisch das allgemeine Verständnis der jeweils herrschenden Rechtskultur, den jeweiligen Zeitgeist. Ende des 19. Jahrhunderts war man stolz auf viele neue Gesetze (Zivilrecht, Strafrecht und die Prozessordnungen). In dieser Zeit sind viele Gerichtsbauten entstanden. Sie sind architektonisch ebenso hoheitlich geprägt wie das damalige Staats- und Rechtsverständnis. Der Bürger war Untertan und Objekt der Justiz. Der Pomp eines „Justizpalastes" entsprach diesem Verständnis.

Dieses Image von Wirtschaft und Justiz zeigt aber nur die eine Seite der jeweiligen Medaille.

Die Wirtschaft hat nicht nur ein positives Image. Sie gilt auch als kalt, profitgierig, unsozial. „Der Schnelle frisst den Langsamen" oder „Der Große frisst den Kleinen", wie es schon der flämische Maler Pieter Breughel der Ältere in einer Zeichnung aus dem Jahr 1556 bildhaft darstellt. Zugleich zeigt er aber auch, dass selbst der Große nicht sicher sein darf. Ich möchte das nicht weiter problematisieren. Damit sind zu viele Pauschalisierungen verbunden. Auch die Wirtschaft hat ihre jeweils eigene Ethik von Unternehmenskultur. Beispielhaft möchte ich zwei berühmte Unternehmer aus Deutschland und China zitieren. Von dem im September gerade verstorbenen Unternehmer Qiao Jinling, wohl einem der reichsten Unternehmer Chinas und der sog. „Mustermann der sozialistischen Marktwirtschaft", wird als sein Managementprinzip genannt: „Vertrauen, Treue, Harmonie". Der Siemens-Chef Heinrich v. Pierer wird in der Werbung für sein neues Buch mit dem Spruch zitiert: „Moral und Profit sind kein Gegensatz. Im Gegenteil: Moralisches Handeln bringt langfristig nur Vorteile." Auf abstrakterer Ebene gesprochen: Auch in der Wirtschaft werden also Unternehmensziele definiert, die statt der Partikularinteressen auch die gesamtgesellschaftliche Verantwortung eines Unternehmens herausstellen, und für die Art der Unternehmensführung gelten auch wertorientierte Regeln. So ist in Deutschland gerade ein eigener Codex entwickelt worden, der Codex von „Corporate Governance", um nur ein Stichwort zu nennen. Er enthält als Selbstverpflichtung 50 Verfahrensregeln mit Standards für Vorstände und Aufsichtsräte von Aktiengesellschaften zur Unternehmensführung und Unternehmenskontrolle.

Zurück zum Bild von der Justiz. So wie unser heutiges Gesellschafts- und Rechtsverständnis nicht mehr kaiserlich-autoritär ist, sind auch die modernen Gerichtsbauten anders als vor 100 Jahren. Sie sind nicht mehr gebaut, um dem Bürger Respekt oder Furcht einzuflößen. Der Bürger ist nicht Objekt, sondern Subjekt des Gerichtsverfahrens mit eigenen Rechten. Das Verfahren soll transparent und nachvollziehbar sein. Das zeigt sich auch baulich. Als Beispiel nenne ich das höchste deutsche Gericht, das Bundesverfassungsgericht. Es ist in einem Gebäude untergebracht, dessen Wände hauptsächlich aus Glas bestehen. Sie sollen eben diese Transparenz des Rechts symbolisieren. Gerichtssäle, jedenfalls solche, in denen Zivilverfahren verhandelt werden, sind so gestaltet, dass Richter, Anwalt und Partei auf einer Ebene sitzen. Die Tischordnung soll der modernen Prozessordnung entsprechen, die mit der Verhandlung das Gespräch ermöglichen soll statt des bloß autoritären Richterspruchs von oben herab. In einem noch größeren historischen Rahmen kann man auch sagen, dass Gerichte statt autoritärer „Justizpalast" eher ein demokratisches „Haus des Rechts" sein sollen.

Recht und Weltanschauung

Zur Abhängigkeit von Recht und Weltanschauung haben wir in Deutschland besondere geschichtliche Erfahrungen. In den 80 Jahren zwischen 1910 und 1990 hatten wir 7 politische Systeme mit unterschiedlichem Verständnis von Recht. Derzeit wird die nationale Rechtsordnung noch ergänzt von der Integration in die supranationale Rechtsordnung der Europäischen Union.

Besonders bedeutsam waren Änderungen nach Beendigung der Nazidiktatur 1945 und nach der Wiedervereinigung Deutschlands 1989 mit dem Fall der Mauer. Unsere geschichtlichen Erfahrungen verdeutlichen den Zusammenhang von Recht und Weltanschauung. Auch in der Nazi-Zeit und in der Deutschen Demokratischen Republik hat etwas funktioniert, was nach damaligem Verständnis als „Recht und Justiz" definiert wurde. Dieser Systemwandel hat in Deutschland nicht nur bei Juristen zu erheblichen Diskussionen geführt. Es hat auch menschliche Probleme im Schicksal von loyalen Mitläufern und Vollstreckern der jeweiligen Staatsidiologie gegeben. Bundespräsident Johannes Rau hat deshalb einmal gesagt: „Ein Volk, das einmal so tief gefallen ist wie wir, braucht sich nicht zu schämen, wenn die Wahrung des Rechts in der öffentlichen Debatte eine so große Rolle spielt" (2003).

Die Geschichte hat aber auch gelehrt, dass jedes politische System, jede Staats- und Gesellschaftsordnung auf einem unverzichtbaren Grundbestand von Glaubenssätzen beruht. Mit den Worten des deutschen Rechtsprofessors Bernd Rüthers läßt sich sagen: „Das Gerechtigkeitsideal, für das die Justiz steht, ist nicht überzeitlich abstrakt. Es ist an der jeweiligen Systemideologie ausgerichtet. Der Staat verwirklicht nicht die eine zeitlose ewige Gerechtigkeit, sondern seine eigene Systemgerechtigkeit."

Der Rechtsstreit des Lu Yuzhang

Was bedeutet dieser rechtsphilosophische Ausflug für unser Thema? Auch wirtschaftliches Handeln ist abhängig von den Rahmenbedingungen der gesellschaftlichen Ordnung, in der Geschäfte gemacht werden. Beide, Justiz und Wirtschaft, sind abhängig von der staatlichen Ordnung.

Mit Interesse habe ich in der deutschen Presse von dem Prozess gelesen, der im September dieses Jahres vor einem Gericht in Shanghai entschieden wurde. Es geht um den Fall des an der Nanjing-Universität ausgebildeten Juristen Lu Yuzhang. Sie werden die Einzelheiten besser kennen als ich. Deshalb nur kurz zur Erinnerung: Er hatte beim Handelsbüro in Pudong die Gründung einer Firma beantragt. Sie sollte den Namen „Kapitalisten-Wettbewerbskraft-Beratungs-Gesellschaft" tragen. Der Antrag wurde – wörtlich – als „unangemessen" zurückgewiesen. Zur Begründung hieß es: „Das Wort ‚Kapitalist' läuft dem Wesen unseres sozialistischen Staates zuwider". Das wollte der Jungunternehmer mit Blick auf die vielen „kapitalistischen" Aktivitäten im Land nicht gelten lassen. Er ging zum Anwalt und erhob Klage beim Volksgericht des Xuhui-Bezirks. Das Gericht fällte eine weise Entscheidung. Sie bestätigte das deutsche Sprichwort: „Ein Richter soll zwei gleiche Ohren haben." Noch viel mehr ist sie aber wohl ein Beispiel für das in China so meisterhaft praktizierte und von uns Deutschen so bewunderte Prinzip des „Xietiao", der Verhandlungskunst, die vom Willen zur Verträglichkeit geprägt ist. Das Gericht gab praktisch beiden Seiten Recht. Einerseits hat es den Antrag auf Gründung dieser Firma abgelehnt, weil dem Wort „Kapitalist" in China eine „spezielle Bedeutung" zugewachsen sei. Deshalb bedeute der Firmenname eine „Irreleitung der Öffentlichkeit". Das war ein Sieg der Behörde. Aber auch der Anwalt des Unternehmers hat der Entscheidung eine positive Seite abgewonnen. In dem Urteil wurde die „Irreleitung der Öffentlichkeit" nämlich zeitlich begrenzt, indem es heißt, dass dies „unter den momentanen Bedingungen" so zu befürchten sei. Wie kann ein Gericht den Systemwandel anschaulicher beschreiben?

These 2: Justiz und Wirtschaft haben in einigen Bereichen vergleichbare Probleme. Erkenntnisse und Erfahrungen aus der Wirtschaft werden von der Justiz übernommen.

Zu dieser These möchte ich nur knappe Anmerkungen machen. Sie sollen verdeutlichen, dass bei der Modernisierung der Justiz Erfahrungen und Erkenntnisse aus der Wirtschaft übernommen und auf sie angepasst werden.

Die Wirtschaft rechnet genau. Das muss auch der Staat, dessen Haushalt sich immer höher verschuldet. Deshalb ist die

Finanzielle Ressourcenknappheit

ein aktuelles Problem auch bei der Justiz. Die Finanzen müssen effizient eingesetzt werden. Aufwand und Kosten werden ständig überprüft. Wir bedienen uns deshalb der Instrumente von Budgetierung und Controlling.

Das ist nicht einfach, insbesondere bei der Kosten- und Leistungsrechnung sowie beim Controlling. In einem Wirtschaftsunternehmen wird das Produkt in einem maschinellen Vorgang mit Hightech bei hoher und gleichförmiger Stückzahl erstellt. Wesentlich anders ist die Erstellung des „Produkts" der Justiz, nämlich bei einem Urteil, das Menschen über Menschen treffen. Jedes Urteil ist der Gerechtigkeit im Einzelfall verpflichtet. Es wird durch unabhängige Richter gesprochen, die - anders als Maschinen - nicht steuerbar sind. Leichter möglich ist dies bei der Verwaltung unserer Gerichte und der Organisation im Servicebereich. Hier sind solche Steuerungsinstrumente ein nützliches Mittel zur kritischen Überprüfung der Arbeitsabläufe.

Ständig suchen wir nach weiteren Möglichkeiten zur Reform im Management unserer Gerichte. Wir verkürzen die Arbeitsabläufe in der Zusammenarbeit zwischen Richter und Servicepersonal und schaffen eine

Reform der Organisationsstruktur

durch ein verbessertes Qualitätsmanagement und Benchmarking, also einem Leistungsvergleich zwischen den Behörden („Vom Besseren lernen").

Auf Erkenntnisse aus der Wirtschaft greifen wir auch zurück im Hinblick auf eine

Kundenorientierung und Reputation-Management

Zwar muss die Justiz nicht um „Kunden" werben wie die Wirtschaft. Die Polizei und Staatsanwaltschaft suchen die „Justizkunden" im Strafrecht aus. Im Zivilrecht oder bei anderen Verfahren ist es die klagende Partei, die den Weg zur Justiz sucht. In vielen Aufgabenbereichen muss sich die Justiz mit der Konkurrenz alternativer Streitbeilegung befassen oder diese zur eigenen Entlastung sogar fördern (Mediation, internationale Schiedsgerichte). Die Justiz muss aber – wie ein Unternehmen – auch auf die sog. „weichen Faktoren" achten. Der Bürger, der bei Gericht sein Recht sucht, will freundlich behandelt werden. Die Verfahren müssen schnell und transparent sein. Gerichtsgebäude müssen gut ausgestattet sein.

Der Mensch ist die wichtigste Ressource in der Justiz. Einen besonders hohen Stellenwert innerhalb der Justiz hat deshalb die **Qualifikation des Personals.**

Beispielhaft lässt sich das verdeutlichen am Anforderungsprofil für einen Richter. Grundvoraussetzung für die Einstellung in den Richterdienst ist eine überdurchschnittliche juristische Qualifikation und Fachkompetenz. Diese wird durch Examenszeugnisse belegt. Aber nicht jeder gute Jurist ist zugleich ein guter Richter. Das zeigt die Erfahrung. Richterliches Handeln ist mehr als die bloße Anwendung des Gesetzes. Es geht um das Spannungsverhältnis zwischen Recht und Gesetz, zwischen Recht und Gerechtigkeit – ein Feld, mit dem sich die Rechtsphilosophie seit der Antike befasst.

Ganz praktisch: Ein guter Richter muss ein Gespür haben für die Probleme des Menschen, der vor ihm steht. Er muss die wirtschaftliche Komplexität eines Unternehmens erkennen, wenn z. B. die Gesellschafter untereinander streiten oder die technischen Besonderheiten in einem Verfahren um Patentrechte anstehen. Der Richter muss aber vor allem auch befähigt sein, in der Verhandlung für ein faires Verfahren zu sorgen. Nur so findet seine Rechtsprechung Akzeptanz beim Bürger. Nur akzeptiertes Recht ist gutes Recht. Für den Richter ist also neben der bloßen juristischen Fachkompetenz ebenso erforderlich ein hohes Maß an Persönlichkeit und sozialer Kompetenz. Die Unabhängigkeit des Richters, die von der Verfassung garantiert ist, ist kein persönlicher Freibrief. Kein Richter darf sich so verhalten, dass das Ansehen der Justiz beschädigt wird. Gelassenheit und Distanz sind wertvoller als eine Ausübung richterlicher Macht, die die Autorität höher stellt als eine verantwortungsbewusste Überzeugung der Prozessbeteiligten. Dazu gehört auch eine professionell geprägte Kollegialität zwischen dem Jurist als Richter und dem Jurist als Rechtsanwalt. Die Arbeit beider dient der Verwirklichung des Rechts.

Um bei der Einstellung künftiger Richter in den Justizdienst eine besser abgesicherte Berufsprognose zu gewinnen, greifen wir auf Modelle zurück, die in der Wirtschaft praktiziert werden. Es geht um qualifizierte Interview-Verfahren, ähnlich dem Assessment-Center. Sie sollen die Eignungsdiagnostik erleichtern.

These 3: Im Kernbereich ihrer Aufgaben gibt es große und systemimmanente Unterschiede zwischen Geschäftskultur und Justizkultur.

Non-profit

Die wichtigste Unterscheidung zwischen beiden Kulturwelten liegt sicherlich in der Messbarkeit des Erfolgs. Sie drückt sich in der Wirtschaft aus durch die Zahlen der Bilanz. Die Justiz ist nicht profitorientiert. Sie verfügt zwar über Einnahmen durch Geldbußen und Gerichtsgebühren. Diese Einnahmen decken aber nicht die Kosten des Justizapparats. Sie fließen in den allgemeinen Staatshaushalt. Aus ihm muss die Justiz finanziert werden.

Wichtiger als Geldfragen sind Aspekte zum Innenleben und zum Selbstverständnis der Justiz. Wesentlichster Kern ist dabei die von der Verfassung garantierte Unabhängigkeit der Justiz. Das möchte ich näher beleuchten. Sie erklärt sich aus der

Kultur der Entscheidungsfindung.

Für die Arbeit der Richters gibt es kein quantifizierbares Erfolgskriterium. Das gilt auch für die Zahl der von ihm bearbeiteten Fälle – mit Ausnahme etwa bei erkennbarer Faulheit. Der Richter entscheidet unabhängig, was er in der Sache bei Anwendung des Gesetzes für richtig hält.

Die Unabhängigkeit der Justiz, in Deutschland genauer gesagt: die Unabhängigkeit des Richters, ist allerhöchstes Gut. Sie repräsentiert den Kulturwert der Justiz schlechthin. Auch der Präsident eines Gerichts, selbst ein Minister, bleibt ohne Einflussmöglichkeit auf die Rechtsprechung seiner Richter. Diese sind nur dem Gesetz und Recht verpflichtet. Nur bei grober Missachtung von Gesetz und Recht findet die Unabhängigkeit ihre Grenzen. Nur außerhalb des Kernbereichs rechtsprechender Tätigkeit greift die Disziplinargewalt (z.B. beleidigende Äußerungen durch den Richter). Die Qualität richterlicher Arbeit definiert sich über die juristisch korrekte Anwendung des Rechts, aus der Überzeugungskraft seiner Argumente und aus der Transparenz und Fairness seines Verhandlungsstils. Die Unabhängigkeit erstreckt sich auch auf die Gestaltung des Verfahrens. Der Richter entscheidet allein, ob er mit oder ohne Beweisaufnahme zum Urteil kommt, ob er eine oder mehrere Beweisaufnahmen für erforderlich hält, also auch, ob ein Verfahren mit geringem oder erheblichem finanziellen Aufwand stattfindet. Finanzielle Aspekte sind der richterlichen Unabhängigkeit fremd.

Ein weiterer ebenso wichtiger Aspekt in der Unterscheidung der Kulturwelten von Wirtschaft und Justiz liegt im **Faktor Zeit.**

Für die Wirtschaft gilt: „Zeit ist Geld". Die Zeitdauer für die Erstellung eines Produkts ist Indikator für den wirtschaftlichen Erfolg. Auch Gerichtsverfahren sollen zügig erledigt werden. „Schnelles Recht ist gutes Recht", heißt es. In der Justiz hat der Faktor Zeit aber noch einen anderen Stellenwert. Wichtiger als die Zeit ist die Richtigkeit und Qualität einer Entscheidung. So gehört zur richterlichen Unabhängigkeit auch, dass der Richter darüber befindet, wie lange ein Verfahren dauert, wie viele Zeugen er hört und ob er ein oder mehrere Gutachten bei externen Sachverständigen einholt (bei Medizinern, Ingenieuren, Architekten). Gerade die Beauftragung externer Sachverständiger ist der wichtigste Grund, wenn ausnahmsweise Gerichtsverfahren mehrere Jahre dauern. Und noch eins: die Dauer von Gerichtsverfahren reklamiert selten die Partei, die Wert darauf legt, dass alle ihre Argumente bedacht und behandelt werden sollen.

Begründungskultur von Entscheidungen

Bei kleinen oder mittleren Unternehmen entscheidet der Chef, ohne dass er Rechenschaft ablegen muss. Auch in manchen Konzernen zählt die Transparenz nicht zum Alltag von Unternehmensentscheidungen. In der Justiz hat auch die Begründung der richterlichen Entscheidung eine besondere Bedeutung. Der Richter unterliegt einem Erklärungszwang, der sich aus der hoheitlichen Stellung der Justiz ergibt. Der Bürger hat einen Anspruch darauf zu erfahren, warum der Richter mehr den Argumenten der prozessualen Gegenseite folgt. Er muss verstehen können, warum der Richter auf bestimmte rechtliche Überlegungen Wert gelegt hat. Unter dem verfassungsrechtlichen Gebot des rechtlichen Gehörs muss die Prozesspartei Antworten auf ihre Fragen und Standpunkte finden können. Eine Kontrolle richterlicher Entscheidungen erfolgt allein über den Rechtsweg der Instanzen, wie er nach der Prozessordnung eröffnet ist, also über das Gericht höherer Instanz. Die Begründung des Urteils eröffnet den Einstieg in die Begründung des Rechtsmittels. Die wissenschaftlichen Kommentare zu Gerichtsentscheidungen füllen unsere juristischen Bibliotheken. Urteile und Kommentare sind zugleich eine Quelle für die Fortentwicklung des Rechts.

Kontinuität

Ein weiteres Charakteristikum für die Institution der Justiz ist die Kontinuität. Der Bürger weiß, dass mit der Justiz ein staatlicher Regulierungsapparat zur Beilegung von Rechtsstreitigkeiten vorhanden ist. Er weiß, an wen er sich wenden kann, wenn er sein Recht verletzt sieht. Eine auf diese Weise gesicherte Kontinuität gibt es in der Wirtschaft nicht. Sie lebt vom Wandel. Zwar gibt es traditionelle Firmen, die über Jahrzehnte bewährte Kontakte zu ihren Geschäftspartnern pflegen und von den Kunden mit einem Traditionsbonus bedacht werden. Es gehört aber zur Schnelllebigkeit wirtschaftlichen Handelns, dass Firmen aufgelöst werden oder infolge Insolvenz nicht weiter existieren können. Für Gläubiger ist das oft mit einer Katastrophe verbunden, wie jeder Richter aus seinem Berufsalltag weiß.

Streben nach Gerechtigkeit

Das Streben nach Gerechtigkeit und die Verfolgung individueller Wirtschaftsinteressen verdeutlichen den größten Gegensatz von Wirtschaft und Justiz. Wirtschaftliches Handeln zielt auf die Verwirklichung des individuellen Erfolgs des Unternehmens oder des Geschäftsmanns ab. Richterliches Handeln zielt mit dem Verfahren und der Entscheidung ab auf die Beendigung des Konflikts und Herstellung des Rechtsfriedens. Nach richterlichem Aufgabenverständnis soll im Prozess durch Anwendung von Recht und Gesetz ein möglichst gerechtes Ergebnis gefunden werden. Das ist eine andere Kategorie von Arbeitsergebnis. Die Parteien eines Prozesses sind dabei keine abstrakten Rechtspersonen, sondern Menschen in der konkreten sozialen Wirklichkeit. Oft treffen der sozial Stärkere und der sozial Schwächere aufeinander. Die Justiz soll mit den Mitteln von Gesetz und Recht zu einem Ausgleich beitragen. Der ehemalige deutsche Verfassungsrichter Simon hat einmal gesagt: „Wer nichts hat im Leben, muss viel haben im Recht."

Viele Gesetze beinhalten deshalb Vorschriften, die gezielt den Schutz bestimmter Gruppen zum Gegenstand haben. Das ist zum Beispiel der Fall im sog. Verbraucherschutz. Damit der Kunde als Verbraucher nicht vom Verkäufer übervorteilt wird, dürfen dessen „Allgemeine Geschäftsbedingungen" („Das Kleingedruckte") keine versteckten oder einseitig benachteiligenden Klauseln enthalten. Mit ihren Entscheidungen wirkt die Justiz direkt in die Wirtschaft hinein. Ein Beispiel aus diesem Bereich: Wird etwa die Klausel einer Bank für ungültig erklärt, hat das regulierende Rechtsfolgen. Die anderen Banken werden sich künftig bei der Formulierung ihrer eigenen Geschäftsbedingungen an dieser Rechtsprechung orientieren.

Auch die Vorschriften des deutschen Prozessrechts tragen diesem Postulat der Waffengleichheit Rechnung. Es muss bei Gericht eine Kommunikation stattfinden können, die alle in gleicher Weise zu Wort kommen lässt, damit es keine Überraschungsentscheidungen gibt. Gewinnen und Verlieren im Prozess muss eine Frage des Rechts bleiben. Sie darf nicht bloß eine Frage der sozialen Stärke sein.

These 4: Auch die Wirtschaft unterliegt dem Rechtsmonopol der Justiz.

Mit einem aktuellen Beispiel aus zwei europäischen Top-Unternehmen möchte ich erläutern, wie die Sichtweise aus der Wirtschaftswelt mit der Sichtweise der Justizwelt in Konflikt geraten kann.

Abfindungszahlungen der Wirtschaft

Ich spreche von einem Fall, der in Deutschland spektakuläres Aufsehen erregt hat. Es geht um die Abfindungszahlungen an den ehemaligen Chef der früheren

Firma Mannesmann, Herrn Dr. Klaus Esser, und an Mitglieder des Aufsichtsrats. Die Firma stand 1999 vor der Entscheidung einer partnerschaftlichen Kooperation mit dem französischen Unternehmen Vivendi oder der feindlichen Übernahme durch das britische Unternehmen Vodafone. Im Hintergrund wirkte das Unternehmen Hutchison-Whampoa als größter und bedeutendster Einzelaktionär der Firma Mannesmann mit. Das Ergebnis ist Ihnen bekannt. In dem Poker um das weitere Schicksal der Firma Mannesmann war Vodafone Sieger geblieben und hat das deutsche Unternehmen übernommen. Im Zuge dieser Transaktion hat der Mannesmann-Chef Esser eine Abfindung von mindestens 30 Mio. € erhalten. An weitere Personen sind rund 25 Mio. € zusätzlich gezahlt worden. Die in der Presse veröffentlichten Einzelheiten der Transaktionsverhandlungen lesen sich wie ein Kriminalroman.

Strafrechtliche Ermittlungen

Zwei deutsche Rechtsanwälte haben diesen Vorgang zum Anlass genommen, Strafanzeige wegen Veruntreuung von Firmenkapital zu erheben. In der Anzeige wird der Verdacht geäußert, dass Esser die Verhandlungen mit Vivendi habe scheitern lassen, weil er für die Bereitschaft zur Übernahme durch Vodafone eine Abfindung in Höhe von rund 15 Mio. € bekommen sollte. Das hat der Aufsichtsrat von Mannesmann so entschieden, dessen Mitglieder sich ebenfalls strafrechtlicher Ermittlungen ausgesetzt sehen, wie etwa der Chef der Deutschen Bank (Ackermann). Dieser Abfindungsbetrag für Esser von 15 Mio € ist von der Firma Hutchison-Whampoa noch einmal verdoppelt worden. Dieser Aktionär wollte den durch die Verhandlungstaktik Essers angestiegenen Börsenkurs der Firma Mannesmann bei seinem Chef gesondert honorieren. Die Staatsanwaltschaft hat Anklage erhoben. Am 19. September hat das Landgericht Düsseldorf beschlossen, die Anklage zuzulassen und das Verfahren bei Gericht zu eröffnen, und zwar wegen des Verdachts der Untreue bei Mitgliedern des Aufsichtsrats und wegen des Verdachts der Beihilfe zur Untreue bei Dr. Esser.

Die Staatsanwaltschaft sieht in den Geldleistungen keine Rechtsgrundlage. Nach dem deutschen Aktiengesetz müssen die Bezüge von Vorstandsmitgliedern nämlich „angemessen" sein. Deshalb seien Zahlungen an ohnehin ausscheidende Vorstände und gar an frühere Manager nicht zu begründen. Ferner bemängelt die Staatsanwaltschaft das Verfahren, in dem die Zahlungen genehmigt wurden.

Einflussnahme der Wirtschaft auf Politik und Justiz

Wegen der Aktivitäten der Justiz sollte die Politik instrumentalisiert werden. Während der Ermittlungen der Staatsanwaltschaft ist nicht nur von Herrn Esser, sondern auch von anderen Spitzenvertretern der deutschen Wirtschaft massiver Druck ausgeübt worden. Sowohl der Ministerpräsident als auch der Justizminister des Landes Nordrhein-Westfalen wurden öffentlich gedrängt, auf die Staatsanwaltschaft Einfluss zu nehmen, um das Verfahren durch eine formelle Einstellung zu beenden. Die Politik hat diesen Forderungen widerstanden. Sie hat vielmehr die Staatsanwaltschaft unabhängig danach entscheiden lassen, was diese fachlich für richtig hielt.

Gegenangriff durch Zivilklage

Dieser Fall hat durch einen juristischen Gegenangriff von Dr. Esser eine weitere spektakuläre Facette erfahren. Er hat Klage beim Zivilgericht erhoben. Prozessgegenstand war der Umstand, dass der Fall Esser das Interesse der Presse und Öffentlichkeit gefunden hatte. In Deutschland berichten die Medien ständig über die Arbeit der Justiz, besonders gern natürlich über Personen der Zeitgeschichte oder sonstige Prominente. Wegen Verletzung seines Persönlichkeitsrechts verklagte er den Staat unter dem Gesichtspunkt der Amtshaftung wegen Schadensersatz (Anwaltskosten) und Zahlung von Schmerzensgeld in Höhe von 200.000 €. Es ging ihm um seine öffentliche Reputation. In der Begründung rügte er, dass die Justizbehörden eine gegen ihn gerichtete Pressekampagne mit verursacht hätten. Diese habe zu einer Vorverurteilung in der Öffentlichkeit und einem erheblichen Ansehensverlust geführt. Insbesondere hat er gerügt, dass unternehmerische Ermessensentscheidungen mit den Mitteln des Strafrechts verfolgt werden.

Zwei Verständniswelten – ein Recht

Hier treffen also das Verständnis der Geschäftswelt und die Justiz mehrfach aufeinander. Für beide kann aber nur ein Recht gelten. Die Unternehmensjuristen sehen bei dem Strafverfahren einen Konflikt zwischen Aktienrecht und Strafrecht. Sie meinen, dass die Strafjustiz die Gewohnheiten und die Komplexität des Aktienrechts verkannt habe, weil solche Abfindungszahlungen international üblich seien. Mit einfachen Worten soll das wohl heißen, dass die Justiz keine Ahnung von der Wirtschaft habe. Umgekehrt reklamieren die Kritiker der Wirtschaft, dass das in der Wirtschaft „international Übliche" nicht die Geltung des Strafrechts ersetzen könne. Die Freiheit des unternehmerischen Handelns dürfe nicht unter Bezugnahme auf das Aktienrecht weiter reichen als die Geltung staatlichen Rechts durch Maßnahmen der Strafjustiz.

Entscheidung des Zivilgerichts

Vor der Zivilkammer des Landgerichts Düsseldorf hat Dr. Esser nur einen kleinen Teilerfolg erzielt. Mit dem Urteil vom 30. April 2003 hat es ihm ein Schmerzensgeld nur in Höhe von lediglich 10.000 € zuerkannt. Wegen der Forderung weiterer 190.000 € hat das Gericht die Klage abgewiesen. Der prozessuale Misserfolg liegt also bei rund 95 %.

Zum Anspruch auf Schadensersatz hat das Zivilgericht ausgeführt, dass die Staatsanwaltschaft nicht gegen Amtspflichten verstoßen habe. Nach kriminalistischer Erfahrung sei aufgrund konkreter Tatsachen ein ausreichender Verdacht auf eine Straftat gegeben, weil zwischen der Prämiengewährung und der Entscheidung zur Gesellschaftsübernahme ein enger zeitlicher Zusammenhang bestehe.

Hinsichtlich des Antrags auf Zahlung von Schmerzensgeld hatte die Klage zu einem geringen Teil Erfolg. In minimalem Umfang wurde eine Verletzung des Persönlichkeitsrechts bejaht, weil die Justiz noch vor dem Kläger die Journalisten über die bevorstehende Einleitung des Ermittlungsverfahrens informiert habe. Durch abträgliche Veröffentlichungen im Internet-Portal des Justizministeriums von Nordrhein-Westfalen sei das Persönlichkeitsrecht teilweise verletzt. Ein weitergehendes Schmerzensgeld wurde indes nicht für gerechtfertigt erachtet. Ob das Verfahren rechtskräftig geworden ist, steht derzeit noch nicht fest.

These 5: Recht und Justiz sind maßgebliche Faktoren für Stabilität und Fortschritt in Wirtschaft und Gesellschaft.

Zum Schluss komme ich auf die eingangs gestellte Frage zurück. Die Antwort kann nicht in einem einfachen Modell liegen. Die Justiz ist nicht nur Reparaturbetrieb für die Wirtschaft, wenn diese keinen Erfolg hat oder unklare Verträge schließt. Eine gut und rechtsstaatlich funktionierende Justiz schafft Sicherheit und Ordnung in der Gesellschaft. Sie ist für die Wirtschaft ein wichtiger Stabilitätsfaktor, indem Investoren den Faktor Recht bei ihren Entscheidungen kalkulieren können. Geld ist scheu wie ein Reh. Wenn die Schneise unsicher ist, kommt das Reh nicht aus dem Wald. Das Recht leistet einen wichtigen Beitrag, um eine solche Sicherheit zu schaffen.

Damit definiert sich zugleich die Rolle der Justiz. Ein Recht, das nur auf dem Papier steht, ist nichts wert. Es bleibt abstrakt. Erst die Justiz ermöglicht Recht. Recht entsteht durch Rechtsprechung. Die Justiz trägt maßgeblich zur Schaffung von Rechtssicherheit und zu Rechtsfrieden bei. Sie ist Motor und Garant eines starken Rechtsstaats. Wirtschaftspartner können auf das Recht setzen, wenn sie auf andere Weise einen Konflikt nicht beilegen können. Investoren bekommen Sicherheit für ihr finanzielles Engagement. Damit sorgt die Justiz für Stabilität und fördert die Möglichkeit zu weiterem Fortschritt der Gesellschaft durch Sicherheit und Recht. In diesem Zusammenhang müssen wir auch den Prozess sehen, den der Unternehmer Lu Yuzhang wegen seiner Firmengründung geführt hat.

Der von der chinesischen und der deutschen Regierung 1999 vereinbarte „Dialog über Fragen des Rechtsstaats" eröffnet uns die Chance zu mehr Gemeinsamkeit. Der chinesische Justizminister Zhang hat in einem Vortrag in Deutschland

(2002) vor dem Hintergrund einer 5000 Jahre alten Zivilisation verdeutlicht, welchen Beitrag das chinesische Rechtssystem zu der Zivilisation und zum Fortschritt der Menschheit geleistet hat. In diesem Sinn hat er das „Regieren des Rechts" als wichtigen Faktor für den Fortschritt der gesellschaftlichen Zivilisation herausgestellt. Das entspricht unserem Verständnis. Bundespräsident Johannes Rau hat vor wenigen Wochen in der Nanjing-Universität dazu ergänzend die Bedeutung der Menschenrechte herausgestellt. Er hat auch betont, dass der „Rechtsstaatsdialog keine Trockenübung" sein soll, sondern mit Leben ausgefüllt werden muss. Dazu tragen Veranstaltungen wie diese heute hoffentlich bei.

Als Bundeskanzler Gerhard Schröder 2001 in der Beida-Universität von Peking sprach, zitierte er eine Weisheit aus dem Taoismus. Sie lautet: „Die Menschen sollen in einem Dorf leben, das selbst verwaltet und gut geschützt ist, aber so nah an der Außenwelt, dass man die Hunde aus dem Nachbardorf bellen hört." Dieser Appell möge auch für unsere Arbeit gelten. Ich habe in meiner Jugend nur davon geträumt, dass entprechend diesem Zitat ein „chinesisches Dorf" so nah sein kann wie es heute ist. Die Tagung ist ein wichtiger Beitrag.

In dem Sinn wünsche ich uns allen eine gute Zukunft in Gemeinsamkeit und Miteinander – als Partner eines Dialogs auch auf dem Gebiet des Rechts.

Jürgen Dehn

Generalstaatsanwalt am OLG Braunschweig

Der strafrechtliche Schutz bei Aussschreibungen

Literaturverzeichnis

Achenbach, H.: Die Verselbständigung der Unternehmensgeldbuße bei strafbaren Submissionsabsprachen— ein Papiertiger? wistra 1998, 168

derselbe: Das neue Recht der Kartellordnungswidrigkeiten, wistra 1999, 241

Bangard, A.: Aktuelle Probleme der Sanktionierung von Kartellabsprachen, wistra 1997, 161

Bottke, W.: Korruption und Kriminalrecht in der Bundesrepublik Deutschland, ZRP 1998, 215

Byok, J.: Das neue Vergaberecht, NJW 1998, 2774

König, P.: Empfehlen sich Änderungen des Straf- und Strafprozessrechts, um der Gefahr von Korruption in Staat, Wirtschaft und Gesellschaft wirksam zu begegnen? DRiZ 1996, 357

Korte, M.: Kampfansage an die Korruption, NJW 1997, 2556

derselbe: Bekämpfung der Korruption und Schutz des freien Wettbewerbs mit den Mitteln des Strafrechts, NStZ 1997, 511

Lüderssen, K.: Die Symbiose von Markt und Staat-auseinanderdividiert durch Strafrecht? StV 1997, 318

Oldigs, D.: Die Strafbarkeit von Submissionsabsprachen nach dem neuen § 298 StGB, wistra 1998, 291

Otto, H.: Submissionsbetrug und Vermögensschaden, ZRP 1996, 300

derselbe: Wettbewerbsbeschränkende Absprachen bei Ausschreibungen, § 298 StGB, wistra 1999, 41

Pfeiffer, G.: Von der Freiheit der klinischen Forschung zum strafrechtlichen Unrecht? NJW 1997, 782

Ransiek, A.: Strafrecht und Korruption, StV 1996, 446

Schaupensteiner, W.: Submissionsabsprachen und Korruption im öffentlichen Bauwesen, ZRP 1993, 250

derselbe: Gesamtkonzept zur Eindämmung der Korruption, NStZ 1996, 409

I. Einleitung

Das heute von mir zu behandelnde Thema "**Der strafrechtliche Schutz des freien Wettbewerbs vor wettbewerbsbeschränkenden Absprachen bei Ausschreibungen sowie vor Bestechlichkeit und Bestechung im geschäftlichen Verkehr**", lässt den einen oder anderen von Ihnen vielleicht die Frage stellen, wie freier Wettbewerb durch das Strafrecht geschützt werden kann. Im Gegensatz zu Systemen unmittelbarer Lenkung, wie zum Beispiel hoheitlichen Marktordnungen oder Preisregulierungen, handelt es sich beim freien Wettbewerb um ein offenes, nicht determiniertes System[1]. Dies lässt sowohl die Bestimmung des strafrechtlichen Schutzguts als auch eine dem Bestimmtheitsgebot entsprechende Eingrenzung des strafrechtlich verbotenen Handelns von vornherein als sehr schwierig erscheinen[2]. Dennoch hat der deutsche Gesetzgeber mit der Einfügung des 26. Abschnitts "Straftaten gegen den Wettbewerb" in das Strafgesetzbuch durch das **Gesetz zur Bekämpfung der Korruption** (Korr BekG) v. 13.8.1997[3] deutlich gemacht, dass der **Schutz des Wettbewerbs** eine wichtige Aufgabe des Staates ist, die zum Kern strafrechtlicher Schutzgewährung gehört[4]. Im Zusammenhang damit soll auch das Bewusstsein der Bevölkerung dafür geschärft werden, dass es sich bei bestimmten unlauteren Eingriffen in den freien Wettbewerb um kriminelles Unrecht handelt. Deshalb enthält der 26. Abschnitt Regelungen gegen wettbewerbsbeschränkende Absprachen bei Ausschreibungen (§ 298) und gegen Bestechlichkeit und Bestechung im geschäftlichen Verkehr (§ 299), die Vorläufer im Ordnungswidrigkeitenrecht (§ 38 Abs. 1 Nr. 1, 8 alter Fassung des Gesetzes gegen Wettbewerbsbeschränkungen) und im Nebenstrafrecht (§ 12 alter Fassung des Gesetzes über den unlauteren Wettbewerb) hatten, den Strafbarkeitsbereich aber teilweise deutlich ausweiten und die Strafrahmen erhöhen[5]. **Rechtsgut** der Straftaten des 26. Abschnitts ist der **freie Wettbewerb**, das heißt, die Freiheit der auf dem Markt konkurrierenden Anbieter von unlauteren, nicht offenbarten Einflüssen, die das Austauschverhältnis von Waren und Leistungen einseitig zugunsten eines Beteiligten verzerren[6]. Mittelbar werden die Mitbewerber geschützt, vor denen sich der Bestechende einen unlauteren Vermögensvorteil verschaffen will. Mittelbar wird auch die Allgemeinheit geschützt, die infolge der Bestechung schlechtere oder teurere Waren erhält[7]. Hinter allem steht letztlich die marktwirtschaftliche Gesellschaftsordnung als Ganzes. Für sie

---

1   Bannenberg, S. 23.
2   Krit. Lüderssen, StV 1997, S. 318, 320.
3   BGBl. I, S. 2038; zur Entstehungsgeschichte Korte, NJW 1997, S. 2556 ff.
4   Bottke, ZRP 1998, S. 215 ff.
5   Vgl. Korte, NStZ 1997, S. 513 ff.
6   Tröndle/Fischer, vor § 298, Rn. 6.
7   Bannenberg, S. 22.

sind das Funktionieren des auf dem Leistungsprinzip beruhenden Wettbewerbs und das Bewusstsein der Bevölkerung von der Rationalität und Öffentlichkeit des Marktes von ausschlaggebender Bedeutung[8].

Bei dem Rechtsgut des freien Wettbewerbs handelt es sich um ein sog. "offenes Rechtsgut". Es wird seiner Natur nach in großem Maße von gesetzlichen Vorgaben bestimmt und ist vielfältigen Wandlungen unterworfen.

Hieraus folgt zwangsläufig, dass die rechtsanwendende Praxis hier in stärkerem Maße als gewöhnlich Steuerungsaufgaben in Richtung auf eine **rechtsstaatlich scharfe Begrenzung** der Unrechtstatbestände wahrzunehmen hat[9].

II. Wettbewerbsbeschränkende Absprachen bei Ausschreibungen

1. § 298 StGB, Begriffsbestimmungen

Die mit dem Korruptionsbekämpfungsgesetz 1997 in das Strafgesetzbuch eingefügte Vorschrift[10] lautet wie folgt:

"Wettbewerbsbeschränkende Absprachen bei Ausschreibungen

298 I Wer bei einer Ausschreibung über Waren oder gewerbliche Leistungen ein Angebot abgibt, das auf einer rechtswidrigen Absprache beruht, die darauf abzielt, den Veranstalter zur Annahme eines bestimmten Angebots zu veranlassen, wird mit Freiheitsstrafe bis zu fünf Jahren oder mit Geldstrafe bestraft.

II Der Ausschreibung im Sinne des Absatz 1 steht die freihändige Vergabe eines Auftrages nach vorangegangenem Teilnahmewettbewerb gleich.

III Nach Absatz 1, auch in Verbindung mit Absatz 2, wird nicht bestraft, wer freiwillig verhindert, dass der Veranstalter das Angebot annimmt oder dieser seine Leistung erbringt. Wird ohne Zutun des Täters das Angebot nicht angenommen oder die Leistung des Veranstalters nicht erbracht, so wird er straflos, wenn er sich freiwillig und ernsthaft bemüht, die Annahme des Angebots oder das Erbringen der Leistung zu verhindern." Tathandlung des § 298 ist die Abgabe eines Angebots, das dem Veranstalter zugegangen ist. Der Zugang setzt voraus, dass das Angebot bei ordnungsgemäßem Ablauf im Ausschreibungsverfahren berücksichtigt werden könnte. Damit ist der Tatbestand bereits vollendet. Wirken der Anbieter und ein Mitarbeiter des Veranstalters kollusiv zusammen, soll Vollendung erst dann eintreten, wenn das Angebot in den üblichen Verfah-

---

8   Tröndle/Fischer, a.a.O.

9   S/S-Heine, Vorbem. §§ 298 ff., Rn. 1.

10   Kritisch dazu Oldigs, wistra 1998, S. 291 ff.

rensablauf weitergeleitet wird[11]. Von der Vorschrift betroffen sind "Ausschreibungen über Waren oder gewerbliche Leistungen". Darunter fallen alle Vergabearten nach den Verdingungsordnungen für Bauleistungen (VOB/A), für Leistungen (VOL/A) und für freiberufliche Leistungen (VOF), sei es als **Öffentliche Ausschreibung** oder als **Beschränkte Ausschreibung**. Nach Abs. 2 ist der Öffentlichen und Beschränkten Ausschreibung die **freihändige Vergabe** nach Teilnahmewettbewerb gleichgesetzt.

Abs. 1 setzt eine **rechtswidrige Absprache** voraus, auf der das Angebot des Täters beruht. **Absprache** ist ein - aus der Sicht der Beteiligten bindendes - Übereinkommen unter den potentiellen Anbietern, über das Verhalten im Ausschreibungsverfahren bzw. bei der freihändigen Vergabe. Bloße Kontakte, Gespräche darüber, wer an der Vergabe interessiert ist und ein Angebot abgeben will o. Ä., reichen nicht aus. Die Absprache muss darauf gerichtet sein, den Veranstalter zur **Annahme eines bestimmten Angebots** zu veranlassen. Nicht erforderlich ist, dass die Absprache vor dem Veranstalter der Ausschreibung verheimlicht wird. Der Gesetzgeber wollte durch den Verzicht auf das Merkmal des Verheimlichens auch die Fälle erfassen, bei denen der Bieter kollusiv mit dem Veranstalter oder einem Mitarbeiter des Veranstalters, dessen Kenntnis dem Veranstalter zugerechnet werden kann, zusammenarbeitet[12]. Der Tatbestand ist auch dann verwirklicht, wenn die Absprache sich auf die Festlegung eines bestimmten Angebots-Inhalts beschränkt. Nicht ausreichen für eine Strafbarkeit nach § 298 dürfte wohl das Absprechen einer **Preisuntergrenze**. Es kommt dann aber eine Ordnungswidrigkeit nach § 81 Abs. 1 Nr. 1 GWB in Betracht, ebenso wie bei sonstigen Preisabsprachen[13]. So hat in einem aktuellen Fall das **Bundeskartellamt** im August dieses Jahres gegen die führenden deutschen Hersteller von Feuerwerksartikeln Bußgelder in Höhe von 8.8 Millionen Euro verhängt, weil sie über Jahre hinweg die Preise für Kleinfeuerwerksartikel abgestimmt hatten[14]. Nur wenige Tage nach einer ersten Pressemeldung berichteten Radio und Presse weiter, dass die Staatsanwaltschaft gegen Mitarbeiter eines der Unternehmen auch wegen Bestechung ermittele. Angehörige des Bundesamtes für Wehrtechnik und Beschaffung hätten diesem Unternehmen für Geld und Auslandsreisen Informationen über zukünftige Bundeswehraufträge für Leucht- und Signalmunition zugespielt. Die Ermittlungen seien aufgrund von Erkenntnissen in dem Kartellverfahren in Gang gekommen.

---

11   Tröndle/Fischer, § 298, Rn. 15.

12   Otto, wistra 1999, S. 41.

13   Achenbach, wistra 1999, S. 241.

14   Zur Verhängung von sog. Unternehmensgeldbußen vgl. Achenbach, wistra 1998, S. 168 ff.

Es bedarf, wie schon erwähnt, keiner Täuschung und auch keiner Annahme des Angebots durch den Veranstalter. Es ist auch nicht erforderlich, dass die Absprache vor dem Anbieten vereinbart wird. **Rechtswidrig** ist die Absprache, wenn sie gegen das **Kartellverbot** des § 1 GWB verstößt oder sich als eine nach **§ 25 GWB verbotene abgestimmte Verhaltensweise darstellt**[15].

§ 1 GWB in seiner seit dem 1.1.1999 geltenden Fassung lautet: "§ 1 Kartellverbot. Vereinbarungen zwischen miteinander im Wettbewerb stehenden Unternehmen, Beschlüsse von Unternehmensvereinigungen und aufeinander abgestimmte Verhaltensweisen, die eine Verhinderung, Einschränkung oder Verfälschung des Wettbewerbs bezwecken oder bewirken, sind verboten."

Als **Schwerpunktbereich** der wettbewerbsbeschränkenden Absprachen wird die Vergabe von Aufträgen durch die öffentliche Hand angesehen. Im Einzelnen waren nach dem **Jahresbericht Wirtschaftskriminalität des Bundeskriminalamtes für 2001** betroffen: Hoch- und Tiefbau, Straßen- und Kanalbau[16], Vergabe von ehemaligen Bundeswehrstandorten als Mietobjekt, Sanierung öffentlicher Gebäude, Altlastensanierung, Abfallentsorgung, Bau von Telekommunikationsanlagen sowie Arbeiten in Naturschutzprojekten.

2. Die Vorschrift in der Praxis

Die seit 1999 festgestellten **Tathandlungen**[17] lassen sich zum einen in wettbewerbswidrige Absprachen und zum anderen in Absprachen, denen Bestechungshandlungen zugrunde lagen, einteilen. Bei den wettbewerbswidrigen Absprachen wurden die Absprachen sowohl vor als auch nach erfolgter Ausschreibung durchgeführt. Die Firma, die gemäß Absprache den Auftrag erhalten sollte, gab dann ein niedrigeres Angebot als die anderen Firmen ab, die sich an der Ausschreibung beteiligten (**Schutzangebot**).

Bei besonders hohen Auftragswerten und wenn eine Firma den Auftrag nicht allein durchführen konnte, wurden "**Bietergemeinschaften**" bzw. "**Arbeitsgemeinschaften**" aus zwei oder mehreren Firmen gebildet, die dann auch jeweils den Zuschlag erhielten. Weiterhin war eine Form des regionalen "**Gebietsschutzes**" zu verzeichnen, bei der Firmen aus anderen Regionen höhere Angebote abgaben, als Firmen, die in der betreffenden Region angesiedelt waren. In den Fällen, in denen die mit der Ausschreibung befassten Mitarbeiter bestochen wurden, konnten die Täter die Angebotsliste einsehen und so ein niedrigeres Ange-

---

15   Otto, a.a.O.

16   Ausführlich Schaupensteiner, ZRP 1993, S. 250.

17   BKA, Jahresbericht Wirtschaftskriminalität 2001, S. 158 f.

bot abgeben. Zum Teil wurden Angebote nach erfolgter Abgabe nachträglich verfälscht.

Mittels **Bestechungshandlungen** wirkten die Täter auch darauf hin, die Vergabebedingungen so zu formulieren, dass nur bestimmte Firmen den Auftrag ausführen konnten. Die Auszahlung der Bestechungsgelder wurde zumeist über sog. **Schein oder Luftrechnungen** verschleiert. Diese Rechnungen wurden von den Bestochenen zum Schein für die betreffende Firma ausgestellt. Sie flossen ordnungsgemäß in die Buchhaltung der Firmen ein und fielen bei regulären Prüfungen nicht auf.

Die Kosten für Bestechungshandlungen fanden in den meisten Fällen bei den Firmen bereits Eingang in die Kalkulation und wurden vom Auftraggeber somit "erstattet". Bestochen wurde mit **Bargeld, geldwerten Leistungen** oder **zukünftigen Rechten auf Leistungen**. Die polizeilichen Ermittlungen lassen im Ergebnis erkennen, dass die behörden- oder betriebsinternen **Vorschriften zur Kontrolle** bei Ausschreibungen nicht oder nur **unzureichend beachtet** wurden. Zu vergebende **Auftragskontingente** wurden zum Teil in kleinere Einzelaufträge aufgeteilt bzw. Ausschreibungsmodalitäten so verfasst, dass Aufträge freihändig oder im Rahmen beschränkter Ausschreibungen vergeben werden konnten. Ausschreibung und Vergabe lagen oft in einer Hand. Die Fachaufsicht wurde nicht oder nur unzureichend ausgeübt. Die Auftraggeber hatten ein mangelndes Kostenbewusstsein und mangelnde Sachkenntnis bei der Bewertung der Angebote. Eine Prüfung auf wirtschaftliche Verflechtungen und tatsächliche Leistungsfähigkeit der Wettbewerber fand nicht statt. Damit war es für Kartelle relativ einfach, durch die Einbeziehung von Tochtergesellschaften oder verbundener Unternehmen einen Wettbewerb vorzutäuschen.

Da wettbewerbsbeschränkende Absprachen erst mit der Einführung des § 298 StGB strafbar wurden, sind Statistikzahlen erst seit 1999 vorhanden. Wurden 1999 49 Fälle und 90 Tatverdächtige registriert, waren es 2000 121 Fälle und 237 Tatverdächtige. Im Jahr 2001 wurden **65 Fälle** mit **116 Tatverdächtigen** registriert. Damit ist die Entwicklung zunächst rückläufig. Wegen der Kürze des Berichtszeitraumes können jedoch noch keine Aussagen zu den Gründen getroffen werden.

III. Ausschreibungsbetrug

So wie § 298 StGB mittelbar auch das Vermögen des Veranstalters schützt, schützt § 263 StGB mittelbar auch den freien Wettbewerb, wenn durch ihn Submissionsabsprachen, die zu einer entsprechenden Vergabe geführt haben, erfasst werden. § 263 StGB lautet:

"Betrug 263 I Wer in der Absicht, sich oder einem Dritten einen rechtswidrigen Vermögensvorteil zu verschaffen, das Vermögen eines anderen dadurch beschädigt, dass er durch Vorspiegelung falscher oder durch Entstellung oder Unterdrückung wahrer Tatsachen einen Irrtum erregt oder unterhält, wird mit Freiheitsstrafe bis zu fünf Jahren oder mit Geldstrafe bestraft. II Der Versuch ist strafbar. III – VII ..."

Die **Täuschungshandlung** ist in diesen Fällen in der **Abgabe des Angebots** zu sehen, in dem nach der Rechtsprechung zugleich die konkludente Erklärung gesehen wird, dass es **nicht** auf einer verbotenen Absprache beruht[18]. Wenn der Auftraggeber durch die Ausschaltung des Wettbewerbs ein über dem Marktpreis liegendes Entgelt bezahlen muss, dann entsteht ihm ein **Schaden**, der nach der Rechtsprechung des Bundesgerichtshofes in der **Differenz zwischen dem Zuschlagspreis** und dem **Wettbewerbspreis** liegt, d. h. dem Preis, der sich bei ordnungsgemäßer Durchführung des Ausschreibungsverfahrens ohne Kartellabsprache und ohne Täuschung des Auftraggebers gebildet hätte[19]. Hat die Absprache also zum Erfolg geführt, wird der Anbieter wegen der unterschiedlichen Schutzrichtung der Normen sowohl nach § 298 als auch nach § 263 StGB strafbar sein.

IV. Bestechlichkeit und Bestechung im geschäftlichen Verkehr

1. § 299 StGB, Begriffsbestimmungen

Der zweite durch das Korruptionsbekämpfungsgesetz neu geschaffene und in den 26. Abschnitt des Strafgesetzbuches eingestellte Tatbestand ist § 299. **"Bestechlichkeit und Bestechung im geschäftlichen Verkehr 299** I Wer als Angestellter oder Beauftragter eines geschäftlichen Betriebes im geschäftlichen Verkehr einen Vorteil für sich oder einen Dritten als Gegenleistung dafür fordert, sich versprechen lässt oder annimmt, dass er einen anderen bei dem Bezug von Waren oder gewerblichen Leistungen im Wettbewerb in unlauterer Weise bevorzuge, wird mit Freiheitsstrafe bis zu drei Jahren oder mit Geldstrafe bestraft. **II** Ebenso wird bestraft, wer im geschäftlichen Verkehr zu Zwecken des Wettbewerbs einem Angestellten oder Beauftragten eines geschäftlichen Betriebes einen Vorteil für diesen oder einen Dritten als Gegenleistung dafür anbietet, verspricht oder gewährt, dass er ihn oder einen anderen bei dem Bezug von Waren oder gewerblichen Leistungen in unlauterer Weise bevorzuge. **III** Die Absätze 1 und 2 gelten auch für Handlungen im ausländischen Wettbewerb."

---

18   S/S-Cramer, § 263, Rn. 16 f.

19   Zur Schadensproblematik Otto, ZRP 1996, S. 300.

Durch § 299 wird also die Bestechlichkeit und Bestechung im geschäftlichen Verkehr unter Strafe gestellt. Eine frühere Regelung im UWG wurde zugunsten eines breiteren Anwendungsbereiches aufgehoben. Rechtsgut des § 299 ist wie auch bei § 298 der **Schutz des freien Wettbewerbs** vor Verjährung und Außerkraftsetzung des echten Leistungswettbewerbs durch **unlautere und nicht offenbarte** Einflüsse[20]. Mittelbar geschützt werden auch hier die **Mitbewerber** und die Allgemeinheit. Mittelbar werden auch die **Geschäftsherren** vor Treuepflichtverletzungen ihrer Angestellten geschützt. Täter der Bestechlichkeit nach Absatz 1 können nur **Angestellte** oder **Beauftragte** eines geschäftlichen Betriebes sein, nicht die Betriebsinhaber selbst. Eine "Bestechung" ist bei ihnen nicht möglich, jedenfalls wenn man im Interesse einer rechtsstaatlichen Begrenzung des Tatbestandes auf das in der Tat liegende Untreue-Element abstellt und die auch bei der Bestechung von Firmeninhabern eintretende Gefährdung des Wettbewerbs in den Hintergrund treten lässt[21]. Die Tathandlung muss im **geschäftlichen Verkehr** erfolgen. Damit ist § 299 bei rein privaten Handlungen, betriebsinternen Handlungen und öffentlich-rechtlichen Tätigkeiten nicht anwendbar[22]. Für korruptives Verhalten von **Amtsträgern** gelten die **§§ 331 ff.** im 30. Abschnitt des StGB "Straftaten im Amt". Bei ihnen stehen als Schutzgut die Funktionstüchtigkeit, die Lauterkeit des öffentlichen Dienstes und das Vertrauen der Allgemeinheit auf diese Lauterkeit im Vordergrund[23].

Die Bestechungshandlung in § 299 muss die künftige unlautere Bevorzugung beim Bezug von **Waren** oder **gewerblichen Leistungen** zum Gegenstand haben. Tätigkeiten von **Freiberuflern**, wie zum Beispiel Beratungstätigkeit, fallen aus. **Bezieher der Leistung** oder der Ware kann der Vorteilsgeber, aber auch der Geschäftsherr des Angestellten oder Beauftragten sein. Der Begriff "Bezug" ist weit zu verstehen und umfasst den gesamten wirtschaftlichen Vorgang von Bestellung über Lieferung bis hin zur Bezahlung. Durch die Bestechung muss eine Bevorzugung in unlauterer Weise erfolgen, was bedeutet, dass eine **Unrechtsvereinbarung** getroffen werden muss. Diese entspricht derjenigen bei den Amtsdelikten und besagt, dass zwischen dem Vorteilsgeber und dem Angestellten eine **Übereinkunft** über die inhaltliche **Verknüpfung** von künftiger unlauterer **Bevorzugung** und der **Vorteilszuwendung** bestehen muss. Erfasst werden **materielle** und **immaterielle Vorteile**. Rechtsprechung und Literatur[24] nennen als **materielle Vorteile** Provision, Rückvergütungsrabatt, Honorar, Sonder-

---

20   Bannenberg, S. 25.

21   Tröndle/Fischer, § 299, Rn. 11.

22   S/S-Heine, § 299, Rn. 9.

23   Zur Korruption im Bereich der medizinischen Versorgung vgl. Pfeiffer, NJW 1997, S. 782.

24   Tröndle/Fischer, 299 Rn. 7.

vergütung, also alle Formen von Geldzuwendungen, daneben aber auch Vermittlung oder Gewährung von Nebeneinnahmen, Darlehensgewährung, Stundung, Rabatt, Zuwendung von Gebrauchsgütern, Überlassung von Wohnraum, Einladung zu Urlaubsreisen. Als immaterielle Vorteile werden angesprochen Verschaffung einer Auszeichnung, Förderung beruflichen Fortkommens, Verleihung von Ehrenämtern, Unterstützung in privaten Angelegenheiten, grundsätzlich auch sexuelle Zuwendungen. Die Bestechung zielt auf eine zukünftige Bevorzugung, das heißt, eine Belohnung für eine bereits erfolgte unlautere Bevorzugung ist nicht erfasst. Die Bestechung nach § 299 Abs. 2 entspricht spiegelbildlich der nach Abs. 1. Der Täterkreis wird durch das Erfordernis des Handelns zu Zwecken des Wettbewerbs eingeschränkt.

2. Die Vorschrift in der Praxis

§ 299 StGB zählt neben den §§ 331-335 StGB, die Vorteilsnahme und Bestechlichkeit im öffentlichen Sektor regeln, zu den **Korruptionsdelikten**. Rechtsverletzungen in diesem Bereich werden unter der Überschrift **Korruptionsstraftaten** statistisch erfasst[25]. Diese Straftaten werden in der Regel nicht isoliert begangen, sondern dienen meistens dazu, andere Straftaten zu ermöglichen bzw. begangene Straftaten zu verdecken. Hierunter fallen beispielsweise Formen von Betrugs- und Untreuehandlungen, Strafvereitelung im Amt, Urkundenfälschung, wettbewerbsbeschränkende Absprachen bei Ausschreibungen, Falschbeurkundung im Amt, Verletzung des Dienstgeheimnisses und Verstöße gegen strafrechtliche Nebengesetze.

Es ist denn auch kein Wunder, dass **im Jahre 2001** in den **1278** festgestellten **Korruptionsverfahren** neben den darin verzeichneten **7962 Korruptionsstraftaten 5876 sonstige Straftaten** enthalten waren.

Hierzu ein Fallbeispiel:

Ein Kartell, bestehend aus mehreren Anbietern von Großküchen, teilte sich regelmäßige Aufträge aus dem gesamten Bundesgebiet auf. Jede Firma hatte seine "festen" Auftraggeber. Um vor der Submission bereits die Angebote innerhalb des Kartells abzusprechen, waren Informationen über Auftragsvolumen, durchzuführende Arbeiten und Mitbieter notwendig. Diese Informationen erhielt das Kartell durch Bestechung der verantwortlichen Mitarbeiter der Auftraggeber bzw. der planenden Ingenieurbüros. Mit Hilfe dieser Informationen waren dann Absprachen zwischen allen Mitbietern möglich. Ziel der Absprachen war es, eine Firma aus dem Kartell zu bestimmen, die den Auftrag erhalten sollte. Die anderen Mitbieter gaben dann nur Schutzangebote ab. Durch die Absprachen

---

25 BKA, Lagebild Korruption 2001, S. 6.

erzielten die Firmen Preise, die mind. 3 bis 5 % über dem eigentlichen Wettbewerbspreis lagen.

Dieser Fall zeigt, wie eng Korruptionsdelikte und andere Straftaten verknüpft sein können. Erst durch die Bestechungshandlungen erlangten die Mitglieder des Kartells die notwendigen Informationen für ihre illegalen Preisabsprachen nach § 298 StGB und die damit verbundene Möglichkeit, überhöhte Angebote abzugeben (§ 263 StGB: Betrug). Auch an einem **aktuellen Fall** aus meinem Zuständigkeitsbereich kann ich aufzeigen, wie eng die Verknüpfung bei den Korruptionsdelikten ist:

Der Beschuldigte war in einem großen Werk für die Planung in einem bestimmten Werkbereich zuständig. Dabei hatte er die Notwendigkeit neuer Aufträge festzustellen und die Vergabe von Aufträgen an Firmen vorzubereiten sowie die von Zulieferern erstellten Rechnungen auf ihre sachliche Richtigkeit zu überprüfen. Spätestens 1998 soll er den Entschluss gefasst haben, diese Position gemeinsam und in arbeitsteiligem Zusammenwirken mit seiner Ehefrau und weiteren Personen zur wettbewerbswidrigen Vergabe von Aufträgen zu nutzen. In Durchführung dieses Plans verabredete er mit vier verschiedenen Firmen, ihnen gegen die Zahlung von Provisionen dauerhaft Aufträge seines Arbeitgebers zu verschaffen. Mit seiner Ehefrau vereinbarte er, dass die Bestechungsgelder für die Auftragsvermittlungen über deren Firmen als angebliche Planungsleistungen abgerechnet wurden. Unter Ausgrenzung der übrigen Wettbewerber soll der Beschuldigte im Zusammenwirken mit den mitbeschuldigten Firmenangehörigen so in mindestens vier Fällen die beteiligten Firmen bei der Vergabe von Aufträgen bevorzugt haben, obgleich andere Firmen günstigere Leistungen hätten erbringen können.

Die beschuldigte Ehefrau soll diese Taten unterstützt haben, indem sie die Bestechungsgelder über ihre Firmen den Zulieferern in Rechnung gestellt und das Geld für sich und den Hauptbeschuldigten vereinnahmt haben soll und zwar in der Zeit von 1998 bis 2002 mindestens 2,3 Millionen Euro. Dadurch, dass die Zulieferfirmen die gezahlten Provisionen in ihren Rechnungen an den Arbeitgeber wiederum weiterbelastet haben und der Beschuldigte die Rechnungshöhe jeweils als zutreffend abgezeichnet hat, so dass die Rechnungen angewiesen wurden, ist dem Arbeitgeber ein Schaden in derselben Höhe entstanden. Die Einnahmen aus den Provisionszahlungen hat der Hauptbeschuldigte bei seinen Einkommensteuererklärungen für die Jahre 1998-2000 nicht oder nur unvollständig angegeben.

Es handelt sich bei dieser Vorgehensweise um eine durchaus bekannte. Dabei kommt eine ganze Reihe von Straftatbeständen in Betracht, nämlich Betrug (§ 263 StGB), Untreue (§ 266 StGB), Bestechlichkeit in besonders schwerem Fall (§§ 299 Abs. 1, 300 StGB) und Steuerhinterziehung (§ 370 Abgabenordnung) mit einer nicht ganz geringen Straferwartung angesichts derer im Hinblick auf den dadurch indizierten Fluchtanreiz natürlich die Verhängung von Untersuchungshaft in Betracht zu ziehen ist. So auch hier.

3. Ausländischer Wettbewerb, Strafantrag, besonders schwere Fälle

Eine Erweiterung der Anwendbarkeit des § 299 ist 1998 durch das **Gesetz zur Ausführung der Gemeinsamen Maßnahme betreffend die Bestechung im privaten Sektor** erfolgt. Es fügte Abs. 3 an und bezog damit den **ausländischen Wettbewerb** in den Tatbestand ein. **Die Strafverfolgung** ist bei Bejahung eines besonderen öffentlichen Interesse **von Amts wegen** möglich, § 301. § 300 sieht **besonders schwere Fälle vor**, wenn sich die Tat auf einen Vorteil großen Ausmaßes bezieht oder der Täter gewerbsmäßig oder als Mitglied einer Bande handelt.

V. Sonstige gesetzliche Regelungen

1. Steuerrecht

Auch dem **Steuerrecht** wird eine wichtige Aufgabe bei der Eindämmung der Korruption und damit mittelbar auch beim Schutz des freien Wettbewerbs eingeräumt. Es soll nicht steuerlich erlaubt sein, was strafrechtlich verboten ist oder gar auf der einen Seite ein psychologischer Reiz gesetzt werden, Schmiergelder als Betriebsausgaben abzusetzen und auf der anderen Seite dasselbe Verhalten mit Strafe bedroht sein. Trotzdem ist eine weitgehende Harmonisierung von Steuerrecht und Strafrecht erst 1999 gelungen. Nach dem am 19. März 1999 in Kraft getretenen Steuerentlastungsgesetz 1999/2000/2002 dürfen Bestechungsgelder nicht mehr als **Betriebsausgaben** abgezogen werden, wenn die Gewährung der Zuwendung eine rechtswidrige Tat im Sinne des Strafrechts darstellt. Nach den Vorschriften des **Gesetzes zur Bekämpfung der internationalen Bestechung vom 10.09.1998**[26] gilt dies auch für im Ausland gezahlte Bestechungsgelder. Die Prüfung, ob die Voraussetzungen vorliegen, obliegt der Finanzverwaltung. Sie ist für die Versagung des Steuerabzuges nicht mehr auf ein Urteil oder eine Einstellung des Strafverfahrens nach den Opportunitätsvorschriften der §§ 153 bis 154c Strafprozessordnung angewiesen. So war die Rechtslage seit 1996. Zugleich muss heute bei Verdacht von Bestechungsdelikten eine Information der Staatsanwaltschaft durch die Finanzverwaltung erfolgen.

Dass der Fiskus aber mitunter selbst beinahe schon offenkundigen Schmiergeldzahlungen nicht die Anerkennung als Betriebsausgaben verweigern kann, belegt folgender Fall, über den kürzlich die Frankfurter Allgemeine Zeitung berichte-

---

26 BGBl. II S. 2327.

te[27]: *"Einen keineswegs ungewöhnlichen Fall hatte das Finanzgericht Düsseldorf mit einem Urteil vom 10. Dezember 2002 (6 K 3593/99 R) zu entscheiden. Dabei ging es um einen Vertrag, den eine GmbH aus der Stahl- und Metallbau-Branche mit einem "Wirtschaftsberater" geschlossen hatte. Der Mann sollte für das Unternehmen die "laufende Beratung in allen finanziellen und betriebswirtschaftlichen Angelegenheiten" betreiben und zudem "aufgrund seiner Kontakte zur Großindustrie branchenübliche Aufträge besorgen". Dafür sollte er "auf Anforderung" wöchentlich mindestens 20 Stunden zur Verfügung stehen. Als Honorar erhielt er im Jahr 1990 60 Prozent des Firmengewinns vor Ertragsteuerbelastung, im folgenden Jahr die Hälfte – mindestens jedoch 300 000 DM. Tatsächlich flossen mehrere Millionen DM, und zwar in bar. Das Gericht stimmte dem Finanzamt zwar zu, dass die "verhältnismäßig hohe Vergütung ohne Präzisierung des Zuständigkeitsbereichs" des Beraters ungewöhnlich sei. Auf etliche Fragen der Richter, etwa nach den Ursachen für die von Jahr zu Jahr unterschiedlichen Prozentsätze für die Vergütung, konnten weder Geschäftsführer noch Berater eine "nachvollziehbare Erklärung" liefern. Das Gericht fand auch merkwürdig, dass der Beauftragte nicht einmal Art und Umfang seiner Tätigkeit dokumentieren musste: Ein solches "blindes Vertrauen" sei unverständlich. Dabei habe der Geschäftsführer trotz der hohen Zahlungsverpflichtungen wenig Interesse an der Arbeit des Mannes gezeigt; beide konnten dem Gericht nicht ein einziges Beispiel für dessen Tätigkeit nennen. Dennoch habe der Fiskus kein Recht zu Beschränkungen des Abzugs, urteilte das Gericht."*

2. Zivilrecht

Das **Zivilrecht** kann einen Beitrag zum Schutze des freien Wettbewerbs leisten, weil aufgrund der Vertragsfreiheit die Möglichkeit von **Vertragsstrafenvereinbarungen** und Vereinbarungen über **pauschalierten Schadensersatz** für den Fall der Bestechung besteht. Durch die **Civil Law Convention on Corruption** des Europarates wird die Bedeutung des Zivilrechts hervorgehoben. Der Europarat setzt mit ihr auch auf Rechtsangleichungen bei Schadensersatzregelungen. Betroffene sollen die Möglichkeit haben, anstelle oder neben strafrechtlicher Verfolgung auch Schadensersatz fordern zu können, wenn sie durch korruptives Verhalten Schäden erlitten haben. Eine deutliche Stärkung hat der freie Wettbewerb auch dadurch erfahren, dass durch das **Vergaberechtsänderungsgesetz vom 29.5.1998**[28] der **Rechtsschutz** im Vergaberecht in den §§ 97-129 GWB auf eine neue rechtliche Grundlage gestellt worden ist. Erstmals wurden subjektive Rechte der Wettbewerber anerkannt. Die Anbieter haben einen Anspruch gegen

---

27   FAZ vom 6.8.03.
28   BGBl. I S. 2546.

die Vergabestelle auf Einhaltung der Vergaberegeln erhalten[29]. Der Anwendungsbereich des Gesetzes beschränkt sich allerdings auf Verfahren oberhalb bestimmter EU-Schwellenwerte (§ 100 GWB).

3. OECD Konvention, IntBestG und EUBestG

Das OECD-Übereinkommen über die Bekämpfung der Bestechung ausländischer Amtsträger im internationalen Geschäftsverkehr vom 17. Dezember 1997 führte in Deutschland im September 1998 zur Verabschiedung des bereits erwähnten Gesetzes zur Bekämpfung internationaler Bestechung (IntBestG). Seine Strafbestimmungen traten mit dem von Deutschland unterzeichneten Abkommen im Februar 1999 in Kraft. Nach den Vorschriften des Gesetzes sind ausländische Amtsträger bei Bestechungshandlungen mit inländischen gleichgestellt. Auch wird die Bestechung ausländischer Abgeordneter im Zusammenhang mit internationalem geschäftlichem Verkehr pönalisiert. Bislang soll das internationale Bestechungsgesetz zu einem Ermittlungsverfahren im Bundesland Brandenburg geführt haben.

Zu erwähnen ist ferner noch das EU-Bestechungsgesetz v. 10. September 1998, das die Bestechung und Bestechlichkeit von Amtsträgern und Richtern der Mitgliedstaaten der Europäischen Union unter Strafe stellt. Dieses Gesetz ist ebenfalls im September 1998 in der Bundesrepublik Deutschland in Kraft getreten[30].

VI. Intensivierung repressiver und präventiver Schutzmaßnahmen

Wir wissen seit langem, dass im Bereich der Verfolgung der Wirtschaftskriminalität, der Organisierten Kriminalität und der Korruption Schwierigkeiten in der strafrechtlichen Verfolgung bestehen[31]. Wir wissen andererseits, wie wichtig und notwendig das Strafrecht für die Eindämmung der Kriminalität in diesen Bereichen ist. Dies gilt gerade für den Bereich der Korruption. Die Aufmerksamkeit, die das Thema Korruption in den letzten Jahren erlangt hat, ist wesentlich zurückzuführen auf strafrechtliche Ermittlungen. Wenn strafrechtliche Ermittlungen das Versagen der Selbstregulierungsmechanismen in Wirtschaft und Verwaltung aufdecken und eine negative Presseberichterstattung auslösen, dann nehmen Kontrollen und der Druck zum ehrlichen Handeln zu[32]. Andererseits ist selbstverständlich, dass Strafrecht allein gesellschaftliche Probleme nicht lösen kann. Es sind vielmehr Maßnahmen sowohl im repressiven als auch im präven-

---

29   Siehe Byok, NJW 1998,S. 2774 ff.

30   BGBl. II S. 2340.

31   Bangard, wistra 1997, S. 161 ff.

32   BKA-Herbsttagung, Bannenberg, S. 62.

tiven Bereich geboten, die von einer ständigen Verbesserung der Unternehmensethik flankiert werden sollten[33].

1. Repressive Maßnahmen

Ich halte im repressiven Bereich folgende Maßnahmen für geboten:

- Einrichtung bzw. Ausbau von **Spezial- oder Schwerpunktdienststellen** zur Korruptionsbekämpfung bei Polizei und Staatsanwaltschaften.
- Intensivere Nutzung aller Möglichkeiten des StGB zur **Vermögensabschöpfung**.
- **Telefonüberwachung** bei schweren Fällen von Bestechung/Bestechlichkeit sowohl im Amt als auch im geschäftlichen Verkehr[34].
- Schaffung einer **Kronzeugenregelung**[35].
- Behördenübergreifende **Zusammenarbeit** zwischen Strafverfolgungsbehörden und anderen Kontrollbehörden (z. B. Rechnungshöfen, Kartellämtern, Rechnungsprüfungsämtern).
- Mehr **Transparenz** von Entscheidungen der öffentlichen Verwaltung.

Bereits seit Jahren wird ein zentrales und bundesweites **Korruptionsregister** öffentlich diskutiert. In dieses Register sollen unzuverlässige und kriminell agierende Firmen aufgenommen werden, um sie für eine bestimmte Dauer von öffentlichen Ausschreibungen auszuschließen (Vergabesperre). Auf Länderebene existieren solche Register bereits in Baden-Württemberg, Niedersachsen, Nordrhein-Westfalen, Rheinland-Pfalz und Hessen, auf Bundesebene bisher nicht.

2. Präventive Maßnahmen

Die Möglichkeiten des Strafrechts zum Schutze des freien Wettbewerbs und zur Eindämmung der Korruption sind nicht unbegrenzt. Sie stoßen vielmehr schnell an ihre Grenzen. Die Gründe hierfür sind in den Ursachen der Korruption und den damit zusammenhängenden Veränderungen der gesellschaftlichen und individuellen **Wertorientierung** zu suchen. Folgende Aussage erscheint dafür typisch:

"Viele Typen von Korruption sind strafrechtlich verboten, aber nicht unbedingt moralisch. Die Vorstellung vom ehrlichen Kaufmann kann heute — weil sich die Werte gewandelt haben — konsequent angewandt dazu führen, dass sie den Untergang des Unternehmens bewirkt. Und da muss man eine Güterabwägung machen: Soll ich das Unternehmen zugrunde gehen lassen und tausend Mitarbeiter

---

33   Ein geschlossenes Gesamtkonzept bietet Schaupensteiner an, NStZ 1996, S. 409 ff.
34   Kritisch Ransiek, StV 1996, S. 446, 449.
35   Kritisch Ransiek, a.a.O.

auf die Straße stellen — oder soll ich in meine Kostenrechnung einen Posten für Schmiergeld einsetzen?"[36]

Eine Intensivierung der **Präventionsmaßnahmen** hat deshalb auf jeden Fall Vorrang vor der Repression[37].

Folgende Maßnahmen sind geeignet, Organisationsstrukturen und Entscheidungsprozesse in Verwaltung und Wirtschaft möglichst wenig korruptionsanfällig zu gestalten:[38]

- Mehr-Augen-Prinzip,

- Rotation von Personal in besonders korruptionsgefährdeten Bereichen (z. B. Auftragsvergabe),

- Strenge Personalauswahl für korruptionsgefährdete Organisationseinheiten,

- Sensibilisierung und Belehrung von Beschäftigten,

- Einbeziehung des Themas "Korruptionsvorbeugung/-bekämpfung in die Ausund,

- Fortbildung,

- Konsequente Dienst- und Fachaufsicht,

- Trennung von Planung, Vergabe und Abrechnung bei Beschaffungen und

- Bauleistungen,

- Durchführung von Risikoanalysen in korruptionsgefährdeten Bereichen,

- Stärkung von Sekundärtugenden wie Loyalität und Pflichtbewusstsein im öffentlichen Dienst.

Ein anderer Punkt, der immer wieder diskutiert wird, ist die **Ernennung eines Ombudsmannes**. Er soll als Ansprechpartner für Mitarbeiter von Unternehmen und Behörden Informationen über mögliche kriminelle Machenschaften entgegennehmen und gleichzeitig Vertraulichkeit zusichern. Der Ombudsmann macht die Vorwürfe aktenkundig und stellt erste Nachforschungen an. Bei Erhärtung des Verdachts wird der Sachverhalt dann an die Interne Revision oder direkt an die zuständigen Strafverfolgungsbehörden weitergegeben.

Diese Idee hat sich in der Wirtschaft bereits als **"vertrauliches Telefon"** bewährt. Bei der Deutschen Bahn AG wird es mit Erfolg angewandt. Der Vorstand hat zwei Rechtsanwälte dafür bestellt, denen ein Zeugnisverweigerungsrecht aus beruflichen Gründen zusteht und die deshalb einen Informanten, der anonym bleiben möchte, selbst vor Gericht nicht nennen müssen. Hingegen ist ein "in-

---

36   Zitiert nach Bannenberg, S. 467.
37   König, DRiZ 1996, S. 357, 358.
38   BKA, Lagebild Korruption 2001, S. 43.

terner" Ombudsmann, also ein Unternehmensangehöriger, im Rahmen seiner Treuepflicht gegenüber seinem Unternehmen oder seiner Behörde auskunftspflichtig.

Weitere Möglichkeiten bietet das Modell eines **Landesombudsmannes**[39]:

• Er wird vom Landtag gewählt und ist Vertrauensanwalt und Ansprechpartner für alle Bürger.

• Der Ombudsmann hat ein originäres Recht auf Auskunft gegenüber der Verwaltung und Einsicht in die Verwaltungsakten.

• Er ist der anwaltlichen Schweigepflicht unterworfen.

Der Landesombudsmann ist unabhängig von Weisungen und besitzt gegenüber staatlichen Dienststellen einen Anspruch auf Auskunft und Akteneinsicht. Er entscheidet allein in Abstimmung mit dem Hinweisgeber, ob er den Weg zur Staatsanwaltschaft nimmt.

VII. Unternehmensethik

Die soeben aufgezeigten Präventionsmaßnahmen belegen, dass die Hauptanstöße für Präventionsmaßnahmen aus dem öffentlichen Bereich kommen. Das darf aber nicht darüber hinwegtäuschen, dass auch Unternehmer, freie Berufe und Privatpersonen in der Pflicht stehen, nicht zu bestechen. Die **Tätigkeit des privaten Sektors** sollte sich nicht darauf beschränken, Initiativen des öffentlichen Sektors aufzunehmen und sich an ihnen zu beteiligen. Von einer ganz anderen Qualität wären nämlich Maßnahmen, welche die Unternehmerseite selbst initiiert, um in ihrem Bereich ehrliches Handeln durchzusetzen. Unternehmen und Verbände geben damit ein autonomes Signal, ehrlich, nicht korrupt und fair gegenüber den Mitbewerbern zu handeln[40]. Erfreulicherweise sind derartige Initiativen vorhanden. Zu erwähnen ist hier besonders die **International Chamber of Commerce (ICC)**, die neben **Verhaltensregeln zum Sponsoring** auch **Verhaltensrichtlinien** zur Bekämpfung der Korruption im Geschäftsverkehr als Verhaltenskodex für die Unternehmen herausgibt[41]. Die ICC repräsentiert mehr als tausend Unternehmen und Wirtschaftsverbände in 130 Ländern. Für Asien besteht seit 1997 ein Regionalbüro in Hong Kong. Für China wird ein National Committee ausgewiesen. Die Mitgliederliste weist auf den ersten Blick mehrere chinesische Unternehmen auf. Die **Leitsätze der Verhaltensrichtlinien** beinhalten zum einen **Präventionsmaßnahmen** in der internen Organisation, die uns bereits aus dem öffentlichen Sektor bekannt sind: Vier-Augen-Prinzip, Funkti-

---

39   BKA-Herbsttagung, Schaupensteiner, S. 105.
40   Bannenberg, S. 465.
41   ICC Deutschland, August 1998, www.icc.deutschland.de

onstrennung und lückenlose Dokumentation, Personalrotation in sensiblen Bereichen, Lieferanten-Alternativen und ein neutraler Ansprechpartner für Mitarbeiter, die bei Korruption eine Informationspflicht trifft, Aus- und Fortbildung und schließlich Kontrollen und Sanktionen, nämlich organisatorische, disziplinarische und rechtliche Maßnahmen, Kündigung und Vorkehrungen gegen künftige Verstöße. Andererseits werden vorrangig behandelt:

Firmenethik und Vorbildfunktion der Unternehmensleitung, Leitsätze für Mitarbeiter wie Umgang mit Geschäftspartnern und Behörden, Geschenke, Trennung zwischen Privat- und Geschäftsbereich, Vermeidung von Interessenkonflikten, Entscheidung über Spenden. Es kann natürlich nicht beurteilt werden, welche praktische Relevanz diesem Kodex zukommt. Es gibt aber einzelne Unternehmen, die ähnliche Verhaltensrichtlinien erlassen haben. Unternehmen wie Einzelpersonen können **Transparency International (TI)** beitreten, einer gemeinnützigen Organisation, die sich dem globalen Kampf gegen Korruption verschrieben hat. TI arbeitet darauf hin, dass Staat, Wirtschaft und Zivilgesellschaft Koalitionen bilden

– zur Schärfung des öffentlichen Bewusstseins über die schädlichen Folgen der Korruption und

– zur Stärkung nationaler und internationaler Integritätssysteme.

So veröffentlicht TI seit Jahren verschiedene Indices, aus denen sich Anhaltspunkte für das Ausmaß von Korruption und Bestechlichkeit in bestimmten Ländern ergeben, so z. B. den **CPI (Corruption Perceptions Index)** und den **BPI (Bribe Payers Index)**. Im Rahmen des **BPI 2002** wurden z. B. *835 Geschäftsexperten in 15 Schwellenländern gefragt: Bitte geben Sie für die Ihnen vertrauten Wirtschaftssektoren an, wie wahrscheinlich es ist, dass Unternehmen aus den folgenden Ländern Bestechungsgelder zahlen oder anbieten, um in diesem Land Geschäfte abzuschließen oder im Geschäft zu bleiben.*

Der ideale Wert beträgt 10.0 und würde darauf hinweisen, dass keinerlei Bereitschaft für Bestechung wahrgenommen wurde. Somit beginnt die Rangliste mit Unternehmen der Länder, in denen eine niedrige Bereitschaft für Bestechungsgelder im Ausland wahrgenommen wurde[42].

---

42 TI, Berlin 14. Mai 2002, www.ti-deutschland.de

Der Transparency International Bribe Payers Index 2002

Rang	Land	Wert
1	Australien	8,5
2	Schweden	8,4
	Schweiz	8,4
4	Österreich	8,2
5	Kanada	8,1
6	Niederlande	7,8
	Belgien	7,8
8	Großbritannien	6,9
9	Singapur	6,3
	Germany	6,3
11	Spanien	5,8
12	Frankreich	5,5
13	USA	5,3
	Japan	5,3
15	Malaysia	4,3
	Hong Kong	4,3
17	Italien	4,1
18	Südkorea	3,9
19	Taiwan	3,8
20	Volksrepublik China	3,5
21	Russland	3,2
	Einheimische Unternehmen	**1,9**

TI hat als Leitfaden für Unternehmen aber auch ein **A-B-C der Korruptions-prävention** veröffentlicht[43]. TI bietet Unternehmen die Möglichkeit bei konkreten Projekten so genannte **"Integrity Pacts"**, Integritätsverträge, abzuschließen. Darin verpflichten sich die Vertragspartner, bei dem konkreten Projekt ehrlich zu handeln, Korruption in jeder Form zu unterlassen und unterwerfen sich Sanktionen für den Fall der Zuwiderhandlung. Ein solcher Pakt soll erfolgreich z. B. beim Bau des neuen Flughafens in Hong Kong durchgeführt worden sein. Alle diese Bemühungen im Bereich der Unternehmensethik sind sehr zu begrüßen. Denn die Einsicht, Korruption und unehrliches Verhalten bereits im Unternehmen und im Geschäftsverkehr zu ächten und damit einhergehende tatsächliche Bemühungen zu ihrer Verwirklichung wären ein wirksames und notwendiges Mittel, um Korruption zu verhindern und langfristig ein Klima des fairen Wettbewerbs und der Zurückdrängung der Korruption zu ermöglichen[44].

---

43 TI, Deutsches Chapter e. V. v. 15.12.2002, a.a.O.
44 Bannenberg, S. 467.

Winfried Huck

Fachhochschule Braunschweig/Wolfenbüttel, Fachbereich Recht, Wolfenbüttel

Prozess- und Ergebnisoptimierung durch Claimmangement[1]

Prolog

„In der Rangliste der großen Kundenländer nimmt China unangefochten die Spitzenposition ein. Im Jahr 2003 bestellten Kunden aus der Volksrepublik wie schon in der Vorperiode Anlagen im Wert von 1,4 Mrd. € [2]. China bleibt der wichtigste Markt für den deutschen Großanlagenbau. Mit über den Zeitraum der letzten zehn Jahre kumulierten Buchungen von über 8.0 Mrd. € ist die Volksrepublik noch vor den USA (6.9 Mrd. €) und der GUS (4.6 Mrd. €) der bedeutendste Kunde der vergangenen Dekade"[3].

---

1   Abdruck erfolgt mit freundlicher Genehmigung der GPM Deutsche Gesellschaft für Projektmanagement e.V. und der TÜV Media GmbH; Beitrag veröffentlicht in: projektMANAGEMENT aktuell 2006, S. 40 ff.

2   Großanlagenbau durch weltweite Präsenz erfolgreich, Lagebericht 2003, Arbeitsgemeinschaft Großanlagenbau im Verband Deutscher Maschinen- und Anlagenbau (VDMA), März 2004, S. 9, 14.

3   Arbeitsgemeinschaft Großanlagenbau im VDMA, Lagebericht 2002, Großanlagenbau stark im Weltmarkt, März 2003, S. 13.

I. Überblick

Claim(s)-Management gilt als eine Organisationsform zur Risikobegrenzung und Ergebnisoptimierung[4], die aus dem Industrieanlagengeschäft kaum mehr wegzudenken ist[5]. Als eigenständige, in der Abwicklung von komplexen Langzeitverträgen beheimatete Management-Disziplin hat Claim-Management allein in den USA eine ca. 20-jährige Tradition[6]. Im deutschsprachigen juristischen Schrifttum wurde das Thema bislang kaum behandelt[7]. In der Praxis hingegen, vor allem im international geprägten deutschen Anlagenbau findet es eine höhere Beachtung[8]. Gegenstand des Anlagengeschäftes oder juristisch gewendet des Industrieanlagenvertrages sind neben Kraftwerksanlagen selbstverständlich auch Metrolinien und U-Bahnen des Personennahverkehrs[9]. Claim-Management berührt wie kaum eine andere Managementdisziplin die Wurzeln des traditionellen westeuropäischen Rechtsverständnisses. Juristen müssen deshalb nicht um ihre berufliche Existenz bangen, wohl aber um die Möglichkeit gestalterischer Einflussnahme im operativen Projektalltag, sollten sie das machtvoll in die Unternehmen drängende „Claim-Management" ignorieren.

Das Phänomen Claim-Management verdient zu Recht, insbesondere von juristischer Seite, Aufmerksamkeit; es ist in Deutschland längst nicht in allen Wirtschaftszweigen bekannt, und allein diese Tatsache mag eine Betrachtung rechtfertigen. Es wird zumeist als Bestandteil des Projektmanagements mit Bezügen zum Riskmanagement und Controlling verstanden, dann aber auch dem Ver-

---

4   Wolfgang Kühnel, Change Order und Claim, Vertragsmanagement im Anlagenbau, 1. Aufl., Frankfurt a.M., 1998, S. 5.

5   Wolfgang Essig, VDMA-Nachrichten, Claimsmanagement, Juli 2003, Claimsmanagement – Erfolgreicher Umgang mit Nachforderungen, S. 1.

6   Matthias Halbleib, Claim-Management, Eine Konzeption für die Beschaffung großindustrieller Anlagen als Referenzobjekte investiver Kontaktleistungsbündel, Frankfurt a.M., 2000; zugl. Stuttgart, Univ., Diss., 2000, S. 4.

7   Zutreffend Matthias Halbleib, a.a.O, S. 7.

8   Vgl. die instruktive Schrift von Wolfgang Kühnel und James Pinnels. Projekt, Vertrag und Claim, 2002, Frankfurt/Main.

9   Über das Turn-Key-Projekt schlüsselfertiger Bau zweier U-Bahn-Linien in Athen zu einem Pauschalpreis von 2,4 Mrd. DM mit einem Konsortium von 26 (!) Unternehmen berichtet Reinhard Kalenda, Bildung und Führung von Konsortien im internationalen Projektgeschäft, in: Konsortien und Joint-Ventures bei Infrastruktur-Projekten (Hrsg.: Fritz Nicklisch), Heidelberg, 1998, S. 5, 11 f.; ferner: Flughafen Jeddah in Saudi Arabien mit einem Projektvolumen von 14 Mrd. DM; ICE-Neubaustrecken mit bisher 35 Mrd. DM, Tsing-Ma Hängebrücke in Hongkong (Projektvolumen 1,6 Mrd. DM), ders. a.a.O., S. 5.

tragsmanagement[10] zugeordnet und in der wissenschaftlichen Diskussion – soweit ersichtlich – überwiegend von der Betriebswirtschaft vereinnahmt. Claim-Management ist aber nicht nur ein Instrument im internen Unternehmensprozess, mit dem ökonomische Ziele auf der Basis einer klar definierten und angewandten Dokumentationspolitik erreicht werden können. Es zwingt zudem zu neuen Ansätzen bei Streitvermeidungs- und Streitschlichtungsstrategien und zugleich wird durch Claim-Management ein steigender Bedarf an Instrumenten der außergerichtlichen Streitbeilegung erkannt[11]. Betriebswirtschaftliche Analysen treffen im Claim-Management auf tiefer liegende systemtheoretische Überlegungen zum Vertragsrecht. Die in der US-amerikanischen Rechtssoziologie beschriebenen sog. relationellen Verträge erschließen sich der konfuzianisch geprägten asiatischen Mentalität wesentlich eher, als der am römisch-rechtlichen Aktionensystem geschulten kontinentaleuropäischen Juristenschaft.

II. Theoretische Grundlagen

1. Vertragsrelevantes Anwendungsfeld des Claim-Management

Ein spezielles Anwendungsfeld für das Claim-Management ist der Industrieanlagenvertrag[12], mit dem sich die Juristen in Deutschland zumeist in der Form der Erstellung einer schlüsselfertigen[13] Anlage (*Turn-Key*) beschäftigen[14]. In der Rspr. des BGH findet sich lediglich ein Beleg zur Rechtsnatur des Anlagenver-

---

10 Vertragsmanagement, oder auch Contract-Management, entstammt als Methode und Instrument der englischen Baupraxis. Interessanterweise werden in UK professionelle „Quantity Surveyors" ausgebildet. Von 1868 an waren in England freiberufliche Berater in Baukostensachen in der Royal Institution of Chartred Surveyors zusammengeschlossen. Heute hat sich hieraus ein eigenständiger Beruf gebildet, der auf -zumeist- freiberuflicher Basis zu einer erheblichen Effizienzsteigerung führt, vgl. Wolfgang Kühnel, a.a.O., S. 31.

11 Sehr instruktiv Christian Stubbe, BB 2001, Wirtschaftsmediation und Claim-Management, S. 685 und 692.

12 Vgl. nur Ralph Schuhmann, Handbuch des Anlagenvertrags, 2001, Düsseldorf; Peter Joussen, Der Industrieanlagenvertrag, 2. Aufl., 1996, Heidelberg, S. 7; Harald Michaelis de Vasconcellas, Das besondere Vertragsrecht des Anlagenbaus: Auf dem Weg zu einer internationalen Rechtsvereinheitlichung, RIW 1997, S. 455 ff.

13 Vgl. hierzu Burkard Lotz, Der Begriff „schlüsselfertig" im Anlagenbau, BB 1996, S. 544 ff.

14 Andreas von Oppen, Der internationale Industrieanlagenvertrag - Konfliktvermeidung und -erledigung durch alternative Streitbeilegungsverfahren, Heidelberg, 2001; zugl.: Freiburg (Breisgau), Univ. Diss., 2000, S. 29; Marc Leonhard, Internationaler Industrieanlagenvertrag: Konfliktvermeidung und Konflikterledigung, BB-Beilage Nr. 9, 13 (zu BB 1999), S 13 ff.; grundlegend: Graf. v. Westphalen, Rechtsprobleme des Anlagenvertrags, BB 1971, S. 1126-1135.

trags[15]. Komplexität und Vielschichtigkeit des Vertragstyps lassen eine eindeutige Zuordnung zu den im deutschen BGB geregelten Vertragstypen nicht zu. Aufgrund der Komplexität und der sich damit ergebenden Störanfälligkeit sind in besonderem Maße Mitwirkungs-, Rücksichtnahme- und Kooperationspflichten erforderlich.

2. Der Begriff des Claims

Eine einheitliche Definition dessen, was ein Claim ist oder sein Wesen deskriptiv erläutert, liegt nicht vor. Auch die für die Abfassung von Anlagenverträgen oft herangezogenen Mustervertragstypen der FIDIC[16] definieren den Begriff Claim im Gegensatz zu anderen Vertragstermini nicht. Jüngst wurden in einer betriebswissenschaftlichen Dissertation 38 Definitionen des Begriffs Claim gezählt[17]. Aller Unterschiedlichkeit zum Trotz besteht im Ergebnis gleichwohl Einigkeit: *Claims sind in einem vertragsrelevanten Sachverhalt wurzelnde Forderungen, Gestaltungsrechte oder Einwendungen, die in zeitlicher, finanzieller oder sachlicher Hinsicht vertragsrelevant sind oder es werden können.*

---

15   BGH RIW 1982, S. 441 (Iranischer Schlachthof): Werklieferungsvertrag, auf den die Vorschriften über den Werkvertrag Anwendung finden, siehe zur Diskussion: von Oppen, a.a.O., S. 47 f.

16   Fédération Internationale des Ingénieurs-Conseils (FIDIC).

17   Matthias Halbleib, a.a.O., 109 ff.

Charakteristischerweise treten sie nach Abschluss eines Vertrags auf[18]. Das besondere Charakteristikum liegt hier in einer signifikanten Abweichung der vom Vertrag vorausgesetzten Pflichten oder Handlungen begründet. Claims werden in der Praxis aber nicht nur als neutrale Bezeichnung verstanden; allzu oft entsteht mit dem „Stellen eines Claims" der Eindruck einer Kampfansage. Dennoch: „*Claims need not to be a fighting word*"[19]. Gleichwohl sind es in der Praxis oft genug „disputes Claims", die in einem zumeist konfliktbeladenen Projektumfeld verhandelt werden[20]. Im deutschen Recht wird Claim-Management vor allem in den Zusammenhang mit Nachforderungen im VOB/B Vertrag diskutiert[21].

3. Der Begriff des Claim-Managements

Claim-Management stellt die Summe aller Maßnahmen dar, um vertragliche Ansprüche gegenüber einem Vertragspartner (Kunde, Lieferant, Konsortialpartner) durchzusetzen (aktives Claim-Management) oder unberechtigte Forderun-

---

18 Exemplarisch hierzu folgender Protokollauszug: Auftraggeber: „Vor 5 Monaten wollten wir die Anlage in Betrieb nehmen. Jetzt sagen Sie uns, dass Sie mindestens noch zwei weitere Monate für die Fertigstellung und einen weiteren Monat für die schlüsselfertige Übergabe benötigen. Dabei liegen Sie bereits schon jetzt sicherlich um 30 % über ihrem Kostenlimit. Na ja wenigstens ist das nicht auch unser Problem…" Auftragnehmer: „ Da haben Sie nur bedingt Recht. Nach Vertragsschluss haben wir die Anlage gemäß ihren Wünschen mindestens 5-mal umgeplant, haben technische Komponenten gegen fortschrittlichere und somit teuere Komponenten ausgetauscht, und, und und. Diese Konfigurationsänderungen haben wir Ihnen bislang nicht in Rechnung gestellt, um unsere langjährige gute Geschäftsverbindung nicht zu strapazieren. Da wollen Sie uns tatsächlich die vertraglich vereinbarte Konventionalstrafe und eine Schadensersatzklage wegen verspäteter Fertigstellung und Gewinnentgang anhängen? Soweit ich mich erinnern kann, konnten wir doch mit der Realisierung des 2. Teilprojekts erst über 3.5 Monate und später beginnen, weil die von Ihnen bereits zu stellenden Unterlagen und Genehmigungspapiere nicht vorgelegt werden konnten. Außerdem gab es doch bei dem 3. Teilprojekt Abnahmeverzögerungen, weil es bei Ihren zuständigen Mitarbeitern im Projekt-Team Probleme gab. Und das sind nur ein paar Einflüsse, die mir jetzt spontan einfallen. In unseren Projektunterlagen lassen sich da sicherlich noch weitere finden." aus W. Doetsch, Claim-Management eine Methode zur Verbesserung der Ertragssituation bei Anlagen- und Bauprojekten, in Lange, D. (Hrsg.), Management von Großprojekten: Know-How aus der Beraterpraxis, Stuttgart, 1995, S. 101 f.

19 Matthias Halbleib unter Hinweis auf die amerikanische Literatur, S. 125 f.

20 Matthias Halbleib, a.a.O, S. 125 f. m. w. Nachw., der meint, dass der Terminus „disputes-claims" präziser als der traditionelle Begriff Claims sei.

21 Johannes Dornbusch/Heinz Plum, Claim-Management beim VOB-Vertrag, Heinsberg, 2003.

gen abzuwehren (defensives Claim Management)[22]. Claim-Managementsysteme sind in international operierenden Unternehmen weit verbreitet[23], aber auch nicht überall: mitunter gelten Claims als etwas „Unfeines" dessen Anwendbarkeit aus Gründen der Kundenbindungspolitik unterbleibt[24]. Die hohe technische Kompetenz des deutschen Maschinen- und Anlagenbaues, so heißt es, bestünde gerade darin, die sich ändernden Kundenwünsche während des Vertragslaufes technisch optimal zu lösen. Dass es sich hierbei um entgeltpflichtige (Zusatz-)Leistungen handele, werde – wenn überhaupt – nur in zweiter Linie bemerkt[25].

Der Begriff Claim-Management hat sich noch nicht vollständig durchgesetzt; synonym werden die Begriffe *Änderungsmanagement, Nachtragsmanagement, Entitlemanagement und Change Order Management* verwandt. Sachliche Unterschiede sind nicht vorhanden[26]. Mit Blick auf den kooperativen Charakter des komplexen Langzeitvertrags wird vernünftigerweise ziel- und ergebnisorientiert versucht, den strittigen Claim im Wege einer Vertragsänderung durch eine sog. Change Order[27], d.h. durch ein vertraglich vorgesehenes Änderungsverfahren zu neutralisieren[28]. Gelingt dieser praxisnahe und ökonomisch jedem Streit überlegene Ansatz ausgleichender Verhandlung, wird die vertragsstörende Distanz auf ein vertragskonformes Einvernehmen zurückgeführt.

4. Wissenschaftliche Aufarbeitung des Claim-Managements – Standortbestimmung

Zu Recht wird ein besonderes Gewicht auf die systemtheoretischen Ansätze zur Analyse des Vertragsrechts gelegt, das für ein vertieftes Verständnis des Claim-Managements und dessen Zusammenhänge förderlich ist[29]. In der Betriebswirtschaft stehen in der auf *Williamson* zurückgehenden Lehre der neuen Institutio-

---

22 Christian Stubbe, BB 2001, 685, 687 f; Wolfgang Kühnel, VDMA-Nachrichten, Claimsmanagement, Vertrag als Ausgangspunkt, S. 26.

23 Christian Stubbe, BB 2001, S. 687; Matthias Halbleib, a.a.O., S. 156, 157.

24 Wolfgang Essig, a.a.O.

25 Ders., a.a.O.

26 Christian Stubbe, BB 2001, S. 685, 692, Fn. 11.

27 Während in der amerikanischen Terminologie bei Zusatz- oder Änderungsaufträgen von einer Change-Order gesprochen wird, verwendet man in der engl. Terminologie den Begriff „Variation Order", vgl. Thomas Köhl, Claim-Management im internationalen Anlagengeschäft, Wiesbaden, 2000, S. 21, Fn. 52; aus Lieferantensicht, Ulrich Sick, Verträge im Projekt und Systemgeschäft, Heidelberg, 1999, S. 72.

28 Wolfgang Kühnel, a.a.O., S. 5.

29 Hierzu Marc Leonhard, Internationaler Anlagenvertrag: Konfliktvermeidung und Konflikterledigung, Beilage zu BB 1999, S. 14 ff; von Oppen, a.a.O., S. 63 ff; Thomas Köhl, a.a.O., S. 45 jeweils mit zahlreichen Nachw.

nenökonomik[30] u.a. drei vertragstheoretische Modelle[31] im Mittelpunkt[32]. Für das Verständnis des Claim-Managements und die daran anschließenden Modellüberlegungen zur Streitschlichtung sind die vertragstheoretischen Ansätze zum

a) klassischen Vertragsrecht,

b) neo-klassischen Vertragsrecht und

c) zum relationellen Vertragsrecht

von Bedeutung.

Der **klassische Vertrag** ist umfassend und vollständig formuliert. Beginn und Ende sind exakt fixiert, Leistungen und Gegenleistungen klar festgelegt. Die Beziehungsintensität ist gering. Ein punktueller Leistungsaustausch steht im Vordergrund.

Das **neoklassische Vertragsrecht** ist als eine Weiterentwicklung des klassischen Vertragsrechtes zu verstehen. Dem kurzfristigen und einmaligen Leistungsaustausch wird die längerfristig angelegte Beziehung hinzugefügt. Das dauerhafte Moment der längerfristigen Beziehung kann Unsicherheiten erzeugen. Veränderungen von Rahmenbedingungen sorgen in *„long-term economic relations"* für Überraschungen. Das Musterbeispiel sind Dauerschuldverhältnisse.

Die Lehre der „relational contracts"

Vertragsbeziehungen innerhalb komplexer Langzeitverträge, wie bei dem Industrieanlagenvertrag, fanden vor allem in den USA eine starke wissenschaftliche Beachtung. Nach der von *Ian R. Macneil* und *Macaulay* entwickelten die Idee des „relational contracts" ergeben sich die Verpflichtungen nicht zuerst und ausschließlich aus einem Vertrag, sondern aus einer Vielzahl sonstiger in den Sozialbeziehungen wurzelnder Verpflichtungselemente[33]. Leistungspflichten sind weitgehend diffus und werden nach Bedarf und in gegenseitigem Einvernehmen konkretisiert[34]. Verträge besitzen einen Rahmencharakter. Konflikte werden deshalb gelöst, weil eine enge soziale Bindung die Motivation zur Fort-

---

30 Oliver. E. Williamson, Die ökonomischen Institutionen des Kapitalismus: Unternehmen, Märkte, Kooperationen, Tübingen, 1990, S. 30.

31 Von Oppen, a.a.O., S. 63 ff.; Matthias Halbleib, a.a.O., S. 185.

32 Property Rights Theorie, Principal Agent Theorie und Transaktionskostentheorie vgl. hierzu Matthias Halbleib, a.a.O., S. 182 m.w.Nachw; von Oppen, a.a.O., S. 68f; Thomas Köhl, Claim-Management im internationalen Anlagengeschäft, S. 115f.

33 Marc Leonhard a.a.O., S. 14.

34 Ders., a.a.O.

setzung der bestehenden Beziehung liefert. Einvernehmliche Konfliktlösungen genießen gegenüber streitigen Entscheidungen eindeutig Vorrang. In Abkehr von möglichst detaillierten und vertraglichen Sicherungen, die durchaus, weil zu eng gefasst, kontraproduktiv wirken können, werden offene, unscharfe Regelungen bevorzugt. Das bewusste Offenhalten durch Lücken im Vertragssystem ermöglicht den Partnern, den aktuellen Handlungsrahmen durch spezielle Arrangements auszufüllen[35]. Hiermit wird ein Regelungsmodell eröffnet, über dessen Ausformung die Parteien aus gegebenem Anlass entscheiden können. Persönliche Beziehungen, intensive Kommunikation, Sicherheit oder Wohlempfinden sind prägende Merkmale der relationellen Vertragsbeziehung. Das *Commitment* zu der Vertragsbeziehung spielt eine entscheidende Rolle. Probleme in einer derartigen Vertragsbeziehung werden durch direkte Gespräche und Verhandlungen zwischen den Beteiligten gelöst, Gerichte ungern eingeschaltet. Bedeutender als die Kosten eines gerichtlichen Verfahrens ist die erhebliche Belastung der Atmosphäre zwischen den Vertragspartnern durch ein notgedrungen streitiges Verfahren und „das aus der Hand geben", die Übertragung der Entscheidungs- und Verfügungsgewalt über den Vertragsgegenstand an Dritte[36]. Abweichungen und Änderungen des Vertrages selbst sind mit zunehmender Komplexität eines Vertrages und zunehmender Dauer unausweichlich[37]. Im Kern enthält die Theorie der relationellen Vertragsbeziehungen für den Industrieanlagenvertrag eine richtige und – von der ständigen Praxis bestätigte – Schlussfolgerung: Das auf Anspruch und Durchsetzbarkeit gerichtete nationale Zivilrechtssystem wird bei internationalen langfristigen Verträgen durch ein „weicheres" System ersetzt, das flexible Anpassungs- und Konfliktlösungsmöglichkeiten bereithält[38]. Im Mittelpunkt relationeller Vertragsbeziehungen steht das *Vertrauen*, dessen hohe Bedeutung für Transaktionen in der Betriebswirtschaft zunehmend erkannt wird[39].

5. Vertragstheoretische Modelle in der Wirklichkeit?

Der als relationell beschriebene theoretische Vertragstyp findet eine kulturelle Entsprechung in chinesischen Konfliktlösungsmodellen, so wie sie in Deutschland beschrieben werden.

---

35   Matthias Halbleib, a.a.O., S. 242.

36   Von Oppen, a.a.O., S. 63 ff.

37   Matthias Halbleib, a.a.O., S. 8-9.

38   Marc Leonhard, a.a.O., S. 17. Im Anschluss an diese Theorie ist in Deutschland die Theorie des komplexen Langzeitvertrages von entstanden vgl. Fritz Nicklisch (Hrsg.), Der komplexe Langzeitvertrag, Strukturen und Internationale Schiedsgerichtsbarkeit, 1987, Heidelberg.

39   Matthias Halbleib, a.a.O., S. 207 m. w. Nachw.

Die Bindung an Personen, das „Ziehen von Beziehungsfäden"[40] und der Wert zwischenmenschlicher Beziehungen prägen Konfliktlösungsstrategien. Die Andersartigkeit gegenüber einer zivilen, auf Anspruch, Einwendung und formaler staatlicher Durchsetzung gegründeten Rechtsordnung wird in Sprüchen wie „Der Edle kennt keinen Streit" erkennbar. Wessen Lebensmaxime die gegenseitige Rücksichtnahme[41] ist, vermeidet die kontradiktorische gerichtliche Auseinandersetzung. Geöffnet wird das Tor zu einem außerprozessualen autonomen Verhandlungsraum, in dem über „freundschaftliche Verhandlungen"[42] ein Konsens erzielbar und in der Regel ein Streit vermeidbar sein kann. Selbstregulierung geht insoweit vor staatlicher verordneter Regulierung, Selbstverantwortung vor Verantwortungsdelegation. Die hohe Bedeutung der Schiedsgerichtsbarkeit in China wird insoweit verständlich.

6. Kulturelle Einflüsse auf Akzeptanz und Umsetzung des Claim-Managements

Das Verständnis um kulturelle Einflüsse vermag dazu beizutragen, Konfliktpotenzial innerhalb des Claims in einer komplexen Vertragsbeziehung zu reduzieren. *Hofstede*, ein holländischer Organisationsanthropologe, unterscheidet fünf kulturelle Dimensionen[43]. Von besonderem Interesse ist die Dimension der Unsicherheitsvermeidung. In romanischen Ländern (Frankreich, Belgien, Spanien, Italien, aber auch Deutschland) ist das Streben nach Vermeidung von Unsicherheit besonders stark ausgeprägt, während dieses Streben in vielen asiatischen Ländern (außerhalb Japans) deutlich geringer ausgeprägt ist. Je stärker die Tendenz zur Vermeidung von Unsicherheit verbreitet ist, desto eher wird die Neigung bestehen, „dispute-claims" zu stellen und umgekehrt. Für China gilt zurzeit, dass die „Uncertainty Avoidance" eher schwach ausgeprägt ist[44]. Diese Untersuchung kann für die Verhandlungsphasen innerhalb des Claim-Managements durchaus weiterführende Ansätze liefern.

---

40 Oskar Weggel, China, 5. Aufl., 2002, München, S. 171.

41 Ralf Moritz (Übersetzer und Hrsg.) Konfuzius, Gespräche, 1998, Leipzig (Reclam-Verlag), S. 102; XV, 24: „Zi-gong fragte den Konfuzius: Gibt es ein Wort, das ein ganzes Leben lang als Richtschnur des Handelns dienen kann?" Konfuzius antwortete: „Das ist gegenseitige Rücksichtnahme. Was man mir nicht antun soll, will ich auch nicht anderen Menschen zufügen", S. 113 XVII, 6.

42 Vgl. Oskar Weggel, China, 5. Aufl., 2002, München, S. 128.

43 Power-Distance, Individualism, Masculinity und Uncertainty Avoidance [Unsicherheitsvermeidungstendenz] und Long-Term Orientation.

44 Geert Hofstede, Lokales Denken, globales Handeln, Interkulturelle Zusammenarbeit und globales Management, 2. Aufl., München, 2001, S. 163, 165.

7. Mediation, Schiedsgerichtsbarkeit

Die nicht nur theoretische Konfliktträchtigkeit von Claims verweist auf traditionelle Konzepte zur Lösung von Streitigkeiten und Claims:

1. Gerichtlicher Klageweg (Litigation)

2. Schiedsgerichte (Arbitration)

3. Vermittlung durch neutrale Dritte bzw. Mediation (Mediation) oder

4. direkte Verhandlungen zwischen den Vertragspartnern (Negotiation)[45].

Schiedsgerichtsverfahren gelten im Claim-Management nicht unbedingt als die bevorzugte Lösung[46]. Im Gegenteil: es besteht Einigkeit in der Industrie, dass Konfliktlösungen über Schiedsgerichte oder ordentliche Gerichte der *falsche Weg* seien[47]. Die Wirtschaft benötigt neue ADR-Instrumente (Alternative Dispute Resolutions/Außergerichtliche Streitbeilegung)[48] in Anbetracht der in der Praxis mit einem Wettrüsten vergleichbaren Claimsituation, die andere Antworten verlangt, als sie die klassischen Instrumente (Schiedsgerichtsverfahren) zurzeit anzubieten haben[49]. Welche Form der Wirtschaftsmediation sich durchsetzt, wird die Zukunft zeigen[50]. Direkte Verhandlungen und Vermittlungen durch neutrale Dritte (Negotiation und Mediation) sind in jedem Fall die Basiskonzepte für ein erfolgreiches Claim-Management. Es ist daher richtig, dass das Claimmanagement vor allem als ein „Negotiatingtool" und weniger als „Kampfansage" verstanden wird. Das Ziel im Claimmanagement ist eine „Winwin-Situation", die der Interessenlage beider Parteien optimal entspricht. Die Chance allerdings eine „Win-win-Situation" zu erreichen, wird in der Praxis eher pessimistisch beurteilt[51]. Von Juristen werden kreative, innovative und vertragsstabilisierende Lösungsstrategien verlangt, die eine Abkehr von folgender Einschätzung ermöglichen:

---

45   Matthias Halbleib, a.a.O., S. 169.

46   Leonhard, BB-Beilage Nr. 9, 13 zu BB 1999, S. 15, verweist auf langwierige und kostenintensive Schiedsgerichtsverfahren in den USA.

47   Christian Stubbe, BB 2001, S. 685; „zweitschlechteste Methode", so Matthias Halbleib, a.a.O., S. 170-171.

48   Zum Ganzen vgl. von Oppen, a.a.O., S. 171 ff; Marc Leonhard, a.a.O.

49   Christian Stubbe, BB 2001, S. 688.

50   Christian Stubbe, BB 2001, S. 692

51   Christian Stubbe, BB 2001, 688 (Im Claim-Management nur ausnahmsweise Raum für Win-Win-Lösungen)

„You can settle any dispute if you keep the lawyers and accountants out of it. They do not understand the give and take needed in business"[52].

und

"The first thing we do, let's kill all the lawyers."

Henry VI, Part 2, William Shakespeare

III. Praxis

1. Gründe für die Anwendbarkeit des Claim-Managements

Die Projektverantwortlichen, belastet mit einem enormen Kostendruck aufgrund des intensiven Wettbewerbs, sehen in der Praxis kaum eine Chance, Ansprüche aus Vertragsstörungen frühzeitig durch einen vernünftigen Kompromiss zu regeln[53]. Jahrzehntelang wurde der „Industriekompromiss 50/50" zur Lösung streitiger Verfahren angewandt; selten hingegen waren Gerichts- oder Schiedsverfahren. Von solchen Kompromissen ist heute keine Rede mehr[54]. Heute gelten Verhandlungen, die auf eine Einigung gerichtet sind, als schwer erreichbar, was u.a. auf Kostendruck, Umstrukturierungen und damit einhergehendes fehlendes Vertrauen zwischen den handelnden Personen in den Unternehmen zurückzuführen ist[55].

Aufschluss darüber, welche Gründe zu einem Claim führen, gibt eine in 1995 veröffentlichte Studie, in der 100 große Unternehmen nach den Ursachen des Konfliktpotenzials im Anlagengeschäft befragt wurden[56]. Die wichtigsten Konflikttreiber sind in der Häufigkeit ihrer Nennung:

1. Hinauszögern von Veränderungen (79 %)

2. Änderungswünsche des Auftraggebers, die den Arbeitsfluss des Auftragnehmers stören (69 %)

3. Unpräzise Verträge (54 %)

4. Unzureichende Kommunikation zwischen den Vertragsbeteiligten (52 %)

---

52 Matthias Halbleib, a.a.O., S. 244.
53 Christian Stubbe, Beilage zu BB 1998, Mediation und Claim-Management, S. 25.
54 Christian Stubbe, BB 2001, S. 687.
55 Christian Stubbe, a.a.O.
56 Matthias Halbleib, a.a.O., S. 129 – 131 m.w. Nachw.

5.   Zu billige bzw. zu unqualifizierte Anbieter (51%)

6.   Vertragsvereinbarungen, die Vertragsrisiken unangemessen verteilen
     (50 %)

7.   Auftraggeber beschneiden die Kosten der Planung, ohne die Risiken zu
     akzeptieren (45 %)

8.   Management, Koordination und Überwachung des Auftraggebers sind
     unangemessen (37 %)

9.   Auftraggeber erwarten realitätsferne perfekte Pläne (34 %)

10. Fehlender Teamgeist und mangelnde Kollegialität (31 %)

11. Geschäftsstrategien bauen auf Claims und einer Drohung mit Gerichts-
     verfahren (23 %)

12. Auftraggeber haben keine gesicherte Finanzierung (22 %)

13. Prozessierende Grundhaltung einzelner oder sämtlicher Projektbeteilig-
     ten (12 %)

14. Keine Vereinbarung von Verfahren zur Lösung von Konflikten außer-
     halb von Gerichten (12 %)

15. Abwehrhaltung und mangelnder Wille zur Konfliktlösung (9 %)

16. Rechtsanwälte (9 %)[57]

---

57   Matthias Halbleib, a.a.O., S. 130 unter Hinweis auf die Studie von Diekmann/Girad,
     Construction Industry Attitudes Towards Disputes and Prevention/Resolution Tech-
     niques, in: Project Management Journal 26 (1995) 1, March, S. 3-11.

2. Ursachen und Vermeidung von Claims

Claims entstehen durch vielfältige Ursachen. So provoziert z.b. eine harsche Vertragssprache regelmäßig Claims[58]. Ziel einer Prozessoptimierung, die sich später in einer Ergebnisoptimierung zeigt, ist die Minimierung von Streitigkeiten und im Ergebnis auch die Streitbeilegung[59]. Hierzu werden aus der Praxis z.b. folgende Maßnahmen empfohlen: Erzeugung von Teambewusstsein und partnerschaftlichem Denken, Verfügbarkeit aller projektrelevanten Informationen, vertragliche Festlegung von Kommunikationspflicht und Reaktionszeiten, vertragliche Bestimmung von Streitbeilegungsmechanismen für alle Projektbeteiligten, vertragliche Festlegung der Qualitätssicherung, Streitvermeidung durch spezielle Kalkulationsmethoden[60]. Es kommt darauf an Netzwerke[61], Beziehungsfäden zwischen den Vertragsparteien zu knüpfen. Im Mittelpunkt steht das Vertrauen der Vertragspartner, das nur dann eine Chance hat, wenn das Streben nach Unsicherheitsvermeidung nicht zu stark betont wird.

3. Aktives und defensives Claim-Management

Die Aufgabe des aktiven bzw. defensiven Claim-Managements besteht darin, Abweichungen zwischen den vertraglichen Regelungen und dem tatsächlichen Verlauf des Vertrages festzustellen, um derartige Ansprüche geltend zu machen bzw. abzuwehren. Ursachen, die zu einem aktiven Claim-Management führen sind z.b.:

- Auftraggeber reduziert den Leistungsumfang aufgrund von Budgetkürzungen der vorgesetzten Regierungsstelle[62]

- verspätete behördliche Genehmigungen

- verspätete Bereitstellung von Baugelände, Zufahrt, Lageplatz, Wasser, Strom

---

58   Matthias Halbleib, a.a.O., S. 157.

59   Wolfgang Oberndorfer, Claim Management, Teil 1, 2003, Wien, S. 25.

60   Oberndorfer, a.a.O., S. 28.

61   Ein weiteres Instrument zur Streitvermeidung ist das Konzept des Partnering, von dem General council des US-Army Corps of Engineers in den 80er Jahren entwickelt. Das Partnering zeichnet sich durch eine mittelfristige, nicht vertragliche Bindung zwischen zwei oder mehr Organisationseinheiten aus. Mit dieser Verbindung sollen eine Maximierung der Effizienz in den jeweiligen Ressourcen erreicht werden. Ziele, etwaige Risiken oder Chancen werden einvernehmlich besprochen, ggf. gelöst. Voraussetzung hierfür ist eine intensive Kommunikation zur Problemerkennung und Problemlösung, vgl. Oberndorfer, a.a.O., S. 29 m. w. Nachw. aus der amerikanischen Literatur.

62   Zu weiteren Beispielen, vgl. Kühnel, a.a.O., S. 12.

- Änderung der Rechtslage im Hinblick auf Sicherheit, Arbeitszeit, Umweltschutz und Lärm
- Art und Güte des Baugrundes oder unzureichende Baugrunduntersuchungen
- Behinderungen wie schlechtes Wetter, Hochwasser[63], aber auch nicht zu beeinflussende Änderungen der Rahmenbedingungen, wie
- willkürlicher Baustellenzugang im Ausland
- Zweifelsfälle der höheren Gewalt wie SARS
- Drohende Zahlungsunfähigkeit eines Kunden
- Ausfall von Schlüssellieferanten
- Sprachliche und kulturelle Probleme[64].

4. Schleichende Claimereignisse

Darüber hinaus gibt es schleichende Claimereignisse, die durch einen erhöhten *Einsatz von Produktionsfaktoren* festgestellt werden können. Hierzu gehören z.b. Leistungsminderungen durch Engstellen oder Geschwindigkeitsbegrenzungen bei Baustelleneinfahrten oder eine hohe Zahl kleiner Planungsänderungen und Änderungsaufträge.[65]

IV. Voraussetzungen für Optimierungen

1. Dokumentation

Ohne eine sachgerechte, umfassende, das Projekt begleitende Dokumentation können weder aktive Claims geltend gemacht noch ein Claim abgewehrt werden[66]. Etwaige Mehrkosten oder Nachforderungen sind nachvollziehbar, glaubhaft, plausibel und entsprechend den Grundlagen für die Preisermittlung darzustellen[67]. Die Dokumentation ist das Fundament für ein erfolgreiches in den Prozessablauf integriertes Claimmanagement. Eine „alte" Claimsmanager-Regel besagt: *„Ist der Claim nicht gut genug für den Richter, ist er auch nicht gut ge-*

---

63   Oberndorfer, a.a.O., S. 38.

64   Volker Stroh/Jörg Schlotka, VDMA Nachrichten, Claimsmanagement, Claims- und Risikomanagement verzahnen, Juli 2003, S. 30.

65   Oberndorfer, a.a.O., S. 38-39.

66   Johannes Dornbusch/Heinz Plum, Claim-Management beim VOB-Vertrag, 2. Aufl., Heinberg, 2003, S. 121 ff; und Klaus Backhaus/ Thomas Köhl, Claim-Management im internationalen Anlagengeschäft, in: Hübner, U. Ebke, W.F. (Hrsg.), Festschrift für Bernard Großfeld zum 65. Geburtstag, Heidelberg, 1999, S. 26 f.

67   Oberndorfer, a.a.O., S. 39 ff.

nug für den Kunden ". Wenn es ein Geheimnis gäbe, wie man Claims erfolgreich geltend mache, dann sei es dieses[68].

2. Prozessoptimierung durch Claim Management

Das Ziel der Vertragsabwicklung besteht darin, das prognostizierte Geschäftsergebnis zu erreichen und es - soweit möglich - zu optimieren. Claim-Management kann dazu beitragen. Das Vorhaben unterliegt im zeitlichen Verlauf der Kontrolle, Ursachen und Wirkungsbeziehungen werden erfasst und beschrieben und Risikoabschätzungen vorgenommen[69]. Der Vertragspartner erhält im Übrigen die Chance einer *Co-Professionalisierung*: sein Qualitätsniveau wird sich aufgrund optimierter Prozesse seines Partners anpassen und verbessern. Prozessoptimierung setzt voraus, dass die Dokumentationspolitik in einem Unternehmen eine höhere Bedeutung erlangt.

Die Dokumentation ist folglich eine *conditio sine qua non* für ein erfolgreiches Prozessmanagement. Wird sie mit klarer Verantwortlichkeit umgesetzt und angewandt, ist die Optimierung dieses Prozesses (wie auch nachfolgender Vorhaben) erreicht. Nicht nur dass die Prozessoptimierung herkömmlichen Verfahren eindeutig überlegen sein dürfte, die auf der Dokumentation beruhende Prozessoptimierung ist vor allem die entscheidende Voraussetzung für eine Ergebnisoptimierung.

3. Ergebnisoptimierung

Claims sind im Projektalltag allgegenwärtig. Durch ein professionelles und effizientes Claim-Management können erhebliche Optimierungen des Ergebnisses erzielt werden. In der Praxis werden Summen in der Höhe von 8 Mio. €, 50 Mio. € und schließlich 500 Mio. € genannt[70]. Untersuchungen im Anlagengeschäft belegen, dass eine konsequente und systematische Nachsteuerung der Abweichungen vom Vertragsverlauf zur Vorbereitung und Umsetzung von Nachforderungen (Nachträgen) eine Ergebnisoptimierung von 10-20 % bei kleinen Anlagen und von ca. 20-30 % bei großen Anlagen betragen kann, jeweils bezogen auf den Wert des Vertragspreises[71]. Natürlich kann das Ergebnis nicht nur aktiv durch gestellte Claims optimiert, sondern der Etat auch durch erfolgreich abgewehrte Claims entlastet werden, was zu einer indirekten Optimierung beiträgt.

---

68 James Pinnells, VDMA-Nachrichten, Claimsmanagement, Claims erfolgreich geltend machen, Juli 2003, S. 35.

69 Volker Stroh/Jörg Schlotka, VDMA Nachrichten, Claimsmanagement, Juli 2003, S. 30.

70 M. Halbleib, a.a.O., S. 133 mit zahlreichen Nachweisen.

71 Thomas Köhl, Claim-Management im internationalen Anlagengeschäft, Wiesbaden, 2000; zugleich Münster, Univ., Diss., 1999, S. 2.

V. Fazit

Claim-Management ist Teil einer ganzheitlichen Strategie. Für diese Strategie sind institutionalisierte Zuständigkeiten in einem Unternehmen erforderlich. Im Tagesgeschäft, gewissermaßen „nebenbei" ist professionelles Claim-Management wohl kaum zu bewältigen[72]. Die Dokumentationspolitik wird von sämtlichen Beschäftigen einschließlich der Leitung des Unternehmens als notwendig erkannt und umgesetzt. Wird in einem Unternehmen Claim-Management noch nicht oder nicht vollständig angewandt, sind zunächst folgende Fragen hilfreich:

1. In welcher Höhe konnten Sie z.B. in 2003 gegnerische Claims erfolgreich abwehren und in welcher Höhe waren Sie gezwungen, gegnerische Nachforderungen zu bezahlen?

2. In welcher Höhe konnten Sie erfolgreich Claims gegenüber Ihren Partnern geltend machen und in welcher Höhe blieben Ihre Claims erfolglos?

3. In welchen Fällen konnten Sie die selbst gestellten Claims (Eigenclaims) durch Verhandlungen in einen Zusatzauftrag verwandeln? In wie vielen Fällen misslang die Verhandlung? Können Sie den Anteil der in Zusatzaufträge verwandelten Claims finanziell ausweisen? Mit anderen Worten: Wie gut oder schlecht haben Sie verhandelt?

4. Übersteigen in Frage 1 die von Ihnen geleisteten Zahlungen den Betrag erfolgreich abgewehrter Claims?

5. Überwiegen in Frage 2 erfolglose Claims diejenigen, die erfolgreich durchgesetzt werden konnten?

6. Wenn Sie die Fragen 4 und 5 im Wesentlichen mit „Ja" beantwortet haben, wären dann die Personalaufwendungen für einen Contract-Manager insgesamt geringer oder höher?

7. Nutzen Sie im Rahmen von Contract-Management spezielle Softwarelösungen inkl. Datenbank zur Dokumentation, Bewertung und spezifischer Analyse direkter und indirekter finanzieller und zeitlicher Folgewirkungen von Vertragsabweichungen während des Vertragslaufs?

8. Werden die Abweichungen einer Risikoanalyse oder Risikoabschätzung unterzogen?

---

72   Zum institutionalisierten Claim-Management vgl. Klaus Backhaus/Thomas Köhl, Claim-Management im internationalen Anlagengeschäft, in: Hübner, U., Ebke, W.F. (Hrsg.), Festschrift für Bernhard Großfeld zum 65. Geburtstag, Heidelberg, 1999, S. 29 ff.

9. Sind Sie über die Kapazitäten Ihrer Vertragspartner zur Abwehr von Claims und der Art und Weise des jeweiligen Vorgehens informiert?

Die Neutralisierung des im aktiven oder passiven Claim mitschwingenden Konfliktes kann durch vertragsimmanente Streitschlichtungsmodelle erreicht werden, deren Ziel in einer einvernehmlichen Lösung zu suchen ist[73]. Ausgangspunkt und Basis für ein wirkungsvolles Claim-Management ist eine angemessene und faire Verteilung der Risiken und Lasten in einem solide erarbeiteten Vertragstext. EDV-gestützte[74], web-basierte Claimmanagementsysteme werden in der Praxis vermehrt zum Einsatz gelangen. Eine in der Praxis vielfach bestätigte Ergebnisoptimierung von 10-30 % gemessen am Auftragswert rechtfertigt den Aufbau qualifizierter organisatorischer Einheiten. Das Personal muss neben Verhandlungsgeschick, eine technische und juristische, vor allem eine fundierte Qualifikation im internationalen Vertragsrecht aufweisen; eine Kombination, die bislang auf dem deutschen (Bildungs-) Markt nicht vorhanden ist. Insgesamt ist Claim-Management schon heute bei zahlreichen Unternehmen eine Bedingung, die aus kaufmännischer Sicht nicht hinweggedacht werden kann, ohne dass der ökonomische Erfolg entfiele, und das nicht nur im Maschinen- und Anlagenbau.

Epilog

„Der Weisheit erster Schritt ist: Alles anzuklagen; der Letzte: sich mit allem zu vertragen"[75]

---

73 Zur praktischen Handhabung von Vertragsklauseln im Vertragscontrolling und Claim-Management, vgl. Klaus Peter Berger, Neuverhandlungs-, Revisions- und Sprechklauseln im internationalen Wirtschaftsvertragsrecht, RIW 2000, S. 1 ff.

74 Hierzu Klaus Backhaus/Thomas Köhl, Claim-Management im internationalen Anlagengeschäft, in: Hübner, U., Ebke, W.F. (Hrsg.), Festschrift für Bernhard Großfeld zum 65. Geburtstag, Heidelberg, 1999, S. 28 f.

75 Georg Christoph Lichtenberg, 19. Okt. 1796 (Sudelbücher, Heft L 2).

Michael Klemt
Siemens AG, Braunschweig

Die Bearbeitung öffentlicher Ausschreibungen aus China

Vorwort

Obwohl der chinesische öffentliche Auftraggeber dazu übergeht, Infrastruktur-projekte zu 100 % an chinesische Unternehmen zu vergeben, agieren ausländische Unternehmen, so auch Unternehmen aus Deutschland, noch aktiv bei der Projektgewinnung und Projektabwicklung mit. Die nachfolgenden Ausführungen geben einen Überblick, auf welche Weise sich die Siemens AG bei Angeboten von Siemens China insbesondere im Personennahverkehr einbringt.

Ich werde Ihnen dieses Thema nach den jeweiligen Phasen einer Angebotsbearbeitung erläutern. Dabei werde ich einzeln auf die Phasen bis zum eigentlichen Projektstart eingehen.

Einführung

Zunächst möchte ich darstellen, auf welche Fragen ich bei meinen Ausführungen eingehen werde:

- Wie erhält Siemens die notwendigen Informationen über die geplanten Ausschreibungen?
- Was ist vor und bei der Angebotsbearbeitung zu beachten?
- Wie kommt es zu einer internen Freigabe eines Angebotes?
- Unter welchen Umständen kommt es zu einem Vertragsabschluss und einer Projektübergabe an die Abwicklung?
- Welche Schritte sind bei Gewinn bzw. bei Verlust der Ausschreibung zu beachten?

Diese Fragen können schrittweise beantwortet werden, indem der Siemens-interne Projektabwicklungsprozess an den rechtlichen Voraussetzungen chinesischer Ausschreibungen gespiegelt wird.

Um den Angebotsprozess beurteilen zu können, möchte ich Ihnen kurz den Siemens Projektabwicklungsprozess als Ganzes vorstellen.

Dabei sind folgende Phasen zu unterscheiden:

Die Akquisitions- und Angebotsphase

1. Die Vorakquisition
2. Die Go/NoGo-Entscheidung
3. Die Projektakquisition
4. Die Angebotsentscheidung (Bid/NoBid)
5. Die Angebotserstellung
6. Die Angebotsfreigabe
7. Die Vertragserstellung und Vertragsverhandlung
8. Der Vertragsabschluss

Die Projektabwicklungsphase

1. Der Projektstart
2. Der Projektplanungsabschluss
3. Die Realisierung

4. Ende der Realisierung

5. Inbetriebsetzung

6. Kundenabnahme

7. Gewährleistung

8. Projektabschluss

9. After Sales Service

Mein Vortrag wird die Phasen vom Ende der Projektakquisition bis zum Projektstart umfassen.

Die Projektakquisition

Kenntnisnahme der Ausschreibung

Das chinesische Ausschreibungsrecht sieht, wie bekannt, folgende Möglichkeiten vor:

Bei der **öffentlichen** Ausschreibung gem. § 16 AusschrG erfolgt sie in Form einer Bekanntmachung, welche sich an eine unbegrenzte Zahl an Adressaten richtet.

Bei der **beschränkten** Ausschreibung gem. § 17 AusschrG werden nur ausgewählte Unternehmen schriftlich gebeten, ein Angebot abzugeben.

Zum Zeitpunkt der Veröffentlichung hat Siemens über das geplante Projekt in der Regel durch Zeitungen und staatliche Veröffentlichungen bereits Kenntnis und im Vorfeld untersucht, ob der Kauf der Ausschreibungsunterlagen durch Siemens China erfolgversprechend ist. Damit beginnt der konkrete Angebotsabwicklungs-Prozess.

Dieser beginnt mit der Angebotsentscheidung.

Die Angebotsentscheidung

Bevor Siemens mit der Bearbeitung einer Ausschreibung beginnt, werden zunächst grundsätzliche Überlegungen hinsichtlich des Erfolges dieses Angebotes und deren Risiken und Chancen angestellt.

Siemens hat KO-Kriterien festgelegt. Nur bei Vorliegen besonderer strategischer Gründe darf trotzdem eine Angebotsbearbeitung erfolgen. Wesentliche KO-Kriterien sind:

1. Der geforderte Local Content in China ist nicht erfüllbar.

2. Geschäftliches/vertragliches Risiko ist nicht überschaubar.

3. Das wirtschaftliche Ergebnis ist inakzeptabel.

4. Vom chinesischen Kunden geforderter Liefertermin ist nicht haltbar

5. Die Angebotskosten stehen nicht in vernünftigem Verhältnis zum Projektvolumen und -ergebnis.

6. Das ausgeschriebene Vorhaben ist von Siemens technisch nicht umsetzbar.

7. Projekt- und/oder Auftragswahrscheinlichkeit ist zu gering.

8. Es gibt nicht erfüllbare Exportrestriktionen der anzubietenden Technik.

Für die Angebotsentscheidung wird weiterhin die Marktsituation in Zusammenarbeit mit Siemens China beurteilt. Hier wird untersucht, welche möglichen Wettbewerber bei diesem Projekt in Erscheinung treten und welche Stellung sie im chinesischen Markt inne haben, konkret, welche Projekte der Mitbewerber bisher mit welcher Technik abgewickelt hat. Die Namen der Mitbewerber sind in der Regel mit den jeweiligen Käufern der Ausschreibungsunterlagen identisch. Weiterhin sind das aktuelle Marktpreisniveau und mögliche Risikopotentiale in dieser Phase zu beurteilen.

Bereits vor Angebotsbearbeitungsbeginn werden Überlegungen zur Projektplanung und -organisation angestellt. In dieser Phase es auch wichtig, die notwendigen Kapazitäten für das Personal während der Angebotsphase festzulegen. Des Weiteren sollte auch hier schon berücksichtigt werden, dass die nachfolgende Klärungs- und Verhandlungsphase in China für deutsche Unternehmen relativ langwierig und äußerst arbeitsintensiv ist.

Mit den Mitarbeitern von Siemens China wird eng zusammengearbeitet. Es werden die gemeinsamen Teilnehmer an den in den Ausschreibungsunterlagen bereits festgelegten „Pre-Bid-Meeting" bestimmt. Danach beginnt die Angebotserstellung.

Die Angebotserstellung

Nachdem die Entscheidung zur Angebotserarbeitung gefallen ist, wird ähnlich wie in einem Projekt eine Angebotsplanung und –organisation durchgeführt.

Folgende Einzelaufgaben stehen in dieser Phase an:Der Angebotsverantwortliche und –kaufmann sowie das Angebotsteam wird ernannt.

2. Beschreibung (Projektsteckbrief) und Gewichtung (Projektkategorisierung) des chinesischen Projektes wird erstellt.

3. Der Kostenrahmen für das Angebot wird festgelegt.

4. Die Vertragsstruktur wird anhand „Invitation to Bidders" festgelegt.

5. Die Liste aller zu erstellenden Dokumente für das Angebot wird bestimmt.

6. Die Ressourcen für evtl. Projektdurchführung werden abgeschätzt.

7. Vorgespräche mit möglichen chinesischen Partnern werden durchgeführt.

Weiterhin werden die Termine des zukünftigen Projektes auf der Grundlage des Kundenterminplans, wie er in den Ausschreibungsunterlagen enthalten ist, festgelegt. Das Projekt wird in einzelne Phasen gegliedert, eventuelle Kundenbeistellungen werden in den Plan eingefügt, notwendige Zeiten für Entwicklung, Fertigung, Versand, Installation und Inbetriebsetzung werden dabei berücksichtigt.

Es werden eine Risikoabschätzung vorgenommen und ein Überblick über Organisationsschnittstellen innerhalb und außerhalb von Siemens definiert und bewertet und die sich hieraus ergebenen Maßnahmen bestimmt.

Der Schwerpunkt der Angebotserstellung liegt in der Herleitung und Definition der anzubietenden technischen Lösung.

Hierbei sind folgende Einzelaufgaben zu absolvieren:
- Die Anfrageunterlagen werden auf technische Vollständigkeit geprüft, ggf. werden über Siemens China offiziell Fragen an Kunden gestellt.
- Die Rahmenbedingungen der Anlage werden analysiert und bewertet.
- Die technischen Anforderungen werden auf Konformität mit realisierten technischen Lösungen und der technischen Machbarkeit geprüft.
- Die technischen Kommentare zur Ausschreibung (gem. Tender-Vertragsanalyse) werden erstellt und dem Angebot beigefügt.Die detaillierte technische Lösung wird erarbeitet.
- Der Liefer- und Leistungsumfang wird festgelegt.

Parallel hierzu werden die kommerziellen und juristischen Themen bearbeitet. Dabei ist darauf zu achten, dass die technische und kaufmännische Gruppe eng zusammenarbeitet.

Die Aufgaben aus diesem Bereich stellen sich wie folgt dar:
- Die Anfrageunterlagen werden auf kommerzielle und juristische Vollständigkeit geprüft.
- Die kaufmännischen und vertraglichen Bedingungen der Ausschreibung werden analysiert und bewertet.

- Die Kommentare aufgrund dieser Analyse werden unter Beachtung der „Instruction to Tenderer" erstellt.
- Die Bonität des chinesischen Kunden und eventueller Beteiligter wird geprüft.
- Die geforderte Form der Bankgarantien wird geprüft und die geforderte Angebotsgarantie bei entsprechender Bank beauftragt.
- Die Höhe des RMB-Anteils wird geprüft und das Währungsrisiko beurteilt.
- Die Exportkontrollabteilung wird hinsichtlich deutscher und amerikanischer Exportkontrollvorschriften eingebunden.
- Die aktuelle Gesetzgebung und Steuergesetzgebung werden durch Siemens China geprüft.
- Die notwendigen Versicherungen werden untersucht.
- Transportbedingungen werden bewertet.

Das für ein Wirtschaftsunternehmen wichtigste Thema ist natürlich die Kalkulation, die in der Regel auch zu einem akzeptablen Ergebnis führen sollte. Die Kalkulation wird auf der Basis der bewerteten Projektstruktur erstellt. Einfluss nehmen hierbei auch die Kapitalkosten und die Mittelbindung, die abhängig sind vom geplanten Kostenauflauf und den vom chinesischen Kunden in seiner Ausschreibung vorgegebenen Zahlungsbedingungen. Aufgrund gesetzlicher Vorgaben wird in der Regel vom chinesischen Kunden eine Anzahlung in Höhe von 15 % geleistet. Neben diesen Kriterien spielen für die Kalkulation aber auch die technischen, kaufmännischen und rechtlichen Risiken und Chancen eine Rolle.

Die Angebotsbearbeitung schließt mit der Angebotsfreigabe.

Das Angebot wird vor Abgabe an den Kunden erneut einer inhaltlichen und formalen Prüfung unterzogen.

Für die endgültige Festlegung des Preises werden auch die Marktsituation und die Zielpreise, sowie die Wettbewerber-Informationen aktualisiert.

Die Planung und Organisation für die weiteren Phasen und der Beginn des Projektes werden durchgeführt. Es werden die Ressourcen für die „Clarification Phase", wie sie im chinesischen Ausschreibungsrecht vorgesehen ist, aus Mitarbeitern aus Siemens China und Siemens Deutschland bereitgestellt. Zur Vorbereitung und für die Einrichtung eines sogenannten Backup Services während der Verhandlungen wird eine Liste aller Angebotsbeteiligter mit Name, Adresse usw. aktualisiert.

Die Kalkulation wird aktualisiert.

Das abzugebende Angebot wird hinsichtlich der Kundenanforderungen, wie sie sich aus den Ausschreibungsunterlagen ergeben, überprüft. Letztendlich muss die chinesische Übersetzung des Angebotes zur englischen Originalfassung, der internationalen Siemenssprache, überprüft werden.

Die Aufgaben für die kommerziellen und juristischen Themen bei Angebotsabschluss können wie folgt gegliedert werden:

- Die vollständige Liste mit kaufmännischen und juristischen Abweichungen zur Kundenspezifikation für Verhandlung wird erstellt (List of Compliance).

- Die schriftlichen Vereinbarungen mit Konsortialpartnern, Siemens China, Siemens Deutschland und Lieferanten werden festgelegt.

- Das Angebotskostencontrolling wird aktualisiert.

- Der Verhandlungsführer und das Verhandlungsteam werden mit Ausfertigung entsprechender Vollmachten benannt.

Es schließt sich die Vertragsverhandlung und die Vertragserstellung als nächste Phase an.

Die chinesischen Regeln nach Angebotsabgabe

Nach der Angebotsabgabe beginnt die schriftliche, in Form von Frage und Antwort, und die mündliche „Clarification Phase".

Die Bewertung der Bewerbungen obliegt gem. § 37 AusschrG der vom Ausschreibenden organisierten und errichteten Bewertungskommission, welche das Unternehmen auswählt, mit dem der Vertrag geschlossen wird.

Der Ausschreibende und das Unternehmen, das den Zuschlag erhalten hat, müssen gem. § 46 Abs. 1 AusschrG innerhalb von 30 Tagen einen schriftlichen Vertrag schließen.

Die Durchführung der Verhandlung in China

Für ein deutsches Unternehmen ist die Durchführung der Verhandlung in China sehr aufwendig. Auf Grund des fremden Kulturkreises und der sich daraus ergebenden anderen Verhandlungsweise ist eine umfangreiche und genaue Vorbereitung notwendig. Es ist anzustreben, dass zumindest ein Teil der deutschen Teilnehmer bereits Erfahrungen bei der Verhandlung mit Chinesen gesammelt hat. Für Siemens ist es sehr hilfreich, dass in der Regel eine gemischte Verhandlungsgruppe von Mitarbeitern aus China und Deutschland gebildet wird. Die Entwicklung bei Siemens Deutschland geht auch dorthin, dass immer mehr Mitarbeiter chinesische Sprachkenntnisse im mehr oder minder großem Umfang besitzen.

Soweit keine Siemens Niederlassung in der jeweiligen Stadt vorhanden ist, ist darauf zu achten, dass die notwendige Ausrüstung (PC, Telefon, Drucker, Faxgeräte etc.) in der richtigen Qualität vor Ort vorhanden ist. Insbesondere ist darauf zu achten, dass für Betriebssysteme Originalsoftware und leistungsfähige Drucker vorhanden sind.

Es handelt sich nach chinesischem Ausschreibungsrecht ausschließlich um eine Klärungsphase. In der Praxis versucht jedoch der chinesische Kunde bereits in dieser Phase von Siemens Zugeständnisse zu seinem Angebot zu erhalten. Den Siemens Mitarbeitern muss klar sein, dass in dieser Phase Verhandlungen und daraus resultierende Änderungen des Angebotes nicht geführt werden.

Gemäß Ausschreibungsrecht endet die „Clarification Phase" mit dem sogenannten „Bid Award". Erst danach schließt sich die einmonatige Verhandlungsphase an. Da nach dem „Bid Award" die Verhandlungsposition des chinesischen Kunden schwächer geworden ist, ist auch verständlich, dass dieser sich bemüht, die Verhandlungen bereits in der Klärungsphase zu beginnen.

Für die anschließende einmonatige Verhandlungsphase werden von Siemens folgende Punkte berücksichtigt:

Auf kommerzieller Seite werden zwei Manager eingesetzt, einer auf deutscher Seite und einer auf chinesischer Seite. Beide müssen einen guten Überblick über die Kalkulation und die vorgegebene Verhandlungsstrategie haben.

Während der Klärungs- und Verhandlungsphase wird das Team nicht geändert. In Deutschland wird ein technischer „Backup Service" gewährleistet.

Eine einfache und unkomplizierte Strategie wird für mögliche Änderungen in den Lieferungen und Leistungen und den Preisen erstellt.Der chinesische Kunde verlangt in der Regel von Siemens die Erstellung neuer Dokumente und Vertragsentwürfe während der Verhandlung. Zur Vermeidung umfangreicher Nacharbeit wird eine vernünftige Strukturierung des anstehenden Arbeitsaufwandes nach den täglichen Verhandlungen durchgeführt.

Es gibt ausschließlich ein Team. Daher ist eine Unterteilung in technische und kommerzielle Verhandlungen in unterschiedlichen Besprechungsräumen grundsätzlich abzulehnen.

Ein Bericht über alle Änderungen und noch zu klärende Fragen wird täglich erstellt und an die Kollegen in Deutschland weitergegeben.

Am Ende der Verhandlungsphase steht die Vertragsunterzeichnung.

Der chinesische Kunde erwartet in der Regel eine feierliche und aufwendige Vertragsunterzeichnungszeremonie. Hier ist von Siemens-Seite als Mitorganisator ein guter Kenner des chinesischen Kunden erforderlich. Wichtig ist die Beteilung hoher Managervertreter von Siemens aus dem Ausland, Festlegung der Sitzordnung, Speisen, Dekoration, Reden usw.

Ausblick: Der Projektstart

Nach der Vertragsunterzeichnung werden die wesentlichen Dokumente an den Projektleiter übergeben und die Grundlagen und Veränderungen seit Angebot in Bezug auf Technik, Termine, Preise besprochen und geprüft.

Die Kundenkaufentscheidung wird analysiert, dokumentiert und intern kommuniziert.

Der zukünftige Projektleiter und Projektkaufmann werden mit Ausfertigung der entsprechenden Vollmachten ernannt. In der Regel hat der zukünftige Projektleiter bereits in den letzten Verhandlungsrunden beim Kunden teilgenommen. War dieses nicht möglich, so ist spätestens jetzt der Projektleiter beim Kunden offiziell vorzustellen.

Der Terminplan wird auf der Grundlage des nun abgeschlossenen Vertrages mit den Kundenbeistellungen nochmals aktualisiert.

Die Auftragseingangskalkulation wird erstellt.

Die Risikoanalyse wird aktualisiert.

Die technische Prüfung des aktuellen Vertrages wird dokumentiert.

Die anfallenden juristischen und kommerziellen Themen können wie folgt gegliedert werden:
- Die Prüfung des aktuellen Vertrages wird dokumentiert.
- Die zeitliche Darstellung der geplanten Kostenaufläufe und Zahlungseingänge wird erstellt.
- Die Vertragsstruktur wird aktualisiert.
- Die Angebotsgarantie wird zurückgefordert und die Erfüllungsgarantie bei der Bank beantragt.

Eine Anmerkung: Meines Erachtens weltweit einzigartig ist die chinesische Art der Projektabwicklung. Die endgültige Lösung wird erst während der Projektlaufzeit im Rahmen von mehrmonatigen sogenannten „Design Liason Meetings" im Ausland auf Kosten des Lieferanten vereinbart. Das erste „Design Liason Meeting" findet in der Regel kurz nach Vertragsunterzeichnung statt, so dass mit dessen Vorbereitung umgehend begonnen werden muss.

Anhang

Vorgehen bei Auftragsverlust:

Es ist nachvollziehbar, dass nicht jedes Angebot zu einem Projektgewinn führt. Zum Abschluss meiner Ausführungen möchte ich kurz auf die in diesem Fall durchzuführende Auftragsverlustanalyse eingehen.

Folgende Themen werden hier behandelt:

- Der Vertragsgewinner wird benannt.
- Die Kundenbegründung für den Auftragsverlust (technisch/kommerziell/juristisch/politisch) wird nachgefragt und zusammengestellt.
- Die eigene Einschätzung der Gründe für den Auftragsverlust vom Akquisiteur/Kunden wird erfragt und zusammengestellt.

Ulrich Schwarze
Siemens AG, Berlin

Projektabwicklung - Änderungen und Störungen

1. Einleitung

Zu meinem Vortrag mit dem Thema Projektmanagement & Vertragsverständnis möchte ich vorausschicken, dass ich mit einem Projekt die Errichtung eines Werkes im Sinne einer Anlage oder einer komplexen Teilanlage für einen Kunden und zu Preisen im mehrstelligen Millionenbereich bezeichne.

Damit bewegen wir uns in einem Geflecht von Abhängigkeiten, die solchen Projekten zu eigen sind.

Deshalb ist auch wenig hilfreich, wenn man unter Vertragsverständnis nur die Kenntnis der Paragraphen und Regeln versteht. Es wäre zu kurz gesprungen, wenn beispielsweise lediglich Änderungen flächendeckend und nach den vertraglichen Konventionen erfasst würden, ohne gleichzeitig die auslösenden Ereignisse (technische Änderungen, Terminänderungen) und die Konsequenzen nach entsprechenden transparenten und durchgängigen Regeln zu gestalten.

Deshalb möchte ich Ihnen anhand verschiedener Beispiele zeigen, warum man das Projektmanagement und das Vertragsverständnis nicht voneinander trennen kann.

2. Die wesentlichen Phasen

Aufgrund der erwähnten finanziellen Größenordnung sollte der Begriff Projekt auch nicht erst bei der Vertragserfüllung und Realisierung des Vorhabens einsetzen, sondern sollte heutzutage den gesamten Zyklus umfassen.

Dies möchte ich nachfolgend kurz begründen.

2.1 Projektakquisition (Finanzierung/Geldgeber)

Die Finanzierung potenzieller Projekte wird mit englischen Begriffen wie Public-Private-Partnership, Built-Operate-Transfer, Outsourcing oder auch mit Privatisierung charakterisiert. Darüber hinaus ist vielen Vorhaben die Diskrepanz zwischen Bedürfnis und Bedarf gemein.

Dies führt dann entweder zur Bildung von Finanzierungskonsortien, deren Partner aus den verschiedensten Branchen kommen oder der Kunde ist von Anfang an ein privater und zumeist branchenfremder Finanzier.

Das heißt, der Auftragnehmer muss sich häufig um die Projektfinanzierung kümmern, damit überhaupt die notwendigen Gelder verfügbar werden. Und hier ist nicht die Finanzierung seines eigentlichen Lieferumfanges gemeint, sondern des kompletten Projektes. Zu einer sehr frühen Phase wird der Auftragnehmer in der Lage sein müssen, die Investitions- und Betriebskosten und die zu erwartenden Einnahmen hinreichend genau zu bestimmen und die damit verbunden Risiken zu bewerten.

Dieses einfache und doch magisches Dreieck stellt drei wesentliche Enflussgrößen dar, die zueinander zu einem Optimum zu bringen sind.

2.2 Angebot

Haben die beteiligten Finanzpartner hinreichend verbindlich ihre Bereitschaft zur Finanzierung erklärt, lässt sich aus dem bereits formulierten (End-) Kundennutzen das zu errichtende Werk spezifizieren. Ich gehe davon aus, dass Ihnen derartige Pflichtenhefte geläufig sind und möchte nicht näher darauf eingehen.

Ebenfalls nicht weiter erwähnen möchte ich an dieser Stelle die umfangreichen Vertragswerke mit all ihren Bedingungen und Regeln.

2.3 Realisierung

Mit der Realisierung beginnt dann die Phase, bei der man bislang ein Projekt gestartet hat. Wegen der hier geschilderten Vorgeschichte ist es dann aber zu spät, wenn erst zu diesem Zeitpunkt mit den Mitteln des Projektmanagements und der Vertragssteuerung begonnen wird. In aller Regel liegt dann das Kind aber schon im Brunnen.

2.4 Projektende

Der Vertragsabschluss ist im Hauptvertrag geregelt. Sie als Auftragnehmer sollten darüber hinaus auch intern das Projekt beenden und die gemachten Erfahrungen Ihrem Wissensspeicher zuführen. Denn Planung ist nicht nur die Summe der Prognosen zukünftiger Ereignisse, sondern auch die Kenntnis, wie ich mit den Ereignissen dann umgehen werde.

3. Meilensteine vor Projektstart

Bevor ich Ihnen die Bedeutung der Meilensteine für ein wirkungsvolles Projektmanagement erläutere, möchte ich vorausschicken, dass ohne eine fundierte Beherrschung der Prozesse nichts aber auch gar nichts funktioniert. Was nützt Ihnen die Erkenntnis, dass Sie an dieser Stelle und zu diesem Zeitpunkt Handlungsbedarf haben, wenn Sie nicht wissen, wie Sie handeln sollen.

Und adäquat soll heißen, nicht nur die beabsichtigten, sondern auch die unbeabsichtigten Auswirkungen zu erkennen und zu bewerten.

An jedem dieser Meilensteine an die Sie gelangt sind, halten Sie also inne und denken darüber nach, ob Sie den Weg weiter fortsetzen sollen und wollen.

3.1 Go/No Go-Entscheidung zur Projektakquisition

Kommen wir nun auf die Zusammenhänge in der Projektakquisition zurück. Sie haben die Fakten zusammengetragen und stehen vor der Entscheidung, wie hoch ihre Chancen sind, mit dieser Projektakquisition ihr Geschäftsziel zu erreichen.

Die Frage zur Go/No Go-Entscheidung lautet ganz einfach:

Reicht meine Kompetenz aus, die Finanzierung zu ermöglichen oder eine aktive Unterstützung dabei zu leisten, und habe ich dann das passende, den (End-) Kundennutzen voll befriedigende Produkt zu einem sich aus den Investitionskosten einstellenden Preis?

Und bin ich auch bereit, Geld in die Hand zu nehmen, um alle Antworten auf diese Fragen zu erarbeiten?

3.2 Entscheidungen zum Angebot

3.2.1 Bid/No Bid-Entscheidung

Nun erhalten Sie die Anfrage. Trotz Ihrer ganzen Bemühungen hat sich Ihr Kunde in einigen wesentlichen Punkten den anderen Meinungen Ihrer Wettbewerber, der Sponsoren und Banken etc. angeschlossen.

Das ganze zarte Gebilde Ihrer Überlegungen, das fein austarierte Gleichgewicht zwischen Preis und Zahlungsbedingungen, Abwicklungsrisiken und Vertragsrisiken, Qualität und Terminen ist damit durcheinander geraten. Sehen Sie dennoch Chancen mit einem entsprechenden Angebot Ihr Geschäftsziel zu erreichen?

Sie machen eine Risikoanalyse und gelangen zu der Überzeugung, dass die Risiken beherrschbar sind und die Auftragswahrscheinlichkeit hoch ist. Dann erarbeiten Sie einige weitere Randbedingungen durch, wie beispielsweise:

*   Termin- und Ressourcenplanung für die Angebotserstellung
*   Erarbeitung eines ersten Projektstrukturplanes mit wesentlichen Arbeitspaketen
*   Grober Termin- und Ressourcenplan für die Projektdurchführung
*   Analyse der kaufmännischen und juristischen Vertragsbestandteile

Und Sie sind wiederum bereit, Geld in die Hand zu nehmen, um Ihrem Kunden ein Angebot zu erstellen und haben also Ihre Entscheidung im Rahmen der Bid/No Bid-Problematik getroffen.

Gesagt getan, alles was Sie bislang nur in einer guten Näherung erstellt haben, wird nun durch die Angebotserarbeitung vertieft und detailliert. Insbesondere richten Sie Ihr Augenmerk auf

- klare Definitionen von Liefer- und Leistungsgrenzen.
- Fristen und Termine
- Vertragliche Handhabung von Änderungen
- Auswahl möglicher Partner
- Anfragen wesentlicher Zulieferungen
- usw.

3.2.2 Freigabe des Angebotes

Wenn sich dabei die Chancen nicht wesentlich verschlechtert haben, wird das Angebot rechtskräftig unterschrieben und abgeschickt.

Es soll nicht verschwiegen werden, dass es immer gewisse Ungenauigkeiten in einem Angebot geben wird und die sich auch kaum vermeiden lassen.

Die Gründe, die dazu führen, sind Ihnen alle geläufig: Angebotshektik, unklares Lastenheft, Wettbewerberverhalten, aber auch menschliche Eigenschaften, um nur einige zu nennen. Außerdem – die detaillierte technische Bearbeitung beginnt ja auch erst nach Vertragsabschluss. Jedenfalls ergibt sich daraus diese Darstellung:

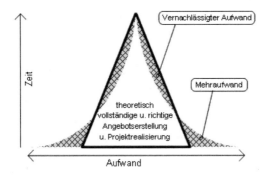

Aufgrund Ihrer Erfahrungen und Marktkenntnisse sind Sie jedoch in der Lage, diese „Restrisiken" mit einem Prozentwert zu bewerten, wenn man sie im Einzelnen auch nicht zu benennen vermag.

Wie dem auch sei, ich setze natürlich jedes Mal voraus, dass es in allen Firmen Vorschriften oder Anweisungen gibt, wie den Entscheidungsträgern die jeweiligen Chancen und Risiken, Prüfungsergebnisse, Analysen usw. geschäftstypisch und entscheidungsreif zu präsentieren sind.

3.3 Vertragsunterschrift

Es ist Ihnen gelungen auf die Short List zu kommen, und sie sind nun unter den ersten drei Anbietern. Bis dahin waren Ihre Entscheidungen anscheinend richtig, sofern Sie auch im Rahmen des Angebot-Budgets geblieben sind.

Sie verhandeln nun den Vertrag mit dem Kunden im Detail und wissen, kein Vertrag ist so schlecht, als dass er nicht vom Wettbewerber noch akzeptiert werden würde.

Wenn Sie Ihre Risikoanalyse von Anfang an sauber gepflegt haben und diese auch während der Kundenverhandlung immer aktualisieren, kommen Sie vielleicht zu dem Punkt, dass Sie den Spaß daran verlieren.

Wenn keine übergeordneten Geschäftsinteressen dem entgegenstehen, haben Sie jetzt die letzte Möglichkeit, Verluste zu vermeiden und den Vertrag nicht zu unterschreiben.

3.4 Start des Projektes

Im gewissen Sinn war das Projektmanagement bis dahin mit einer überschaubaren Zahl von Haltepunkten oder Meilensteinen verbunden. Das wird jetzt wesentlicher schwieriger. Deshalb benütze ich erst ab hier das Wort Vertragsverständnis.

Projektmanagement und Vertragsverständnis

Nun haben Sie den Auftrag. Trotz Ihrer Bemühungen ist doch nicht alles so geworden wie Sie es sich vorgestellt und geplant hatten. Außerdem sind da und dort Zielkonflikte entstanden. Und im Gegensatz zu der doch etwas mehr sequentiellen Bearbeitung in den vorangegangenen Phasen, werden Sie jetzt ein „Simultaneous Engineering" einsetzten müssen – sonst ist der Termin gleich illusorisch.

Also müssen Sie erstmal Ordnung schaffen.

Wenn ich Ihnen nachstehende Strukturen erst jetzt zeige, soll das nicht heißen, dass diese nicht schon während der Angebotserstellung erforderlich sind.

Der Grund ist vielmehr der, dass Sie qua Vertrag ein definiertes Liefer- und Leistungsversprechen eingegangen sind. Das sagt noch nichts darüber aus, ob die angebotene und bepreiste Qualität dafür auch in jeder Hinsicht ausreichend ist. Hier trifft das ein, was ich weiter vorne mit einer gewissen Ungenauigkeit des technischen Angebotes meinte. Deshalb müssen Sie zuerst und ohne zu beschönigen, die Vertragsinhalte strukturieren und daraus ihre Pflichtenhefte generieren.

4. Projektplanung

Jetzt beginnt das klassische Projektmanagement. Das Projektteam aktiviert alle seine Erfahrungen, Methoden und Tools und plant sein Projekt. Neben den erwähnten Strukturen gehört beispielsweise auch die Integration des Projektes in sein Umfeld oder Maßnahmen für ein internes Projekt-Marketing dazu.

Die Strukturierung der Prozesse dient auch der Vertragssteuerung; denn damit wird permanente Transparenz über den Stand des Projektes hinsichtlich der vertraglich geschuldeten Qualität, Terminen und Kosten erzeugt und eindeutige Aussagen über die zu erwartenden Restkosten und Restdauern sichergestellt.

Dies unterstützt aber als Frühwarnsystem und zur Ableitung von Korrekturmaßnahmen vor allem anderen den Projektleiter in der Handhabung seines Projektes.

Auf Basis dieser Strukturen erstellen Sie nun Ihre vertragskonforme Basis-Konfiguration. Auf dieser Grundlage verfolgen Sie dann die nun zügig über Sie hereinbrechenden Änderungen.

Lassen Sie sich doch ab und zu diese Unterlagen zeigen – für den linken technischen Bereich gibt es übrigens eine durchaus lesbare Norm: die DIN EN ISO 10007 „Leitfaden für Konfigurationsmanagement".

Im Projektmanagement gibt es einen alten Spruch, der besagt: Sage mir, wie du anfängst und ich sage dir, wie du endest; vielleicht sollten Sie ihn sich merken.

4.1 Zahlungsverkehr/Mitkalkulation

Ich wage zu behaupten, dass das Rechnungswesen, der Zahlungsverkehr, Cash-flow-Betrachtungen, usw. zu den klassischen Controllingaufgaben gehören. Mit irgendwelchen Hinweisen dazu würde ich mich unnötigerweise aufs Glatteis begeben und Sie auch noch langweilen.

Lassen Sie uns also zum nächsten Punkt kommen.

4.2 Terminplanung

Gleiches gilt für die Terminplanung. Terminverzüge sind ein so bekanntes Thema, dass ich annehme, auch darauf nicht weiter eingehen zu müssen.

Ich möchte aber betonen, dass ein Terminplan nach meiner Erfahrung immer noch der Dreh- und Angelpunkt im Projektgeschehen ist:

- Technische Änderungen können auch zu Terminänderungen oder -verzügen führen
- Verspäteter Zahlungseingang kann zu Terminänderungen oder -verzügen führen
- Terminverzüge können technische Änderungen erforderlich machen
- Terminverzüge von Teilsystemen auf dem „kritischen Pfad" führen zu Terminverzügen
- Terminverzüge führen zu Mehrkosten (und), Beschleunigungskosten (und), Pönalen

Sie sehen, alles hängt mit allem zusammen und viele weitere Einflüsse haben wir dabei noch gar nicht berücksichtigt.

4.3 Technische Planung und Abwicklung

4.3.1 Engineering/Design

Ähnlich wie die Mitkalkulation aktuelle Kostenstände liefert, erzeugt das bereits erwähnte Konfigurationsmanagement aktuelle Bearbeitungsstände auf allen E-benen Ihrer Struktur.

Dabei lassen sich nicht nur die für die Vertragserfüllung notwendigen eigenen Änderungen identifizieren, sondern auch die nachträglichen Änderungswünsche des Kunden. Dass Sie aus letzteren Zusatzverträge machen, versteht sich von selbst.

4.3.2 Fertigung

Was passieren kann, passiert auch während der Fertigung. Von A wie das Ausschusswerden wichtiger Komponenten bis Z wie Zulieferer geht in Konkurs, war alles schon mal da und kommt auch wieder.

Trotz aller Qualitätsaudits zahlt es sich meines Erachtens immer noch aus, wenn man das Geld für einen Expeditor ausgibt. Das ist kein sogenannter Terminjäger, sondern ein Fachmann, der beurteilen kann, ob diesem Stück Stahl lediglich die entsprechende Auftragsnummer in Silberbronze aufgepinselt wurde oder realiter für unseren Auftrag ist.

4.3.3 Montage/Inbetriebsetzung

Auf der Baustelle schlagen die Stunden der Wahrheit. Sind die Teile gemäß Montagefortschritt vorhanden, passen die Schnittstellen (Liefergrenzen) aneinander, sind die benötigten Ressourcen verfügbar.

Nicht nur, aber besonders auf einer Baustelle hilft nur die persönliche Inaugenscheinnahme, wenn Sie über den tatsächlichen Fortschritt informiert sein wollen.

Die wöchentlichen Fortschrittsmeldungen sind selten ein Frühwarnsystem. Im schlechtesten Fall geben sie nur die verbrauchten Stunden an.

4.4 Tests/Abnahmen

Und nun wird geprüft, ob Sie Ihr Liefer- und Leistungsversprechen erfüllt haben. Auf diese Tage haben Sie hingearbeitet. Selbstverständlich sind Sie weiterhin von Ihrer Technik überzeugt, es hat aber noch nie geschadet, eine (schieds-) gerichtsfeste Dokumentation verfügbar zu haben.

4.5 Gewährleistungsphase (PAC-FAC)

In dieser Phase kann sich noch einmal eine vernachlässigte Bearbeitung in der Vertragsgestaltung rächen. Dann nämlich, wenn Sie plötzlich feststellen, dass Sie Ketten-Gewährleistungen eingegangen sind. Das heißt, bei jedem ausgetauschten oder reparierten Teil beginnt die Gewährleistung aufs Neue.

Oder Sie stellen fest, dass Ihre Unterlieferanten schon lange aus ihren jeweiligen Gewährleistungen heraus sind. Entweder, weil es im Hauptvertrag zu Terminverzügen kam oder weil die Unterlieferantenverträge nicht back-to-back mit dem Hauptvertrag waren.

Aber auch etwas Positives kann ich hier vermelden. Weil Sie alle Ihre Änderungen brav und tapfer mitgeschrieben haben können, Sie dem Kunden termingerecht Ihre As-built-Dokumentation übergeben.

5. Risikofaktoren/Risikopolitik

Es wäre wünschenswert, wenn in projekt-orientierten Unternehmen das Projektmanagement eine solche Normalität erreicht hätte, dass sich die Projektleitung nur noch einem „Managemenbt by Exceptions" zu widmen bräuchte. Diese „Exceptions" gilt es zu identifizieren und zu bewerten und dann entsprechend zu „managen". In diesem Sinne können die Begriffe Changemanagement oder Risikopolitik als Synonyme verstanden werden.

Wie bereits mehrfach dargestellt, gehen Sie auch das Thema Risikofaktoren und Risikopolitik systematisch an.

Die durch das Projektmanagement erzeugte Transparenz hilft ihnen dabei und ermöglicht

- Katalogisierung von Risken (zeitlich, qualitativ/technisch, ökonomisch)
- Vollständiges Verständnis der Risikoursachen

- Maßnahmenkatalog zur Bekämpfung von Risiken und der zugehörigen Entscheidungsvoraussetzungen
- Beurteilung von Aufwand und Wirkung oder von Kosten und Nutzen
- Erkenntnisse zur zukünftigen Vermeidung von Risiken

5.1 Verträge

5.1.1 Vertragsauswertung

Ähnlich wie eine Auftragseingangskalkulation machen Sie nun eine Vertragsauswertung. Diese mündet nicht nur in die grundlegende Risikoanalyse, sondern auch in die Risikopolitik.

Stark vereinfacht ausgedrückt: Je höher die Risiken sind, die Sie eingegangen sind, desto weniger Raum haben Sie für ein kulantes Verhalten. Folglich werden Sie Ihren mit dem Projekt beschäftigten Gruppen, Fachgebieten und Abteilungen strikte Verhaltensregeln in den Projektanweisungen vorschreiben.

An dieser Stelle will ich auch das Wort „Kontrolle" verwenden. Sie werden nämlich Arbeitsabläufe mit Haltepunkten benötigen, an denen Sie eingreifen können. Mehr darüber in den folgenden Abschnitten.

5.1.2 Konsortialvertrag

Ein Konsortialvertrag ist das Ergebnis von Überlegungen zum risk- und burdensharing, zur Verringerung des Wettbewerbes, zum local content, zur Finanzierung usw., bei gleichzeitigem Verzicht auf Umsatzanteile.

War der Konsortialvertrag bislang nur eine Absichtserklärung oder hatte er einen vorvertraglichen Charakter, so wird er spätestens mit der Erteilung des Auftrages bindend.

Welche Beweggründe auch immer eine Rolle gespielt haben, prinzipiell gelten für den Konsortialvertrag die gleichen Regeln, wie sie nachfolgend für die Unterverträge erläutert werden – lediglich die Abstimmung zwischen den Konsorten ist komplizierter.

5.1.3 Unterverträge (back-to-back)

Nach besagter Vertragsauswertung werden Sie auch die daraus resultierenden Unterlieferantenverträge formulieren. Generell gilt, dass die im Hauptvertrag eingegangenen Pflichten an die Unterlieferanten durchgestochen werden. Hierzu einige Beispiele:

- Zeitpunkte der Zahlungen an Unterlieferanten an die Zahlungen vom Kunden anpassen (cash-flow-Betrachtungen)
- Gewährleistungszeiträume sollten zueinander passen

- Die Bedingungen des Hauptvertrags zur Handhabung von Mehrungen, Minderungen, Verzüge, Claims, Genehmigungsverfahren folgerichtig in die Unterverträge übernehmen.

Es ist Ihnen bewusst, dass Sie damit einen der Zielkonflikte vor sich haben: Auf der einen Seite benötigen Sie Vergabeerfolge, auf der anderen Seite erhöhen in der Regel derartige Bedingungen den Preis.

Gleiches tritt ein, wenn sich die Technik hinsichtlich Umfang und Qualität noch einmal geändert haben sollte.

Auf jeden Fall ist eine präzise, zweifelsfreie Definition des Lieferumfanges und eine präzise, zweifelsfreie Definition der Schnittstellen unabdingbar.

5.2 Finanzierung/Budget/Mitkalkulation

Jede der unterschiedlichen Finanzierungsarten, wie Kompensationsgeschäfte, Kapitalhilfen (soft loan), durch staatliche Kreditversicherer gedeckte und ungedeckte Finanzierungen, die Mischformen daraus, das Leasing, beinhaltet spezifische Risiken. Um diese vorzustellen oder gar zu bewerten, gibt es berufenere als ich es bin, weshalb ich es bleiben lasse.

Ich gehe einfach auch davon aus, dass das, was Nicht-Kaufleute unter Controlling verstehen, die Mitkalkulation oder die Kostenkontrolle beispielsweise, eine seit vielen Jahren geübte Praxis ist. Hier hat der Gesetzgeber auch die entsprechenden Maßstäbe gesetzt.

5.3 Schnittstellen-, Änderungs- und Claim-Management

Wie bereits erwähnt, ist es aber wenig hilfreich, wenn man unter Controlling nur die Überwachung der Kosten versteht. Auch die die Kostenänderungen auslösenden Ereignisse (technische Änderungen, Terminänderungen) müssen umfassend und nach einheitlichen Konventionen erfasst werden.

Ich habe Ihnen nachstehend zwei Fälle dargestellt.

Im linken Fall wird ein Produkt so verändert, dass es die technologischen Werte an der Schnittstelle zu seinem Nachbar-Produkt verändert. Die Konventionen des Projektmanagements und des Projekt-Controllings müssen folgenden Ablauf gewährleisten:

- Was ist der Grund für den Änderungswunsch?
- Was sind die Auswirkungen der Änderungen, welche Folgeänderungen gibt es?
- Wird die Änderung vom Kunden genehmigt?
- Wer bezahlt diese und alle Folgeänderungen?

- Geben Sie die Änderung frei?

Im rechten Beispiel handelt es sich um eine räumliche Verlagerung, die auf einem Kundenwunsch basiert. Sie setzen wieder den Ablauf in Gang:

- Was ist der Grund für den Änderungswunsch?
- Was sind die Auswirkungen der Änderungen, welche Folgeänderungen gibt es?
- Werden die Folgeänderungen vom Kunden genehmigt?
- Nachtragsauftrag für diese und alle Folgeänderungen liegt vor?
- Geben Sie die Änderung frei?

Vielleicht sieht das etwas bürokratisch aus, aber ohne die Kombination von Konfigurationsmanagement und Vertragsverständnis verlieren Sie den Überblick.

Die Mehr- oder Minderkosten der Änderungen, einschließlich der Änderungskosten selbst werden erfasst. Falls das auslösende Ereignis zu einer Beauftragung der Mehrung durch den Kunden führt, geht der zusätzliche Umsatz in die Mitkalkulation ein.

Sind Änderungen in Qualität, Menge oder örtlicher Lage zur Erfüllung des Liefer- und Leistungsversprechens aus dem Vertrag erforderlich, schmälern sie natürlich den geplanten operativen Gewinn.

5.4 Termine, Terminänderungen und Claim-Management

Anhand von Terminänderungen lässt sich eine weitere Spielart am besten erklären, den so genannten Claim. Der Claim ist Ihre Reaktion auf ein bereits eingetretenes Ereignis – was wir ja eigentlich vermeiden wollen.

In diesem Beispiel soll es sich um eine unvorhersehbare Behinderung handeln, die es Ihnen nicht erlaubt, mit den Tätigkeiten gemäß Terminplan fortzufahren.

Prinzipiell gehen Sie wieder genauso vor:

- Was ist der Grund für die Situation?
- Was sind die Auswirkungen der Behinderung, welche Folgeverzüge gibt es?
- Wer ist der Verantwortliche?
- Was sieht der Vertrag vor?
- Sie stellen einen Claim über diesen und alle Folgeverzüge und über die zugehörigen Mehrkosten?

Selbstverständlich bieten Sie an, durch Beschleunigungsmaßnahmen die Verzüge wieder hereinzuholen. Diese muss der Kunde, falls er die Behinderung zu verantworten hat, natürlich bezahlen. Sie können aber auch Kompensationsge-schäfte machen: *Dein Verzug gegen meinen Verzug macht keinen Verzug!*

Dies jedoch nur im vertragsrechtlichen Sinne (Pönale), die Mehrkosten einer längeren Laufzeit würden Ihnen dabei erhalten bleiben.

Es kommt eben auf die Umstände an, für welche Vorgehensweise Sie sich ent-scheiden.

Unabhängig davon, für welche Vorgehensweise Sie sich entscheiden, es hat Auswirkungen auf Ihr Kosten- und Umsatz-Controlling; einige Beispiele:

- Gegenseitiges Aufrechnen von Claims $\Rightarrow$ Geplante Mehrkosten werden e-liminiert
- Mehraufwendungen zur Vermeidung von Pönalen $\Rightarrow$ Erhöhung der opera-tiven Kosten und Minderung der Rückstellungen
- Erstattung der Mehrkosten durch den Kunden $\Rightarrow$ Erhöhung von Umsatz und Kosten, Preiskalkulation

Die Darstellung der operativen Ergebnisse unterliegt jedenfalls einer ständigen Veränderung.

6. Zusammenfassung

6.1 Gemeinsame Sprache

Projektmanagement und Projekt-Controlling ist auch Informationsmanagement. Die Forderung nach einer schnellen und kostengünstigen Anpassung an sich verändernde Bedingungen zwingt zur Rationalisierung aller Abläufe. Abläufe sind aber Prozesse. Ein erfolgreiches Informationsmanagement können Sie nur auf der Grundlage strikter Prozessorientierung betreiben.

Wir haben gesehen, wie viele Prozesse es in einem Projekt gibt. Träger dieser Prozesse sind aber die Menschen. Und viele unterschiedliche Fakultäten sind in Ihrem Projekt vertreten: Die Kaufmannschaft, Bau-Ingenieure für Erd-, Tief- und Hochbau, Verfahrenstechniker, Mess- und Regeltechniker, Starkstrom-Ingenieure, Maschinenbauer, Apparatebauer, die Juristen, die ganze Schar der Behördenvertreter und Interessengruppen und alle reden mehr oder weniger ei-nen eigentümlichen Fachjargon, denken in unterschiedlichen Verläufen und ver-folgen ihre eigenen Interessen.

Deshalb ist eine durchgängige und eingeübte Struktur aller Prozesse so wichtig.

Sicher, alle bekommen wir nicht unter einen Hut, aber für die beiden Gruppen, zum einen die „Naturwissenschaftler" und zum anderen die „Betriebwirtschaft-ler", müsste eine gemeinsame Sprache gelingen.

6.2 Die Zusammenarbeit strukturieren

Beiliegender Organisationsplan ist die untypische Verknüpfung einer Projektorganisation mit stichwortartigen Arbeitsplänen. Er soll Ihnen abschließend zeigen, dass

- für alle vorgenannten Arbeitsabläufe klare Verantwortlichkeiten zugeordnet sind,
- dadurch eindeutige Ziele vereinbart werden können,
- die Beteiligten ihren jeweiligen Partner kennen, um die komplexen Anforderungen gemeinsam zu erfüllen.

Wie Sie aber sehen, gibt es darin nicht die eigenständige Stelle eines Vertragsjuristen. Die Projektleitung teilen sich der Projektleiter, in der Regel ein Techniker, und der Projektkaufmann. Beide gemeinsam tragen die Verantwortung für den Erfolg des Projektes und sind von daher an einer transparenten Abwicklung interessiert.

WANG Weida

Inhaber des Lehrstuhls für Wirtschaftsverwaltungsrecht, Tongji-Universität,
Chinesisch-Deutsches Hochschulkolleg (CDHK), Shanghai

Implementierung des Ausschreibungsgesetzes

Einleitung

Um die Aktivitäten der Ausschreibung zu regeln und um die staatlichen, öffentlichen und legalen Interessen der Parteien bei einer Ausschreibung zu schützen, um die wirtschaftliche Effizienz zu steigern und um die Qualität des Projektes zu garantieren, verabschiedete der ständige Ausschuss des Volkskongresses am 30.08.1999 das „Ausschreibungsgesetz", welches ab 01.01.2000 in Kraft getreten ist.

Das Ausschreibungsgesetz steigert die Transparenz und Gerechtigkeit der Ausschreibung. Man nennt deshalb das Gesetz das „Sonnenschein-Gesetz". Durch die Verabschiedung des Gesetzes hat China begonnen, die Urbanisierung zu beschleunigen, wobei der Aufbau der Infrastruktur einen Höhepunkt erreicht. Dazu kommt noch, dass China das Recht erworben hat, die Olympiade 2008 in Beijing und die Expo 2010 in Shanghai zu veranstalten. Die rasche Entwicklung des Infrastrukturaufbaus und die schrittweise Öffnung des Marktes haben die Aufmerksamkeit der chinesischen und ausländischen Wirtschaftskreise auf sich gezogen. Die chinesischen und ausländischen Bauunternehmen möchten das Gesetz und den Zustand der Implementierung des Gesetzes genauer verstehen.

Ich habe auf dem I. Symposium „Erfolge in China", veranstaltet in Wolfenbüttel Ende letzten Jahres, den Inhalt des Gesetzes dargestellt. Heute möchte ich die Probleme und Gegenmaßnahmen der Implementierung des Ausschreibungsgesetzes bei Durchführung von Bauvorhaben als Schwerpunkt erörtern, die von der Regierung finanziert werden. Ich lege den Schwerpunkt auf dieses Thema, weil die von der Regierung finanzierten Bauvorhaben der Reform des Investitionssystem in den letzten 20 Jahren immer noch einen relativ großen Prozentsatz der gesamten Investitionen in China ausmachten.

I. Definition der von der Regierung finanzierten Bauvorhaben

Die Umschreibung eines von der Regierung finanzierten Projektes bezieht sich auf ein Bauvorhaben, bei denen der Staat ganz oder teilweise Sachgüter (wie z.b. ein Grundstück), finanzierte Mittel, staatliche Darlehen oder Mittel aus Hilfen internationaler Organisationen oder ausländischer Regierungen, Kredite von inländischen und ausländischen Finanzinstitutionen durch die Regierung verwendet. Unter den Bedingungen der Marktwirtschaft soll die Regierung sich schrittweise von den Konkurrenzgebieten zurückziehen. Da das von der Regierung investierte Bauvorhaben in der Regel zum Geltungsbereich des Ausschreibungsgesetzes gehört, ist es notwendig, die Probleme und die Gegenmaßnahmen bei der Implementierung des Ausschreibungsgesetzes hier zu erörtern.

II. Erfolge und Probleme der Implementierung des Ausschreibungsgesetzes bei der Durchführung des von der Regierung investierten Bauvorhabens

Seit Inkrafttreten des Ausschreibungsgesetzes im Jahr 2000 hat es die Normierung der Aktivitäten der Ausschreibung, den Schutz der staatlichen Interessen, der öffentlichen Interessen und der legalen Interessen der Parteien der Ausschreibung sowie die Steigerung der wirtschaftlichen Effizienz und der Qualität des Projektes sehr gefördert. Das Gesetz bietet der Regierung bei Durchführung ihres Bauvorhabens die rechtlichen Grundlagen, nach welchen sich die Regierung richten kann.

Aber es ist nicht zu verhehlen, dass immer noch Probleme bei der Implementierung des Gesetzes bestehen:

– Die Intensität des Gesetzesvollzuges reichte nicht aus. Manche öffentliche Institutionen wollten die Ausschreibung nicht durchführen oder versuchten das Ausschreibungsgesetz zu umgehen. Besonders viele solcher Fälle traten in den ersten Jahren nach Inkrafttreten des Gesetzes auf.

– § 3 des Ausschreibungsgesetzes sieht vor: Bei allen großen Infrastrukturanlagen, öffentlich genutzten Institutionen und andere gesellschaftliche öffentliche Interessen oder die öffentliche Sicherheit berührenden Vorhaben, alle Vorhaben, bei denen ganz oder teilweise vom Staat investierte oder finanzierte Mittel genutzt werden und alle Vorhaben, bei denen Darlehen oder Mittel aus Hilfen internationaler Organisationen oder ausländischer Regierungen verwandt werden, sind Ausschreibungen durchzuführen. Aber nach der Statistik der betreffenden Behörde lag der Prozentsatz der Ausschreibung im Jahr 2000 nur bei 63 %. Unter den 78 Bauvorhaben, in welche die Regierung investiert hat, ist nur bei gut 10 % der Bauvorhaben eine öffentliche Ausschreibung durchgeführt worden. Bei den meisten Bauvorhaben wurde die Ausschreibung umgangen[1].

- Es existierten noch Defizite im Ausschreibungsverfahren, so dass einige Ausschreibungen formell waren. Das Ministerium für Aufbau und das Ministerium für Aufsicht haben eine Untersuchung von 274 Bauvorhaben in 30 Provinzen, Regionen und Städten unternommen, wobei sie entdeckt haben, dass bei 8 % der Bauvorhaben die Ausschreibung umgangen wurde. Bei 1,8 % der Bauvorhaben wurden falsche Angaben gemacht. Bei 45,3% der Bauvorhaben war die Zeit zwischen dem Tag, an dem die Ausschreibungsunterlagen zuerst versandt wurden, und dem letzten Tag, an dem ein Bewerber die Bewerbungsunterlagen einreichen konnte, weniger als die gesetzlich festgelegten 20 Tage.

- Für die falschen Angaben ein Beispiel: Bei einer beschränkten Ausschreibung wurden 3 Baugesellschaften, wie gesetzlich vorgesehen, berücksichtigt. In der Tat sind die Ausschreibungsunterlagen des Bewerbers, welcher den Zuschlag erhalten hat, nahezu identisch mit den Unterlagen eines anderen Bewerbers. Der einzige Unterschied bestand darin, dass die Unterschriften und Stempel der beiden Bewerber nicht gleich sind. Die falschen Angaben sind vielfältig: Die Ausschreibung wurde zwar öffentlich durchgeführt, aber die Entscheidung wurde vorher getroffen. Anstatt einer öffentlichen Ausschreibung wird die beschränkte Ausschreibung ohne Genehmigung durchgeführt oder das Unternehmen, das den Zuschlag erhalten hat, wird ausgetauscht.[2] Die Unternehmen sind noch nicht völlig von der Verwaltung getrennt, und die Verwaltung greift in Ausschreibungstätigkeiten ein. Manche Ausschreibenden haben gleichzeitig den Status einer Verwaltungsbehörde und den eines Unternehmens. Manche Verwaltungsbehörde führt eine Diskriminierungspolitik durch, um die Interessen der Region oder die Interessen des eigenen zuständigen Bereiches zu schützen. Die Massenmedien kritisieren: Da das branchenweite Monopol, der Lokalprotektionismus und die Defizite im Verwaltungssystem immer noch existieren, kommt gesetzwidriges Verhalten wie Ausschreibungsumgehung, falsche Angaben, Verrat der ausschreibenden Grenzbeträge, Bestechung zwischen Ausschreibenden und Bewerbern heute noch oft zur Erscheinung. Dies führt zu hohen Verlusten des Staatsvermögens. In der Tat sind solche Unternehmen nach wie vor in der Praxis anzutreffen, deren Geschäftsgegenstand die Voruntersuchung, die Ausarbeitung der Baupläne, die Ausführung der Arbeiten und die Überwachung umfasst. Dies

---

1   Tagesblatt der Volksbefreiungsarmee, 22.05.2001, S. 4.
2   Volkszeitung, 17.12.2001, S .5.

führt zum Versagen der Überwachung, wenn z.b. einige direkt unter der lokalen Straßenbauverwaltungsbehörde stehende Unternehmen sich mit der Voruntersuchung des Bauprojekts, der Ausarbeitung der Baupläne, der Ausführung der Arbeiten und der Überwachung beschäftigen. Die Verwaltungsbehörde vergibt den ihr unterstellten Unternehmen die Projekt und ist gleichzeitig zuständig für die Implementierung des Ausschreibungsgesetzes. Wie kann sie die Überwachungstätigkeiten gut leisten?[3]

III. Analyse der Ursachen

Im Folgenden werden die Ursachen der oben erwähnten Probleme dargestellt:

1. Gesetzgebungsdefizite

Obwohl das Ausschreibungsgesetz prinzipiell den Ausnahmebereich für beschränkte Ausschreibungen festgelegt hat, sind die Kriterien für beschränkte Ausschreibungen zu abstrakt. Deswegen gibt es in der Praxis eine relativ große Flexibilität bei der Genehmigung. Unter den Umständen des lokalen Protektionismus ist es für die durch lokale Regierungen unterstützten Bauvorhaben leicht, die Regelungen für die öffentliche Ausschreibung zu umgehen.

Zum Zweiten machen die Bauvorhaben, in welche die Regierung investiert hat, einen großen Prozentsatz der gesamten Investitionen in China aus. Das Ausschreibungsgesetz hat den Bereichen, in welche die Regierungen investieren dürfen, nicht begrenzt. So ist die Zahl der Bauvorhaben, in welche die Regierung investiert hat, zu hoch. Das behindert die Entstehung des Wettbewerbsmechanismus in der Bauwirtschaft. Es ist unmöglich, die Ausschreibung unter den Bedingungen des Monopols zu implementieren.

Schließlich hat das Ausschreibungsgesetz nur für die Umgehung der Ausschreibung und für die Angabe falscher Tatsachen bei der Ausschreibung eine Bestrafung festgelegt. Andere gesetzwidrige Taten bei der beschränkten Ausschreibung wurden nicht unter Srafe gestellt. Die Aufsichtsbehörde kann das gesetzwidrige Verhalten bei der beschränkten Ausschreibung nicht bestrafen, auch wenn sie es entdeckt hat, weil die gesetzliche Grundlage für eine Bestrafung fehlt.

2. Rechtssoziologische Ursache

Die rechtssoziologische Ursache bezieht sich auf den soziologischen Kontext der Implementierung des Rechts, da die Regierung der Hauptinvestor für öffentliche Vorhaben ist.

---

3   http://www.0731fdc.com; 23.07.2002, Brennpunkt: Immobilien

Obwohl die Regierung als Investor der öffentlichen Bauvorhaben eine bestimmte Projektgesellschaft beauftragt, um sich auf diese Weise an das Marktwirtschaftssystem anzupassen, zeigen sich in der Praxis doch noch Defizite:[4]

- Die Beziehungen zwischen der Regierung und der Projektgesellschaft sind nicht völlig getrennt. In der Praxis ist die Beziehung zwischen Auftraggeber und Beauftragtem nur formell, weil die Beziehungen zwischen Regierung und Projektgesellschaft nicht klar sind. Nachdem die öffentlichen Bauvorhaben abgeschlossen wurden, trägt die Regierung wieder die Verantwortung für die Geschäftstätigkeit des Betriebs. Die Interessen der Regierung und Projektgesellschaft sind verbunden. Die Regierung als Prüfer des Antrags auf Ausschreibung ist mehr oder weniger mit der staatlich eigenen Projektgesellschaft als Bewerber verbunden.

- Eine einheitliche Wirtschaftsverwaltung fehlt; die Verwaltung von Wirtschaftsbranchen ist noch nicht durchbrochen.

Die Regierung beauftragt die Projektgesellschaft immer noch nach dem Prinzip der „Branchen-Verwaltung".

Beispiel: Die Verkehrsbehörde ist für ein Verkehrsbauvorhaben zuständig, die Stadtbaubehörde ist für Infrastrukturbauvorhaben zuständig. Und jede Behörde hat ihre eigene fachliche Planungs- und Baugesellschaft. Wenn die Verwaltungsbehörde die Entscheidung über bestimmte Bauvorhaben trifft, wird das Brancheninteresse zu einem wichtigen Kriterium für die Entscheidung. Die Effizienz und Effektivität werden sekundäre Kriterien. Bei der Auswahl der Bewerber wird die zuständige Behörde sich bemühen, den Zuschlag für das Unternehmen, welches der eigenen Verwaltung untersteht, zu garantieren. Um das Ziel zu erreichen, wird sie sogar das Ausschreibungsgesetz umgehen. Diese Erscheinung fördert den Trend, das Brancheninteresse vor Qualitäts- oder Kostenentscheidungen zu setzen, die Auswahl der Bewerber zu beeinflussen und das Prinzip der Fairness und des Wettbewerbs schon zu Beginn der Ausschreibung zu beeinträchtigen.

Das staatliche Monopol dämpft die Privatinvestition

Jeder Investor interessiert der Gewinn und das Risiko des Bauvorhabens. Manche infrastrukturelle Bauvorhaben bieten große Gewinnchancen. Aber solche Bauhaben werden oft von der Regierung monopolisiert. Die Regierung beauftragt bestimmte Gesellschaften, damit die Privatinvestoren keine Chance haben, die Bauvorhaben zugewiesen zu bekommen. Das staatliche Monopol solcher In-

---

[4] Sun Pin, Tang Jian Ming: Regierungsinvestitionsprojekt soll durch Ausschreibung die Projektsgesellschaft auswählen, 01.01- 1999 in China Ausschreibung-Netz

vestitionsvorhaben behindert die Beteiligung der privaten Unternehmen und belastet die öffentlichen Haushalte.

3. Rechtsvollzug- und Aufsichtsdefizite

In der Implementierung des Ausschreibungsgesetzes existieren Rechtsvollzugs- und Aufsichtsdefizite. Wie Massenmedien gezeigt haben, läuft der Aufsichtsmechanismus leer. Die Überwachung legt den Schwerpunkt auf die Qualität des Bauprojekts, aber vernachlässigt den Rechtsvollzug bei der Ausschreibung. Manche Beamte meinten, solange die Überwachungsbeamten sich an der Ausschreibung beteiligten, sei die Überwachung in Ordnung. In der Tat sind die Überwachungsbeamten meist provisorisch bestimmt, und es ist oft schwer für sie, die fachlichen Einzelheiten zu beherrschen, insbesondere übersehen sie die projektbestimmenden Hintergründe sowie die für Projekte notwendigen Kenntnisse. Deshalb läuft die Überwachung leer. Die Justiz- und Sozialüberwachung kann sich nur sehr schwer an der Überwachung beteiligen. Sie können ihre Funktionen nicht entfalten.[5] Auf der anderen Seite wurde die Sanktionsintensität nicht ausreichend intensiviert.

Adressaten, an die das Ausschreibungsgesetz gerichtet ist und auf die es angewandt wird, sind in erster Linie die Regierungen, staatliche Institutionen und staatliche Unternehmen.

Dieses Investitionssystem führt leicht zu folgenden Problemen:

Einige Probleme, die eigentlich durch den Marktwirtschaftsmechanismus gelöst werden sollten, müssen immer noch durch Verwaltungsmittel gelöst werden. Das bereitet der Implementierung des Ausschreibungsgesetzes Schwierigkeiten. Zweitens bringen die von der Regierung investierten Bauvorhaben die Eingriffe der Verwaltung mit sich. Bei Durchführung solcher Bauvorhaben wird die Effizienz der Investition nicht genug beachtet.

Drittens existieren noch Defizite bei der Rechnungsprüfung für Bauvorhaben.[6]

---

[5]   H.K. Dagongbao 10.07.2003.

[6]   Ebenda.

IV. Gegenmaßnahmen

1. Vervollständigung der Gesetzgebung

Festlegung der Grenzen des Bereiches für Regierungsbauvorhaben und beschränkte Ausschreibung

Um die Gesetzgebungsdefizite zu überwinden, ist die Vervollständigung der Gesetzgebung die wichtigste Aufgabe. Dafür haben die Staatskommission für Aufbau und einige lokale Regierungen in den vergangenen 3 Jahren nacheinander bereits einige Verwaltungsvorschriften erlassen. Aber die Geltungsbereiche der Vorschriften sind beschränkt. Es ist notwendig, auf dieser Basis Verordnungen oder Gesetze zu erlassen.

Beispiel:

Die Volksregierung der Stadt Beijing hat Ende 1999 „Vorläufige Bestimmungen über Verwaltung der Investitionsbauvorhaben" erlassen.

§ 4 der Bestimmungen legt die genauen Kriterien für die Bereiche der von der Regierung investierten Bauvorhaben fest:

- öffentliche Bauvorhaben, die der sozialen Entwicklung dienen und nicht auf die Gewinnerwirtschaftung abzielen und die Investitionskapital schwer rücknehmen,

- Bauvorhaben im Bereich der Infrastruktur und der teilweisen Basisindustrie, die ein originäres Monopol sein muss, die eine lange Bauperiode haben und bei der die Gewinnaussichten niedrig sind,

- Bauvorhaben in der im Wettbewerb mit anderen Unternehmen stehenden IT-Industrie oder Schlüsselindustrie, die für die wirtschaftliche Entwicklung der Stadt große Bedeutung haben.

Beispiel:

§11 der „Bestimmungen über Ausschreibung des Bauvorhabens", verabschiedet von der Staatskommission für Entwicklung und Planung, (Inkrafttreten am 01.04.2003) grenzt die Anwendungsbereiche der beschränkten Ausschreibung genauer ab:

- Bauvorhaben, für die aufgrund der komplizierten Technologie oder spezifischer Forderungen nur wenige potenzielle Bewerber vorhanden sind,

- Bauvorhaben, die durch Naturbedingungen oder die Umwelt begrenzt sind,

- Bauvorhaben, die die Staatssicherheit und Staatsgeheimnisse berühren, für die Bewältigung von Naturkatastrophen nötig sind, die sich zwar für eine Ausschreibung, nicht aber für eine öffentliche Ausschreibung eignen,

- Vorhaben, deren Kosten für eine eventuelle öffentliche Ausschreibung im Vergleich mit dem Wert des Bauvorhabens zu hoch sind,
- Bauvorhaben, die nach den Gesetzen und Verordnungen für eine öffentliche Ausschreibung nicht geeignet sind.

Haftung für das gesetzwidrige Verhalten bei der öffentlichen und beschränkten Ausschreibung

Die Haftungsregelung für gesetzwidriges Verhalten bei der öffentlichen und beschränkten Ausschreibung im Ausschreibungsgesetz sind nicht vollständig geregelt. Es ist notwendig, das Gesetz zu vervollständigen. §§ 72 und 73 der „Bestimmungen über Ausschreibung des Bauvorhabens", verabschiedet von der Staatskommission für Entwicklung und Planung, bietet insoweit ein Muster:

§ 72 der „Bestimmungen über Ausschreibung des Bauvorhabens" sieht vor: Wenn der Ausschreibende nach Bekanntmachung der Ausschreibung, Erteilung der schriftliche Aufforderung, Verkauf der Ausschreibungsunterlagen oder Vorprüfungsunterlagen für die Qualifikation der Bewerber, ohne berechtigte Gründe die Ausschreibung beendet, wird er verwarnt, und eine Geldbuße in Höhe von bis zu 30.000 Yuan verhängt. Wenn es dem potenziellen Bewerber Verluste bereitet, wird der Ausschreibende die Haftung für Schadenersatz tragen.

§ 73 sieht vor: Wenn der Ausschreibende oder einAusschreibungsvertretungsorgan eines der folgenden Verhalten begeht, kann die Überwachungsbehörde eine befristete Korrektur anordnen und Geldbußen in Höhe von bis zu 30.000 Yuan verhängen. In schwerwiegenden Fällen ist der Zuschlag unwirksam.

§ 73 tritt in Kraft:

- wenn die Ausschreibung nicht in den bestimmten Massenmedien bekanntgegeben wird,
- wenn bei beschränkter Ausschreibung nicht gemäß des Gesetzes die schriftliche Aufforderung abgegeben wird,
- wenn die Frist vom Beginn des Verkaufs der Ausschreibungsunterlagen oder Unterlagen für die Vorprüfung der Qualifikation bis zum Ende des Verkaufs weniger als 5 Arbeitstage beträgt,
- wenn bei ausschreibungpflichtigen Vorhaben, die Frist vom Beginn der Abgabe bis Ende des Vorliegens der Ausschreibungsunterlagen weniger als 20 Tage beträgt,
- wenn das öffentlich ausschreibungspflichtige Vorhaben nicht öffentlich ausgeschrieben ist,

- wenn das Bauvorhaben die Bedingungen der Ausschreibung nicht erfüllt und trotzdem ausgeschrieben wird,
- wenn das Vorhaben genehmigungspflichtig ist, aber nicht zur Genehmigung beantragt wird,
- wenn das Bauvorhaben nicht gemäß dem Genehmigungsinhalt ausgeschrieben ist,
- wenn die Ausschreibungsunterlagen nach Ablauf der Frist angenommen wurden,
- wenn die Ausschreibung trotz ungenügender Anzahl von Bewerbern nicht erneut durchgeführt wird.

Wenn die Ausschreibung als unwirksam festgestellt ist, muss sie erneut durchgeführt werden.

Festlegung der einheitlichen „Verordnung über Rechnungsprüfung der Regierungsinvestitionsbauvorhaben"

Die Regierungen auf allen Ebenen sollen ein Zentrum für Rechnungsprüfung der Regierungsinvestitionsbauvorhaben errichten, welches aus Beamten der Regierung, Planungs-, Rechnungsprüfungs-, Finanz-, Stadtplanungs-, Bodenverwaltungs- und Aufbaubehörden besteht. Das Zentrum ist zuständig für die einheitliche Leitung, Organisation und Koordination der Rechnungsprüfungsarbeit. Ihre Zuständigkeiten sind:

- Überprüfung und Überwachung der Rechnung und Abrechnung des Baubudgets,
- Beteiligung an der Ausschreibung,
- Transfer des Staatsvermögens nach der Vollendung des Projekts,
- Organisation der Ausschreibung über die Rechnungsprüfung und die Kontrolle der Richtigkeit der beauftragten Rechnungsprüfung,
- Evaluation.

2. Vertiefung der Reform der Organisations- und Implementationsform des Regierungsinvestitionsbauvorhabens

Die Verwaltungseingriffe und die Beziehungen zwischen der zuständigen Verwaltungsbehörde und den Projektgesellschaften sind die Hauptprobleme in der Gegenwart. Deshalb ist es notwendig, die Reform der Organisations- und Implementationsform des Regierungsinvestitionsbauvorhabens weiter zu vertiefen. Dazu hat das Ministerium für Aufbau eine Mitteilung über das „Arbeitsprogramm zur Sanierung und Regelung der Ordnung der Baumarkts 2003" im April 2003 erteilt, und zwar mit folgendem Inhalt:

1) Die entscheidende Politik für Sanierung und Regelung der Ordnung des Baumarkts ist die Reform der Organisations- und Implementationsform des Regierungsinvestitionsbauvorhabens und die Entwicklung und Modernisierung des
Haftungssystems. Die zuständigen Aufbaubehörden auf allen Ebenen müssen
aktiv den Versuch unternehmen, wobei sie Erfahrungen sammeln sollten und
und die guten Erfahrungen schrittweise verbreiten sollten.

2) Bei der Reform der Organisations- und Implementationsform des Regierungsinvestitionsbauvorhabens soll ein Verwaltungssystem und Operationsmecha-
nismus aufgebaut werden:

–   In den Regionen, wo die public und non-profit Regierungsinvestitions-
    projekte in relativ großem Maße durchgeführt werden, kann ein kon-
    zentriertes Amt (Baubüro) errichtet werden, welches die Regierungen
    vertritt und die Aufgabe hat, die Bauvorhaben einheitlich zu organisie-
    ren und durchzuführen. Des Weiteren besteht die Verpflichtung, das
    Bauvorhaben den anderen zuständigen Behörden nach der Vollendung
    und Überprüfung der Projekte zu übergeben. In den Regionen, wo die
    public und non-profit Regierungsinvestitionsprojekte in relativ kleinem
    Maße durchgeführt werden, kann die Regierung durch Ausschreibung
    die beste Projektgesellschaft auswählen, welche das Bauvorhaben
    durchführen soll.

–   Bei den profitorientierten Regierungsinvestionsprojekten sollen die
    markt- und industrieorientierten Operationsformen angewandt werden.
    Die Projektsgesellschaft soll für den ganzen Ablauf der Finanzierung
    und Investition, des Aufbaus und der Bewirtschaftung Verantwortung
    tragen. Die Projektgesellschaft kann in der Aufbauphase durch Aus-
    schreibung die am besten geeignete Gesellschaft auswählen, um das
    Bauvorhaben durchzuführen.

–   Für die lizenzpflichtigen gewinnorientierten Bauvorhaben, sollen die
    Regierung durch öffentliche Ausschreibung die Investoren auswählen,
    wobei die in- und ausländischen Investoren ermutigt werden sollen, in
    die BOT- Form zu investieren und bewirtschaften. Die Regierung kann
    auch die Form der Joint-venture mit Regierungs- und Nichtregierungs-
    beteiligungen für Investition, Aufbau und Bewirtschaftung anwenden.
    Die lokalen Regierungen können in der Praxis die anderen zulässigen
    Finanzierungsformen versuchsweise anwenden.

3. Verstärkung des Rechtsvollzugs in Bezug auf das Personal

Das „Arbeitsprogramm zur Sanierung und Regelung der Ordnung des Baumarkts 2003" betont die Verstärkung des Rechtsvollzugs in Bezug auf das Personal: „Die Regierung bemüht sich, das Rechtsvollzugspersonal in das Beamten-
tum aufzunehmen oder ihre Besoldung aus dem Haushalt zu bezahlen. Das Ü-

berwachungssystem für den Baumarkt wird weiter vervollständigt werden, damit die Überwachungsfunktion völlig entfaltet wird. Das Rechtsvollzugsverhalten wird weiter normiert werden. Die gesetzlichen Verfahren zur Verwaltungsbestrafung werden weiterhin streng gehalten. Die Qualifikation des Rechtsvollzugspersonals wird verbessert. Die zuständigen Behörden der Regierungen auf Provinzebene müssen die Berichtspflicht über den Rechtsvollzug hinsichtlich des Baumarktes streng erfüllen. Wenn sie die monatlichen Berichtspflichten nicht erfüllen, wird das Ministerium für Aufbau sie im Internet bekannt machen.

LIU Xiaohai

Vizedirektor des Kollegs für Urheberrecht an der Tongji-Universität, Shanghai

Überblick über den Schutz von Geschäftsgeheimnissen in China

A. Welche Information bildet das Geschäftsgeheimnis?

1. Begriffsbestimmung des Geschäftsgeheimnisses

Nach § 10 Abs. 3 des Gesetzes gegen unlauteren Wettbewerb Chinas (Das chin.1-TWG) und § 219 des Strafgesetzes (das chin.StG) umfassen Geschäftsgeheimnisse (shangye rnimi) alle technischen und die Betriebsführung betreffenden Informationen, die nicht allgemein bekannt sind, dem Berechtigten wirtschaftlichen Nutzen bringen können, praktisch brauchbar sind und die geheimzuhalten der Berechtigte Maßnahmen ergriffen hat.

2. Merkmale des Geschäftsgeheimnisses

Dieser gesetzlichen Definition nach müssen die Informationen als Geschäftsgeheimnis die folgenden vier Merkmale besitzen, nämlich (1) die Nichtoffenkundigkeit, (2) den wirtschaftlichen Nutzen, (3) die praktische Brauchbarkeit und (4) die Geheimhaltungsmaßnahmen.

In der Rechtspraxis besteht Einigkeit: Die Nichtoffenkundigkeit bedeutet, dass die Informationen in dem Sinne geheim sind, dass sie entweder in ihrer Gesamtheit oder in der genauen Anordnung und Zusammenstellung ihrer Bestandteile Personen in den Verkehrskreisen, die üblicherweise mit diesen fraglichen Informationen zu tun haben, nicht allgemein bekannt oder zugänglich sind.

Unter wirtschaftlichem Nutzen (jingji liyi) und praktischer Brauchbarkeit (Shiyongxing) versteht man, dass die Information wegen ihres Geheimnischarakters einen kommerziellen Wert besitzt und dem Inhaber wirtschaftlichen Nutzen oder einen Wettbewerbsvorsprung bringt.

Dass der Rechtsinhaber Geheimhaltungsmaßnahmen (baomi cuoshi) zur Wahrung seiner Information getroffen hat, bedeutet, dass er nach den konkreten Umständen angemessene Maßnahmen (unmissverständlich und ausdrücklich) getroffen hat und dass dadurch seine Information unter normalen Umständen geheimgehalten werden kann.

B. Welche Handlungen stellen eine Verletzung von Geschäftsgeheimnissen dar?

1. Unlauteres Erlangen von fremden Geschäftsgeheimnissen

Eine Verletzung von Geschäftsgeheimnissen liegt vor, wenn jemand mit Diebstahl, Inaussichtstellen eines Vorteils, Drohung oder anderen unlauteren Methoden Geschäftsgeheimnisse des Berechtigten erlangt. Im chinesischen Recht ist das „jeverse engineering" grundsätzlich zulässig. Eine Geheimnisverletzung liegt nicht vor, wenn ein Mitbewerber durch die zugelassene Besichtigung oder den zugelassenen Besuch, oder durch Zerlegung, Messung und Analyse des Produkts, das vom Geheimnisinhaber hergestellt und verkauft worden ist, die darin versteckten technischen Geheimnisse aufdeckt, wenn nichts anderes in Gesetzen oder Vereinbarungen von Parteien bestimmt ist.

2. Verwertung und Offenbarung von unlauter erlangten fremden Geschäftsgeheimnissen

Eine Verletzung liegt vor, wenn jemand ein Geschäftsgeheimnis, das er durch die oben erwähnten unlauteren Methoden erlangt hat, offenbart, gebraucht oder seinen Gebrauch durch andere erlaubt. Dadurch wird verboten, dem Geheimnisinhaber einen weiteren Schaden zuzufügen.

3. Unbefugte Verwertung und Offenbarung von redlich erlangten Geschäftsgeheimnissen

Eine Geheimnisverletzung ist gegeben, wenn jemand in Verletzung von Vereinbarungen oder der Forderung des Berechtigten, Geschäftsgeheimnisse zu wahren, die Geheimnisse offenbart, gebraucht oder ihren Gebrauch durch andere erlaubt. Demnach darf der Informationsnehmer das redlich vom Berechtigten erlangte Geschäftsgeheimnis nicht gegen dessen Interesse verwerten oder offenbaren. Z.B. nach § 43 des Vertragsgesetzes dürfen die Parteien das Geschäftsgeheimnis, das ihnen bei der Vertragsverhandlung gegeben wurde, weder verraten noch unlauter verwenden, ohne Berücksichtigung, ob der Vertrag zustandegekommen ist oder nicht. Was die Ausschreibung angeht, können folgende Handlungen unter Umständen eine Geheimnisverletzung darstellen:

Die Ausschreibungsagentur hat die Ausschreibung und Gebote betreffenden Informationen und Unterlagen, die geheimgehalten werden müssen, preisgegeben; der Ausschreibende hat jemandem die Information über die Namen und Zahl der beabsichtigenden Bieter, welche die Ausschreibungsdokumente gekauft haben oder andere Informationen, die den fairen Wettbewerb nachteilig beeinflussen könnten oder den Basispreis mitgeteilt; Das Mitglied des Ausschusses für die Auswertung von Geboten oder anderes Personal, das der Auswertung beiwohnt, hat jemandem die Information über Auswertung und Vergleichung der Gebots-dokumente, Empfehlung des gewinnenden Kandidaten sowie andere Informationen im Zusammenhang mit der Auswertung mitgeteilt; der Ausschreibende hat das Ganze oder einen Teil des technischen Ergebnisses oder Plans aus den Angebotsdokumenten des nicht gewinnenden Bieters ohne dessen schriftliche Zustimmung benutzt.

4. Geheimnisverletzung durch Dritte

Eine Verletzung durch Dritte liegt vor, wenn er weiß (mingzhi) oder wissen muss (yingzhi), dass das betreffende Geheimnis durch eine der in § 10 Abs.1 aufgeführten Verletzungshandlungen erlangt oder mitgeteilt wurde, und wenn er es dennoch erlangt, gebraucht oder bekannt werden lässt. Ein gutgläubiger Dritter darf nach Kenntniserlangung der rechtswidrigen Handlung nur unter den folgenden Bedingungen weiter das fragliche Geheimnis verwertet:

- Er muss dem Berechtigten eine angemessene Gebühr zahlen.

- Er muss die Geheimhaltungspflicht übernehmen.

- Er darf das fragliche Geheimnis nur in dem Umfang weiter benutzen, der bei seiner Erlangung des fraglichen Geheimnisses bestimmt ist, wenn keine Vereinbarung zwischen ihm.

C. Rechtsfolgen der Geschäftsgeheimnisverletzung

1. Strafrechtliche Folgen

Die objektive Voraussetzung ist, dass der Verletze durch seine rechtswidrige Handlung dem Geheimnisinhaber einen schweren Schaden zufügen muss. Es besteht kein Zweifel, dass der Versuch oder der Abbruch einer Geheimnisverletzung strafrechtlich nicht verfolgt wird.

Die subjektive Voraussetzung ist Vorsatz, aber was den verletzenden Dritte angeht, auch "Wissen müssen". Die Strafverfolgung des grob fahrlässig handelnden Dritten ist einzigartig, nicht nur weil es eine solche Strafverfolgung im ausländischen Recht wie dem deutschen und amerikanischen Recht nicht gibt, sondern auch in dem Sinne, dass alle anderen strafbaren Verletzungshandlungen im Abschnitt des chin.StG über Straftaten gegen das geistige Eigentum vorsätzlich begangen werden müssen.

Die Organisation kann auch als Straftäter angesehen werden.

Strafrahmen: Im Regelfall, wenn der Verletzte durch die Geheimnisverletzung einen schweren Schaden erlitten hat, wird gegen den Verletzten eine Freiheitsstrafe von bis zu drei Jahren oder kurzfristiger Freiheitsentzug und/oder eine Geldstrafe verhängt. Die Geldstrafe kann wahlweise oder parallel verhängt werden. Wenn die Geheimnisverletzung zu einer besonders schwerwiegenden Folge führt, muss gegen den Verletzten eine Freiheitsstrafe von 3 Jahren bis zu 7 Jahren und zusätzlich eine Geldstrafe verhängt werden.

Was die Organisation als Straftäter angeht, muss diese nach § 220 des chin. StG bestraft werden. Gegen die Organisation an sich wird eine Geldstrafe verhängt; die direkt für die Straftat verantwortlichen leitenden und anderen Personen werden nach § 219 des chin. StG bestraft.

Strafverfolgung: Die unter § 219 chin. StG fallenden Straftaten werden von Amts wegen verfolgt. Sollte die Polizeibehörde und Staatsanwaltschaft ihre Verfolgungspflicht nicht erfüllen, kann der Verletzte nach § 170 des chin. StPG beim Volksgericht eine Privatklage erheben, wenn er nachweisen kann, dass der Verletzte bestraft werden muss. Ist der Verletzte mit der nach Beendigung des Ermittlungsverfahrens getroffenen Entscheidung der Staatsanwaltschaft, keine staatliche Anklage zu erheben, nicht einverstanden, räumt § 145 des chin. StPG ihm folgende Rechtsmittel ein: (1) Er kann innerhalb von 7 Tagen gerechnet vom Tag des Erhalts der Entscheidung an bei der nächsthöheren Staatsanwaltschaft eine erneute Beratung beantragen. Wenn diese Staatsanwaltschaft die ursprüngliche Entscheidung aufrechterhält, kann er selbst vor dem Volksgericht eine Privatklage erheben. (2) Er kann auch ohne Antrag auf eine erneute Beratung direkt vor dem Volksgericht eine Privatklage erheben. Nachdem das Volksgericht die Privatklage angenommen hat, muss die Staatsanwaltschaft dem Gericht die betreffende Akte übergeben.

2. Zivilrechtliche Folgen

Die hauptsächlichen Formen: Einstellung von Verletzungshandlungen, Beseitigung von Gefahren und Schadenersatz. Berechnungsmethoden zum Schadenersatz: Dreifacher Schadenersatz, Schadenersatz nach Ermessen des Gerichtes.

3. Verwaltungsrechtliche Folgen

Die zuständigen Behörden sind Behörden zur Verwaltung von Industrie und Handel. Die Hauptformen der Haftung: Geldbußen, Beseitigungsmaßnahmen wie Vernichtung, Zurückgabe.

SHAN Xiaguang

Direktor des Kollegs für Urheberrecht an der Tongji-Universitä, Shanghai

Die Lizenzverträge im chinesischen Kartellrecht

I. Chinesische kartellrechtliche Rahmenbedingungen für Lizenzverträge

1. Vor dem Beitritt zur Welthandelsorganisation (WTO)

Seit der Reform- und Öffnungspolitik von 1978 ist das Ziel des chinesischen Wirtschaftsaufbaus, eine vollständige sozialistische Marktwirtschaft zu schaffen. Ein wichtiges Merkmal der sozialistischen Marktwirtschaft ist Wettbewerb. Es ist in China auch weitgehend akzeptiert, dass die effektive Durchführung der sozialistischen Marktwirtschaft stark von ordnungsgemäßen Wettbewerbshandlungen und einem vollständigen System für den Wettbewerbsschutz abhängt.

Mit der Entwicklung der sog. sozialistischen Marktwirtschaft treten nun in China neben den unlauteren Wettbewerbshandlungen auch einige wettbewerbsbeschränkende Handlungen auf. Daher hat China seit 1980 auch Bestimmungen gegen Wettbewerbsbeschränkungen in verschiedenen Gesetzen und Verordnungen verankert, allerdings ist bisher noch kein spezielles, dem deutschen GWB vergleichbares Gesetz erlassen worden[1]. Im Rahmen des Technologietransfers im Inland hat das Technologievertragsgesetz von 1987 (im Folgenden: TVG) zum ersten Mal in der Geschichte der chinesischen Gesetzgebung vorgeschrieben, dass Vertragsklauseln den Technologiewettbewerb und die technologische Entwicklung nicht beschränken dürfen (Art. 35 TVG). Insbesondere hat die „Verordnung der VR China Verwaltung von Technologieimportverträgen" von 1985 (im Folgenden: VTIV) die wettbewerbsbeschränkenden Verpflichtungen bei Technologieimportverträgen ausführlich geregelt (Art. 9). Darüber hinaus sind im chin. UWG auch einige wettbewerbsbeschränkende Handlungen definiert und entsprechende Rechtsfolgen vorgesehen.

2. Nach dem Beitritt zur Welthandelsorganisation (WTO)

(1) Am 15.3.1999 hat der chinesische Gesetzgeber ein neues Vertragsgesetz (im Folgenden: VertragsG) erlassen. Das VertragsG ist schon am 1.10.1999 in Kraft getreten und hat das bis dahin gültige TVG, das Außenwirtschaftsvertragsgesetz und Wirtschaftsvertragsgesetz ersetzt (Art. 428 VertragsG). Nach dem Beitritt Chinas zur WTO hat das Oberste Volksgericht der VR China am 15.6.2001 „die

---

1   Zum allgemeinen chinesischen Kartellrecht vgl. ZHONG Mingzhao (Hrsg.), Jingzheng fa (Wettbewerbrecht), Beijing 1997, S. 293 ff.; auch Münzel, F., "Kartellrecht in China", in Dietz, A. (Hrsg.), Die Neuregelung des gewerblichen Rechtsschutzes in China, Weinheim 1988, S. 147 ff.

zusammenfassenden Ergebnisse der landesweiten gerichtlichen Arbeitssitzung für die Behandlung von sich auf die Rechte des geistigen Eigentums beziehenden Fälle zu einigen Problemen über die Behandlung von Streitigkeiten aus Technologieverträgen" (im Folgenden: die zusammenfassenden Ergebnisse) verkündet. Die zusammenfassenden Ergebnisse funktionieren momentan als provisorische Ausführungsordnung zum Technologievertrag im VertragsG. Darüber hinaus hat am 10.12.2001 der Staatsrat eine neue "Verordnung der VR China über die Verwaltung von Technologieimport und -export" (im Folgenden: VVTIE) erlassen. Nach dem Inkrafttreten der VVTIE sind die VTIV aufgehoben (Art. 55 VVTIE).

Gemäß Art.2 VertragsG können die Bestimmungen über Technologietransferverträge nunmehr auch auf Technologieimport und -exportverträge angewandt werden. Mit Blick auf Technologieimport und -exportverträge ist zu betonen, dass die Bestimmungen in der VVTIE dem VertragsG vorgehen (Art. 123 und 355 VertragsG).

Mangels eines speziellen Gesetzes gegen Wettbewerbsbeschränkungen (GW13) sind die Regelungen gegen Wettbewerbsbeschränkungen z. Zt. noch vor allem im VertragsG, der VVTIE und anderen Verordnungen verankert. Sie sind aber relativ einfach strukturiert und unvollständig. Um dem Aufbau der sozialistischen Marktwirtschaft zu entsprechen, ist der chinesische Gesetzgeber z. Zt. damit beschäftigt, einerseits die Erfahrungen mit wettbewerbsbeschränkenden Handlungen, die bereits in China aufgetreten sind, auszuwerten, anderseits gute Gesetzgebungserfahrungen aus den westlichen Ländern zu übernehmen, um ein spezielles GMS auszuarbeiten[2].

(2) Ende der 70er und Anfang der 80er Jahre begann China mit Technologieimporten. Mangels Erfahrungen hatte China zunächst einige ungerechte restriktive Bedingungen beim Technologieimportvertrag hingenommen, wodurch der chinesischen Wirtschaft und Technik Schaden zugefügt wurde. So war die Vertragsdauer zu lang. Für nichtige Patentrechte mussten noch Gebühren bezahlt oder Pflichten getragen werden. Nach dem Vertragsende durfte die Technologie des Vertragsgegenstandes nicht weiter benutzt werden. Auch war der Export des Produktes verboten und die Dauer der Geheimhaltungspflicht zu lang[3].

Im Mai 1985 und Januar 1988 hat China die VTIV und VTIV Ausführungsordnung (im Folgenden: VTIV Ausf0) erlassen. Bei der Ausarbeitung der VTIV

---

2   Vgl. ZHONG Mingzhao (Hrsg.), S. 295

3   Vgl. YANG Bing, China Patent and Trademark (im Folgenden: CPT), 1990 Nr. 3, S. 89-90 GUO Shoukang (Hrsg.), Guoji jishu zhuanrang (Internationaler Technologietransfer), Beijing 1989, S. 127.

und VTIV Ausf0 sind die Erfahrungen einer Reihe von Entwicklungsländern und der Draft International Code of Conduct on the Transfer of Technology (UNCTAD-Entwurf eines Technologietransferkodexes), insbesondere dessen Kapitel 4 („restrictive business practices"), berücksichtigt worden[4]. In Art. 9 VTIV wie in Kapitel 4 dieses UNCTAD-Entwurfs werden 9 wettbewerbsbeschränkende Klauseln beim Technologieimportvertrag aufgezählt, die ohne besondere Genehmigung der Eintragungs- und Genehmigungsbehörde nicht enthalten sein dürfen[5]. In der VTIV Ausf0 wird weiter ergänzt, welche restriktive Klauseln durch Genehmigung der Eintragungs- und Genehmigungsbehörde angenommen werden können[6]. Dies spiegelt die Regel „Prinzipien mit Flexibilität" wider[7]. Nun hat die neue VVTIE, die VTIV und die VTIV Ausf0 ersetzt und nach dem WTO Tripus-Übereinkommen 7 wettbewerbsbeschränkende Klauseln in den Technologieimportverträgen erneut festgestellt (Art. 29 VVTIE). Bemerkenswerterweise sind die Regelungen gegen restriktive Klauseln in der VTIV, VTIV Ausf0 und nunmehr der VVTIE den §§ 17, 18 GWB recht ähnlich[8].

Für die wettbewerbsbeschränkenden Verpflichtungen beim Inlandsvertrag schreiben Art. 343 und 329 VertragsG vor, dass **die Vertragsklauseln den Technik-Wettbewerb und die technologische Entwicklung** nicht beschränken dürfen und dass im Fall widerrechtlicher Monopolisierung von Technik und der Behinderung des technologischen Fortschritts der Vertrag nichtig ist. Die "widerrechtliche Monopolisierung von Technik und Behinderung des technologischen Fortschritts " wird durch Art. 11 der zusammenfassenden Ergebnisse näher erläutert. Gemeint ist, dass man mit Vertragsklauseln die andere Partei in der Durchführung neuer Forschungen und Entwicklungen auf der Grundlage der den Vertragsgegenstand bildenden Technologie beschränkt oder sie im Erwerb von Technologien aus anderen Quellen beschränkt oder sie daran hindert, das Patent oder Know-how in angemessener Form voll anzuwenden etc.

Im Gegensatz zum deutschen Recht können diese chinesischen kartellrechtlichen Rahmenbedingungen nicht nur auf Lizenzverträge, sondern auch auf Übertragungsverträge angewendet werden. Darüber hinaus beschränkt sich der Anwendungsbereich dieser chinesischen Rahmenbedingungen nicht nur auf Verträge über Patente, Gebrauchsmuster, Topographien, Sortenschutzrechte, Saatgut und technische Betriebsgeheimnisse, geregelt sind auch Verträge über ande-

---

4   Vgl. Heuser, R./ZHAO Hang, RIW 1985 Nr. 9, S. 686; auch ZHENG Chengsi, Zhishi chanquan fa, (Recht des geistigen Eigentums), Üeijing 1998, S. 490.

5   Vgl. ZHENG Chengsi, S. 490; GUO Shoukafig (Hrsg.), S. 127 ff.

6   Vgl. XIAO Zhiming, CPT 1989 Nr. 2, S. 80.

7   Vgl. ZHAO Chunghua, CPT 1987 Nr. 3, S. 46; WANG Zhenfa, CPT 1987 Nr. 2, S. 50.

8   Vgl. WANG Shouping, CPT 1986 Nr. 3, S. 20 und 80.

re Schutzrechte wie insbesondere Marken-, Geschmacksmuster- und Urheberrechte.

II. Chinesische Kartellrechtliche Beurteilungsprinzipien für Lizenzverträge

1. Förderung der Entwicklung und Umsetzung von Wissenschaft und Technologien

Sowohl das VertragsG als auch die VVTIE schreiben vor, dass der Abschluss
des Technologievertrages der Entwicklung und Umsetzung von Wissenschaft
und Technologie dienen muss (Art. 323 VertragsG, Art. 4 VVTIE). Daher sind
Lizenzverträge bei widerrechtlicher Monopolisierung von Technologie und Behinderung des technologischen Fortschritts verboten (Art. 329 VertragsG).

2. Souveränitätsschutz und Gleichberechtigung

Das Prinzip des Souveränitätsschutzes und der Gleichberechtigung wird vor allem auf den Technologieimport und -export angewendet. Beim Technologieimport und -exportvertrag werden alle Vertragsklauseln, die die chinesische Souveränität verletzen können und gegen die Gleichberechtigung verstoßen, als ungerechte restriktive Klauseln angesehen. Ohne besondere Genehmigung aber
darf ein Vertrag solche restriktiven Klauseln nicht enthalten (Art. 29 VVTIE).

3. Prinzipien mit Flexibilität

Prinzipien mit Flexibilität bedeutet, dass einerseits das chinesische Recht eine
Reihe von ungerechten restriktiven Klauseln aufzählt. Anderseits wird angenommen, dass einige restriktive Klauseln unter besonderen Umständen als gerecht angesehen werden können und mit einer Genehmigung zulässig sind. Insbesondere beim Technologieimportvertrag steht das chinesische Recht grundsätzlich mit den internationalen Gepflogenheiten in Einklang. Die gerechten Interessen des Veräußerers und Lizenzgebers können so geschützt werden.

III. Wettbewerbsbeschränkende Verpflichtungen in den Lizenzverträgen

1. Beschränkungen hinsichtlich nachträglicher Verbesserungen

Nach chinesischem Recht darf der Lizenzgeber oder Veräußerer dem Lizenznehmer oder Erwerber nicht untersagen, auf der Grundlage der den Vertragsgegenstand bildenden Technologie Verbesserungen oder Entwicklungen durchzuführen (Art. 11 Nr. 1 der zusammenfassenden Ergebnisse)[9]. In welcher Weise
die Verbesserungen oder Entwicklungen verteilt werden, können die Vertragsparteien gemäß des Prinzips des gegenseitigen Nutzens im Vertrag vereinbaren.

---

9   Vgl. YANQ ging, CPT 1990 Nr. 3, S. 88.

Enthält der Vertrag keine solche Vereinbarung, so hat keine Seite das Recht auf Teilhabe an den von der anderen Seite nachträglich erzielten Verbesserungen oder Entwicklungen (Art. 354 VertragsG).

Obwohl diese Bestimmung durch die neue VVTIE aufgehoben worden ist, kann Art. 11 Nr. 1 Tagungsprotokoll doch auf Technologieimportverträge angewendet werden.

Die Vertragsparteien verpflichten sich nicht, der anderen Partei ihre nachträglichen Verbesserungen bereitzustellen, aber sie können nach dem Prinzip der wechselseitigen Begünstigung die nachträglichen Verbesserungen austauschen, worüber ein besonderer Vertrag geschlossen werden muss (Art. 354 VertragsG). Das Prinzip der wechselseitigen Begünstigung bedeutet hier, dass, wenn der Lizenznehmer oder Erwerber dem Lizenzgeber oder Veräußerer die Verbesserungen bereitstellt, ihre Bedingungen dergestalt dieselben sein müssen, wie wenn der Lizenzgeber oder Veräußerer dem Lizenznehmer oder Erwerber die Verbesserungen bereitstellt. Wenn der Lizenznehmer für die Verbesserung an den Lizenzgeber z. B. die Lizenzgebühr zu bezahlen hat, hat auch der Lizenzgeber für Verbesserungen an den Lizenznehmer zu zahlen[10]. Eine Verpflichtung ohne das Prinzip der wechselseitigen Begünstigung wird als eine ungerechte Beschränkung angesehen und ist nichtig (Art. 354, 52 Nr. 5 VertragsGi). Wie im deutschen Recht können sich die hier genannten nachträglichen Verbesserungen nur auf solche beschränken, die während der Vertragsdauer auf der Grundlage der den Vertragsgegenstand bildenden Technologie vorgenommen worden sind.

2. Vertragsdauer und Beschränkungen nach Vertragsbeendigung

Gemäß Art. 343 VertragsG können die Vertragsparteien die Frist der Verwertung des Patents oder Know-hows im Vertrag vereinbaren. Der Patentlizenzvertrag ist aber nur während der Schutzdauer für dieses Patent wirksam. Mit Ablauf der Schutzdauer oder Nichtigkeitserklärung des Patents muss der Vertrag enden (Art. 344 VertragsG)[11]. Daraus lässt sich schließen, dass die Dauer eines Patentlizenzvertrages nicht die Laufzeit des Patentschutzrechts überschreiten darf[12]. Der Know-how-Vertrag endet mit dem Zeitpunkt, in dem das lizenzierte Know-how offenkundig geworden ist[13].

Die VTIV hatte vorgeschrieben, dass die Dauer des Technologieimportvertrages, gleichgültig, ob dessen Gegenstand ein Patent oder Know-how ist, ohne be-

---

10   Vgl. ZIJENCi-Chengsi, Zhishi chanquan fa, S. 85 ff. (86).

11   Vgl. WANG Jian, Zhishi Chanquan (im Folgenden: ZC), 1994 Nr. 2, S. 34.

12   Vgl. ZHENG Chengsi, Zhishi chanquan fa, S. 79.

13   Ebd., S. 80.

sondere Erlaubnis der Eintragungs- und Genehmigungsbehörde zehn Jahre nicht übersteigen darf (Art. 8 VTIV)[14]. In der Praxis des chinesischen Technologieimportes beträgt die Vertragsdauer normalerweise fünf bis sieben Jahre. Es ist jedoch zu betonen, dass diese Bestimmung schon durch die neue VVTIE aufgehoben ist.

Die entscheidenden Faktoren in der Praxis, die Einfluss auf die Lizenzvertragsdauer in China ausüben können, bestehen nach allgemeiner Ansicht vor allem im Zustand der Technologie, in der Fähigkeit des Lizenznehmers, die Technologie zu beherrschen; in der Zeit, die er braucht, sie beherrschen zu können; im Umstand, ob der Lizenzgeber die Technologieverbesserung und -Entwicklung weiter lizenzieren möchte etc.[15]. Für manche komplizierten und fortschrittlichen Technologien kann die Vertragsdauer mit Genehmigung der Eintragungs- und Genehmigungsbehörde zehn Jahre überschreiten[16]. Lizenziert darüber hinaus der ausländische Partner seine Technologien an sein in China gegründetes Unternehmen mit ausländischer Kapitalbeteiligung, kann eine länger als zehn Jahre laufende Vertragsdauer genehmigt werden[17].

Im Gegensatz zum deutschen Recht war das Verbot, nach Beendigung des Vertrages das dem Lizenznehmer überlassene Know-how weiter zu verwenden, gemäß VTIV unzulässig (Art. 9 Nr. 8 VTIV i. V. m. Art. 15 VTIV AusfO)[18]. Diese Vorschrift ist bereits durch die neue VVTIE geändert worden, um mit den internationalen Gepflogenheiten in Einklang zu gelangen[19]. Ist nunmehr nach Ablauf der Vertragsdauer die Patentlaufzeit des Vertragsgegenstandes noch nicht abgelaufen, darf dieses Patent genauso wie im deutschen[20] Recht nach chinesischem Recht nicht weiter benutzt werden.

3. Beschränkungen hinsichtlich der Bezugsquellen

Es ist nach chinesischem Recht auch grundsätzlich verboten, zu verlangen, dass der Lizenznehmer oder Erwerber mit der importierten Technologie in keinem

---

14 Vgl. WANe Zhenming, CPT 1986 Nr. 4, S. 47; ZHAO Chunghua, CPT 1987 Nr. 3, S. 46; auch ZHENG Chengsi, Zhishi chanquan fa, S. 79.

15 WANG Zhenrrüng, CPT 1986 Nr. 4, S. 47; ZHAO Chunghua, CPT 1987 Nr. 3, S. 46.

16 Vgl. WANG Zhenming, CPT 1986 Nr. 4, S. 47; ZHAO Chunghua, ÜPT 1987 Nr. 3, S. 46.

17 Eine 20 Jahre lange Vertragsdauer ist genehmigt worden, vgl. Cohen, J. A./Pierce D. G., CPT 1989 Nr. 1, S. 42.

18 Vgl. Cohn, J. A./Pierce, D. G., CPT 1989 Nr. 1, S. 42; XIAO Zhiming, CPT 1989 Nr. 2, S. 80.

19 Vgl. ZHENG Chengsi, Zhishi chanquan fa, S. 491.

20 Vgl. XIAO Zhiming, CPT 1989 Nr. 2, S. 80.

Zusammenhang stehende nebensächliche Bedingungen übernimmt, etwa nicht notwendige Technologien, technische Dienstleistungen, Rohstoffe, Anlagen oder Produkte kauft, und den Lizenznehmer oder Erwerber darin zu beschränken, andere Beschaffungsquellen für Rohstoffe, Einzelteile oder Anlagen frei zu wählen (Art. 9 Nr. 1,5 VVTIE)[21].

Der Verkauf der Ausgangsstoffe, Einzelteile oder des Verbrauchsmaterials und dgl. ist ein Anreiz für den ausländischen Veräußerer oder Lizenzgeber, seine Technologie nach China zu übertragen oder zu lizenzieren. Wenn diese Bezugspflicht des Erwerbers oder Lizenznehmers ganz verboten würde, würde der ausländische Veräußerer oder Lizenzgeber auch nicht seine Technologie nach China transferieren wollen. Ist die Technologie für China dringend erforderlich oder kommen andere Gründe hinzu (z. B. Sicherung und Kontrolle der Produktionsqualität) kann daher eine solche Bezugspflicht in China auch erlaubt[22] werden. Hierbei hatte Art. 10 VTIV Ausf0 ergänzt, dass, wenn der Lizenznehmer oder Erwerber dem Veräußerer oder Lizenzgeber zum Technologieimport erforderliche Rohmaterialien, Einzelteile oder Installationen bereitstellen muss, deren Preise nicht höher als die von Produkten derselben Art auf dem Weltmarkt sein dürfen. In einem solchen Fall besteht eine Genehmigungsmöglichkeit[23].

4. Verlangen ungerechtfertigter Gebührenzahlung

Wie bereits dargestellt, hatten in China Ende der 70er und Anfang der 80er Jahre mangels Erfahrungen beim Technologieimport einige chinesische Erwerber oder Lizenznehmer auch für das abgelaufene, nichtige oder widerrufene Patent Gebühren bezahlt. Seit Erlass der VTIV, insbesondere seit Erlass der VVTIE Ausf0, ist es sowohl beim Technologieimportvertrag als auch beim Inlandsvertrag streng verboten, vom Erwerber oder Lizenznehmer zu verlangen, für abgelaufene, ungültige und ungenutzte Patente eine Gebühr zu leisten oder Verpflichtungen einzugehen (Art. 344 VertragsG und An. 29 Nr. 2 VVTIE)[24]. Bemerkenswerterweise ist nach der neuen VVTIE nunmehr nicht verboten, vom Lizenznehmer zu verlangen, für ungenutzte Patente eine Gebühr zu leisten oder Verpflichtungen einzugehen.

---

21 Vgl. YANG Bing, CPT 1990 Nr. 3, S. 88.

22 Vgl. Cohen, J. A./Pierce, D. G., CPT 1989 Nr. 1, S. 42.

23 Vgl. Cohen, J. A./Pierce D. G., CPT 1989 Nr. 1, S. 42.

24 Vgl. YANG Bing, CPT 1990 Nr. 3, S. 88; auch ZHENG Chengsi, Zhishi chanquan fa, S. 268 ff (269).

5. Beschränkungen hinsichtlich des Erlangens ähnlicher Technologien oder konkurrierender gleichartiger Technologien aus anderen Quellen

Nach chinesischem Recht darf der Erwerber oder Lizenznehmer nicht darin beschränkt werden, aus anderen Quellen ähnliche Technologien oder konkurrierende Technologien derselben Art zu erlangen (Art. 11 Nr. 2 und Art. 29 Nr. 4 VVTIE)[25]. Diese Bestimmung zielt darauf ab, dem Erwerber oder Lizenznehmer nachträglich zu ermöglichen, die bessere Technologie als die den Vertragsgegenstand bildete Technologie zu erlangen[26].

In solchen Fällen haben ausländische Veräußerer oder Lizenzgeber der Technologieimportverträge die Befürchtung, dass, wenn der Erwerber oder Lizenznehmer nachträglich an ähnliche oder konkurrierende gleichartige Technologien gelangt, die auf der Ausübungspflicht basierenden Preise oder Lizenzgebühren gemindert oder sogar ganz aufgehoben werden können[27]. Um dies zu vermeiden, kann jedoch der Veräußerer oder Lizenzgeber Schadenersatz verlangen[28]. Daher kann eine Beschränkung erlaubt werden, nach der ohne Beschränkung des Erlangens ähnlicher oder konkurrierender Technologie der Erwerber oder Lizenznehmer eine Ausübungspflicht für die Technologie des Vertragsgegenstandes übernehmen muss[29].

6. Beschränkungen hinsichtlich der Preisbindung

Es wird im chinesischen Recht als wettbewerbsbeschränkende Handlung angesehen, die Verkaufspreise der Produkte zu beschränken, die der Lizenznehmer oder Erwerber durch Verwertung der lizenzierten oder übertragenen Technologien erzeugt, gleichgültig, ob sie ein Patent oder Know-how sind (Art. 29 Nr. 6 VVTIE). Auch die Preisbindung des Abnehmers ist unzulässig[30].

7. Beschränkungen hinsichtlich des Vertriebs und Exports

Im chinesischen Recht darf der Lizenznehmer oder Erwerber bei einem Technologieimportvertrag grundsätzlich nicht darin eingeschränkt werden, die in Ver-

25   Vgl. Cohen, J. A./Pierce, D. G., CPT 1989 Nr. 1, S. 41; YANG Bing, CPT 1990 Nr. 3, S. 88.
26   Vgl. Cohen, J. A./Pierce, D. G., CPT 1989 Nr. 1, S. 41.
27   Ebd., S. 41.
28   Ebd., S. 41.
29   Vgl. YANG Bing, CPT 1990 Nr. 3, S. 88.
30   Vgl. YANG Bing, CPT 1990 Nr. 3, S. 88.

wertung der importierten Technologien[31] produzierten Güter zu vertreiben und zu exportieren (Art. 29 Abs. 7 VVTIE).

Normalerweise hoffen die chinesischen Erwerber oder Lizenznehmer beim Technologieimportvertrag, dass die Produkte exportiert werden können, wenn das Produktionsvolumen über die Binnennachfrage Chinas hinausgeht, oder aber um die Devisenbilanz auszugleichen. Die meisten ausländischen Veräußerer oder Lizenzgeber sind dagegen nicht damit einverstanden, dass die Erwerber oder Lizenznehmer diese Produkte exportieren und mit dem Veräußerer oder Lizenzgeber in Konkurrenz treten können[32]. Einige ausländische Partner akzeptieren höchstens, dass diese Produkte nur in solche Länder, die sehr kleine Handelsumsätze haben, exportiert werden können. Damit können jedoch die chinesischen Partner nicht zufrieden sein[33]. Unter Berücksichtigung der berechtigten Interessen der ausländischen Veräußerer oder Lizenznehmer konnte jedoch die Beschränkung hinsichtlich des Vertriebs und Exports nach chinesischem Recht ausnahmsweise dann erlaubt werden, wenn sich es um ein Land oder eine Region handelt, wo der Lizenzgeber oder Veräußerer bereits einen ausschließlichen Lizenzvertrag oder Exklusivvertretungsvertrag abgeschlossen hat (Art. 14 Abs. 2 VTIV Ausf 0). Dies gilt sowohl für Patent als auch für Know-how (Art.2 Nr. 2 VTIV AusfO)[34]. Obwohl die VTIV Ausf0 schon durch die neue VVTIE aufgehoben worden ist, ist nach h. M. diese Bestimmung jedoch weiter von Bedeutung.

8. Nichtangriffspflicht

Gemäß Art. 41 chin. PatG kann jedermann innerhalb von sechs Monaten nach dem Tag der Bekanntmachung des Patentamtes über die Erteilung eines Patentrechts beim Patentamt beantragen, das Patentrecht zu widerrufen[35]. Außerdem schreibt Art. 48 chin. PatG noch vor, dass sechs Monate nach der Bekanntmachung des Patentamtes über die Erteilung eines Patentrechtes jedermann beim Patentprüfungsausschuss eine Nichtigkeitserklärung des Patentrechtes beantra-

---

31 Die importierte Technologie bedeutet hier entweder Patente oder Know-how.

32 Vgl. Cohen, J. A./Pierce, D. G., CPT 1989 Nr. 1, S. 42; WANG Zhenfa, CPT 1987 Nr. 2, S. 50.

33 Vgl. Cohen, J. A./Pierce, D. G., CPT 1989 Nr. 1 S. 42; WANG Zhenfa, CPT 1987 Nr. 2, S. 50.

34 Vgl. WANG Haifeng, ZC 1996 Nr. 6 S. 9; XIAO Zhiming, CPT 1989 Nr. 2, S. 80; Cohen, J. A./Pierce, D. G., CPT 1989 Nr. 1, S. 42; ZHAO Chunghaua, CPT 1987 Nr. 3, S. 46.

35 Vgl. TANG Zongshun, Zhuanli fa jieshou (Auslegung des Patentgesetzes), Beijing 1994, S. 201 ff. (204).

gen kann[36]. Mit „jedermann" ist u. a. natürlich auch der Erwerber und Lizenz-nehmer gemeint[37].

Nach allgemeiner Ansicht ist in China die Nichtangriffspflicht vorteilhaft für den Veräußerer oder Lizenzgeber und benachteiligend für den Erwerber oder Lizenznehrner[38]. Die Nichtangriffspflicht entzieht nicht nur dem Erwerber oder Lizenznehmer das Recht, beim Patentamt einen Widerruf oder eine Nichtig-keitserklärung des Patentrechtes zu beantragen, sondern verletzt auch indirekt die Interessen der Allgemeinheit[39]. Insbesondere ist daran zu denken, dass das Gebrauchsmusterpatent in China nur einer Formalprüfung unterliegt. Die Prü-fung der Patentfähigkeit des Gebrauchsmusterpatentes ist daher relativ unzuver-lässig. So ist es notwendig, dass jedermann beim Patentamt den Widerruf oder die Nichtigkeitserklärung beantragen kann, damit mögliche Fehler vom Patent-amt berichtigt und das Allgemeininteresse geschützt werden können.

Darüber hinaus widerspricht die Nichtangriffspflicht Art. 329 VertragsG (Art. 11 Nr. 6 der zusammenfassenden Ergebnisse)[40]. Deshalb ist die Nichtangriffs-pflicht in China grundsätzlich unzulässig und zwar unabhängig davon, ob ver-tragliche Vereinbarungen bestehen oder nicht. Trotzdem ist nach Ansicht von TANG Zongshun die Nichtangriffspflicht zu übernehmen, wenn die Verpflich-tungen des Lizenznehmers dadurch gemindert werden, z. B. eine ermäßigte[41] Li-zenzgebühr verlangt werden kann.

---

36   Vgl. TANG Zongshun, S. 222 ff. (226).

37   Vgl. TANG Zongshun, S. 203, 225.

38   Vgl. CAI Minjun, CPT 1996 Nr. 3, S. 57; auch ZHENG Chengsi, Zhishi chanquan fa, S. 85.

39   Vgl. CAI Minjun, CPT 1996 Nr. 3, S. 57; auch LI Ning CPT 1998 Nr. 2, S. 60.

40   Vgl. LI Ning CPT 1998 Nr. 2, S. 60.

41   Vgl. hierzu TANG Zongshun, S. 62, 218.

DRITTES CHINESISCH-DEUTSCHES WIRTSCHAFTSRECHTSSYMPOSIUM

Recht und Hochtechnologie – die rechtlichen Aspekte für das Wachstum auf dem Gebiet der Hochtechnologie

04.11.2004 bis 05.11.2004 in Braunschweig

Helwig Schmidt-Glintzer
Direktor der Herzog-August-Bibliothek, Wolfenbüttel

Nachahmendes Lernen und Meisterschaft

I. Vorbemerkungen

In den vergangenen Jahrzehnten, ja, Jahrhunderten, waren die meisten technischen Innovationen von der westlichen Welt, von Europa, den USA, aber auch von Japan und Russland ausgegangen. Doch es bleibt eine unbestrittene Tatsache, dass es Zeiten gab, in denen Technologietransfer in andere Richtungen verlief und etwa China führend war auf dem Gebiet von Wissenschaft und Technik oder die arabische Gelehrsamkeit in Europa die Grundlage zur Entstehung moderner Wissenschaft legte. Beim Transfer handelt es sich stets um Übernahme und Nachahmung, beides Formen des Lernens, und es kann dabei vorkommen, dass die Kopie besser wird als das Original, der Schüler besser wird als der Lehrer. Und das ist mein Thema.

Wer einmal erkannt hat, dass die Rollen des Schülers und des Lehrers niemals auf Dauer gelten, was schon Konfuzius wusste, der einmal sagte: "San rén xíng bì you wo shî yân (Lunyu VII.22): Wo immer ich mit mehreren unterwegs bin, wird einer von ihnen mein Lehrer sein."[1], der weiß, dass das Nachahmen immer auch ein reziprokes Verhältnis etabliert. Auch wenn man gelegentlich nachahmt, um zu verhöhnen, wie beim Nachäffen, so ist doch das Nachahmen und das Kopieren in erster Linie Ausdruck der Wertschätzung und der Bewunderung. Die gegenwärtig in München und ab Februar 2005 in der Kunsthalle Kiel gezeigte Ausstellung "Shanghai Modern 1919-1945" dokumentiert eine solche wechselseitige Wertschätzung und Beeinflussung.[2]

Um nun aber nicht missverstanden zu werden - **drei Vorbemerkungen**:

Erstens: Ich erkenne an, dass ein Indikator zur Bewertung von Innovationskapazität der Schutz geistigen Eigentums ist. **Schutz geistigen Eigentums und offene Märkte** bilden nämlich eine der tragenden fünf Säulen von Innovationskapazität. Die anderen vier sind **Forschung und Entwicklung (2), Humankapital (3), Wissenstransfer (4) und Infrastruktur für Information und Kommunikation (5)**.

---

1 Vgl. Wolfgang Kubin, der Heilige und sein Lehrer. Warum auch Konfuzius der Unterweisung bedurfte, in: China Heute XXIII (2004), Nr.3 (133), S.102-106.

2 Siehe Joe-Anne Birnie Danzker u.a., Hrsg., Shanghai Modern 1919-1945. Ausstellungskatalog. Hatje Cantz Verlag Ostfildern 2004.

Zweitens: Heute ist viel von Rechtsunsicherheit und Produktpiraterie in China die Rede, aber ich erinnere daran, dass die Fürsten Europas ein Vermögen auszugeben bereit waren, Porzellan herzustellen. Die Chinoiserie-Mode des 18. Jahrhunderts können wir heute noch in Potsdam und anderswo besichtigen. Freilich, mögen Sie sagen, das sei Vergangenheit, heute beklage sich ein Hamburger Kaffeetassenhersteller über Kopien seiner Produkte aus China. - Wir sollten uns aber im Klaren darüber sein, daß es nicht mehr lange dauern wird, und wir werden Lizenzabgaben an chinesische Erfinder und Firmen entrichten. Und im übrigen gibt es auch in China ein sich an das deutsche Vorbild anlehnendes Patentgesetz, und es gibt ein Urheberrechtsgesetz. - Und vergessen wir nicht, auch bei uns herrscht Unsicherheit, etwa bei dem Schutz von Biopatenten, der kontrovers diskutiert wird.

Drittens: Die Innovations- und Wertschöpfungsketten werden sich in dem Maße neu konfigurieren, in dem der Anteil an Forschung und Entwicklung in der Wirtschaft Chinas immer größere Anteile erhält. [Gerade auch die von Siemens geplanten Investitionen in China deuten darauf hin.] Bis allerdings die Endmontage in China entwickelter Produkte in Europa erfolgt, ist es sicher noch ein weiter Weg. Dass aber "Made in China" oder "Engineered in China" eines Tages wegen veränderter Wertschöpfungsanteile ebenso zu einem Qualitätsmerkmal werden wird wie dies für "Made in Germany" lange galt, scheint mir unzweifelhaft. - Soweit meine drei Vorbemerkungen.

Von ausländischen Firmen wird in China, ich deutete es an, oft der Vorwurf der Produktpiraterie erhoben, was anscheinend aber die Investoren nicht nachhaltig abschreckt. "Technologieklau schreckt nicht ab", formulierte denn auch die Süddeutsche Zeitung im Untertitel eines "Deutsche Autozulieferer zieht es nach Osten" überschriebenen Beitrages, in dem es heißt: "Fast alle Kfz-Zulieferer, die bereits in China tätig sind, haben Angst vor Technologieklau."[3] Die IHK Rheinland-Pfalz greift die Aussage des FBI, "Produkt- und Markenpiraterie entwickeln sich im 21. Jahrhundert zum Wirtschaftsverbrechen Nr. 1!", auf und bietet ein Seminar unter der Überschrift an: "Bekämpfung der Produkt- und Markenpiraterie in und aus der VR China – gefälscht wird alles!"[4] Ich will nicht danach fragen, ob das stimmt, auch will ich nicht nach Vorteilen für solche "Piraterie" fragen, denn tatsächlich hätte es der Herstellerfirma der Fischer-Dübel viele Kosten gespart, wenn sie einen Nachahmer gehabt hätte, der nämlich schnell he-

---

3   Siehe Süddeutsche Zeitung Nr. 213 vom 14. 09. 2004.

4   Ankündigung eines Tagesseminars der IHK Arbeitsgemeinschaft Rheinland-Pfalz und
     des Ostasiatischen Vereins am 21. Oktober 2004. – Ganze Agenturen spezialisieren sich
     auf das Thema und bieten ihre Dienste an wie zum Beispiel eine "Far Eastern Limited.
     Ralf Marohn", die annonciert: "Haben Sie Probleme mit Produktfälschungen aus China?
     Wir helfen Ihnen weiter!".

rausgefunden hätte, dass diese Befestigungstechnologie in China nicht ankommt.

Warum aber hört man immer wieder, in China werde alles gefälscht? Hängt das
mit einer chinesischen Besonderheit zusammen? Manche behaupten das, wie die
Sinologin Bettina Schön, Managerin der Firma Rittal, Herstellerin von Compu-
terschränken aus Herborn. Sie sagt, Produktpiraterie und die Missachtung des
Patentrechts sei "konfuzianisch". "Wenn alte Meister kopiert werden, gilt das als
Ehrerbietung".[5] Ich meine, Frau Schön hat Recht und Unrecht zugleich. Denn
die Rede vom Kopieren ist vor allem ein Klischee, welches früher in Bezug auf
Japan geläufig war und nun für China Anwendung findet und vor allem *ein*
Vorurteil bedient, die anderen könnten nichts als Nachmachen. - Dieses voraus-
geschickt erlaube ich mir **drei Thesen**.

II. Drei Thesen

Erste These: Schutz des geistigen Eigentums kann es immer nur befristet geben.
Über kurz oder lang wird immer alles allen offenstehen. Es handelt sich also um
eine Frage der Zeit oder besser: der Übergangszeit.

Zweite These: Wer nachahmen kann, erweist sich als lernfähig. Und trotzdem
wird nicht jeder Schüler seinen Meister übertreffen. Wir haben es also gelegentlich auch mit spezifischen Bedingungen zu tun, mit Begabung oder sonstigen
nicht einfach wiederholbaren Konstellationen.

Dennoch lautet meine **dritte These**: Wir müssen immer damit rechnen, dass die
Kopie das Original übertreffen kann. – Denn es fasziniert nicht nur das Original,
sondern oft mehr noch der Abdruck, gelegentlich in Form der Negativkopie wie
im Falle der Fußspur Buddhas. Besonders gilt dies dann, wenn das Original
nicht verfügbar ist, weswegen übrigens Embargos oft langfristig denen schaden,
die Lieferungen verweigern. Und dann gibt es noch den bekannten Fall der drei
Ringe in Lessings Ringparabel, bei dem der die Kopien in Auftrag gebende Vater am Ende den "echten" Ring von den beiden Kopien selbst nicht mehr unterscheiden kann.

Zur ersten These: Der Faktor Zeit oder Übergangszeit

Kinder lernen von Eltern. Das ist normal. Kinder werden irgendwann Erwachse-
ne. Das ist auch normal. Wir haben es also mit Verselbständigungsprozessen zu
tun. Und wer die Rolle des Erwachsenen und wer die Rolle des Schülers einnimmt, mag wechseln. Vielleicht hat Immanuel Wallerstein ja mit seiner Theo-

---

5   Siehe Alexander Jung, Sprung auf den Drachen, in: Der Spiegel 34/2004, S. 66-68, hier
     S. 67.

rie von den "Weltsystemen" und den sich verändernden Schwerpunkten Recht. Daher ist klar: Die westliche Welt stellt nicht immer schon und auch nicht auf Dauer die Erfinder und die Konstrukteure. "Wir erfinden den nahtlosen Fußball, und produziert wird er in China.", eine solche Annahme ist irrig. Vergessen wir nicht: China kannte die Seidentechnologie, die Bronzetechnologie, Tiefbohrungen zur Salzgewinnung, Porzellan und Buchdruck Jahrhunderte vor Europa. China war bis ins 18. Jahrhundert technologisch führend in der Welt. Und es fehlt auch nicht an gesundem Selbstbewusstsein. Ich erzähle gern jenes Vorkommnis: Als ein Vertreter der Österreichischen Akademie der Wissenschaften in China von der Gründung seiner Akademie sprach, versprach er sich und nannte statt 1847 das Jahr 847 als Gründungsjahr. Während dies ins Chinesische übersetzt wurde, entstand Unruhe unter der österreichischen Delegation wegen des Versprechers. Da fragte der Vertreter der chinesischen Seite: "847 vor Christus oder nach Christus?".

Zur zweiten These: Nachahmung, Lernfähigkeit und die Rolle der Begabung

Die Respektierung geistigen Eigentums ist kein Monopol des Westens. China kannte durchaus rechtliche Maßgaben gegen unauthorisierte Reproduktionen, seien es Texte oder andere Dinge, und zwar seit der Zhou-Zeit. Die Einführung des Blockdrucks zwischen 590 und 650 n. Chr. und die Entwicklung der Drucktechnik mit beweglichen Lettern führten zwangsläufig zu Copyright-Regeln, die im Tang-Kodex ihren Niederschlag fanden.

An erster Stelle stand natürlich die Verfolgung der Fälschung von Dokumenten bzw. Urkunden.[6]

> "Wer die acht Siegel des Kaisers fälscht, wird geköpft. Wer die Siegel der Großmutter des Kaisers, der Mutter des Kaisers, der Kaiserin oder des Thronfolgers (fälscht), wird erdrosselt. Wer das Siegel der Frau des Thronfolgers (fälscht), wird 3000 li verbannt."

So beginnt das 25. Kapitel des T'ang-Gesetzbuches. Und im Artikel 24 wird geregelt:

> "Wer amtliche oder private Dokumente fälscht oder etwas hinzufügt oder wegläßt [...] wird im Falle der Bereicherung gemäß dem Gesetz über Diebstahl verurteilt. Wenn die Bereicherungssumme gering ist, wird gemäß dem Gesetz über Fälschung von Dokumenten bestraft. Wenn es

---

6   Siehe Liu Mau-tsai u.a., Betrug und Fälschung im T'ang-Recht. Das 25. Kapitel des T'ang-lü shu-i, in: Oriens Extremus 25. Jahrgang (1978), Heft 2, S. 123-170.

sich um private Dokumente handelt, wird derjenige gemäß dem, was er durch den Betrug erlangt hat, bestraft."

Eine Kontrolle des Publikationswesens diente jedoch weniger den Verwertungsrechten bzw. –interessen der Autoren oder der Drucker und Verleger, sondern vielmehr dem Zensurinteresse der staatlichen Stellen. Entsprechend schwach war die Unterstützung, die einzelne Autoren oder Verleger gegen Raubdrucke von offizieller Seite erhielten.[7]

Nun darf aber keinesfalls der Eindruck entstehen, in Europa sei alles besser gewesen. Hier war Fälschung seit dem Mittelalter an der Tagesordnung, aus vielerlei Gründen, und auch hier war manche "Fälschung" eigentlich keine solche, sondern Nachahmung einer Reliquie etwa, um Gläubige zu beeindrucken oder Segen zu erwirken. Auch hier heiligte der Zweck die Mittel. Und Robert Darnton hat in seinem kulturgeschichtlichen Abriss des Raubdrucks dargelegt, dass ein Copyright auch im Europa des 18. Jahrhunderts noch nicht existierte.[8]

Bei sonstigen Produkten gab es in China seit der Song-Zeit eine wachsende Tendenz, eigene Produkte als Markenware zu kennzeichnen und deren Nachahmung durch Dritte zu unterbinden. Eine wichtige Rolle spielten hier Gilden, aber auch lokale Beamte, bei denen bestimmte Markenkennzeichnungen registriert wurden. Auch versuchten manche Produzenten, etwa die Hersteller von Arzneien, Rezepturen geheim zu halten.[9] Das Interesse des Staates an der Anerkennung geistigen Eigentums jedoch war eher gering.

Zur dritten These: Kreativität und Nachahmung

Trotz der Ahndung von Fälschungen ist doch das Nachahmen nicht grundsätzlich verpönt, sondern gilt gar als erstrebenswert. Dafür steht das Wort des Konfuzius, "überliefern, nicht selbst schaffen" (*shu er buzuo*).[10] Daneben hat es, etwa bei Zhuangzi und bei Lü Buwei, immer auch die Maxime *yin er buwei* ("sich anpassen und nicht selbst handeln") gegeben. Dabei geht es darum, nicht selbst die Meisterschaft für sich zu beanspruchen, sondern sich in die Überlieferung zu stellen. Doch hat es immer wieder auch "Heilige" gegeben, ganz im Sinne des "Buchs der Riten" (*Liji*), wo es heißt: "Darum, wer das Wesen von Sitte und

---

7 Siehe William P. Alford, To Steal a Book Is an Elegant Offense. Intellectual Property Law in Chinese Civilization. Stanford, Cal.: Stanford U.P. 1995, S. 14-15.

8 Robert Darnton, Die Wissenschaft des Raubdrucks. Ein zentrales Element im Verlagswesen des 18. Jahrhunderts. München: Carl Friedrich von Siemens Stiftung, Themen Bd. 77, 2003, S. 17.

9 Siehe hierzu Alford, S. 16 und die dort angegebenen Belege.

10 Siehe hierzu Helwig Schmidt-Glintzer, Traditionalismus und Geschichtsschreibung in China - Zur Maxime "shu erh pu-tso", in: Saeculum XXVIII,1 (1977), S. 42-52.

Musik versteht, der vermag sie zu schaffen; wer die Formen (*wen*) von Sitte und Musik versteht, vermag sie zu überliefern. Wer sie zu schaffen vermag, ist ein Heiliger (*sheng*), wer sie zu überliefern vermag, ist ein Weiser (*xian*)."[11] Diese Position ist freilich gar nicht so weit entfernt von der Joachim Winckelmanns, der sagte: "Der einzige Weg für uns, groß, ja, wenn es möglich ist, unnachahmlich zu werden, ist die Nachahmung der Alten." Wo liegt also dann der Unterschied zwischen China und Europa?

Eine Antwort könnte lauten: Es lag am spezifischen Verhältnis zum Altertum. Bei der Orientierung am Vorbild der Heiligen des Altertums lag es nahe, dass Relikte und Zeugnisse aus eben jener Zeit besonders geschätzt wurden, und eine Darstellung der Geschichte des Museumswesens und der Archäologie in China würde solches Altertumsverständnis ganz deutlich hervortreten lassen. – Soweit zur dritten These.

III. Nachahmung und Meisterschaft

Nun war natürlich einerseits klar – und damit komme ich zu meiner zweiten These von der Unnachahmlichkeit zurück - , dass Meisterschaft etwas ist, das nicht wirklich weitergegeben werden kann; andererseits sah man das Vorbild für jede Vollendung in der Natur (oder im *dao*), woran jeder partizipieren konnte. Diese beiden gegenläufigen Vorstellungen prägten das chinesische Verständnis von Kreativität.

Meisterschaft kann man nicht vererben, auch nicht an die Schüler, ein Gedanke, der sich übrigens auch im Wahlkönigtum niedergeschlagen hat. Ein Beispiel ist die Gestalt des Mannes aus Lu, der dem König einen Knoten schenkte. Der König wollte diesen Knoten auflösen lassen, aber keinem gelang es. Da bat der Schüler Er-shuo, ihn lösen zu dürfen. Aber auch dieser konnte nur eine Hälfte lösen, die andere Hälfte konnte er nicht lösen. Da sprach er: "Es ist nicht so, daß man ihn auflösen kann und nur ich ihn nicht aufzulösen vermag, sondern er läßt sich überhaupt nicht auflösen." Man befragte den Mann von Lu, der den Knoten geschenkt hatte, und der sagte: "Ja, man kann ihn wirklich nicht auflösen. Ich habe ihn gemacht und weiß, daß er nicht auflösbar ist. Aber einer, der ihn nicht gemacht hat und doch weiß, daß man ihn nicht lösen kann, der muß noch geschickter sein als ich."[12] So hat der Schüler den Knoten dadurch gelöst, dass er ihn nicht gelöst hat - und ein Meister hat einen Meister gefunden. Es gibt also

---

11   Liji 19, 37/16b, ed. Shisanjing zhushu; vgl. Richard Wilhelm, Das Buch der Sitte, 3.-
       6.Tsd., Düsseldorf-Köln, o. J., S. 76.

12   Lü Buwei, S.267f. Siehe John Knoblock and Jeffrey Riegel, The Annals of Lü Buwei.
       Stanford, Cal. 2000, S. 412.

auch durchaus die Möglichkeit, dass ein Meister seinen Meister findet, und nicht jegliche Entwicklung ist ein Abstieg gegenüber den Idealen des Altertums.

Oft allerdings bleibt es unentscheidbar wie im Falle des Gemäldes "Flußufer", das im Jahre 1999 Gegenstand einer heftigen Kontroverse in New York wurde, weil sich die einen dafür aussprachen, dass es sich um das Werk des Meisters Dong Yuan aus der Mitte des 10. Jahrhunderts handele, während andere es zu einer Kopie des bekannten chinesischen Malers und notorischen Fälschers Zhang Daqian aus den fünfziger Jahren des 20. Jahrhunderts erklärten. Die Debatte brachte kein anderes Ergebnis als ein Unentschieden.[13]

Wir haben also einen doppelten Befund, die Tradition des perfekten Nachahmens in China, wie sie in der Kunst- und Technikgeschichte belegt ist, und die Feststellung, Chinesen nähmen es mit der Genauigkeit nicht so genau. Ja, man hat sie als *Chabuduo-xiansheng*, "Mr. Ungefähr", apostrophiert. Solche Charakterisierung hat für manche Lebenssphären sogar seine Berechtigung, doch trifft sie im Kern nicht die Tradition des Umgangs mit der Natur und der Welt der Erscheinungen, und schon gar nicht ist sie anwendbar auf die Nachahmung, die ja Vollkommenheit anstrebt.

Seit Jahrtausenden, kann man inzwischen sagen, seit wir auch von der Tonarmee des Qin Shihuangdi und von den Manufakturpraktiken der Bronzetechnologie des Altertums wissen, gibt es in China die Tradition der massenhaften Produktion von Texten, Bildern, Gegenständen. Auch das war im Grunde eine Form der Nachahmung, des Kopierens, der seriellen Produktion, und es spielten Modulierung und Normierung eine zentrale Rolle. Was auf der Ebene der Kalligraphie und der Tuschemalerei geübt wurde, nämlich die zum Verwechseln ähnliche Nachahmung des Vorbildes, findet sich auch in anderen Bereichen. Daher bin ich fest davon überzeugt, dass es gerade die Fähigkeit des Nachahmens ist, die heute mehr denn je gefragt ist. Denn was ist denn die serielle Produktion anderes als die wiederholte Nachahmung?

Natürlich gab es immer auch den Impuls, sich gegen Nachahmung zu wehren. Aber Shen Zhou (1427-1509), der große Maler, soll auf Vorhaltungen, er möge sich doch gegen seine Nachahmer zur Wehr setzen, gesagt haben: "Wenn meine Gedichte und Gemälde, die mir selbst wenig Mühe machen, von irgend einem Nutzen für die Nachahmer sind, warum sollte ich mich darüber grämen?"[14]

---

13 Siehe Lothar Ledderose, Umkäpftes Flußufer. Kenner chinesischer Malerei streiten im Metropolitan Museum, in: Frankfurter Allgemeine Zeitung Nr. 305 (31.12.1999), S. 43.

14 Siehe Wen Fong, The problem of forgeries in Chinese painting, in: Artibus Asiae XXV, 1-2/3. Ascona 1962.

IV. Schlussbemerkung

Wer nachgeahmt wird, wird zum Lehrer. Sollten wir uns nicht darüber freuen?
Es wäre sicher viel gewonnen, wenn jede Seite versuchte, den anderen zum Lehrer zu nehmen, ihn nachzuahmen, wenn also wir Europäer, wir Deutsche etwas
von dem nachahmten, was wir in China als so anders empfinden und von dem
wir – der eine langsamer, der andere schneller – erkennen, dass es die Basis für
eine Erfolgsgeschichte sein könnte. Also sollten wir wechselseitiges Lernen zum
Nutzen aller befördern.

Heute werden in Shanghai Computertomographen von Siemens in chinesischer
Weiterentwicklung gebaut, die auf dem Weltmarkt ein Renner sind. Da jedoch
die Innovationskapazität eines Landes, einer Region immer von mehreren Faktoren abhängt – ich nannte eingangs die wichtigsten fünf Säulen – bin ich sicher,
dass China schon aus Eigeninteresse den Schutz geistigen Eigentums nachhaltig
gewährleisten wird. Forschung und Entwicklung, Humankapital, Wissenstransfer sowie IuK-Infrastruktur waren – Sie erinnern sich - die anderen vier Säulen
für Innovationskapazität.

Nicht auf Nachahmung sollten wir aus sein, aber auf Lernen, und dabei werden
wir von China viel lernen können. Dies jedenfalls ist der erfolgversprechende
Weg. Denn wer früh lernt, lernt besser, und jetzt ist die Zeit von denen zu ler-
nen, die in den letzten zweihundert Jahren aus dem Lernen vom Westen eine
Tugend gemacht haben und die dabei sind, vielleicht bald zu Meistern und zu
Lehrern zu werden.

Leider steht es mit dem Lernen von China heute in Deutschland nicht gut. Denn
vieles von dem, was man einmal hat stark sein lassen, haben wir über Bord ge-
worfen, und viele der Voraussetzungen, die nur aus der Geschichte Chinas zu
verstehen sind – oder daraus, wie China seine eigene Geschichte sieht -, sind bei
uns unbekannt. Auch hier gilt, was einmal der große Stratege Sunzi formulierte:

Wer seine Konkurrenten kennt und sich selbst

wird auch in hundert Schlachten nicht in Gefahr geraten.

wer den Konkurrenten nicht kennt, aber sich selbst,

wird manchmal gewinnen, manchmal verlieren.

wer weder sich noch den Konkurrenten kennt,

wird in jeder Schlacht in Gefahr geraten.

WANG Weida

Inhaber des Lehrstuhls für Wirtschaftsverwaltungsrecht, Tongji-Universität,
Chinesisch-Deutsches Hochschulkolleg (CDHK), Shanghai

Schutz des geistigen Eigentums in China – der aktuelle Stand des Rechts

I. Das Rechtssystem für den Schutz des geistigen Eigentumsrechts in China

Direkt nach der Gründung der VR China hat die chinesische Regierung einige Verordnungen erlassen, um das geistige Eigentumsrecht zu schützen. Aber die im Jahre 1956 angefangene Eigentumsumgestaltung hat leider die Weiterentwicklung des rechtlichen Schutzes des geistigen Eigentums unterbrochen, weil die sozialistische Umgestaltung des Eigentums im Widerspruch zum Schutz des geistigen Eigentumsrechts als Privatrecht stand. Die Gesetzgebung in Bezug auf den Schutz des geistigen Eigentums stand seitdem still. In der folgenden Zeit gab es, bis Anfang der 80er Jahre des letzten Jahrhunderts, keine Rechtsnormen für den Schutz des geistigen Eigentums im engeren Sinne.

Die marktwirtschaftsorientierte Wirtschaftsreform und Öffnungspolitik nach 1978 hat gute Vorraussetzungen für die weitere Entwicklung des rechtlichen Schutzes des geistigen Eigentumsrechts in China geschaffen. Seit den 80er Jahren des letzten Jahrhunderts hat China die Gesetzgebung in Bezug auf das geistige Eigentum beschleunigt.

In den letzten 20 Jahren hat China eine Reihe von Gesetzen zum Schutz des geistigen Eigentums verabschiedet und in das chinesische Rechtssystem eingegliedert. Die wichtigsten Gesetze und Verordnungen sind:

Gesetz über Warenzeichen (1982), Patentgesetz (1984), Gesetz über Urheberrecht (1990), Gesetz gegen unlauteren Wettbewerb (1993). Besonders zu erwähnen ist, dass die im Jahre 1986 verabschiedete „**Allgemeine Regelung über Zivilrecht" zum ersten Mal das geistige Eigentum als wichtigen Bestandteil des Zivilrechts eingeordnet hat.** Sie hat den Schutz des geistigen Eigentums klargestellt und damit eine solide Vorraussetzung für die weitere Gesetzgebung in Bezug auf das geistige Eigentumsrecht in China geschaffen. Neben den oben genannten Gesetzen hat China auch das zum Schutz des geistigen Eigentumsrechts relevante **Zollgesetz, „Gesetz über Qualität der Produkte"** und **„Gesetz zum Schutz der Interessen des Konsumenten"** verabschiedet.

1995 hat der Staatsrat die „Verordnung über den Schutz des geistigen Eigentumsrechts durch Zoll" angeordnet, und damit den Schutz des geistigen Eigentumsrechts in ein neues Gebiet expandiert. Mit der weiteren Anwendung der Computer hat der Staatsrat im Jahre 2001 die „Verordnung über Schutz der Software des Computers" angeordnet, die die weitere Entwicklung der Computeranwendung in China garantiert. Darüber hinaus hat der Höchste Gerichtshof in der Anwendung der Gesetze eine Reihe von Auslegungen der Gesetze gemacht.

Parallel zur nationalen Gesetzgebung hat China auch bei der Entwicklung eines internationalen Systems für den Schutz des geistigen Eigentums mitgewirkt. Die wichtigen internationalen Abkommen oder Organisationen, welchen China beigetreten ist, sind:

Convention for Establishing the World Intellectual Property Organization (1980), Paris Convention for the Protection of industrial Property (1985),Madrid Agreement Concerning the International Registration of Marks (1989), Berner Convention for the Protection of Literarz and Artistic Works (1992), Universal Copyright Convention (1992), Convention for the Protection of Producers of Phonograms Against Unauthorized Publication of Their Phonograms (1993), Patent Cooperation Treaty (1994) etc. China ist auch der WTO beigetreten und ist Mitglied des TRIPs geworden (2001).

Zusammenfassend können wir sagen, dass wir uns in den letzten zwei Dekaden große Mühe gegeben haben, um die politischen, wirtschaftlichen und ideologischen Hindernisse zu beseitigen, und schließlich ein relativ vollständiges Rechtssystem für den Schutz des geistigen Eigentums aufgebaut haben.

II. Die Besonderheit des rechtlichen Schutzes des geistigen Eigentums in China

Der rechtliche Schutz des geistigen Eigentums in China erweist seine Besonderheit durch das dualistische Schutzsystem, denn China schützt das geistige Eigentum nicht nur durch Gerichtsbarkeit, wie es in den meisten Ländern üblich ist, sondern auch durch die Verwaltungsvollstreckung.

Diese Besonderheit des Dualismus kommt in *§ 47 des Urhebergesetzes* beispielsweise zum Ausdruck.:

„Bei den folgenden rechtsverletzenden Handlungen muss je nach den Umständen der Verletzer mit der Einstellung der Verletzung, der Beseitigung von Auswirkungen, durch öffentliche Entschuldigung und mit Schadenersatz zivilrechtliche Haftung übernehmen; wenn er gleichzeitig öffentliche Interessen verletzt, kann die Verwaltungsabteilung für Urheberrechte Anweisung zur Einstellung der Verletzungshandlung geben, das rechtswidrig Erlangte beschlagnahmen, rechtswidrige Vervielfältigungen beschlagnahmen und vernichten, und sie kann eine Geldbuße verhängen; bei schwerwiegenden Umständen kann sie ferner die hauptsächlich für die rechtsverletzenden Vervielfältigungen benutzten Materialien, Werkzeuge und Anlagen beschlagnahmen und vernichten. Wenn die Tatsache eine Straftat ist, so wird der Täter strafrechtlich verfolgt:

1. soweit dieses Gesetz nichts anderes bestimmt, wenn jemand ohne Genehmigung des Urheberrechtsinhabers dessen Werk vervielfältigt, verbreitet, aufführt, vorführt, sendet zusammenstellt oder der Allgemeinheit in Datennetzen mitteilt,

2. wenn jemand ein Buch verlegt, an dem ein anderer ein ausschließliches Verlagsrecht genießt,

3. soweit dies Gesetz nichts anderes bestimmt, wenn jemand ohne die Genehmigung der Aufführenden eine Ton- oder Videoaufzeichnung ihrer Aufführung vervielfältigt, verbreitet oder über ein Datennetz der Allgemeinheit mitteilt,

4. soweit dies Gesetz nichts anderes bestimmt, wenn jemand ohne die Genehmigung des Herstellers einer Ton- oder Videoaufzeichnung diese vervielfältigt, verbreitet oder über ein Datennetz der Allgemeinheit mitteilt,

5. soweit dies Gesetz nichts anderes bestimmt, wenn jemand ohne Genehmigung eine Radio- oder Fernsehsendung sendet oder vervielfältigt,

6. soweit Gesetze oder Verwaltungsrechtsnormen nichts anderes bestimmen, wenn jemand ohne die Genehmigung der Urheberrechtsinhaber und der Inhaber von verwandten Schutzrechten vorsätzlich die technischen Maßnahmen umgeht oder zerstört, welche die Berechtigten gewählt haben, um die Urheberrechte und verwandte Schutzrechte an ihren Werken, Ton- und Videoaufzeichnungen zu schützen,

7. soweit Gesetze oder Verwaltungsrechtsnormen nichts anderes bestimmen, wenn jemand ohne die Genehmigung der Urheberrechtsinhaber und der Inhaber von verwandten Schutzrechten vorsätzlich die elektronischen Daten zur Verwaltung der Rechte an Werken, Ton- und Videoaufzeichnungen löscht oder ändert,

8. wenn jemand ein Werk herstellt und verkauft, das mit dem Namen eines anderen gezeichnet ist."

Im Patentgesetz und Warenzeichen-Gesetz könnte man ähnliche Regelungen finden.

In der Praxis schützt der Staat das geistige Eigentum auch durch Verwaltungsakte und die Gerichtsbarkeit. Wir nehmen die Rechtsimplementierung des Urheberrechts in Shanghai als Beispiel:[1]

	Beschlagnahmung des gesetzwidrigen Einkommens	Verwaltungs-geldbuße	Zivilrechtlicher Schadenersatz	Zahl der Fälle
2000	77.199,75	46.178,00	190.780,25	14
2001	38.362,00	192.260,00	484.790,00	9
2002	335,00	108.292,00	57.700,00	9
Insgesamt	115.896,75	346.730,00	733.270,00	32

Der dualistische Schutz des geistigen Eigentums in China geht auf folgende Punkte zurück:

1. Wegen des ideologischen Einflusses wurde in China in einer langen Zeit die Privatrechtlichkeit des geistigen Eigentumsrecht nicht unterstrichen, sondern im Gegenteil die Öffentlichkeit des geistigen Eigentumsrechts betont. Den Eigentümern fehlte das Bewusstsein ihre eigenen Rechte und Interessen durch die Gerichtsbarkeit zu schützen. Hinzu kommt, dass der öffentliche Bereich in China seit langer Zeit sehr groß ist. Der Staat ist größter Eigentümer. Deshalb wird die verwaltungsrechtliche Sanktion zum Schutz des geistigen Eigentumsrecht in China mehr als in anderen Ländern angewandt.

2. Der verwaltungsrechtliche Schutz wird durch einen aktiven Verwaltungsakt gewährleistet, welcher sich vom passiven Schutz durch den Gerichtshof unterscheidet. Der Verwaltungsakt kann durch Anzeige oder von Amtswegen erteilt werden. Die aktive Verwaltungshandlung kann durch die zuständige Verwaltungsbehörde einseitig erteilt werden und damit die Rechtsverletzungshandlungen effektiv und rechtzeitig verhindern.

3. Das geistige Eigentumsrecht ist mit der Technologie eng verbunden. In den zuständigen Verwaltungsbehörden sind viele qualifizierte Fachleute vorhanden, die mit den relevanten Gesetzen zum Schutze des geistigen

---

1   Chen Jian: Gegenmaßnahmen im Schutz des geistigen Eigentums in Shanghai, in: Studien über Verwaltungsrechtssystem Nr. 8, 2004, S. 17.

Eigentums vertraut sind und auch über die relevanten technologischen Kenntnisse verfügen. Diese Fachleute können die Gesetze zum Schutz des geistigen Eigentums besser anwenden und durchsetzen.

4. Die Verwaltungsvollstreckungen werden oft vor Ort durchgeführt. Dies kann die Rechtsverletzungshandlungen sofort und effektiv sanktionieren und hat deshalb einen unmittelbaren Abschreckungseffekt.

Aber China ist bereits der WTO beigetreten und hat versprochen, sich an die WTO-Regelungen zu halten. Die Schutzmaßnahmen für geistiges Eigentum in China sollen auch an die Forderungen der internationalen Abkommen angepasst werden. Nach dem TRIPS (Agreement on Trade-Related Aspects of Intellectual Property Rights) muss China den Mechanismus zur Beilegung der Streitigkeiten vervollständigen. China muss die Rechtshilfe für das geistige Eigentum durch die Gerichtsbarkeit verstärken und eine Reform der gerichtlichen Handlungen durchführen, um die Transparenz der gerichtlichen Handlungen zu steigern.

Im Jahre 2001 hat China das Gesetz über Urheberrecht, Patentgesetz und Warenzeichengesetz nach den Forderungen der WTO geändert, wobei der Schutz des geistigen Eigentums durch die Gerichtsbarkeit betont wird. Ein System der gerichtlichen Entscheidungen, mit dem endgültige Entscheidungen getroffen werden können, ist aufgebaut. Damit wurde der Schutz des geistigen Eigentums durch die Gerichtsbarkeit verstärkt. Das chinesische Recht des geistigen Eigentums hat sich den internationalen Forderungen angepasst.

III. Die akademische Diskussion und die Entwicklungstendenz

Gegenwärtig diskutiert man in fachlichen Kreisen über folgende Themen, die vielleicht die weitere Entwicklungstendenz für den Rechtsschutz des geistigen Eigentums widerspiegeln:

1. Vereinheitlichung und Kodifizierung

Das Recht des geistigen Eigentums hat sich in China sehr schnell entwickelt. In den vergangenen 20 Jahren hat China ein relativ vollständiges Rechtssystem zum Schutz des geistigen Eigentums aufgebaut. Aber wir dürfen auch nicht übersehen, dass noch einige Probleme existieren: Defizite in Koordination, vielschichtige Gesetzgebung, unterschiedliche Rechtskräfte, Defizite in Operationsmöglichkeiten, ein uneinheitliches Schutzniveau in einzelnen relevanten Gesetzen. Deswegen diskutiert der akademische Kreis in China über die Vereinheitlichungs- und Kodifizierungsmöglichkeiten. Manchen Juristen haben bei der gegenwärtigen Diskussion über den Entwurf des chinesischen BGB vorgeschlagen, ein selbständiges Kapitel über das geistige Eigentum festzulegen. Andere Juristen haben vorgeschlagen, einen Kodex für das geistige Eigentum auszuarbeiten. Es scheint so zu sein, dass es eine Entwicklungstendenz gibt, die zu einer

Vereinheitlichung und einer Kodifizierung des Rechts des geistigen Eigentums hinführt.

2. Bevorzugung des Schutzes des geistigen Eigentums durch die Gerichtsbarkeit

Auch wenn manche öffentliche Bedienstete und Juristen die Meinung vertreten, dass China auf dem dualistischen System des Schutzes des geistigen Eigentums weiter bestehen sollte, zeigt sich in der Praxis doch eine andere Tendenz, nämlich, dass der Schutz des geistigen Eigentums durch die Gerichtsbarkeit stärker bevorzugt wird.

Die Gründe sind: Die letzte Änderung des Gesetzes hinsichtlich der gerichtlichen Entscheidung als endgültige Entscheidung über Streitigkeiten im Bereich des geistigen Eigentums hat den Weg zur Verstärkung des gerichtlichen Schutzes des geistigen Eigentums bereits vorgezeichnet. Das geistige Eigentumsrecht ist dem Grunde nach ein privates und kein öffentliches Recht. Nach mehr als 20 Jahren Wirtschaftsreform wurde die Eigentumsstruktur multi-polarisiert. Das Bewusstsein für den Schutz der eigenen Rechte und Interessen ist in China indes weit verbreitet. Nach der Revision des geistigen Eigentumsrechts im Jahre 2001 haben die Fälle, welche vor Gericht behandelt wurden, offensichtlich zugenommen.

Wir nehmen Shanghai als Beispiel: von 451 Fällen im Jahre 2001 ist die Zahl der Gerichtsverfahren zum Schutz des geistigen Eigentums auf 603 Fälle im Jahre 2002 gestiegen.[2] Diese Entwicklungstendenz fördert auch den Rückzug der Verwaltung aus dem Bereich des Schutzes des geistigen Eigentums und kann als ein weiteres Beispiel sein für die "Erfüllung der öffentlichen Aufgaben durch Privatrecht" dienen.

3. Aufbau eines spezifischen Gerichtshofs zum Schutze des geistigen Eigentums

In der Gegenwart wächst in China die Zahl der Verstöße gegen das geistige Eigentum und der Schwierigkeitsgrad der einzelnen Fälle ist deutlich gestiegen. Aber leider ist gegenwärtig in China kein spezifischer Gerichtshof für den Schutz des geistigen Eigentums vorhanden. Die Fälle, in denen das geistige Eigentum verletzt wurde, werden je nach Rechtsbeziehungen von der Kammer für Zivilsachen, der Kammer für Verwaltungsangelegenheiten oder der Kammer für Strafsachen bearbeitet. Unter diesen Umständen sind die Verfahren kompliziert und die Funkionen überlappen sich. Deshalb haben viele Juristen vorgeschlagen,

---

2   Chen Jian: Gegenmaßnahmen im Schutz des geistigen Eigentums in Shanghai, in: Studien über Verwaltungsrechtssystem Nr. 8,2004, S.31

dass in China ein spezifischer Gerichtshof für Fälle, in welchen das geistige Eigentum verletzt wurde, gegründet werden sollte. Damit könnte sowohl die Qualität wie auch die Gerechtigkeit der gerichtlichen Entscheidungen deutlich zunehmen. Diese Vorstellung hat man bereits für den Pudong-Bezirk-Gerichtshof in der Praxis probeweise umgesetzt, wo die Kammer für Zivilsachen III die Fälle der Verletzung des geistigen Eigentums, seien sie zivilrechtlicher, strafrechtlicher oder verwaltungsrechtlicher Art, behandelt. Mit der Einrichtung eines derartigen Gerichtshofes wird eine hohe Konvergenz zu den internationalen Anforderungen erreicht[3].

---

3   Zheng Chengsi: Zivilrecht, Prozessordnung und geistiges Eigentum, in: Rechtsanwendung, Nr. 1, 2001, S. 10.

Winfried Huck
Fachhochschule Braunschweig/Wolfenbüttel, Fachbereich Recht, Wolfenbüttel

Rahmenbedingungen Technologietransfer von Deutschland nach China

I. Einleitung

Ist es möglich, rechtliche Aspekte für das Wachstum auf dem Gebiet der Hochtechnologie zu identifizieren, die in internationalen Beziehungen erheblich sind? Welche Aspekte sind für das ökonomische Wachstum förderlich, welche hinderlich? Inwiefern kann der Technologietransfer im internationalen Raum, hier zwischen Deutschland und der VR China zum Wachstum beitragen? Bevor der Versuch unternommen wird, eine zeitgemäße Antwort unter Berücksichtigung der zugänglichen Gesetze der VR China zu finden, mag einleitend und die weitere systematische Darstellung begleitend der Hinweis auf eine historische, gleichwohl fundamentale und vielfach zitierte Erkenntnis erlaubt sein, die stets und ausnahmslos auf eine Voraussetzung verweist, die noch für jedwedes ökonomische Wachstum die entscheidende Voraussetzung geliefert hat. Der Friede ist der Garant für prosperierenden internationalen Handel, wie auch eine wirtschaftliche Prosperität der Nationen den Frieden der Völker untereinander zu begründen und zu befestigen hilft. Es war Kant, der in seiner Schrift *Zum ewigen Frieden* nüchtern darauf verwies, dass es nicht hehre moralische Ziele, sondern es die *„Geldmacht"* als die wohl zuverlässigste Triebfeder sei, die *„den edlen Frieden zu befördern"* helfe[1]. Unmittelbarer und 50 Jahre früher (1748) wurde das gedankliche Fundament indes von *Montesquieu* gelegt:

> Der Handel heilt uns von schädlichen Vorurteilen. Es ist eine allgemeingültige Regel: überall, wo milde Sitten herrschen, gibt es Handel

---

1 Immanuel Kant, Zum ewigen Frieden, 1795, Königsberg, S. 64 „Es ist der H a n d e l s g e i s t, der mit dem Kriege nicht zusammen bestehen kann, und der früher oder später sich jedes Volks bemächtigt. Weil nämlich unter allen, der Staatsmacht untergeordneten, Mächten (Mitteln), die G e l d m a c h t wohl die zuverläßigste seyn möchte, so sehen sich Staaten (freylich wohl nicht eben durch Triebfedern der Moralität) gedrungen, den edlen Frieden zu befördern, und, wo auch immer in der Welt Krieg auszubrechen droht, ihn durch Vermittelungen abzuwehren, gleich als ob sie deshalb im beständigen Bündnisse ständen; denn große Vereinigungen zum Kriege können, der Natur der Sache nach, sich nur höchst selten zutragen, und noch seltener glücken" siehe unter: http://philosophiebuch.de/ewfried.htm (27.12.2004)

und überall, wo es Handel gibt, herrschen milde Sitten[2]. Friedensliebe ist die natürliche Folge des Handels.[3]

Die Geschichte des Handels ist damit zugleich die Geschichte der Völkerverständigung[4], was über alle Zeiten auch für den stets vom Handel umschlossenen Technologietransfer zutreffen dürfte. Der internationale Handel zwischen Deutschland und China lenkt zwangsläufig den Blick auf die 1995 gegründete Welthandelsorganisation, der China erst kürzlich beigetreten ist. Die WTO ist mit Rechtspersönlichkeit (Art. 8 Abs.1 WTO-Übereinkommen) ausgestattet und zählt derzeit 148 Mitglieder (zuletzt Kambodscha und Armenien)[5]. Es dürfte kaum zu bestreiten sein, dass der Beitritt Chinas als 143. Mitglied zur WTO am 11. Dezember 2001 - einen Monat nach der Unterzeichnung am 11.11.2001 auf der Ministerkonferenz in Doha (Katar) - nach einem über 15 Jahre dauernden Verhandlungsmarathon weitreichende, ja enorme Schritte in der Handels- und Wirtschaftsrechtspolitik erfordert hat und noch erfordern wird[6]. Kraft und Ausdauer sind notwendig, um innerhalb eines dem Sozialismus verpflichteten Landes mit gewaltiger Binnendifferenzierung eine transparente, liberale Handelsordnung auf den Weg zu bringen. Hierzu gehört gesetzgeberischer Weitblick – nahezu eine olympische Disziplin[7].

II. Übersicht zur WTO

Es handelt sich bei der WTO nicht um ein Freihandelssystem, sondern um eine Völkerrechtsordnung zur Liberalisierung der Märkte[8]. Gleichwertige Rechts-

---

2   Montesquieu, Vom Geist der Gesetze, 1748, Übersetzung Kurt Weigand, 1994, Stuttgart, S. 326.

3   Ders. a.a.O., S. 327.

4   Ders. a.a.O., S. 347.

5   Vgl. www.wto.org (4.11.2004)

6   Zum Beitritt in die WTO, siehe: Robert Heuser, Die Integration der WTO in das chinesische Außenhandelsrecht – Zur Revision des Außenhandelsgesetzes, CHINA aktuell, 2004, S. 528 ff; ders., Die WTO und die Neugestaltung des chinesischen Außenhandels- und Ausländerinvestitionsrechts, in: Robert Heuser/Roland Klein (Hrsg.) Die WTO und das neue Ausländerinvestitions- und Außenhandelsrecht der VR China. Hamburg, 2004, S. 15 ff.; Meinhard Hilf/Götz J. Göttsche, Chinas Beitritt zur WTO, RIW 2003, S. 165; Heike Holbig/Robert Ash (Editors), China's Accession to the World Trade Organization, London, 2002.

7   Siehe hierzu ferner: DONG Yiliang, Chinas Beitritt zur WTO, Beitrittsverfahren und Anforderungen an die chinesische Rechtsordnung, Newsletter der Deutsch-Chinesischen Juristenvereinigung, 2003, S. 82 ff.

8   Instruktiv, knapp und präzise Christian Tietje, Einführung, in: WTO, Welthandelsorganisation, 2. Aufl., 2003, XII, München.

standards, die das Fundament einer Liberalität der Handelsordnung bilden, sind im Rahmen einer einheitlichen Anwendung des WTO-Systems unerlässlich. Das System der WTO zwingt die Mitgliedstaaten zur Kooperation im Welthandel. Staatliche Maßnahmen der jeweiligen Mitgliedstaaten finden ihre rechtlichen Schranken in Leitprinzipien der WTO-Ordnung: Nichtdiskriminierung, Prinzip der offenen Märkte, fairer Wettbewerb, keine Behinderung des Marktzutritts, fortschreitende Senkung der Zolltarife. Die WTO-Rechtsordnung wird durch 3 materiellrechtliche Säulen getragen:

- GATT 1994 (Übereinkommen über den Warenhandel und zahlreiche andere Abkommen, z.B. Übereinkommen über technische Handelshemmnisse)[9]

- GATS (Dienstleistungshandel nebst Protokollen)[10]

- TRIPS (Rechte des geistigen Eigentums)[11]

Diese 3 Regelungsbereiche werden durch die Streitbeilegungsvereinbarung (DSU)[12] mit dem Prinzip der Entscheidung über einen negativen Konsens (völkerrechtliche Verbindlichkeit dann, wenn durch Konsens eine Ablehnung erfolgt)[13] und dem Mechanismus zur Überprüfung der Handelspolitik (TRPM)[14] ergänzt. Diese 5 sog. multilateralen Abkommen sind für alle Mitglieder verbindlich. Plurilaterale Abkommen (z.B. Übereinkommen über das öffentliche Beschaffungswesen), sind indes nur für die WTO-Mitglieder verbindlich, die sie ratifiziert haben.

III. Anmerkungen zum Technologietransfer nach dem Beitritt der VR China zur WTO

Montesquieu erkannte als natürliche Konsequenz des Handels die Friedensliebe[15]. Der Handel begünstige ein Gefühl für peinliche Gerechtigkeit. Gänzliches Fehlen des Handels erzeuge hingegen das Räuberunwesen, was sicherlich auch dort anzutreffen ist, wo fehlende Gesetze oder die mangelnde Durchsetzung des Rechts eine Gesellschaft plagen[16]. An Handel und Wandel ist China nicht arm;

---

9 General Agreement on Tariffs and Trade.

10 General Agreement on Trade in Services.

11 Trade Related Aspects of Intellectual Property Rights.

12 Understanding on the Rules and Procedures Governing the Settlement of Disputes.

13 Hierzu Peter-Tobias Stoll/Frank Schorkopf, Welthandelsordnung und Welthandelsrecht, Köln, 2002, Rz. 434.

14 Trade Policy Review Mechanism.

15 Vgl. Fn. 3.

16 Montesquieu, a.a.O., S. 327.

an blühendem Handel und transferierter Technik fehlt es nicht, das Gegenteil ist vielmehr der Fall. Milde Sitten und peinliche Gerechtigkeit in Handelssachen sind dem WTO-System als idealer Zustand nicht fremd. Der Beitritt in die WTO bedeutet freilich mehr als nur die Metamorphose von administrierter Plan- zu gelockerter Marktwirtschaft. Die Anpassung der chinesischen Rechtsordnung an das WTO System selbst wird nicht frei von landesspezifischen Interpretationen des WTO-Systems sein und bleiben. Im Ergebnis sind es marktwirtschaftliche und liberale, transparente und an dem rechtlichen **Fundamentalprinzip der Gleichheit**[17] orientierte Werte, deren Umsetzung in Zukunft tiefer liegende Fragestellungen in der Gesellschaft anrühren und nach und nach zu Tage fördern werden. Der Schutz des „Wirtschaftssubjektes", letztlich des Individuums vor staatlicher Willkür und das Vertrauen in die Berechenbarkeit administrativen Handelns ist der WTO-Ordnung immanent. Eine am 1.10.2002 in Kraft getretene Richtlinie des Obersten Volksgerichtshofes[18] sieht dem Vernehmen nach vor, dass Einzelpersonen und Unternehmen mögliche, durch Verwaltungsbehörden herbeigeführte Verletzungen bzw. Beeinträchtigungen ihrer durch WTO-Vorgaben in den Bereichen Warenhandel, Dienstleistungen sowie geistiges Eigentum gegebenen Rechte zukünftig unmittelbar vor Gericht klären lassen können. WTO-Recht soll Anwendungsvorrang gegenüber dem einfachen chinesischen Recht genießen. Sofern diese Richtlinie tatsächlich die Adressaten in dem beschriebenen Umfang schützen sollte, wäre dies ein Novum. Die unmittelbare Geltendmachung des WTO-Rechts innerhalb einer nationalen Rechtsordnung wurde z.B. von den USA, Kanada und Japan durch gesetzliche Bestimmungen oder durch die Rechtsprechung ausgeschlossen. Der EuGH hat die unmittelbare

---

17   Aristoteles, Nikomachische Ethik, übersetzt von Franz Dirlmeier, Stuttgart, 1999, S. 124 (...jede Verletzung der Gleichheit ist nämlich eine Verletzung des Gesetzes...); ferner Baumann, Einführung in die Rechtswissenschaft, 6. Aufl. München, 1980, S. 5 m.w. Nachw; Art. 1 der Allgemeine Erklärung der Menschenrechte verkündet von der Generalversammlung der Vereinten Nationen am 10. November 1948; Art. 3 Abs.1 GG.

18   The Regulations of the Supreme People's Court on Several Issues Concerning the Trial of International Trade Administrative Cases were issued by the Supreme People's Court on August 27, 2002 and came into force on October 1, 2002; abrufbar lediglich in einer Zusammenfassung unter: http://www.lehmanlaw.com/lib/library/Laws_regulations/ trade/regulation_cases2002.htm (03.11.2004).

Anwendbarkeit des GATT 1994 abgelehnt[19], während die WTO zumindest einen *„Principle of indirect effect"* erkennt[20].

Die Integration der chinesischen Wirtschaft in die Weltwirtschaft verlangt nicht nur die ökonomische Systemintegration, sondern flankierend entweder die Kreation oder die Rezeption solcher rechtlichen Grundlagen, die den Anforderungen internationaler Handelspartner und der Weltwirtschaft entsprechen. Welches Land, welches Rechtssystem dabei das Vorbild abgibt, spielt insoweit eine eher untergeordnete Rolle[21]. Dass eine solche Anpassung kein „Sonntagsspaziergang" ist, liegt auf der Hand. Vieles ist in China bereits geschehen[22], manches muss noch auf den Weg gebracht werden. Rechtssicherheit, Transparenz legislativer Entscheidungen und deren staatliche (judikative) Durchsetzbarkeit kennzeichnen das Wunschtrias internationaler nicht zuletzt deutscher im „China-Business" tätiger Unternehmen. Es wird zutreffend darauf aufmerksam gemacht, dass ein unmittelbarer Zusammenhang zwischen dem Rechtsstaatsprinzip und dem Wirtschaftswachstum in prosperierenden Gesellschaften besteht[23]. Die gegenseitige Abhängigkeit ist zwar kein Naturgesetz aber eine Interdependenz, die den empirisch-logischen Schluss zulässt, dass eine prosperierende Gesellschaft ohne Rechtsstaatsgarantien dauerhaft sowenig bestehen kann, wie das Rechtsstaatsprinzip in einer rezessiven, ausschließlich den Mangel verwaltenden Gesellschaft (bedauerlicherweise) nicht funktionieren wird. Missachtungen des Rechtsstaatsprinzips beeinträchtigen die wirtschaftliche Entwicklung, wie festgestellt wurde[24]. Die wesentlichen Anforderungen des WTO-Rechts an die Rechtsordnung Chinas lauten: Verstetigung des Rechtsstaatsprinzip und dessen

---

19 Zum Ganzen siehe Stoll/Schorkopf, a.a.O, Rz. 678, 681 m.w.Nachw; kritisch Meinhard Hilf/Götz J. Göttsche, Chinas Beitritt zur WTO, RIW 2003, S. 165; eingehend Andrea Ott, GATT und WTO im Gemeinschaftsrecht, 1997, Köln, S. 256, 262 ff. m. w. Nachw; zur unmittelbaren Anwendbarkeit der WTO-Übereinkommen in China, vgl. Robert Heuser, Die WTO und die Neugestaltung des chinesischen Außenhandels- und Ausländerinvestitionsrechts, in: Heuser/Klein, a.a.O. (Fn. 6), S. 21 ff.

20 Vgl. Christian Tietje, a.a.O., XX.

21 Vgl. hierzu z.B. LIANG Huixing, Die Rezeption ausländischen Zivilrechts in China, Newsletter der Deutsch-Chinesischen Juristenvereinigung, 2003, S. 68, ff. Wang Tzechien, Die Aufnahme des europäischen Rechts in China, AcP 166, S. 346, K. Bünger, Das neue chinesische BGB. Seine Entstehungsgeschichte und Systematik, Blätter für Internationales Privatrecht, 1931, Sp. 257 ff.

22 Vgl. die in Fn. 21 genannten Autoren.

23 Hierzu eingehender und überzeugend: DONG Yiliang, Chinas Beitritt zur WTO, Beitrittsverfahren und Anforderungen an die chinesische Rechtsordnung, Newsletter der Deutsch-Chinesischen Juristenvereinigung, 2003, S. 87 m.w. Nachw.

24 Vgl. DONG Yiliang unter Hinweis auf eine in 2002 erstellte Weltbankstudie zur Bedeutung des Rechts.

kontinuierliche Weiterentwicklung in der Zivil- und Wirtschaftsordnung. Das schließt die Unabhängigkeit der Gerichte ein, deren Besetzung auch qualitativen Anforderungen entsprechen muss. Eingeschlossen sind ferner die Gewährung effizienten Rechtsschutzes sowie ein mindestens zweistufiger Instanzenzug, in dem ein Berufungs- und Revisionsverfahren garantiert wird. Legislative, exekutive und judikative Entscheidungen müssen das Gebot der Transparenz erfüllen[25].

IV. Der Rechtsrahmen für den Technologietransfer von Deutschland nach China

1. Der Begriff des Technologietransfers

Der schillernde, häufig verwandte und nicht näher definierte Begriff des (internationalen) Technologietransfers[26] wird in der VR China in § 2 der Bestimmungen der Volksrepublik China über die Verwaltung der Ein- und Ausfuhr von Technik wie folgt definiert:

„Ein- und Ausfuhr von Technik im Sinne dieser Bestimmungen ist der Transfer von Technik von einem Gebiet außerhalb der VR China in das Gebiet der VR China hinein oder aus dem Gebiet der VR China heraus, sei es durch Handel, Investition oder technische Zusammenarbeit. Umfasst werden von dem Begriff des Technologietransfers z.B. die Abtretung von Patentrechten, die Abtretung des Rechts zur Patentanmeldung, zur Patentdurchführung, den Transfer des technischen Wissens sowie

---

25 Ders. S. 88.

26 Zum außerrechtlichen Bereich des Technologietransfers siehe Franz Pleschak (Hrsg.) Technologietransfer - Anforderungen und Entwicklungstendenzen, 2002, Stuttgart, http://www.isi.fhg.de/ir/download/technolgietransfer.pdf (besucht am 10.11.2004); kritisch zur neuen Rechtslage in Europa Thomas Lübbig, „... et dona ferentes": Anmerkungen zur neuen EG-Gruppenfreistellungsverordnung im Bereich des Technologietransfers GRURInt 2004, S. 483 ff.; siehe ferner zum gleichen Thema Jörg-Martin Schultze/Stephanie Pautke, Die neue Technologietransfer-Gruppenfreistellungsverordnung der Europäischen Kommission - Mission Completed, ESW 2004, S. 437 ff; zum Technologietransfer in China: Pattloch, Thomas, Die Neuordnung des internationalen Technologietransfers in der VR China, GRURInt 2003, S. 695 m. w. Nachw.; Lutz-Christian Wolff, Das internationale Wirtschaftsrecht der VR China, 1999, Heidelberg, S. 64 ff. sowie Andreas Diehn, Das Recht der Investitionen in China, 2000, Baden-Baden, S. 198, 205f.

den Transfer von Technik durch technische Dienstleistungen in sonstiger Weise"[27].

Technologietransfer wird somit als ein weiträumiges Handlungsfeld verstanden. Auf Art und Weise der Weitergabe kommt es mithin nicht an, auch nicht auf die rechtliche Qualität einer Transferhandlung. **Handel, Investition und technische Zusammenarbeit** sind die **drei zentralen Felder** auf denen der Technologietransfer vollzogen wird. Die rechtliche Systematik des Technologietransfers von Deutschland nach China in dem hier besprochenen Sinn lässt sich zunächst durch folgenden Überblick grob skizzieren und zum Zwecke des Überblicks darstellen, wobei auf die grundsätzlich erforderliche Darstellung zoll- und steuerrechtlicher Aspekte[28] verzichtet wird.

2. Überblick über den Rechtsrahmen bei dem internationalen Technologietransfer (Deutschland/China)

a)   System des Exportkontrollrechts in Europa und Deutschland

b)   Zivilrechtliche Bestimmungen über den Technologietransfer in der VR China (Vertragsgesetzbuch,1999)

c)   Technologietransfer vor dem Hintergrund des revidierten Außenhandelsgesetzes und der Distributionsvorschriften (2004)

d)   Bestimmungen über den Technologieimport und technische Zusammenarbeit (2001)

e)   Technologietransfer durch Investition – Vorschriften über die Direktinvestition durch Kapitalerbringung (2001)

f)   Transfer durch Übertragung geistigen Eigentums im Sinne des TRIPS

g)   Deutsch-Chinesischer Standardvertrag für Know How- und Patentlizenzen (2003)

---

27   Gabriele Jacob, Das chinesische Außenhandelsrecht für den Güterhandel im Lichte der WTO, Anhang: Bestimmungen der Volksrepublik China über die Verwaltung der Ein- und Ausfuhr von Technik (Übersetzung) in: Robert Heuser/Roland Klein (Hrsg.) Die WTO und das neue Ausländerinvestitions- und Außenhandelsrecht der VR China. Hamburg, 2004, S. 399.

28   Vgl. hierzu etwa Michael Pfarr, VR China: Steuerliche Behandlung von Technologietransfer und damit zusammenhängenden Leistungen IStR 2003, S. 340 ff.

3. System des Exportkontrollrechts in Europa und Deutschland, insbesondere technische Unterstützung im Sinne des Außenwirtschaftsrechts

Die Absicht eines Unternehmens, Technologie nach China[29] zu übertragen, lenkt den Blick primär auf das Exportkontrollrecht und dabei bei hoher Sensibilität auch auf die Dual-use-VO der EG. Exportkontrollrecht umfasst generell die Gesamtheit internationaler, europäischer und nationaler Rechtsnormen, deren Inhalt durch Verbote, Beschränkungen und Kontrollverfahren gekennzeichnet ist[30]. Rechtssystematisch ist das Exportkontrollrecht ein Bestandteil des Außenwirtschaftsrechts[31], das dem besonderen Verwaltungsrecht zugeordnet wird. Mit der systematischen Zuordnung allein ist noch nicht viel gewonnen. Für die Wirtschaft, Behörden und Gerichte sind vor allem die Rechtsgrundlagen maßgeblich, die eine Genehmigung oder deren Versagung ermöglichen. Das Exportkontrollrecht wird in Deutschland im Wesentlichen von folgenden Rechtsgrundlagen bestimmt:

- Verordnung (EG) Nr. 1334/2000 des Rates vom 22. Juni 2000 über eine Gemeinschaftsregelung für die Kontrolle der Ausfuhr von Gütern und Technologie mit doppeltem Verwendungszweck EG-VO Nr. 1334/2000 vom 22. Juni 2000 (EG Dual-use-VO)[32]
- Außenwirtschaftsgesetz (AWG) vom 28. April 1961[33]

---

29 Vgl. zur gescheiterten Ausfuhr der MOX-Brennelementeanlage in Hanau nach China Winfried Huck, Export von kerntechnischen Anlagen im System des internationalen und europäischen Wirtschaftsrechts, in: Norbert Pelzer (Hrsg.), Internationalisierung des A-tomrechts, Baden-Baden, (vorauss. Erscheinungsdatum: 2005).

30 Wolfgang Ehrlich, Das Genehmigungsverfahren für Dual-use-Waren im deutschen Exportkontrollrecht, Witten, 2003, (zugleich Diss., Münster, 2003), S. 1.

31 Olaf Simonsen, in: AWR-Kommentar, 5 Ergänzungslieferung, 04/2004, Ordnungsnummer 611, Rz. 18; zur internationalen Harmonisierung der Ausfuhrkontrolle, vgl. Erwin Dichtl, Faktische Grenzen der Exportkontrolle BB 1994, S. 1726 ff.

32 Abl. EG Nr. L 159, S. 1, zuletzt geändert am 31.08.2004 Abl. EG L 281 S. 1; zur Dual-Use-Verordnung mit jeweils umfangreichen Nachw.: Olaf Simonsen, in: Wolff-gang/Simonsen, AWR-Kommentar, 5 Ergänzungslieferung, 04/ 2004, Ordnungsnummer 122, Rz. 1 ff.; Wolfgang Lehr, Die neue EU-Dual-use-Verordnung 2000 und deren Auswirkung auf das Exportgeschäft, NVwZ 2001, S. 48 ff.; Ulrich Karpenstein, Die neue Dual-Use-Verordnung, EuZW 2000, S. 677; Harald Hohmann, Die Neufassung der Dual-Use-Verordnung für die Exportkontrolle, NJW 2000, S. 3765 ff.

33 BGBl. I, S. 481, zuletzt geändert durch Gesetz vom 24.8.2004, BGBl. I, S. 2198; Hasso Rieck, Zur Weiterentwicklung der Dual-Use-Verordnung, RIW 1999 ,S. 115 ff.

- Außenwirtschaftsverordnung (AWV) vom 18. Dezember 1986[34]
- Völkerrechtliche Verträge (z.b. Nichtverbreitungsvertrag)[35]
- Exportkontroll-Regime (z.b. Nuclear Suppliers Group)[36] und
- Embargos der EU und der UN[37]sowie der
- Verordnung (EWG) Nr. 2603/69 des Rates vom 20. Dezember 1969 zur Festlegung einer gemeinsamen Ausfuhrregelung[38]

Die Ausfuhr besonderer sensibler Güter, nämlich solcher mit doppeltem Verwendungszweck, unterliegt seit 1993 einer eigenständigen europäischen Normierung. Anlass für eine europaweite gemeinschaftliche Normierung war u.a. die Beteiligung deutscher Unternehmen bei der Chemiewaffenproduktion in Lybien[39]. Die Dual-Use-VO regelt die Kontrolle der Ausfuhr und in eingeschränktem Umfang auch die innergemeinschaftliche Verbringung von Gütern und

---

34 In der Fassung der Bekanntmachung vom 22.11.1993 (BGBl. I, S. 1934, 2493, zuletzt geändert durch Art. 1 der Verordnung v. 14.7.2004, BAnz. Nr. 134, 15581; Ausfuhrliste neugefasst durch Verordnung v. 26.11.2003, geändert durch Art. 2 des Gesetzes v. 23. 7.2004 (BGBl. I, S. 1859 ([Nr. 39]).

35 Zur Bedeutung internationaler Verträge im Exportkontrollrecht, vgl. Holger Beutel, in: AWR-Kommentar, 5 Ergänzungslieferung, 04/2004, Ordnungsnummer 51, Rz. 1 ff.

36 Sog. „Regime" sind völkerrechtlich nicht bindende multinationale Absprachen über Fragen der Exportkontrolle. Derzeit existieren 4 Kontrollregime: Die Nuclear Suppliers Group, die Australische Gruppe, das Missile Technology Control Regime und das Wassenaar Arrangement. Die Nuclear Suppliers Group ist für den Export von Dual-use-fähiger Nukleartechnologie von herausragender Bedeutung, vgl. zum Ganzen ferner: Walter Werner, Fortentwicklung der internationalen Exportkontrollregime, Aw-Prax 1998, S. 199 ff; Holger Beutel, in: AWR-Kommentar, 5 Ergänzungslieferung, 04/ 2004, Ordnungsnummer 51, Rz. 2-3.

37 hierzu Khan/Woll in: Hohmann/John, Ausfuhrrecht, 2002, München, Teil 3, Vor §§ 69a ff. AW, Rz. 89 ff; aktuelle Informationen sind über die Homepage des BAFA http://www.ausfuhrkontrolle.info/publikationen.htm

38 hierzu m. w. Nachw. und guten Argumenten, Hohmann, in: Hohmann/John, Ausfuhrrecht, Teil 1 EG-AusfuhrVO v. 1969 Rz 1ff, insbesondere zu der strittigen Abgrenzung zur Dual-use-VO Rz., 8-10, wobei überzeugend jenes Argument ist, dass „die Dual-use-VO den Freiheitsgrundsatz nur deshalb nicht erwähnt, weil mangels eines Spezialitätsverhältnisses der Grundsatz des Art. 1 EG-AusfuhrVO selbstverständlich auch dort gilt"; ebenso Ulrich Karpenstein, Europäisches Exportkontrollrecht, Stuttgart, 1998, S. 345f, Karpenstein/Sack, in: Hohmann/John, Ausfuhrrecht, Teil 2, Einl. EG-Dual-use-VO von 1994, Rz. 28:" zu beachten ist insbesondere die in Art. 1 der EG-AusfuhrVO postulierte allgemeine Ausfuhrfreiheit, die auch für Dual-Use-Güter gilt und auf die sich der Einzelne vor Gericht berufen kann"; zutreffend auch Wolfgang Ehrlich, Das Genehmigungsverfahren für Dual-use-Waren im deutschen Exportkontrollrecht, S. 115 ff. alle m.w. Nachw.

39 Ehrlich, aaO., S. 2

Technologie mit doppeltem, nämlich zivilem wie militärischem Verwendungszweck. Die novellierte EG-Dual-Use-Verordnung (EG) 1334/2000 trat am 28.
September 2000 nebst 4 Anhängen in Kraft. Durch die Definition des Rechtsbegriffs der Ausfuhr (Art. 2 b der Dual-use-VO) wird klargestellt, dass es im
Zeitalter der Internetrevolution nicht auf die Art und Weise der Übertragung von
Technologie ankommt: die Übertragung von Software und Technologie mittels
elektronischer Medien wie PC und Telefax wird ebenso wie die mündliche Weitergabe durch Verlesen oder Beschreibung eines Dokuments am Telefon erfasst
(Art. 2 b iii Dual-use-VO).

4. Zuständigkeit für den Technologietransfer in China

Die Zuständigkeit in China für den internationalen Technologietransfer ist das
seit dem 25. März 2003 gegründete Handelsministerium (Ministry of Commerce
(MOC), das in sich verschiedene staatliche Kommissionen und das ehemalige
MOFTEC (Ministry for Foreign Trade and Economic Cooperation) aufnimmt[40].

5. Technologietransfer nach dem Vertragsgesetz der VR China von 1999 (VG)

a) Überblick über die Typologie chinesischer Technolgievertragstypen

Eine der wesentlichen Grundlagen zum Verständnis eines chinesischen Techno-
logietransfervertrags auf den drei vorerwähnten Feldern des Handels, der Investition oder der technischen Unterstützung ist das moderne chinesische Vertragsgesetzbuch, von 1999[41] das im 18. Kapitel in vier Abschnitte gegliederte Bestimmungen zum Abschluss von **4 unterschiedlichen Technikverträgen** enthält.

Aufschlussreich ist insoweit die Gliederung des 18. Kapitels: Technikverträge:

1. Abschnitt: Allgemeine Bestimmungen

2. Abschnitt: Verträge über die Entwicklung von Techniken

3. Abschnitt: Verträge über die Übertragung von Techniken

4. Abschnitt: Verträge über technische Beratung und Verträge über technische
   Dienstleistungen[42]

---

40 Pattloch, Thomas, Die Neuordnung des internationalen Technologietransfers in der VR
    China, GRURInt 2003, S. 695 m.w.Nachw.

41 Vgl. hierzu z.B. Shao Jiandong und Eva Drewes (Hrsg.), Chinesisches Zivil- und Wirt-
    schaftsrecht, 2001, Hamburg.

42 Als Grundlage dient die Übersetzung des Vertragsgesetzes von Frank Münzel in: Chinas
    Recht, http://www.jura.uni-goettingen.de/chinarecht (07.01.2005).

Technikverträge nach chinesischem Recht sind Verträge, in denen für die Entwicklung und für die Übertragung von Techniken, für technische Beratung und für technische Dienstleistungen die gegenseitigen Rechte und Pflichten festgesetzt werden[43]. Dabei sollen die Verträge allerdings zweckorientiert „für den wissenschaftlich-technischen Fortschritt von Nutzen sein und die Umwandlung, Anwendung und Verbreitung wissenschaftlich-technischer Ergebnisse beschleunigen"[44].

Der Regelungsgehalt von Technikverträgen ist den Parteien grundsätzlich überlassen. Aunahmen sind in Fachgesetzen näher bestimmt. In der Regel enthalten Technikverträge folgende Vereinbarungen[45]:

1. Bezeichnung des Vorhabens;

2. Inhalt, Bereich und Anforderungen des Vertragsgegenstandes;

3. Plan, Ablauf, Fristen, Orte, Gebiete und Art und Weise der Ausführung;

4. Geheimhaltung der technischen Informationen und Unterlagen;

5. Gefahrtragung;

6. wem die technischen Ergebnisse gehören sollen, wie ihre Nutzungen verteilt werden;

7. Abnahmenormen und Abnahmeverfahren;

8. Preis bzw. Entgelt oder Gebrauchsgebühren und Zahlungsweise;

9. Berechnung von Vertragsstrafen oder Schadenersatz;

10. Art und Weise der Beilegung von Streitigkeiten;

11. Erklärung von Bezeichnungen und Fachausdrücken.

Es entspricht den internationalen Gepflogenheiten, Vertragsunterlagen durch Referenzen in den Vertrag zu inkorporieren, wie z.B. Unterlagen zum technischen Hintergrund, die Beweisführung der Durchführbarkeit und Berichte zur technischen Bewertung, Aufgabenstellungen und Planurkunden für das Vorhaben, technische Normen und Regeln, erste Projektierungen und Schriftstücke zur Technologie und andere technische Schriftstücke und Akten[46]. Sofern Patente von einem Technikvertrag umfasst werden, muss die Bezeichnung der Erfin-

---

43   § 322 VG.

44   Vgl. § 323 VG.

45   Vgl. § 323 VG.

46   Vgl. so explizit § 323 VG.

dungsschöpfung, den Patentantragssteller und den Patentinhaber, Datum und Nummer des Antrags, die Nummer des Patents und die Gültigkeitsdauer des Patents in dem Vertrag vermerkt werden[47].

Soweit der Vertragsgegenstand ein Monopol errichtet oder illegale Technik verwendet oder der Vertragsgegenstand den technischen Fortschritt behindert oder es sich um einen Vertrag handelt, der technische Ergebnisse anderer verletzt, ist der Vertrag nichtig (vgl. § 329 VG).

b) Verträge über die Entwicklung von Techniken

Gegenstand eines Entwicklungsvertrags ist Forschung und Entwicklung in Bezug auf neue Techniken, neue Produkte, neue Technologien und neue Materialien und deren Systeme. Zum Vertrag über die Entwicklung von Techniken gehören der Entwicklungsauftragsvertrag und der Entwicklungskooperationsvertrag. Der Vertrag über die Entwicklung von Techniken bedarf der Schriftform[48]. Das Schriftformerfordernis wird auch durch ausgetauschte elektronische Daten und E-Mails erfüllt[49].

c) Verträge über den Technologietransfer (Übertragung von Technik)

Zum Gegenstand eines Vertrags zur Übertragung von Technologie gehört die Übertragung von Patenten, die Übertragung des Rechts, ein Patent zu beantragen, die Übertragung technischer Geheimnisse und die Lizenz zur Anwendung von Patenten. Der Vertrag über die Übertragung von Techniken bedarf der Schriftform[50].

d) Verträge über technische Beratung und Verträge über technische Dienstleistungen

Zu den Verträgen über technische Beratung gehören Verträge, nach denen für bestimmte technische Vorhaben die Beweisführung der Durchführbarkeit, technische Prognosen, technische Untersuchungen besonderer Fragen, analysierende und bewertende Berichte und anderes gestellt werden. Verträge über technische Dienstleistungen sind Verträge, nach denen eine Partei mit technischem Wissen für die andere Partei bestimmte technische Fragen löst; nicht dazu gehören Bauleistungsverträge und Werkverträge[51].

---

47   § 324 Satz 2.
48   Vgl. § 330 VG.
49   Vgl. § 11 VG.
50   Vgl. § 342 VG.
51   Vgl. § 356 VG.

e) Sachlicher Anwendungsbereich des Vertragsgesetzes

Das Vertragsgesetz gilt seit 1. Oktober 1999 in seinem Allgemeinen Teil für sämtliche zivilrechtlichen Verträge; es ist allerdings keine vollständige Zivilrechtskodifikation.[52] Hiervon unberührt bleiben **andere zivilrechtliche Bestimmungen**, die mit dem Erlass des Vertragsgesetzbuches nicht aufgehoben worden und daher noch in Kraft sind[53]. Das Vertragsgesetz wird ergänzt durch die Allgemeinen Grundsätze des Zivilrechts (AGZ)[54] sowie die vom Obersten Volksgericht herausgegebenen Ansichten[55], die für die untergeordneten Gerichte bindend sind[56]. Das Vertragsgesetz ist **subsidiär** gegenüber bestehenden Gesetzen, die vertragliche Regelungen enthalten, so z.B. bei internationalen Technologietransferverträgen, soweit diese in spezielleren Gesetzen gesonderte Berücksichtigung gefunden haben[57]. Die Parteien eines Vertrags mit Auslandsbezug können das bei der Regelung von Vertragsstreitigkeiten anzuwendende Recht frei wählen, soweit gesetzlich nichts anderes bestimmt ist[58]. Wenn die Parteien eines Vertrags mit Auslandsbezug keine Wahl getroffen haben, wird das Recht des Staates mit der engsten Verbindung zum Vertrag angewandt, das bei Technologietransferverträgen im Regelfall die VR China sein dürfte[59]. Grundsätzlich gilt Folgendes: Auf im Gebiet der VR China zu erfüllende Verträge über chinesisch-ausländische mit gemeinsamem Kapital betriebene Unternehmen, über chinesisch-ausländische kooperativ betriebene Unternehmen und über chinesisch-ausländische gemeinsame Erschließung und Ausbeutung natürlicher Res-

---

52   Nicht im Vertragsgesetz geregelt sind Familien- und Erbrecht sowie das Recht der unerlaubten Handlungen und das Produkthaftungsrecht; auch das Immobilienrecht ist außerhalb des Vertragsgesetzes geregelt.

53   Zu den Schwierigkeiten der Auslegung von chinesischem Gesetzesrecht im Ausland, siehe Harro v. Senger, Einführung in das chinesische Recht, München, 1994, S. 175 ff., 191, 192 ff.

54   Allgemeine Grundsätze des Zivilrechts der VR China, verabschiedet auf der 4. Sitzung des 6. Nationalen Volkskongresses am 12.4.1986, die ergänzt werden durch „Versuchsweise durchgeführte Ansichten des Obersten Volksgerichts zu einigen Fragen der Anwendung der Allgemeinen Grundsätze des Zivilrechts der VR China", am 26.1.1988 von der Urteilskommission des Gerichts verabschiedet und am 2.4.1988 mit Fa (ban) fa 1988/6 den Gerichten mitgeteilt, vgl. Frank Münzel a.a.O.

55   Erläuterungen des Obersten Volksgerichts zu einigen Fragen des Vertragsgesetzes, bekannt gemacht am 19.12.1999, in Kraft am 29.12.1999, vgl. hierzu die Übersetzung und die Quellenangabe von Frank Münzel in Fn. 42.

56   Tobias Beuchert/YU Rong, Regelungen zur Rechtsgeschäftslehre, in: Shao/Drewes (Hrsg.), Chinesisches Zivil- und Wirtschaftsrecht, Hamburg, 2001, S. 17.

57   Vgl. § 123 VG.

58   Vgl. § 126 VG.

59   Vgl. § 126 VG.

sourcen wird das Recht der VR China angewandt[60]. Mängel der Schriftform
werden durch Erfüllung der Hauptpflicht und deren Annahme geheilt[61].

6. Rechtslage für den Import und Export von Hochtechnologie

a) Rechtslage bis 2001

Alte ehemalige Regelungen zwangen die Importeure von westlicher Technologie zu einer Lizenzierung bzw. Genehmigung. Ohne Genehmigung staatlicher
Stellen konnte geistiges Eigentum nicht übertragen werden. Besonderes Kenn-
zeichen des Verfahrens war die Vorlage einer Machbarkeitsstudie (feasibility
study) gegenüber der zuständigen Verwaltung, die dann aufgrund dieser Studie
über den Fortgang oder den Abschluss eines Vertrages zu entscheiden hatte.
Nach Vertragsabschluss mussten die Verträge vorgelegt werden, die nicht nur
formell, sondern inhaltlich geprüft wurden. Die Parteien waren in der Regel
nicht sonderlich erbaut ob dieser Vorgänge, so dass erste Lockerungen durch
Versuchsweise Bestimmungen ab 1996 durch das Außenhandelsministerium
ermöglicht wurden[62]. Nachteile des alten Lizenzierungssystems lagen in der
Laufzeit: max. 10 Jahre mit eng begrenzten Ausnahmen, bei Patenten war eine
Laufzeitverlängerung überhaupt nicht möglich. Natürliche Personen durften
nicht handeln, nur Kapitalgesellschaften[63]. Von besonderem Interesse: Geheim-
haltungsvereinbarungen waren nach altem Recht grundsätzlich nur für den Zeitraum der Vertragsdauer wirksam[64]. Nach altem Recht fiel die lizenzierte Technologie nach Ablauf der Vertragslaufzeit automatisch an den Lizenznehmer zur
freien Benutzung[65]. Diese gesetzlichen Bestimmungen gelten indes nicht mehr.
Ausnahmen bestehen jedoch z.B. bei der Einbringung von Technologie in ein
Joint Venture (dazu gleich mehr).

b) Sachlicher Anwendungsbereich der Verwaltungsbestimmungen für den Technologieimport und -export vom 10. Dezember 2001

Die Änderungen, die zu der jetzigen Rechtslage geführt haben, erfolgten vor
dem Hintergrund des WTO-Beitritts. **Die Verwaltungsbestimmungen für den**

---

60   Vgl. § 126 VG.

61   Vgl. § 37 VG.

62   Vgl. hierzu Pattloch, Thomas, Die Neuordnung des internationalen Technologietransfers
      in der VR China, GRURInt 2003, S. 696.

63   Durch das revidierte Außenhandelsgesetz gilt heute eine andere Regelung.

64   Pattloch, a.a.O., S. 697.

65   Ders., a.a.O.

Technologieimport und -export vom 10. Dezember 2001[66], sind zum 1. Januar 2002 in Kraft getreten. Der sachliche Anwendungsbereich der Bestimmungen ist derart weit gefasst, dass jedwede Technologie gleich welcher Form, ob verkörpert oder nicht körperlich dem Anwendungsbereich unterfällt. Allerdings: trotz aller Liberalität, die mit dem WTO-System Einzug hält, ist die Zweckrichtung des Gesetzes und die in ihm verankerten politischen Richtlinien, die Ermessen und Auslegung in Zweifelsfällen steuern, nicht nur deklaratorischer Natur. Die Zweckrichtung der Bestimmungen wird anhand der Formulierung deutlich, dass die Einfuhr von Technologie der gesellschaftlichen Entwicklung zu entsprechen und der **Wahrung der Rechte und Interessen Chinas hinsichtlich von Wirtschaft und Technik** zu nutzen hat. Somit ist hinreichend nachvollziehbar, welcher Akzent in Zweifelsfällen oder im Rahmen der Ermessensausübung durch die Exekutive gesetzt wird.

c) Einfuhr von Technik

Der (WTO-konforme) Grundsatz lautet, dass die Einfuhr von Technik grundsätzlich frei ist und keiner gesonderten öffentlich-rechtlichen Genehmigung bedarf, es sei denn, gesonderte gesetzliche Bestimmungen (Gesetze und Verwaltungsrechtsbestimmungen) sehen ein besonderes Verfahren vor, was nicht selten der Fall ist.

d) Genehmigungsverfahren auf Erteilung einer Lizenz zum Abschluss eines Technologietransfervertrages

aa) Der Ablauf des formellen Lizenzierungsverfahrens

Die Einfuhr von praktikabler, fortschrittlicher und moderner Technik wird vom Staat unterstützt, wie es in § 7 der Bestimmungen programmatisch heißt. Zu unterscheiden sind freie, beschränkte und verbotene Techniken. Das MOC gibt Listen der Technik heraus, die verboten oder beschränkt sind[67]. Technik, die verboten ist, darf nicht eingeführt werden[68]. Die Einfuhr von beschränkter Technik ist erst dann zulässig, wenn zuvor ein Lizenzsystem durchgeführt worden ist[69]. Besonderheiten gelten bei sog. freier Technik, also solcher, deren Import weder verboten noch beschränkt ist, die lediglich einer deklaratorischen Registrierung (was eine schwächere Form eines Genehmigungsverfahrens ist und im

---

66 Übersetzung und Kommentierung von Gabriele Jacob, in: Robert Heuser/Roland Klein, Die WTO und das neue Ausländerinvestitions- und Außenhandelsrecht der VR China, S. 399, Hamburg, 2004.

67 Vgl. § 8 Satz 2.

68 Vgl. § 9.

69 Vgl. § 10.

deutschen Verwaltungsrecht mit einer behördlichen Anzeige vergleichbar ist) bedarf. Hierfür sind der zuständigen Behörde folgende Dokumente vorzulegen:

- Antrag auf Registrierung des Technikimportvertrags
- Kopie des Technikimportvertrags
- Beweisdokumente zum rechtlichen Status der vertragsunterzeichnenden Parteien (vgl. § 18).

Der Vertrag über den Technologietransfer bei freier Technik zwischen dem (z.B.) deutschen Importeur und dem chinesischen Unternehmen wird unmittelbar wirksam und ist - im Gegensatz zu der beschränkten Technik - nicht abhängig von der Registrierung[70].

Besonderheiten gelten für die der Kategorie der beschränkten Technik unterfallenden Gegenstände. Während sog. verbotene Technik nicht eingeführt werden darf (§ 17), ist beschränkte Technik importfähig, allerdings erst nach vorheriger Genehmigung durch die zuständigen Behörden. Ob dieser Verfahrensschritt dem in unseren Denkkategorien bekannten präventiven Verbot mit Erlaubnisvorbehalt entspricht, ist unerheblich. Grundrechte, die einen durchsetzbaren Anspruch auf Genehmigung erzeugen, sind nicht hinreichend klar erkennbar. Soweit es sich bei dem importierten Gegenstand um Technologie handelt, die als **beschränkte Technik** gilt, ist zwingend vor der Ausfuhr ein Lizenzierungsverfahren durchzuführen; ohne Lizenz ist ein Import verboten. Nach Einreichung und Prüfung wird durch die zuständige Behörde ein amtliches aber vorläufiges Dokument über die Absicht der Lizenzierung eines Technikimports ausgestellt. Erst nach Erhalt dieses Dokuments ist der Abschluss eines Technikimportvertrages möglich, der in einem nächsten Schritt zur Beantragung einer endgültigen Lizenz in Kopie einzureichen ist. **Der Technikimportvertrag wird am Tag der Lizenzerteilung wirksam (§§ 11-16).** Die Beendigung des Vertrages ist meldepflichtig (§ 21 Satz 2). Änderungen eines Vertrages während der genehmigten Laufzeit bedürfen einer Lizenzierung, so dass sämtliche Genehmigungsschritte in dem Lizenzierungsverfahren erneut zu durchlaufen sind (§ 21 Satz 1).

bb) Materielle Prüfkriterien im Lizenzierungsverfahren

Das MOC prüft die Verträge inhaltlich. Besondere Vertragsklauseln spielen eine erhebliche Rolle. In der Praxis findet sich die Empfehlung, auch bei neuer und scheinbar freier Technologie das Registrierungsverfahren abzuwarten und erst dann mit der Erfüllung und Abwicklung des Vertrags zu beginnen. Die Problematik dürfte sich in Grenzfällen auftun, wenn der Inhalt des Vertrags sowohl der

---

70   Vgl. § 17 und Erläuterungen des Obersten Volksgerichts zu einigen Fragen des Vertragsgesetzes vom 29.12.1999, in: Frank Münzel, Chinas Recht 2001.1 15.3.1999/1, zu § 44 Vertragsgesetzbuch; Internetadresse siehe Fn. 42.

freien als auch der beschränkten Technologie zugehörig sein kann und eine eindeutige Differenzierung Schwierigkeiten bereitet. In diesem Fall liegt es auf der Hand, dass die Frage einer Vertragswirksamkeit, die ja an das formelle Verfahren gebunden ist, durch die Entscheidung des MOC über die Zuordnung der Technologie getroffen wird. Auf folgende materielle Prüfkriterien kommt es bei dem Genehmigungsverfahren an:

(1) Garantien des Lizenzgebers

Erforderlich ist die Garantie, dass der importierende Beteiligte rechtmäßiger Inhaber der gelieferten Technik und hinreichend legitimiert ist, die Technik zu übertragen oder zu lizenzieren[71]. Der Lizenzgeber eines Technikimportvertrages hat des Weiteren zu garantieren, dass die von ihm gelieferte Technik **vollständig, fehlerfrei, wirksam und zur Erreichung der technischen Zielsetzung** geeignet ist. Es liegt auf der Hand, dass etwaige Schadensersatzansprüche über diese Klausel geleitet werden, bis hin zu nicht auszuschließenden Produkthaftungsansprüchen[72], bei denen der maßgebliche Fehler nicht in der Produktion, sondern durchaus in der gelieferten Technik letztendlich von ermittelnden chinesischen Behörden verortet werden kann[73]. Letztlich dürfte einer administrativen Behauptung, die gelieferte Technik sei nicht geeignet, die technische Zielsetzung zu erreichen, schwerlich Erhebliches entgegengesetzt werden können.

Als eine besondere Finesse dürfte sich in der Praxis die Bestimmung des § 28 erweisen. Danach können die Parteien eines Technologievertrages nach dem Ende der vertraglich festgelegten Laufzeit unter den Prinzipien der Fairness und der Vernunft über die weitere Nutzung verhandeln. Mit dieser „Verhandlungsoption" ist jedenfalls strikt ausgeschlossen, dass die Lizenz erlischt; ebenso ist ausgeschlossen, dass nach der Vertragslaufzeit der Lizenznehmer das ausschließliche Recht erhält, die Lizenz weiter zu nutzen, wie es nach den Vorläuferregelungen der Fall war[74]. Fairness und Vernunft lassen je nach Standpunkt unterschiedliche Vorstellungen zu.

(2) Verbot restriktiver Bestimmungen

Einer materiellen, inhaltlichen Prüfung werden die Technikverträge vor allem im Hinblick auf das Verbot restriktiver Bestimmungen unterzogen, die zu vermeiden im Interesse einer zügigen Geschäftsabwicklung liegen dürfte. Dabei

---

71   Vgl. § 24.

72   Zur Produkthaftung in China vgl. Genhiz Chen, Produkthaftung in der Volksrepublik China und Taiwan, Frankfurt a. M., 2001.

73   Vgl. § 25.

74   Siehe Fn. 56.

verdienen bei der Abfassung eines Technologietransfervertrages folgende Punkte besondere Beachtung[75]:

- Kopplungsgeschäfte
- Weitere Entrichtung von Nutzungsgebühren nach Ablauf des Patents
- Keine Beschränkung, die Technik zu verbessern oder eine verbesserte Technik zu nutzen
- Keine Beschränkung aus anderen Quellen Technik zu erwerben, die der gelieferten ähnlich oder in Konkurrenz steht
- Bezugskanäle und Quellen zu beschränken
- Beschränkung der hergestellten Menge, Produktarten und Preisen
- Exportwege unvernünftig zu beschränken.

e) Geheimhaltungsklauseln

Die Mitarbeiter der Genehmigungsbehörden (Ministry of Commerce) sind verpflichtet, die im Rahmen der Verwaltungsverfahren bekannt gewordenen Geschäftsgeheimnisse geheim zu halten. Ebenfalls sind die beiden Vertragspartner im Rahmen ihrer vertraglichen Vereinbarungen zur Geheimhaltung verpflichtet[76]. Die Verpflichtung entfällt nicht allein deshalb, weil der Vertrag nicht zustande kommt, nichtig ist und bleibt oder bei fehlender Zustimmung durch das MOC, wie sich aus § 43 Vertragsgesetz ergibt[77]. Die Geheimhaltungsverpflichtungen werden durch strafrechtliche Normen abgesichert.

7. Technologietransfer vor dem Hintergrund des neuen Außenhandelsgesetzes

Fraglich ist, ob und inwieweit das neue chinesische Außenhandelsgesetz (AHG) die Bestimmungen über die Verwaltung der Einfuhr und Ausfuhr von Technik beeinflusst. Nach meinem Verständnis werden die bestehenden Verwaltungsbestimmungen durch das AHG mittelbar insofern geändert, als dass das revidierte AHG Freiheiten postuliert, die in etwaige Wertungsspielräume einfließen und in Teilen evtl. zu einer liberaleren Akzentuierung führen können. Im Übrigen dürfte sich aus § 16 Ziffer 10 des AHG ergeben, dass die Verwaltungsbestimmungen nahtlos mit dem AHG verbunden werden können. Das neue chinesische

---

75   Vgl. 29.

76   Vgl. §§ 23, 26.

77   Pattloch, a.a.O., S. 702.

Außenhandelsgesetz liegt bereits in zwei Übersetzungen in deutscher Sprache vor[78].

8. Technologietransfer vor dem Hintergrund des revidierten Außenhandelsgesetzes (AHG)

a) Überblick

Mit dem Erlass des revidierten AHG am 1. Juli 2004 ist ein weiterer Meilenstein auf dem Weg in die Welthandelsgemeinschaft gesetzt worden, auch wenn manche offene Fragen, wie z.b. die Verzahnung mit anderen Gesetzen und Verordnungen, die Auslegung und Interpretationen durch die zuständigen Verwaltungsbehörden zu beantworten sind und eine Vielzahl von Bestimmungen noch zu erlassen sein dürften[79]. Das Außenhandelsgesetz ist von seiner Konzeption ein Rahmengesetz, das durch weitere, noch zu formulierende Bestimmungen klarere Konturen erhalten wird. Wesentlich ist, dass nunmehr auch natürliche Personen in China berechtigt sind, Außenhandel zu betreiben. Das bisherige Genehmigungsverfahren für Außenhandelsunternehmer wird aufgehoben und durch ein einfaches Registrierungsverfahren ersetzt, dass in Deutschland am ehesten mit einem Anzeigeverfahren vergleichbar ist. Neben anderen administrativen Änderungen und Optimierungen, ist eine automatische Importgenehmigung für bestimmte Produkte vorgesehen, die nahezu frei eingeführt werden können. Um die TRIPS Vereinbarung zu erfüllen, wurde das Außenhandelsge-

---

78 Übersetzung und knapper Kommentar zum neuen Foreign Trade Law von Robert Heuser, Die Integration der WTO in das chinesische Außenhandelsrecht, CHINA aktuell 2004, S. 528 ff. (Deutsche Übersetzung des Außenhandelsgesetzes) sowie von Mathias Müller, Außenhandelsgesetz der VR China, ZChinR 2004, S. 250 ff.

79 Hierzu: Robert Heuser, Die Integration der WTO in das chinesische Außenhandelsrecht, CHINA aktuell 2004, S. 528 ff. (Deutsche Übersetzung des Außenhandelsgesetzes); Hinrich Julius/Matthias Müller, Das neue chinesische Außenhandelsrecht, ZChinR 2004, S. 215 ff.; Winfried Huck, China auf dem Weg in das WTO-System: Das neue Foreign Trade Law, in: Mitteilungsblatt des Chinesischen Zentrums Hannover e.V. November 2004, in: China-Contact, Heft 11, 2004; Neal Stender, Matthew McConkey & Bi XING, Coudert Brothers LLP, China's Foreign Trade Law Revised for WTO ERA, 7. Juni 2004, Hong-Kong; ders.: China's Foreign Trade Law Revised for WTO ERA, China Law & Practise May 2004, S. 14 ff. Dieter de Smet, Wenger; Vieli, Belser, China Legal Report, May 2004, The New Foreign Trade Law of the People's Republic of China, Bejing; Maarten Ross, Wang Jing & Co, Legal Newsletter, Issue 4 – April 2004, Dramatic Opening – up of Domestic Commerce and Foreign Trade, Guangzhou; Elaine LO/Andy YIP, China Adds New Link to Chain of Investment Opportunities, asialaw, May 2004, S. 33 ff.; Sang KE, The new foreign trade law, China Economic News (no. 29) 2nd August, 2004, S. 5 ff.; Shirley XU/Randall Peerenboom, Grand Opening: New Rules for Foreign Investment Break Open China's Commercial Sector, in: China Law and Practice, May 2004, S. 12.

setz um den besonderen Schutz des geistigen Eigentums WTO-konform ausgestaltet.

b) Systematik des neuen Außenhandelsgesetzes

Das jetzt novellierte Außenhandelsgesetz hat seinen Ursprung in 1994 und damit in einer Zeit, als China über den Beitritt in die WTO verhandelte. Das aus den 90ern stammende damalige Außenhandelsgesetz atmete den Geist der damaligen Zeit; Kontrolle durch administrative Vorgaben und andere behördliche Lenkungsinstrumente zur Regelung der Außenwirtschaft bestimmten den Kolorit eines auf 44 Artikel ausgelegten Gesetzes, das aber in der Praxis als schwer handhabbar galt. Das neue Außenhandelsgesetz ist in 11 Kapitel und 70 Artikel (wobei allein die Anzahl der Artikel keine qualitative Beurteilung erlaubt) unterteilt:

1. Allgemeine Regeln

2. Außenhandelsunternehmer (oder Außenhandelsbetreiber)[80]

3. Ein- und Ausfuhr von Gütern und Technik

4. Internationaler Dienstleistungshandel

5. Schutz des geistigen Eigentums im Außenhandel

6. Ordnung des Außenhandels

7. Untersuchung zum Außenhandel

8. Schutzmaßnahmen im Außenhandel

9. Förderung des Außenhandels

10. Gesetzliche Haftung

11. Ergänzende Regelungen

c) Was wird unter Außenhandel verstanden und wer ist davon betroffen?

Unter Außenhandel ist der Import oder Export von Gütern, Technik und der internationale Dienstleistungshandel zu verstehen (Art. 2). Der Außenhandelsunternehmer und damit das Rechtssubjekt, an das Rechtsfolgen anknüpfen, ist entweder eine registrierte juristische Person, eine Organisation oder eine natürliche Person, die Außenhandel betreibt (Art. 8).

---

80 Vgl. die Übersetzungen von Heuser und Müller, Fn. 78.

d) Inwiefern ist der Grundsatz des freien Warenverkehrs verwirklicht?

Der Grundsatz des freien Warenhandels ist in Art. 14 fixiert: danach gestattet der Staat die freie Ein- und Ausfuhr von Gütern und Technik, es sei denn in Gesetzen oder Verwaltungsbestimmungen wird etwas anderes vorgeschrieben. Ob der Grundsatz: *in dubio pro libertate* zur Anwendung gelangt, wird abzuwarten sein. Auffällig ist eine Vielzahl von sehr weit gefassten Ausnahmebestimmungen, die je nach Freiheitsgrad der Interpretation die Freiheit des Warenverkehrs durchaus auch empfindlich beeinträchtigen können.

e) Voraussetzungen für den Außenhandel

Die Voraussetzungen sind erheblich vereinfacht worden. Voraussetzung für die Geschäftätigkeit ist lediglich eine (formale) Registrierung. Das Gesetz ermutigt eine Vielzahl von kleinen und mittleren Unternehmen Außenhandel zu betreiben (Art. 58). Gefördert wird auch die Entwicklung des Außenhandels in unterentwickelten Regionen und ethnisch autonomen Regionen (Art. 58, 59).

f) Technologietransfer für vollständig investierte ausländische Unternehmen nach den Verwaltungsvorschriften für die Handelsaktivitäten ausländisch investierter Unternehmen?

Von dem Recht Außenhandel zu betreiben, ist die Frage zu unterscheiden, ob und in welchem Umfang ausländische investierte Unternehmen in China Waren oder Technologie importieren (und exportieren) dürfen. Auf diese Frage gibt das Außenhandelsgesetz keine Auskunft, wohl aber die **Verwaltungsvorschriften für die Handelsaktivitäten ausländisch investierter Unternehmen, die am 1. Juni 2004 in Kraft** getreten sind. Das Besondere: die neue Außenhandelsfreiheit gilt auch für ausländische Unternehmen und Unternehmer. Der Marktzutritt auch für kleinere Gesellschaften sollte erheblich erleichtert werden. Falls keine Registrierung vorliegt, kann die fehlende Registrierung (ähnlich einer Anzeigeverpflichtung) mit einem Importagenten oder zugelassenen Außenhandelsgesellschaften überbrückt werden. Das neue Gesetz eröffnet neue Chancen. Bisher konnten die 100 % Auslandsunternehmen (WFOE) in China nicht sämtlichen Geschäften nachgehen. Lediglich der Verkauf von in China hergestellten Produkten war im In- und Ausland möglich, nicht aber der Vertrieb von Exportware oder von Waren und Gegenständen des im Ausland beheimateten Mutterhauses. Der Dienstleistungshandel wird gleichbehandelt. Es wird allen Unternehmen und auch Einzelpersonen gestattet, Import- und Exportgeschäfte zu tätigen, auch den ausländisch investierten Gesellschaften. Das neue Außenhandelsgesetz wird Einfluss auf die bisherige Unternehmensorganisation ausüben und Anlass zur Realisierung von Einsparpotentialen in den Vertriebsstrukturen bieten. Erstmals dürfen ausländisch investierte Unternehmen auch solche Waren verkaufen, die sie nicht selbst produziert haben, sondern z.B. von der Gesellschaft aus dem Ausland nach China importiert werden[81].

g) Ab welchem Zeitpunkt und für welche Geschäftsfelder ist die Gründung ausschließlich ausländisch investierter Unternehmen zulässig?

Mit der Liberalisierung des Handels wird ab dem 11.12.2004 die Gründung ausschließlich ausländisch investierter Handelsunternehmen Wholly Foreign Owned Enterprise (WFOE) gestattet, deren Sitz nicht in bestimmten Wirtschaftszonen vorgeschrieben ist. Folgende Betätigungsfelder sind für die ausländisch investierten Handelsunternehmen vorgesehen:

1. Vertretungsgeschäfte auf Provisionsbasis

2. Großhandel

3. Einzelhandel, auch durch Fernseh-, Telefon-, Versand-, Internet- oder Automatenverkauf

4. Franchisegeschäfte

Ausländische Unternehmen, die eine der vier genannten Aktivitäten in der VR China durchführen möchten, müssen hierfür ein Handelsunternehmen in der VR China gründen.

Bestehende Unternehmen dürfen ihre Geschäftsbasis verbreitern und in den vier Geschäftsfeldern aktiv werden, was die Beantragung oder die Erweiterung einer Geschäftslizenz üblicherweise voraussetzt. Die endgültige Genehmigung erteilt das Ministry of Commerce, Beijing, (MOC). Bis zu diesem Zeitpunkt wird durch die primär zuständigen lokalen Behörden eine vorläufige Genehmigung erteilt. Genehmigungsverfahren sollen die Dauer von 3 Monaten für eine Zulassung oder für die Entscheidung über eine Versagung nicht überschreiten. Bestimmte Waren unterliegen besonderen Beschränkungen und speziellen Bestimmungen. Teilweise ist der Handel nicht erlaubt (Tabak und Salz) oder aber erst ab einem bestimmten Datum zulässig (z.B. Kunstdünger: nicht vor dem

---

81   Hierzu auch Fn. 59; Horst Suhren/Wenbao Qiao, Vereinfachte Regelungen für ausländische Investoren in der chinesischen Werbebranche, in: Mitteilungsblatt des Chinesischen Zentrums Hannover, e.V. November 2004, in: China-Contact, Heft 11, 2004; vgl. zum Ganzen Elaine LO/Andy YIP, China Adds New Link to Chain of Investment Opportunities, asialaw, May 2004, S. 33 ff.; Roland Klein, VR China erlässt neue Verwaltungsvorschriften für Handelsaktivitäten ausländisch investierter Unternehmen, in: Deutsch-Chinesische Wirtschaftsvereinigung, 2004, Düsseldorf, Jan Burschmann, Die chinesischen Verwaltungsvorschriften für ausländisch investierte Untenehmen im Handelssektor von 1999 und 2004 im Vergleich, ZChinR 2004, S. 244 ff.;

11.12.2006 oder Medikamente nicht vor dem 11.12.2004). Für den Vertrieb von Kraftfahrzeugen werden noch gesonderte Bestimmungen erlassen[82].

h) Welches Grundkapital ist zur Gründung einer Gesellschaft in China erforderlich?

Die neuen Verwaltungsvorschriften zur Gründung sehen keine spezielle Mindestkapitalausstattung für ausländische Unternehmen vor, die Außenhandel betreiben wollen. Die neue ausländische investierte Gesellschaft hat die Kapitalanforderungen des chinesischen Gesellschaftsrechts zu erfüllen: Rmb 500.000 für ein Unternehmen im Großhandel und Rmb 300.000 für ein Einzelhandelsunternehmen.

i) Übereinstimmung mit den Verpflichtungen aus dem WTO-System?

Zwar ist es das erklärte Ziel, mit dem Außenhandelsgesetz die Verpflichtungen zur Anpassung an die WTO-Rechtsordnung zu erfüllen, aber eine nicht gerade geringfügige Zahl an Bestimmungen ermächtigen die zuständigen Stellen zu „erforderlichen" Maßnahmen, deren Inhalt, Ausmaß und Umfang nicht vorhersehbar sein dürften. Andererseits ist zu sehen, dass China eine Klagemöglichkeit wegen Verletzung von WTO-Recht eingeräumt hat, was möglicherweise als Korrektur wirken kann. Bedenken im Hinblick auf die WTO-Konformität werden z.B. bei den weit formulierten Bedingungen der in Art. 16 gelisteten Beschränkungen und Verbote angemeldet. Zum Aufbau oder zum beschleunigten Aufbau einer besonderen inländischen Industrie dürfen Einfuhren beschränkt werden (Art. 16 Nr. 7). Fraglich bleibt ob, und ggf. in welchem Umfang für die Ein- und Ausfuhr bestimmter Güter ausschließlich Staatsunternehmen beauftragt werden (Art. 11).

j) (Vorläufiges) Fazit

Es wäre verfrüht, schon heute die neuen Bestimmungen der Außenhandelsordnung (Außenhandelsgesetz und Distributionsvorschriften) zu beurteilen, zumal eine Vielzahl von Ausführungsbestimmungen noch zu schaffen, manche Bestimmungen noch gar nicht in Kraft getreten sind und die Klarheit über die Interpretation zahlreicher unbestimmter Begriffe noch fehlt. Zudem: die Qualität eines Gesetzes und der mit ihm verfolgten Ziele zeigt sich in der täglichen Praxis, deren Ergebnisse zur Zeit noch auf sich warten lassen. Das neue Außenhan-

---

82 Vgl. im Einzelnen den Anhang zum Branchenkatalog zur Lenkung ausländischer Investitionen der VR China am 11.3.2002 von der Staatlichen Entwicklungsplankommission, der Staatlichen Wirtschafts- und Handelskommission und dem Ministerium für Außenhandel und wirtschaftliche Zusammenarbeit erlassen; deutsche Übersetzung von Roland Klein, in: Robert Heuser/Roland Klein (Hrsg.), Die WTO und das neue Ausländerinvestitions- und Außenhandelsrecht der VR China, S. 64 ff., Hamburg, 2004.

delsgesetz ist ein weiterer, herausragender Schritt bei der Angleichung der Rechtsverhältnisse an das WTO-System. Beschränkungen für ausländische Unternehmen sind gefallen. Der Zugang zum chinesischen Markt ist für ausländische Unternehmen ab dem 11.12.2004 erheblich einfacher. Zahlreiche Unternehmen werden ihre bisherigen Vertriebsstrukturen überprüfen und den Blick auf denkbare Einsparpotenziale durch Umstrukturierungen lenken. Insgesamt liegt ein Gesetz vor, dass trotz mancher Bedenken Unternehmer nicht nur im deutschsprachigen Raum ermuntern sollte, ihren bisherigen Aktivitäten ein China-Engagement folgen zu lassen[83], bei dem - auch mit neuer Außenhandelsordnung - die Abwesenheit von Überraschungen und Nebenwirkungen nicht garantiert werden kann.

9. Technologietransfer durch die Einbringung von Technologie z.B. in Dt.-chin. Gesellschaften

a) Überblick zum formellen und materiellen Rahmen des Technologietransfers

Die Übertragung von Technologie kann endgültig sein, indem eine Technologie dauerhaft an eine Person veräußert und übertragen wird. In der Praxis weiter verbreitet ist die zeitlich befristete Übertragung einer Technologie in Form einer Lizenz. Technologietransfer kann aber auch durch die Einbringung einer entsprechenden Einlage bei der Gründung einer chinesischen Gesellschaft erfolgen.

Nach § 22 der Bestimmungen der Volksrepublik China über die Verwaltung der Einfuhr und Ausfuhr von Technik[84], kann bei der Gründung einer Foreign Invested Enterprise (CJV, EJV, WFOE) von ausländischer Seite Technik als Kapitalbeitrag investiert werden. Für die Einfuhr dieser Technik sind die jeweiligen Verfahren zur Untersuchung und Genehmigung der Errichtung einer ausländisch investierten Gesellschaft zu beachten.

Die in China gesetzlich zur Verfügung stehenden Investitionsvehikel für ausländisches Kapital werden unter dem Dachbegriff der **Foreign Invested Enterprises** (FIE) zusammengefasst. Es handelt sich dabei um drei unterschiedliche formale gesetzliche Strukturvorgaben: Das Gemeinschaftsunternehmen mit chinesischer und ausländischer Kapitalbeteiligung (Equity Joint Venture - EJV), das chin.-ausländisch kooperative Joint Venture (Contractual Joint Venture - CJV)

---

83 Hierzu das lesenswerte Interview mit Kirsten Lange: Kein Unternehmen kann es sich leisten, nicht über China nachzudenken, in: drive&Control Heft 1, S. 5-7: „Nicht jedes Unternehmen muss nach China, aber kein Unternehmen kann es sich leisten, nicht darüber nachzudenken".

84 Siehe hierzu Punkt IV. 5 m.w.Nachw.

und das Wholly Foreign Owned Enterprise (WFOE)[85]. In materiell-gegenständlicher Hinsicht wird das Direktinvestitionsrecht geprägt durch die am 11.2.2002 verkündeten **Vorschriften zur Lenkung ausländischer Investitionen**[86]. Der Zweck der Lenkungsrichtlinien ist darauf gerichtet, die Investitionen mit der volkswirtschaftlichen und sozialen Entwicklungsplanung in Einklang zu bringen[87]. Die Vorschriften werden angewandt auf ausländische Investitionsprojekte, die in der Form der Foreign Invested Enterprises verfolgt werden sowie auf Projekte der Investition ausländischer Firmen in anderen Formen (FIP)[88]. Ausländische Investitionsprojekte werden in vier Kategorien, nämlich geförderte, gestattete, eingeschränkte und verbotene Projekte unterteilt[89]. Der **Branchenkatalog zur Lenkung ausländischer Investitionen der VR China**[90] erfasst in großer Zahl unterschiedliche Infrastrukturprojekte und Industrieanlagen. Aufschlussreich ist auch der Anhang, in dem für Telekommunikationsvorhaben und Handel unterschiedliche bis zum Jahr 2007 zeitliche Beschränkungen gelten[91]. Gefördert werden Technologieprojekte in unterschiedlichen Branchen, insbesondere auch Anwendungen der *Hochtechnologie* (§ 5 Abs. 2 der Vorschriften zur Lenkung ausl. Investitionen). Darüber hinaus wurde ein neuer Katalog herausgegeben, der die Entwicklungsplanung der Gebiete in Zentral- und Westchina in den Mittelpunkt rückt. Der **„Katalog zur Lenkung ausländischer**

---

85   Zum Ganzen einschließlich Nachweise siehe Jens Steinbach, Einfluss des TRIMs-Abkommens auf das chinesische Recht für ausländische Direktinvestitionen, in: Robert Heuser/Roland Klein (Hrsg.), Die WTO und das neue Ausländerinvestitions- und Außenhandelsrecht der VR China, S. 399, Hamburg, 2004, S. 67, 70; Magdalena Harnischfeger-Ksoll/M.Floran Ranft, in: Handbuch Wirtschaft und Recht in Asien, Länderteil China, Kap. C IV., Rz. 38 ff., 1999, München; zur Übertragung von Technologie siehe ferner: Andreas Diehn, Das Recht der Investitionen in China, S. 198, 205 f. 2000, Baden-Baden; Christian Wolff, das internationale Wirtschafsrecht der VR China, 1999, Heidelberg, S. 77 ff.

86   Die am 11.2.2002 vom Staatsrat verkündeten „Vorschriften zur Lenkung ausländischer Investitionen" liegen in deutscher Übersetzung vor, siehe Wibke Pannenberg, in: Robert Heuser/Roland Klein (Hrsg.), Die WTO und das neue Ausländerinvestitions- und Außenhandelsrecht der VR China, S. 38 ff., Hamburg, 2004.

87   § 1 der Vorschriften in der Übersetzung von Wibke Pannenberg, a.a.O.

88   § 2 der Vorschriften in der Übersetzung von Wibke Pannenberg, a.a.O.

89   § 4 der Vorschriften in der Übersetzung von Wibke Pannenberg, a.a.O.

90   Branchenkatalog zur Lenkung ausländischer Investitionen der VR China am 11.3.2002 von der Staatlichen Entwicklungsplankommission, der Staatlichen Wirtschafts- und Handelskommission und dem Ministerium für Außenhandel und wirtschaftliche Zusammenarbeit erlassen; deutsche Übersetzung von Roland Klein, in: Robert Heuser/Roland Klein (Hrsg.), Die WTO und das neue Ausländerinvestitions- und Außenhandelsrecht der VR China, S. 42 ff., 66, Hamburg, 2004.

91   Vgl. die Übersetzung von Roland Klein a.a.O.

Investitionen in den vorherrschenden Industrien der Zentral- und Westregionen" von 2000 unterscheidet nicht zwischen Kategorien, sondern zwischen Provinzen, in denen sämtliche 225 Industriebereiche der Kategorie gefördert unterfallen[92].

Die Einzelheiten für die nach chinesischem Recht zulässige Form der Kapitalaufbringung durch Technologietransfer sind in den jeweiligen Durchführungsbestimmungen zu den einzelnen Gesetzen der FIE normiert.

b) Joint Venture

In dem für Equity Joint Venture maßgeblichen Gesetz[93] wird die Einbringung von Technologie als Investition insoweit als zulässig anerkannt, als die eingebrachte Technologie fortschrittlich ist und den Bedürfnissen Chinas wirklich (!) dienen kann. Stellt sich nachträglich heraus, dass vorsätzlich veraltete Technologie bereitgestellt wurde, die zu einem Schaden führt, ist Ersatz zu leisten[94].

In den **Durchführungsbestimmungen zum Gesetz der VR China über gemeinschaftlich betriebene Unternehmen mit chinesischer und ausländischer Kapitalbeteiligung**[95] (Equity Joint Venture) wird bestimmt unter welchen Genehmigungsvoraussetzungen Technologie als Kapital der Gesellschaft zur Verfügung gestellt werden kann. Wird Know-how oder Technologie als Kapital zur Gründung einer Gesellschaft aufgebracht, sind folgende Schritte zu beachten[96]:

- Maschinen oder Anlagen müssen für die Produktion erforderlich sein (§ 24)

- Umfassende Dokumentation (Anhang zum EJV-Vertrag) über das Knowhow einschließlich Kopien der Patenturkunden, Dokumente zu den technischen Merkmalen, dem Anwendungswert, Grundlagen für die Wertberechnung (§ 26)

- Genehmigungserteilung durch Prüfungs- und Genehmigungsorgan (§ 27)

---

92 Instruktiv Wibke Pannenberg, Neue Lenkungsrichtlinien für ausländische Investitionen, in: Robert Heuser/Roland Klein (Hrsg.), Die WTO und das neue Ausländerinvestitions- und Außenhandelsrecht der VR China, S. 36 m.w. Nachw. Hamburg, 2004.

93 Gesetz der VR China über gemeinschaftlich betriebene Unternehmen chinesisch-ausländischer Kapitalbeteiligung vom 1.7.1979, zuletzt revidiert am 15.3.2001; deutsche Übersetzung und w. Nachw. bei Thomas Heine, in: Robert Heuser/Roland Klein (Hrsg.), Die WTO und das neue Ausländerinvestitions- und Außenhandelsrecht der VR China, S. 64, 82 Hamburg, 2004.

94 So § 5 des in Fn. 72 genannten Gesetzes in der Übersetzung von Thomas Heine a.a.O.

95 Übersetzung Robert Heuser, in: Robert Heuser/Roland Klein (Hrsg.), Die WTO und das neue Ausländerinvestitions- und Außenhandelsrecht der VR China, S. 83, 101, Hamburg, 2004, a.a.O., S. 83 ff., 101.

96 § 25 der Durchführungsbestimmungen.

- Erbringungsfrist innerhalb der im Vertrag bestimmten Frist (§ 28)

Kommt es dabei zu einer Technikeinfuhr, bei der das EJV die erforderliche Technik im Wege des Technologietransfers erhält, so werden u.a. zusätzliche Bestimmungen geprüft (§ 40):

- Technik muss praktisch anwendbar und fortgeschritten sein (§ 41);
- Produkte verfügen über einen beträchtlichen gesellschaftlichen und wirtschaftlichen Nutzeffekt oder sind auf dem Weltmarkt konkurrenzfähig (§ 41);
- Recht des EJV auf unabhängige Geschäftstätigkeit muss gewahrt bleiben, und es ist eine umfassende Dokumentation zu erstellen (§§ 42, 26);
- Genehmigungserfordernis des Techniktransfervertrages im Hinblick auf nachfolgende Punkte (§ 43):
  - Faire und vernünftige Kosten für die Nutzung der Technik;
  - Keine Beschränkung bezüglich der Regionen, Mengen und Preise der exportierenden Produkte;
  - Laufzeitbegrenzung in der Regel nicht mehr als 10 Jahre (es kann Ausnahmen geben);
  - Nach 10 Jahren ist die Technik importierende Seite berechtigt, die betreffende Technik fortzubenutzen;
  - Die Bedingungen über den gegenseitigen Austausch von Informationen über eine Technikverbesserung müssen gleich sein;
  - Verbot unvernünftiger Beschränkungsklauseln, die in chinesischen Gesetzen und Rechtsbestimmungen untersagt sind;
  - Nicht patentierte Technologien sind als Investitionsform bei dem Contractual Joint Venture (CVJ) zulässig, wie sich aus § 8 des **Gesetzes der VR China über chinesisch-ausländisch kooperativ betriebene Unternehmen** ergibt[97].

c) Ausschließlich ausländisch kapitalisierte Unternehmen - WFOE -

Ausschließlich ausländisch kapitalisierte Unternehmen werden ermuntert, in technisch fortschrittlichen Branchen tätig zu werden (§ 3 des **Gesetzes der VR**

---

97   Gesetz der VR China über chinesisch-ausländisch kooperativ betriebene Unternehmen vom 13.4.1988, zuletzt revidiert am 31.10.2000, in deutscher Übersetzung von Thomas Heine, in: Robert Heuser/Roland Klein (Hrsg.), Die WTO und das neue Ausländerinvestitions- und Außenhandelsrecht der VR China, S. 102, 106, Hamburg, 2004, mit weiteren Hinweisen zu den seit 1995 geltenden Durchführungsbestimmungen, vgl. S. 106 Fn. 80 f.

China über ausschließlich ausländisch kapitalisierte Unternehmen)[98]. Die Einzelheiten für die gesellschaftsrechtliche Kapitalerbringung durch Know-how oder Technologie sind in den **Durchführungsregelungen zum Gesetz der VR China über ausschließlich ausländisch kapitalisierte Unternehmen** vom 12.12.1990, revidiert am 12.4.2001[99] näher geregelt. Die Bewertung der zur Gründung einer Gesellschaft zulässigerweise eingebrachten Technologie wird von dritter Seite vorgenommen. Dem Antrag zur Gründung der Gesellschaft ist u.a. die Produktionstechnik, das technische Niveau und die Herkunft der Technik nachzuweisen. Der ausländische Investor kann neben Maschinen und Anlagen, auch industrielle Eigentumsrechte und Know-how investieren[100]. Werden Know-how oder industrielle Eigentumsrechte als Kapitaleinlage eingebracht, ist detailliertes Datenmaterial der Genehmigungsbehörde vorzulegen. Die Bewertung hat internationalen Standards zu entsprechen. Der Bewertungsbetrag darf 20 % des registrierten Kapitals der WFOE nicht übersteigen[101].

10. Technologietransfer durch Übertragung geistigen Eigentums

Der Schutz der Immaterialgüterrechte in der VR China ist zwar gesetzlich geregelt, gleichwohl fehlt es - auch kulturell bedingt - an dem erforderlichen Rechtsbewusstsein für das „geistige Eigentum". Die Produktpiraterie in ihren mannigfaltigen Erscheinungsformen (nicht nur Uhren und Luxusmarkenartikel, auch Fahrzeuge, Medikamente, Industrieanlagen) legt ein beredtes Zeugnis vom Zustand des Wirtschaftsrechts in der Praxis ab. Das Wachstum in der Hochtechnologie benötigt einen verlässlichen materiellrechtlichen Ordnungsrahmen, der durchsetzbar ist. Berechtigte Hoffnungen werden in technische Verfahren, Sicherheitsetiketten, Transponderverfahren, Spezialtinten (von Hologrammen wird wegen sehr guter Kopien inzwischen abgeraten) und andere technische innovative Echtheitsnachweise gesetzt. Empfohlen wird in der Praxis, enge Kontakte zu den Zollbehörden zu pflegen, die als Partner im Kampf gegen Produktpiraten

---

98   Gesetz der VR China über ausschließlich ausländisch kapitalisierte Unternehmen vom 12.4.1986, zuletzt revidiert am 31.12.2000, vgl. die deutsche Übersetzung von Thomas Heine, in: Robert Heuser/Roland Klein (Hrsg.), Die WTO und das neue Ausländerinvestitions- und Außenhandelsrecht der VR China, S. 107 ,110, Hamburg, 2004.

99   Übersetzung von Robert Heuser, in: Robert Heuser/Roland Klein (Hrsg.), Die WTO und das neue Ausländerinvestitions- und Außenhandelsrecht der VR China, S. 111, 126 Hamburg, 2004.

100 Vgl. § 25 in der Übersetzung von Robert Heuser a.a.O.

101 Vgl. § 27 in der Übersetzung von Robert Heuser a.a.O.

verstanden werden. Neue Bestimmungen belegen diesen Trend[102]. Mitunter bleibt nur die Erkenntnis, dass lediglich der Innovationsvorsprung im Markt aufgrund technisch überlegener Produkte die Marktführerschaft sichere. Trotzdem empfehlen (zu Recht) die Experten, gewerbliche Schutzrechte dringend und umfassend (nicht nur die Marke, sondern auch Patente, Geschmacksmuster etc.) einzutragen. Was so selbstverständlich scheint, entpuppt sich in der unternehmerischen Praxis manches Mal als vernachlässigte Handlungsvorgabe. Branchenexperten unterschiedlicher Herkunft haben mehr als einen lehrreichen Fall im Repertoire[103].

Der Begriff „Geistiges Eigentum" umfasst im Sinne des TRIPS alle Arten des geistigen Eigentums (vgl. Art. 1 Abs. 2 TRIPS: Urheberrechte, Marken, geographische Angaben, Gewerbliche Muster, Patente, Layout-Designs (Topographien) integrierter Schaltkreise, Schutz nicht offenbarter Informationen)). Mit dem Beitritt der VR China zur WTO wurde das chinesische Recht des geistigen Eigentums an den Vorgaben der Trade Related Aspects of Intellectual Property Rights (TRIPS) überprüft und weitgehend angepasst[104]. Es verdient mit Blick auf das Wachstum in der Hochtechnologie hervorgehoben zu werden, dass die Zielsetzung des TRIPS–Abkommens darin besteht, einen Beitrag „zur Förderung der technischen Innovation sowie zum Transfer und zur Verbreitung von Technologie zum gegenseitigen Vorteil zu leisten (Art. 7 des TRIPS-Abkommens). Allerdings sollen die Maßnahmen und Verfahren zur Durchsetzung der Rechte des geistigen Eigentums nicht selbst zu Schranken für den rechtmäßigen Handel werden (Präambel des TRIPS).

---

102 Regulations of the People's Republic of China Regarding Customs Protection of Intellectual Property Rights (adopted at the 30th Meeting of the Standing Committee of the State Council on 26 November 2003 and entering into force on 1 March 2004); hierzu – allerdings mit anderen Daten des Inkrafttretens Peter Ganea, Volksrepublik China-Neue Zollbestimmungen zum Schutz des geistigen Eigentums, GRURInt 2004, S. 532 f.

103 Siehe hierzu Verband Deutscher Maschinen- und Anlagenbau e.V., Schutz vor Marken- und Produktpiraterie in China, Mai 2003 m. w. Nachw.; ORGALIME-Leitfaden, Bekämpfung von Marken und Produktpiraterie, 2001.

104 Vgl. hierzu Kristina Steffens, Das WTO-Abkommen über handelsbezogene Aspekte des geistigen Eigentums (TRIPS) und das chinesische Recht, in: Robert Heuser/Roland Klein, Die WTO und das neue Ausländerinvestitions- und Außenhandelsrecht der VR China, S. 319 ff. m. w. Nachw., Hamburg, 2004.

Ein Überblick[105] über die revidierten chinesischen Gesetze soll an dieser Stelle genügen:

- **Chinesisches Urheberrecht** vom 27.10.2001 nebst Durchführungsbestimmungen vom 15.09.2002
- **Markengesetz der VR China** in der Neufassung vom 27. Oktober 2001, in Kraft seit dem 1.12.2001[106] und Durchführungsbestimmungen in Kraft getreten zum 15. September 2002[107]
- **Chinesisches Patentgesetz**[108] vom 25.08.2000 (zweite Revison)[109] und den Durchführungsbestimmungen, in Kraft seit 1.7.2001[110]
- Chinesische Verordnung über den Schutz von Computersoftware am 20. Dezember 2001, in Kraft seit dem **1. Januar 2002 in Kraft**[111]
- Neue **Zollbestimmungen zum Schutz des geistigen Eigentums** vom 2.12.2003, in Kraft seit dem 1.4.2004, wonach Zollschutz nicht mehr eine Eintragung des betreffenden Schutzrechts bei der Zollbehörde voraussetzt[112]
- **Antworten des Volksgerichtshofs** in Peking vom 18. Februar 2004 auf einige Fragen zur Anwendung des Rechts auf zivilrechtliche IP-Rechts-Fälle mit Auslandsbezug[113].

---

105 Guter Überblick bei: TRANSPATENT, http://transpatent.com/land/asien/580cn.html (2.11.2004).

106 In deutscher Übersetzung abgedruckt in: GRUR Int. 2002, S. 489 ff; vgl. hierzu Florian Keßler/Wenbao Qiao: "Aktuelle Entwicklungen im Patent- und Markenrecht der VR China" in RIW 3/2003, S. 174.

107 Deutsche Übersetzung in: GRUR Int. 2003, S. 223 ff.; Katrin Blasek, Der Schutz bekannter Marken nach Chinas Beitritt zur WTO, GRURInt 2004, S. 13 ff.

108 Siehe Peter Ganea, Die Neuregelung des chinesischen Patentrechts, GRURInt 2002, S. 686 ff.

109 Deutsche Übersetzung in: GRUR Int. Juni 2001, S. 541 ff.

110 Deutsche Übersetzung in GRUR Int. 2002, S. 243 ff.; hierzu Florian Keßler/Wenbao Qiao: "Aktuelle Entwicklungen im Patent- und Markenrecht der VR China" in RIW 3/2003, S. 174.

111 In dt. Sprache abgedruckt in GRUR Int. 2003, S. 47 ff.

112 Vgl. hierzu Peter Ganea, Volksrepublik China – Bestimmungen zum Schutz des geistigen Eigentums, GRURInt 2004, S. 532 f.

113 Zu früheren Auslegungshilfen, siehe A. Peukert, Volksrepublik China – Erlass zweier gerichtlicher Auslegungshilfen zu Konflikten zwischen Marken und Unternehmensbezeichnungen und zu allgemeinen Rechtsfragen des geistigen Eigentums, GRURInt 2004, S. 269.

11. Deutsch-chinesischer Standardvertrag für Know-how- und Patentlizenzen (Erscheinungsjahr 2003)

Die Bundesagentur für Außenwirtschaft in Köln[114] hat einen "**Deutsch-Chinesischer Standardvertrag für Know How und Patentlizenzen**" veröffentlicht[115]. Der Standardvertrag wurde von der „Gemischten (deutsch-chinesischen) Arbeitsgruppe" für rechtliche Fragen der wirtschaftlichen Zusammenarbeit in mehrjähriger Arbeit entwickelt. Mit diesem Standardvertrag soll das Ziel erreicht werden, den Technologietransfer zu vereinfachen und zu einer gewissen Standardisierung beizutragen. Dem Vertrag vorangestellt ist eine "*Gemeinsame Erklärung zwischen dem Bundesministerium für Wirtschaft und Arbeit der BRD (BMWA) und dem Ministerium für Außenhandel und wirtschaftliche Zusammenarbeit der VR China (Ministry of Commerce) über den Standardvertrag für Know How und Patentlizenzen*" vom 30.12.2002. In dem Vorwort wird darauf verwiesen, dass ein Vertragsformular entwickelt worden ist, in dem z.B. im Bereich der Haftung des Lizenzgebers und auch der Zahlungsklauseln Regelungen standardisiert wurden, die sehr oft nicht nur von mittelständischen Firmen im Einzelfall nicht durchgesetzt werden konnten und die Rechte des Lizenzgebers deutlich verstärken. Insofern sollte das Vertragsmuster, das zusätzlich wertvolle weitere Erläuterungen enthält[116], eine hohe Aufmerksamkeit genießen. Der Vertrag ist ein Kompromiss, der auch deshalb optionale Klauseln bereithält, die an die gegebene Situation angepasst werden können. Im Mittelpunkt steht die nicht übertragbare und nicht exklusive Lizenz. Anpassungen an geänderte Normen der Außenhandelsordnung von 2004 können allerdings erforderlich werden.

---

114 Bfai, Deutsch-chinesischer Standardvertrag für Know How- und Patentlizenzen, 2003, Köln, ISBN 3-936737-71-; http://www.bfai.de (07.01.2005).

115 Hierzu auch Thomas Pattloch, Die Neuordnung des internationalen Technologietransfers in der VR China, GRURInt. 2003, S. 695, 705 ff. m. w. Nachw.

116 Magdalena Harnischfeger-Ksoll zu Contract Fees, condition of payments, S. 57 ff., M. Florian Ranft, Einführung, S. 48 ff.; Hubertus Lorenz, Definitionen, Contract products, Tests and Acceptance, Quality Marking, S. 55, 62 ff., 70; Gerhard Holfelder, Infringements, S. 65, a.a.O (Fn. 114).

V. Die rechtlichen Aspekte für das Wachstum auf dem Gebiet der Hochtechnologie

Über die rechtlichen Aspekte für das Wachstum auf dem Gebiet der Hochtechnologie ist in der verfügbaren Literatur kaum etwas vermerkt worden. Interessanterweise existiert eine kleine Schrift, die vom Recht als *Triebkraft* wirtschaftlichen Wachstums handelt[117], der allerdings nicht allzu viel Erhellendes abzugewinnen war, mit Ausnahme dass das (westdeutsche) Patentgesetz als **Neuererordnung** in der ehemaligen „DDR" umschrieben wurde. Allzu selbstverständlich geht man offenbar davon aus, dass rechtliche Aspekte das Wachstum durchaus beeinflussen können, obgleich die derzeitige gesellschaftliche Diskussion und ihre Forderung nach wachstumsfördernder Deregulierung das Gegenteil nahe legt. Rechtliche Aspekte, die sich für das Wachstum auf dem Gebiet der Hochtechnologie als förderlich erweisen, seien hier - ohne Anspruch auf Vollständigkeit und nach subjektiver Einschätzung - zusammengestellt:

- Frieden, Rechtssicherheit, Gleichheit
- Freiheit der Forschung und der Lehre von staatlicher Bevormundung
- Freiheit von übermäßigen Beschränkungen und Eingriffen in Forschung und Entwicklung
- Rechtsschutz gegen staatliche Maßnahmen
- Schutz und zeitnahe Verwertbarkeit der Forschungsergebnisse
- Wirtschaftlich zureichende Beteiligung des Urhebers/Forschers an der Verwertung „seiner" Ergebnisse
- Transparenz der Normen in einer Gesellschaft
- Rechtssicherheit und Planbarkeit technischer Anlagen in überschaubaren Zeiträumen
- Herstellung, Gewährung und Sicherung von Wettbewerb
- Deregulierung
- Aufgeschlossenheit der Gesellschaft für Technologie und nicht die Aufgeschlossenheit der Gesellschaft für die zahlreichen Möglichkeiten zur Beschränkung technologischer Entwicklungen

---

117 Vgl. Karl A. Mollnau, Vom Recht als Triebkraft wirtschaftlichen Wachstums – Notate zur ökonomischen Potenz des Rechts, 1983, Berlin - DDR -, S. 59 ff.

Der rechtliche Befund für die Aspekte technischen Wachstums könnte in Anlehnung an Montesquieu wie folgt formuliert werden:

> Bald wird der Handel von den Eroberern zugrundegerichtet, bald von Monarchen behindert, und dennoch umspannt er die ganze Erde. Wo er unterdrückt wird, flieht er; wo er sich entfalten kann, lässt er sich nieder[118].

Das gilt für die Hochtechnologie gleichermaßen, übrigens auch in Deutschland.

---

118 Montesquieu, a.a.O. (Fn. 2), S. 347.

GAO Xujun

Inhaber des Siemens & ThyssenKrupp Stiftungslehrstuhls für Wirtschaftsprivat-recht, Tongji-Universität, Chinesisch-Deutsches Hochschulkolleg (CDHK), Shanghai

Geistiges Eigentumsrecht als Sacheinlage in China

Study of Legal Issues Concerning Intellectual Property Used as Capital Contribution to a Company as Shares

I. Abstract

Intellectual property used as capital contribution to a company as shares has increasingly become a commonly accepted capital contribution. This article has systematically analyzed the provisions concerning intellectual property used as capital contribution as shares in the relevant laws and regulations of China, and discussed, accordingly, such important issues as the subject range of intellectual property used as capital contribution to a company as shares, contribution procedures, share pricing and restrictions on ratio of intellectual property as shares in the total registered capital of a company.

Key Words: intellectual property, industrial property, technical know-how, intellectual property used as capital contribution

Intellectual property used as capital contribution to a company as shares refers to the shareholder of a company who is the owner of intellectual property, which is converted into money and contributed as shares to the company. And the corresponding intellectual property has thus become the company's property[1]. This is a common form of capital contribution in China at present. In order to regulate this form of capital contribution, the relevant laws and regulations of this country have stipulated some special provisions on it. These laws and regulations chiefly include the Sino-foreign Joint Venture Law of the People's Republic of China (hereinafter referred to as the Sino-foreign Joint Venture Law), the Detailed Implementing Rules for the Sino-foreign Joint Venture Law of the People's Republic of China (hereinafter referred to as the Detailed Implementing Rules for the Sino-foreign Joint Venture Law), the Sino-foreign Cooperative Joint Venture Law of the People's Republic of China (hereinafter referred to as the Sino-foreign Cooperative Joint Venture Law), the Detailed Implementing Rules for the Sino-foreign Cooperative Joint Venture Law of the People's Republic of China (hereinafter referred to as the Detailed Implementing Rules for

---

1 The 3rd issue of Attorney's Business in the Transaction of High-Tech Property in 1999 by Shenzhen Huabang Lawyers' Firm, Jinlin People's Publishing House.

the Sino-foreign Cooperative Joint Venture Law), the Detailed Implementing Rules for Wholly Foreign Owned Enterprise Law of the People's Republic of China, (hereinafter referred to as the Detailed Implementing Rules for the Wholly Foreign Owned Enterprise Law), the Company LAW , Law of the People's Republic of China concerning Promoting the Conversion of Scientific and Technological Research Results into Products . In addition, there are other regulations of some State departments: Regulation on Several Issues Concerning High-Tech Intellectual Property Used as Capital Contribution jointly issued by the State Ministry of Science and Technology and the State Administration of Industry and Commerce on July 9 1997 (hereinafter referred to as Regulation . The Implementing Measures for the Regulation on Several Issues Concerning High-Tech Intellectual Property Used as Capital Contribution jointly issued on May 7, 1998 by the State Ministry of Science and Technology and the State Administration of Industry and Commerce (hereinafter referred to as the Implementing Measures). In order to carry out Regulation, Several Regulations Concerning Promoting the Conversion of Science and Technology Research Results Into Products jointly issued on February 23, 1999 by the State Ministry of Science and Technology, the State Ministry of Education, the State Personnel Ministry, the Finance Ministry, the People's Bank of China, the General Administration of State Taxation and the State Administration of Industry and Commerce. Notice on the Relevant Issues Concerning High-Tech Intellectual Property Used as Capital Contribution to a Company as Shares jointly issued on August 19, 1999 by the State Ministry of Science and Technology and the State General Administration of Industry and Commerce. Besides, there are other local regulations in this respect, such as Certain Regulations of Shanghai Municipality on Promoting the Conversion of High-Tech Intellectual Property Into Products issued on May 31, 1998, the Administrative Measures of Shenzhen Special Administration of Economic Zone for Intellectual Property Used as Capital Contribution issued on September 14, 1998. The above-mentioned laws and regulations have provided some basic provisions on intellectual property used as capital contribution as shares. However there are some issues not clearly stipulated and waiting to be clarified. For example, What kind of intellectual property can be used as the subject of capital contribution? What procedures have to go through for investing intellectual property as company shares? How to evaluate the prices of intellectual property? What are the resections on the percentage of intellectual property used as capital contribution to a company as shares in the total registered capital of the company? This article will discuss and analyze the above-mentioned legal issues on the basis of the relevant laws and regulations of China.

II. The subject range and conditions of the intellectual property used as capital contribution

Intellectual property refers to the special know-how, an intellectual product that a civil legal subject creatively invented and legally enjoys its ownership. The legal circles in China have had no unified opinion as to the implied meaning of intellectual property. Some believe that it includes patent right, trademark right and copyright[2]; others hold that it includes, the relevant laws have not offered any clear-cut definition thereof. However, this article shall not study and discuss the implied meaning of intellectual property defined by relevant laws and regulations. What is important is that we must know what kind of intellectual property can be used as capital contribution as shares. It is absolutely necessary to study and discuss this subject when people have not reached unified opinion on the implied meaning of intellectual property. The following paragraphs of this article shall answer this question in terms of the subject range of investment of intellectual property as shares in a company and in terms of investment conditions for intellectual property.

The Sino-foreign joint venture law, cooperative joint venture law and wholly foreign owned enterprise law are the first ones that have stipulated provisions on intellectual property used as capital contribution to a company as shares. Article 5 of the Sino-foreign Joint Venture Law stipulates: "the parties concerned of a joint venture may make investment in the form of cash, kind and **industrial property**." Accordingly, the concerned party may make investment in the form of industrial property. The implementing Rules for the Sino-foreign Joint Venture Law issued a little later enlarged the subject range of intellectual property used as capital investment. Article 22 of that law stipulates: "the joint venture operator may use **industrial property, technical know-how** and the right to use site as capital investment in a company as share. Accordingly, the parties of a Sino-foreign joint venture can use not only intellectual property, but also technical know-how as capital contribution.

The provisions of the Sino-foreign Joint Venture Law are identical with those of the Implementing Rules for the Sino-foreign Joint Venture Law. Article 8 of the Sino-foreign Joint Venture Law also recognizes the capital contribution of "industrial property". It also recognizes the capital contribution of **"non-patent technology"**. Article 18 of the Detailed Implementing Rules for the Sino-foreign Cooperative Joint Venture Law and Article 25 of the Detailed Implementing Rules for Wholly Foreign Owned Enterprise Law use the same term

---

2   General Survey of Legal Science chief-edited by Sun Ying and Chen Guangzhong, China University of Politics and Law Publishing House, 2002, Page 176.

"industrial property and technical know-how" as those used in Article 22 of the Implementing Rules for the Sino-foreign Joint Venture. Article 24 and 80 of the Company Law stipulate: sponsors of limited liability companies and limited share-holding companies may also use "industrial property and non-patent technology" as capital contribution in a company as shares. According to the above-mentioned analysis, the intellectual property used as capital contribution includes **industrial property, special technical know-how or non-patent technology.** What is more, since the above-mentioned laws and regulations cover all kinds of companies, all the wholly foreign ventures, wholly Chinese ventures and Sino-foreign joint ventures can all use **industrial property, special technical know-how or non-patent technology** as capital investment in companies as shares.

1.) Industry property

It can be seen from above illustration that when establishing companies and enterprises in China, Chinese and foreign capital contributors may use industrial property as capital contribution. However, what on earth is industrial property? There has been so far no unitary clear-cut definition on it in China's laws and regulations. However, the legal circles in China general hold: industrial property includes patent right and trademark right[3]. According to the provisions of Article 1 of Paris Convention for the Protection of Industrial Property, industrial property includes patents, utility models, industrial designs, trademarks, service marks, trade names, indications of source or appellations of origin[4]. "Industrial property" is not a traditional Chinese concept. It originates from Paris Convention for the Protection of Industrial Property. Now that China joined the Convention in 1984 and there have been no contrary provisions in Chinese laws and regulations, it can therefore be inferred that the "industrial property" used in the above-mentioned laws and regulations of China must be the same "industrial property" as that used in Paris Convention for the Protection of Industrial Property. This means that when establishing companies and enterprises in China, Chinese and foreign investors may use patents, utility models, industrial designs, trademarks, service marks, trade names, indications of source or appellations of origin as capital contribution to companies or enterprises as shares. In practice, the commonest seen intellectual property as capital contribution is patent rights and trademark right.

2.) Non-patent technology or special technical know-how

---

3   International Intellectual Property Conversion Law by Guo Shoukang, Legal Press 1989, Page 16.

4   International Law Volume of Legal Theasaurus of the People's Republic of Chin second edition, People's Court Publishing House, 2002 edition, Page 10258.

According to the above-mentioned legal provisions, the Chinese and foreign investors may also use "special technical know-how" or "non-patent technology" as capital contribution. Superficially, "special technical know-how" and "non-patent technology" seem to refer to two different technologies. But actually, they are essentially the same[5]. They are different ways of Chinese translation of the English term "know-how[6]". They are interchangeable with each other. Therefore "the special technical know-how" stipulated in Article 22 of the Implementing Rules for the Sino-foreign Joint Venture Law is equal to the "non-patent technology" stipulated in Article 8 of the Sino-foreign Cooperative Joint Venture Law.

What is know-how? Article 2 of the Administrative Measures for Intellectual Property Introduction Contract and Article 2 of its Detailed Implementing Rules stipulate: know-how refers to a certain product made in accordance with blueprint, intellectual property materials and standardized intellectual property provided, yet not published and not legally protected by industrial property law or it may refer to such unpublished and legally unprotected intellectual property as certain technology, product design, technological process, formula, quality control and supervision. According to this definition, know-how has the following features: firstly, it is such an intellectual property design or know-how as a technological process, formula, quality control and supervision. Secondly, usually they are in the form of blueprint, intellectual property materials and standardized intellectual property. Thirdly, they are kept in secret or not published. In other words, they are not available through open channels. Fourthly, they have not obtained the patent right yet. And fifthly, they have utility value. In other words, they will enable the know-how holder to gain economic benefit or competitive advantage. Article 51 of Provisions on Certain Issues in the Trial and Judgment of Science and Technology Disputes issued by the Supreme People's Court confirms these features. So it is believed that only when the technology that an investor has provided complies with the above-described features can the know-how be used as capital contribution.

3.) Other intangible property used as capital contribution as shares

---

5   A Brief Analysis of Intellectual Property and its Protection by Duan Xiaomei and Wu Yae. The third issue of Weinan Normal College Journal 2003, Page 39.

6   International Intellectual Property Conversion Law by Guo Shoukang, Legal Press 1989, Page 16; On the Legal Definition of Know-how and its Legal Protection by Huang Sibing in the first issue of Modern Science of Law in 1998, Page 107 and A Brief Analysis of Intellectual Property and its Protection by Duan Xiaomei and Wu Yae. The third issue of Weinan Normal College Journal 2003, Page 38.

In addition to the above-mentioned industrial property and technical know-how, there are considerable numbers of intangible properties that can be used in practical life, such as the right to use one's name, commercial secrets and commercial credit or reputation. Since the relevant laws and regulations in China have not stipulated any clear-cut provisions on the investment of intangible properties, there arises a question as to whether they can be used as investment subject as shares in a company or an enterprise. The answer is affirmative, which is determined by the following circumstances: From the law-making point of view, the Chinese legislators usually make laws in generalized terms. Either "industrial property" or "special technical know-how" or "non-patent technology" is stipulated in general terms in principle. The law has not defined their implied meaning. The advantage of such legal stipulation is its abstract and as a result, its wide application. It leaves much room for law enforcement officials and scholars to interpret. Besides, it can avoid the shortcoming of "enumeration" which cannot be infinite[7]. It can thus be inferred that the purpose of Chinese legislators in using generalized terms in law-making is not to exclude the possibility of using such intangible property as the right to use names, commercial secrets and commercial credit or reputation. They can become investment subject of intellectual property. In addition, the above-mentioned legal provisions have not stipulated that the sponsors of a company cannot use other intangible property as capital contribution. This means that sponsors of a company can use such intangible property as the right to use names as capital contribution.

In the practice of establishing companies, there has been precedent of using the right to use names as capital contribution to a company as shares. June 3, 1999 witnessed the official establishment in Changsha of "Yuan Longping High-Tech Agricultural Share-Holding Company Limited". According to the the Agreement and the Supplementary Agreement entered into between and by the Shareholding company and Mr. Yuan Longping, the Company paid a total sum of 5.8 million yuan Renminbi for using the right to use the name of Yuan Longping, 3.8 million yuan of which is the royalty of using Yuan Longping in the company name and 2 million of which is the royalty of using Yuan Longping in the name of the listed company. 5.8 million yuan accounts for 5 % of the total equity of the Company. It is known to all that the right to use one's name is neither industrial property nor special technical know-how. The relevant department of the State has approved that Mr. Yuan Longping uses his own name as capital contribution to the company as shares, which proves that the investment subject of intellectual property shall not be limited by the implied meaning of the traditional industrial property and technical know-how. As long as the intangible

---

7   A law making technique, to enumerate all the relevant articles and provisions in law making in order to determine the applicability of these articles and provisions.

property an investor uses as capital contribution has property value, which is recognized by other investors, it can become the investment subject of intellectual property no matter whether it falls under the traditional Chinese industrial property or technical know-how.

Legal requirement for the subject of intellectual property used as investment in company as shares

According to the above analysis, the Chinese and foreign investors can use industrial property, technical know-how and other intangible property as capital contribution to obtain the corresponding shares from the company. However, another issue worth studying is whether all the intellectual property within the above-mentioned investment subject can be used as capital contribution. Can the right to apply for industrial property, such as the right to apply for patent be used as investment subject? Can the relevant right holder use the exploitation of a certain industrial property as capital contribution? The following paragraphs of this article shall discuss this issue in accordance with the relevant laws and regulations of China.

The legal conditions for the investment of intellectual property as shares in a company

In accordance with the provisions of the relevant laws and regulations of China, not all the intellectual properties can be used as capital investment in a company as shares. Only when they meet the following three conditions they can be qualified as capital contributions to a company as shares.

Firstly, they must be legal and valid industrial property approved by the relevant State department. Article 26 of the Implementing Rules for the Sino-foreign Joint Venture Law stipulates that when a foreign investor desires to use industrial property or technical know-how as capital contribution, he must submit the relevant material of industrial property or technical know-how, including such copied documents as **patent certificate or trademark registration certificate.** Article 2 of Several Regulations on the Capital Contribution of the Operators of the Sino-foreign Cooperative Joint Venture stipulates that "those who make capital contribution in the form of kind, industrial property, and technical know-how must produce valid evidence to prove that they own the industrial property and its disposal right as well." Paragraph 2, Article 27 of the Detailed Implementing Rules for the Wholly Foreign Owned Venture Law has stipulated identical provisions. Judging from the fact that the investor must submit a copy of the "patent certificate or trademark registration certificate, the industrial property that the investor uses as capital contribution must have gone through the approval procedure of the relevant State department and been granted the corresponding certificate of industrial property. If the application of a certain industrial property fails to obtain the approval and the applicant fails to obtain the relevant certificate, the relevant intangible property usually cannot become investment subject of intellectual property.

Secondly, the investor must be the legal owner of the relevant intellectual property. Article 2 of Several Regulations on the Capital Contribution of the Operators of the Sino-foreign Cooperative Joint Venture stipulates that the capital contribution the cooperators of the joint venture confirm to make must be industrial property and technical know-how that the operators own by themselves and are not used as guarantees. "Those who make capital contribution in the form of kind, industrial property, and technical know-how must produce valid evidence to prove that they own the industrial property and its disposal right as well." Article 27 of the Detailed Implementing Rules for Wholly Foreign Owned Enterprise Law also stipulates that when foreign investors make capital contribution in the form of industrial property and technical know-how, such industrial property and technical know-how must be their own. According to these provisions, the intellectual property used as capital contribution must meet the following conditions. Firstly, the intellectual property must be the one that the contributor legally owns. The illegally owned intellectual property cannot be used as capital contribution. Secondly, the intellectual property must be the one the investor can dispose of. If the investor has used it as guarantee or must obtain the consent of a third party when disposing it, such intellectual property cannot be used as capital contribution. Thirdly, the capital contributor must have certificate to prove that he has the ownership of the intellectual property and the right to dispose it.

Thirdly, the intellectual property must be advanced and will suit the needs of China. Article 5 of the Sino-foreign Joint Venture Law stipulates: when foreign investors of the joint venture invest intellectual property and equipment, they must ensure that their intellectual property and equipment are advanced and suit China's needs. If they deliberately deceive us with out of date intellectual property and equipment, resulting in economic losses to China, they must compensate for the damages. This provision stipulates two criteria of being advanced and needful. However, as to what is advanced and needful, this provision has not made any further stipulation. But Article 25 of the Sino-foreign Joint Venture Law puts forward more concrete requirement for the intellectual property to be used as capital contribution. On the one hand, the intellectual property and technical know-how a foreign investor provides must be able to obviously improve the performance and quality of the product and raise productivity. On the other hand, it must be able to obviously reduce energy, fuel and power. If the intellectual property used as capital contribution meets these two criteria, it shall be regarded as the advanced intellectual property that China needs.

The above-mentioned three conditions are the prerequisite for intellectual property to be used as capital contribution as shares. Any intellectual property used as capital contribution to a company as shares must meet the above-mentioned three conditions simultaneously.

The investment of the right to apply for industrial property and industrial property exploitation as capital contribution to a company as shares

There are different opinions among the legal circles in China about whether the right to apply for industrial property and industrial property exploitation can be used as capital contribution to a company as shares. Some are in favor of it while others are against it. Intellectual property application right and industrial property exploitation are two kinds of right in nature. The following paragraphs of this article shall discuss and analyze it.

Firstly, in the case of the right to apply for industrial property, it is doubtful whether the right to apply for industrial property can be used as capital contribution to a company as shares. Although intellectual property used as capital contribution is equivalent to the assignment of intellectual property, that is, the intellectual property owner assigns the intellectual property to a company to obtain shares from the company, the right to apply for patent cannot be used as the object of intellectual property used as capital contribution even though the right to apply for patent can be assigned[8] according to China's Patent Law. This is because according to the discussion of 1), 2, II of this article, the intellectual property used as capital contribution must be the one approved and confirmed by the State authorities in charge. The right to apply for industrial property is only a property to be expected. This is true of the right to apply for patent and trademark. Take the right to apply for patent for example. Although the Patent Office may approve a patent application and grant a patent right, it can also reject an application and refuse to grant a patent certificate. Therefore, before a certain intellectual property is approved and granted industrial property, it cannot become the subject of intellectual property used as capital contribution. The right to apply for industrial property is just this kind of right.

Secondly, in the case of industrial property exploitation, the relevant Chinese laws and regulations have had no clear-cut provisions on whether industrial property exploitation can be used as capital contribution to a company as shares. Some scholars in China deny its nature of "being used as capital contribution to a company as share". This is mainly because the patent exploitation is not intellectual property on the one hand. It is only a creditor's right of patent right as object. There is no legal basis for the creditor's right used as the object of share-

---

8   Article 10 of Patent Law.

holder's capital contribution. On the other hand, the legal consequence of the patent exploitation used as capital contribution goes against the provisions of the company law of China[9].

Such a view of point can hardly stand. It can be seen from above analysis that the intellectual property used as capital contribution must be the intellectual property or special know-how that is approved by the relevant competent State authority. Industrial property is an entire right consisting of a number of related rights. Take the patent right for example. It consists at least of the right of patent exploitation and the right for assignment[10]. Accordingly, the patentee may exploit the patent himself or he may also assign the relevant patent or industrial property exploitation right to others. In terms of license, it can be classified into exclusive license, ordinary license and full power license. All these are the contents of patent right. According to China's Patent Law the patentee may assign his patent exploitation right[11]. Since China's law has not definitely forbidden "the use of the patent exploitation right as capital contribution to a company as shares" and the patent exploitation right is part of the industrial property that can be assigned, the patent exploitation right is a legitimate way of capital contribution. What is more, Article 6 of China's Regulations on Several Issues Concerning High-Tech Intellectual Property Used as Capital Contribution stipulates: "a contributor of a high-tech intellectual property as capital contribution shall enter into a contract with other capital contributors agreeing on the range of use for the said intellectual property and the contributor's reserved right for the use of the said intellectual property and liability for breach of the contract." Although this provision has not definitely stimulated the legality of intellectual property used as capital contribution, it definitely permits the contributor to "contract with other capital contributors agreeing on the range of use for the said intellectual property and the contributor's reserved right for the use of the said intellectual property". Intellectual property exploitation right used as capital contribution is not only the right holder's reservation of his right of the intellectual property, but also an agreement reached between and among the capital contributors on the range of the application of the said intellectual property. Therefore, this provision has confirmed from another angel the legality of the industrial property exploitation right used as capital contribution. Since patent exploitation right has both features of property and assignment, the patent exploitation right

---

9   Study of Several Issues Concerning Patent Intellectual Property Used as Capital Contribution by Zhang Quanfu and Chen Jun in the 4th Issue of Intellectual Property 1998, Page 13.

10 General Survey of Science of Law by Guo Shoukang, the Publishing House of China University of Law and Politics, 2002, Page 197.

11 Article 12 of Patent Law.

used as capital contribution has become a common phenomenon in capital contribution[12].

III. The investment procedure of intellectual property as company shares

Intellectual property used as capital contribution has to go through a certain legal procedure. However, so far there has not been a single law or regulation in China that has a unitary stipulation on intellectual property used as capital contribution though many of them has touched upon it. According to the study and analysis of the relevant laws and regulations, the investor of intellectual property as capital contribution to a company as shares normally follows the following procedures.

The concerned parties to the capital contribution must reach an agreement through negotiation on the price of the intellectual property used as capital contribution. They may come to an agreement on the price of the intellectual property through negotiation by themselves or they may appoint a third party to assess the value of the intellectual property. Then they will negotiate and sign an agreement or contract on a joint venture enterprise and its articles of association and confirm the way of capital contribution and the price of the intellectual property in those documents[13].

Submit to the competent authority of the State for approval the company's contract and its articles of association and such attachments as the relevant materials on the said industrial property or technical know-how, including copies of patent certificate or trademark registration certificate, such valid documents as their validity status and the intellectual property function, utility value, price-calculation basis and criteria[14].

Perform the duty of capital contribution and go through the legal procedure of intellectual property assignment[15].

---

12 Study on Several Legal Issues Concerning Patent Intellectual Property Used as Capital Contribution by Zhang Fuquan, the 4th Issue of Intellectual Property in 1998, Page 13.

13 Paragraph 3, Article 5 of Sino-foreign Joint Venture Law, Article 22 of the Implementing Rules of Sino-foreign Joint Venture Law and Articles 14 and 15 of Wholly Foreign Owned Enterprise Law have similar or identical provisions. Paragraph 2 Article 11 of Wholly Foreign Enterprise Law has also such stipulation.

14 Articles 26 and 27 of the Implementing Rules for the Sino-foreign Joint Venture Law, Paragraphs 2 and 3 of Article 27 and Article 19 of Wholly Foreign Owned Enterprise Law.

15 Paragraph 1, Article 25 of Company Law, Article 27 of the Implementing Rules for the Sino-foreign Joint Venture Law and Article 30 of Wholly Foreign Owned Enterprise Law.

Auditing by registered accountant of China and the auditing report issued by such registered accountant[16].

Those were the legal procedures that an intellectual property has to go through. If "new and high technology" is used as capital contribution, the procedure is somewhat different. First of all, the relevant State competent department has to determine whether the intellectual property falls into the category of "new and high technology". Then the value of such technology is not determined by either party of the contract themselves. It is determined by the assessment and evaluation authority registered with the State Administration of Industry and Commerce. The assessment result of state assets must be legally confirmed by the competent administrative department of the State and has to go through legal procedure of confirmation[17].

IV. The assessment and evaluation of intellectual property used as capital contribution

One of the key issue concerning intellectual property used as capital contribution is how to fairly assess the value of the intellectual property used as capital contribution. This issue will affect not only the interests of the capital contributor, but also the company's actual assets and operative capability. Therefore it is worth studying. The following paragraphs of this article will discuss it from two angles: the assessment principle legally provided and factors affecting the intellectual property value.

---

16 Article 26 of Company Law, Article 29 of the Implementing Rules for the Sino-foreign Joint Venture Law and Article 9 of the Sino-foreign Joint Venture Law.

17 Article 7 of Regulation on Several Issues Concerning High-Tech Intellectual Property Used as Capital Contribution issued jointly by the State Ministry of Science and Technology and the State Administration of Industry and Commerce. Some local regulations, such as Several Regulations of Shanghai Municipality on Promoting the Conversion of High-Tech Intellectual Property into Products in 1998 have confirmed two ways of assessment and evaluation of intellectual property used as capital contribution. One is assessment and evaluation of the intellectual property by the concerned parties themselves and the other is the assessment and evaluation by the assessment and evaluation authority.

The assessment principles provided according to law

China's laws and regulations have not offered any detailed and specific provisions on the assessment of the value of intellectual property used as capital contribution. They have only stipulated generalized provisions in the following ways.

Firstly, about assessors. In terms of ordinary intellectual property used as capital contribution, China's laws have stipulated two ways: pricing through negotiation and evaluation and assessment by a third party[18]. Pricing through negotiation refers to the price of the intellectual property fixed through negotiation by the concerned parties that make investment. And the evaluation and assessment by a third party refers to the pricing of the intellectual property by a third party appointed by all the interested parties. The parties concerned may decide either of the two ways to determine the value of the intellectual property. However, if the intellectual property used as capital contribution falls under high-tech intellectual property, the concerned parties have no freedom to choose an assessment authority. In accordance with Article 7 of Regulations on Several Issues Concerning High-Tech Intellectual Property Used as Capital Investment, such intellectual property shall be assessed and evaluated by an assessment authority registered with the State Administration of Industry and Commerce.

Secondly, the principle of genuine assessment, which is stipulated in Company Law. Article 24 thereof stipulates "kind, industrial property, non-patent technology or the land use right to be used as capital contribution to a company as shares must be assessed and evaluated. They mustn't be over-assessed or under-assessed." Accordingly, the price determined by assessment must reflect the genuine value of the intellectual property. If this principle is violated, even if the company has been established, the relevant shareholder must make up for the balance of the payment. Other shareholders of the company at the time of its establishment shall bear joint liability[19].

Thirdly, international customary pricing principle, a pricing principle stipulated in Article 27 of Wholly Foreign Owned Enterprise Law. Article 2 thereof stipulates: "the international customary pricing principle shall be used to evaluate and assess industrial property and technical know-how". However such law does not provide specific details on " international customary pricing principle". From the practice of value assessment of intellectual property in China, the methods to

---

18   Paragraph 3, Article 5 of Sino-foreign Joint Venture Law, Article 22 of the Implementing Rules for the Sino-foreign Joint Venture Law and Paragraph 2, Article 11 of Partnership Enterprise Law.

19   Article 28 Company Law.

assess and evaluate intangible properties currently adopted generally include: "replacement of cost", "current value of income", "current market price", "above quota income", "profit sharing" and "deduct rate"[20].

Factors affecting the intellectual property value

There are many factors affecting the intellectual property price. In assessing the price of an intellectual property, the following factors are usually taken into account in China.

Firstly, it is necessary to see whether the relevant industrial property has obtained the approval or has gone through the objection process. If the trademark application or "the patent application" has been rejected or failed to go through the objection process, the value of the relevant intellectual property will vary greatly[21]. The value of the intellectual property that has obtained approval will certainly much higher than that of the intellectual property unapproved.

Secondly, what property does the relevant industry property fall under? Specifically speaking, it is necessary to see whether the relevant patent falls into the category of invention, utility model or industrial design and whether the relevant trademark falls under "well-known trademark". Different rights have to go through different examination and approval procedure and their protection period and protection procedure are different. These inevitably affect their value[22].

Thirdly, it is necessary to see whether the said patent falls under "the first patent' or "the second patent". In accordance with international treaty and China's Patent Law[23], the license of the right-holder of the first patent is the prerequisite to the exploitation of the second patent. What is more, without the permission of the first patentee, the second patentee cannot license a third party to exploit the patent. In this way the value of "the first patent" is far greater than that of "the second patent".

Fourthly, when does the protection period of the industrial property expire? That is one of the important factors that affect the value of industrial property. If the

---

20   On the Evaluation and Assessment of Intellectual Property by Zheng Chengsi in the 1st issue of Legal Science 1998, Page 45; Legal Rules for Capitalization of Intellectual Property by Liu Chunlin in the 3rd issue of Review of Science of Law 2000, Page 114.

21   On the Evaluation and Assessment of Intellectual Property by Zheng Chengsi in the 1st issue of Legal Science 1998, Page 45; Legal Rules for Capitalization of Intellectual Property by Liu Chunlin in the 3rd issue of Review of Science of Law 2000, Page 114.

22   On the Evaluation and Assessment of Intellectual Property by Zheng Chengsi in the 1st issue of Legal Science 1998.

23   Article 23 of Patent Law.

protection period expires soon and will not be extended, its value will be lower than that of the industrial property that has just begun its protection period.

Fifthly, is the relevant industrial property experiencing infringement litigation or is the litigation invalid? If an industrial property is involved in such legal disputes, particularly the pending dispute in the court, its assessment value must be discounted on the basis of normal assessment.

V. The ratio of intellectual property used as capital contribution in the total registered capital of a company

The ratio of intellectual property used as capital contribution as shares refers to the percentage that the capital contribution of a certain intellectual property takes up in the registered capital of a company. Out of various considerations, China's relevant laws and regulations have limited the ratio of intellectual property used as capital contribution. The following paragraphs shall discuss and analyze the legal restriction on the intellectual property used as capital contributions and then analyze their impact on the intellectual property used as capital contribution.

1.) Legal provisions on restrictions

Most of China's laws and regulations have limited the highest ratio of intellectual property used as capital contribution in the total registered capital of a company. Specifically analyzed, the top ceiling of the restrictions varies depending upon whether the intellectual property used as capital contribution falls under the category of "high technology".

Firstly, legal provisions on the ratio of ordinary industrial property used as capital contribution. If the technology used as capital contribution is "non-high technology", China has stipulated 20 % as the top ceiling of technology used as capital contribution in the total registered capital of a company. China's Company Law stipulates that in establishing limited liability companies and limited shareholding companies, if the capital contribution is made in the form of industrial property and non-patent technology, the total capital amount shall not exceed 20 % of the registered capital of those companies. If they are high technology, the State has special provisions[24]. Article 28 of the Detailed Implementing Rules for the Wholly Foreign Owned Enterprise Law issued in 1990 has identical provisions. Accordingly, if the technology is ordinary technology instead of "high technology", no matter how much profit it may bring to the enterprise, the evaluated value of the invested technology shall not exceed 20 % of the total registered capital of the company.

---

24 Articles 24 and 80 of the Company Law of the People's Republic of China.

Secondly, general legal provisions on "high technology" used as capital contribution and their exceptions. If the technology used as capital contribution is "high technology", it shall not be subjected to the limit of 20 %. According to the clear-cut provisions of Regulations on Several Issues Concerning High Technology Used as Capital Contribution jointly issued by the State Ministry of Science and Technology and the State Administration of Industry and Commerce in 1997, if capital contribution is made in the form of high technology, its evaluated value used as capital contribution to a company as shares may exceed 20 % of the total registered capital of the company. However, it may not exceed 35 % normally[25]. Paragraph 1, Article 1 of Several Regulations on Promoting the Conversion of High Technology into Products jointly issued in 1999 by such seven State ministries and departments as the State Ministry of Science and Technology, Ministry of Education, State Ministry of Personnel, the State Administration of Industry and Commerce and some local regulations have similar or identical provisions[26]. All these provisions have confirmed the principle of 35 % as the highest ratio of high technology in the total registered capital of a company.

But this principle has two exceptions: one is that while Paragraph 1, Article 1 of Several Regulations on Promoting the Conversion of High Technology into Products stipulates 35 % as the top ceiling of technology in the total registered capital, it also permits the two concerned parties to decide, through negotiation and agreement, the percentage of high technology in the total registered capital of a company. The other is the provision of Notice on the Relevant Issue Concerning High Technology Used as Capital Contribution that "if the evaluated price of high technology used as capital contribution exceeds five million yuan Reminbi and 35 % of the total registered capital of the company, it must be confirmed by the State Ministry of Science and Technology"[27]. This means that the high technology used as capital contribution may exceed the top ceiling of 35 % in the total registered capital of a company. However, there is no clear-cut provision on how much it can exceed the 35 % ceiling.

---

25   Article 3 of Regulations on Several Issues Concerning High Technology Used as Capital Contribution.

26   The local administrative measures of Beijing, Shanghai, Jiangsu, Zhongqing and Shenzhen have all stipulated 20 % as the ceiling of the ordinary technology used as capital contribution in the total registered capital of the company. However, it shall not exceed 35 % of the total registered capital of a company if it is high technology used as capital contribution.

27   The Notice was jointly issued on August 11, 1999 by the State Ministry of Science and Technology and the State Administration of Industry and Commerce. Jiangsu, Beijing, Shanghai, Zhongqing and Shenzhen have formulated local corresponding regulations.

2.) The application scope of the above-mentioned provisions

It can be learned from above that China's Company Law and the Detailed Implementing Rules for Wholly Foreign Owned Enterprise Law and some departmental regulations, such as Regulation on Several Issues Concerning High Technology Used as Capital Contribution and Several Regulations on Promoting the Conversion of Scientific and Technological Research Results into Products have all stipulated provisions limiting the ratio of technology used as capital contribution in the total registered capital of a company. However, the Sino-foreign Joint Venture Law and the Sino-foreign Cooperative Joint Venture Law have not stipulated any identical provisions on it. Therefore a question arises as to whether the above-mentioned provisions on limiting the ratio of technology used as capital contribution in the total registered capital of a company applies to Sino-foreign joint ventures and Sino-foreign cooperative joint ventures. To answer this question, it is necessary to analyze the relevant laws and regulations of China.

According to Company Law, the provision on limiting the ratio of technology used as capital contribution in the total registered capital of a company does not seem to apply to the above-mentioned two kinds of joint ventures. Article 18 of Company Law stipulates that "this law applies to the limited liability company invested by foreign capital. If the Sino-foreign Joint Venture Law, the Sino-foreign Cooperative Joint Venture Law and the Wholly Foreign Owned Enterprise Law have provided otherwise, their provisions shall apply." This means if special laws have stipulated special provisions, the special provisions shall apply. If special laws have stipulated no special provisions, then Company Law shall apply. The Sino-foreign Joint Venture Law and the Sino-foreign Cooperative Joint Venture Law are special laws and have stipulated no provisions on limiting the ratio of technology used as capital contribution, which is different from the provision stipulated in the Company Law. Accordingly, the provision of Company Law on limiting the ratio of technology used as capital contribution in the total registered capital of a company does not seem to apply to Sino-foreign joint ventures and Sino-foreign cooperative joint ventures.

However, Regulation on Several Issues Concerning High Technology Used as Capital Contribution to a Company as Shares jointly issued by the State Ministry of Science and Technology and State Administration of Industry and Commerce has provided otherwise. Article 12 of the Regulation stipulates that this Regulation applies to Sino-foreign joint ventures and Sino-foreign Cooperative Joint Ventures that use high technology as capital contribution or as cooperation prerequisite. According to this provision, the provision shall apply to these two kinds of ventures whose sponsors use high technology as capital contribution. In other words, when they use high technology as capital contribution, the total

amount of technology used as capital contribution may exceed 20 % but not exceed 35 % of the total registered capital of their company[28]. In this way the departmental regulations related to Regulation such as Several Regulations on
Promoting the Conversion of Scientific and Technological Research Results into
Products may also apply to these two kinds of ventures. It can be inferred from
this Regulation that the relevant provision of China's Company Law on the percentage of ordinary technology used as capital contribution shall also apply to
these two kinds of ventures because the purpose of the State to formulate these
Regulations is to encourage capital contributors to provide "high technology".
When they sponsor to establish a company with "high technology", the ratio of
high technology used as capital contribution in the total registered capital is limited according to the above-mentioned two regulations. When they use ordinary
technology as capital contribution, its ratio in the total registered capital shall be
limited more strictly. The actual situation is that the local governments have
formulated some local regulations in accordance with the Company Law, such
as Administrative Measures of Zhongqing Municipality on Technology Used as
Capital Contribution and Regulation of Shenzhen Municipality on the Introduction of Foreign Technolgy. The limitation of these local regulations on the ratio
of technology used as capital contribution in the total registered capital of a
company also applies to these two kinds of ventures.

3.) The definition of "high-tech"

Whether the percentage of technology used as capital contribution can exceed
the ceiling of 20 % in the total registered capital of a company depends on
whether the technology used is high tech or not. Therefore it is of great impor-
tance to analyze the definition of "high-tech". Article 4 of Regulation on Several
Issues Concerning High-Tech Used as Capital Contribution stipulates the necessary conditions for "a high-tech research result": (1) it must fall under high-tech
category issued by the State Ministry of Science and Technology; (2) it must be
key technology of the main product of a company; (3) the contributor of the
technology as capital must be the owner of the technology who has absolute
right to dispose of it and ensures that the company's property right of the technology can cope with any third party contention; and (4) the high-tech has been
certified and confirmed by the State Commission of Science and Technology or
the provisional commission of science and technology. Among the above-
mentioned four conditions, condition 2 stipulates the position of technology
used as capital contribution in the operation of an enterprise. Condition 3 stipulates that the contributor of the technology must be the legitimate owner of the

---

28   Article 3 of Regulation on Several Issues Concerning High Technology Used as Capital
     Contribution to a Company as Shares.

technology and has absolute right to dispose of it. It doesn't matter whether the technology is "high-tech" or not. The key to judge whether it is "high-tech" or not depends on conditions 1 and 4, that is, depends on whether it falls under the high-tech category issued by the State Ministry of Science and Technology and whether it has been certified and confirmed by the State Commission of Science and Technology or the provincial commission of science and technology. Article 5 of Regulation on Several Issues Concerning High-Tech Used as Capital Contribution stipulates the category of high-tech: (1) micro electronic science and electronic information technology; (2) space science and aeronautic and aerospace technology; (3) photo-electricity science and photo-mechanical-electrical integration technology; (4) life science and biological project technology; (5)material science and new material technology; (6) energy science and new energy and effective energy saving technology; (7) ecological science and environmental protection technology; (8) geo-science and marine project technology; (9) base substance science and radiation technology; (10) medical science and biological and medical project; (11) other new technology and techniques applied on the basis of traditional industries. Only when the technology used for investment falls under the above-mentioned category and has passed through the examination and acceptance by the competent State authority, it can be regarded and accepted as high-tech and exceed the top ceiling of 20 % in the total registered capital of a company. If the technology does fall under this category, no matter how advanced it may be, it cannot enjoy the treatment of high-tech.

4.) Review on China's restriction on the percentage of technology used as capital contribution in the total registered capital

China's laws and regulations have stipulated the top ceiling of the intangible property used as capital contribution. These stipulations have played a positive role in preventing investors from tax evasion and avoidance by taking advantage of the provisions of China's accounting system on profit apportion and reduction of intangible property used as capital contribution, thus protecting the interests of the enterprise. However, these provisions also have negative effects.

Firstly, the value of a technology may be high or low. However, the above-mentioned legal provisions have stipulated a unitary top ceiling of percentage in the total registered capital of a company. Obviously, this prevents technology developers from investing their genuine technology of high quality in the enterprise. No matter how much value the technical research result may have, no matter how much amount the cash or kind investment may be, technology investment can only be a small part of the total investment[29]. Such uniform restriction on the percentage of different technologies used as capital contribution in the total registered capital will damage the interests of investors of technology and adversely affect their enthusiasm in investment.

Secondly, the above-mentioned provisions artificially classify the technology used as capital contribution as "ordinary technology" and "high-tech" and grant them entirely different treatment. Apart from whether such classification is scientific and reasonable, it is doubtful whether such classification complies with "the rule of non-discrimination" of the World Trade Organization.

Finally, in the presence of such legal restriction on technology as capital contribution, some investors of technology as capital contribution have to take certain "alternative" measures to go round or bypass those legal restrictions. They may either increase the total registered capital to further increase the percentage of tangible property so as to decrease the ratio of intangible property used as capital contribution in the total registered capital. Or they may invest part of their technology as capital contribution and assign part of their technology. On the other hand, the administrative judgment power to decide whether it is "high-tech" or not and whether the percentage of technology used as capital contribution has exceeded the legally top ceiling of capital contribution in the total registered capital of a company gives the competent official concerned some for corruption.

It can thus be seen that the legal top ceiling of technology in the total registered capital of a company has more disadvantages than advantages and should be abolished. China's amended Company Law has followed the public desire and abolished this legal restriction all together.

VI. Conclusion

Intellectual property used as capital contribution is a type of investment. No doubt, it is a great stimulation to promote industrialization of technology and improve the product quality and improve enterprise's competitive power. In order to ensure the smooth conduct of technology used as capital contribution and guarantee the interests of the concerned parties, it is necessary to formulate relevant laws and regulations to regulate and adjust technology used as capital contribution. However, artificial classification of technology and imposition of different top ceilings for different technology used as capital contribution in the to-

---

29   No Top Ceiling Limit Should Be Set for Technology Used as Capital Contribution in the Total Registered Capital of a Company by Guo Lihong published in People's Daily on December 6, 1999.

tal registered capital of a company do not seem to be the most effective measures. The key issue of technology used as capital contribution is pricing of the technology. If we can design a set of fair, sound and transparent assessment procedure and define strict legal liability for those who over- or under-assess the value of technology, we can truly regulate technology used as capital contribution and protect the legitimate interest of the concerned parties.

Matthias Pierson

Fachhochschule Braunschweig/Wolfenbüttel, Fachbereich Recht, Wolfenbüttel

Patentrechtlicher Schutz computerimplementierter Erfindungen in Europa

Zum Stand der Diskussion über den Vorschlag für eine EG-Richtlinie über die Patentierbarkeit computerimplementierter Erfindungen

A. Einleitung

I. Vorbemerkungen

Die Computertechnologie – Hardware und Software – ist neben der Biotechnologie und der Nanotechnologie ein zentraler Sektor der Hochtechnologie, die Schlüsseltechnologie der Informationstechnologie und damit die technologische Grundlage des sog. Informationszeitalters. Die Frage nach einem patentrechtlichen Schutz softwarebezogener Erfindungen – der einschlägige Richtlinienvorschlag spricht von computerimplementierten Erfindungen – gehört daher zu den Kernfragen auf dem Gebiet „Recht und Hochtechnologie" und sie ist – das lässt sich sicherlich ohne Übertreibung sagen – eine der meist diskutierten und zugleich schwierigsten Fragen auf dem Rechtsgebiet des Geistigen Eigentums. Was die Schwierigkeit angeht, so ist diese typisch für das Technologierecht – sie resultiert daraus, dass die Beantwortung der Frage nach einem patentrechtlichen Schutz softwarebezogener Erfindungen das Verständnis von Zusammenhängen sehr unterschiedlicher Disziplinen voraussetzt, nämlich der Informatik einerseits und des Immaterialgüterrechts, insbesondere des Patentrechts (und seiner Abgrenzung zum Urheberrecht) andererseits; mit der Frage nach der Legitimation des Patentrechts kommen ferner Fragen der Ökonomie hinzu, die bei der Diskussion in jüngerer Zeit zunehmend in den Vordergrund treten.

II. Ziel und Anspruch

Ziel des Beitrages ist es, auf mögliche Veränderungen des rechtlichen Rahmens im Bereich des patentrechtlichen Schutzes von Software, die sich z. Zt. in Europa abzeichnen, hinzuweisen. Mit der in vielen Teilen der Welt erfolgten Etablierung eines gesetzlich verankerten urheberrechtlichen Schutzes von Computerprogrammen Anfang der 1990er Jahre trat die in den 1970er und 1980er Jahren in Europa unter Experten auf dem Gebiet des geistigen Eigentums heftigst umstrittene Frage der Patentfähigkeit von Software für ein knappes Jahrzehnt wieder stärker in den Hintergrund. Ausgelöst durch die großzügige Patentierungs-

praxis softwarebezogener Erfindungen in den USA[1], eine liberalere Entschei-
dungspraxis des Europäischen Patentamtes und nicht zuletzt einen Richtlinienvorschlag der EG-Kommission über die Patentierbarkeit sog. computerimplementierter Erfindungen vom 20.02.2002 wird die Frage eines Patentschutzes
von Software in Europa – insbesondere auch in Deutschland – in jüngerer und
jüngster Zeit allerdings wieder sehr kontrovers diskutiert. Im Hinblick auf die
Komplexität und Schwierigkeit der Materie – Literatur, Rechtsprechung und
Materialien zur Frage der gebotenen Einordnung von Computerprogrammen in
das System zum Schutz geistigen Eigentums füllen bereits ganze Bibliotheken
bzw. Datenbanken – sowie den hier vorgegebenen Rahmen scheidet eine auch
nur annähernd vollständige Behandlung des Themas, insbesondere unter Einbeziehung vertiefter wirtschaftswissenschaftlicher und gesellschaftspolitischer
Fragestellungen aus. Anliegen des Beitrages ist es vielmehr, einen Überblick
über den aktuellen Stand der patentrechtlichen Beurteilung zu geben, d.h. darüber, in welchen konkreten Bereichen de lege lata eine Patentierung computerimplementierter Erfindungen in Europa in Betracht kommt; ferner über den aktuellen Stand des Rechtssetzungsverfahrens zum Erlass einer EG-Richtlinie
betreffend die Patentierbarkeit computerimplementierter Erfindungen; verbunden mit der Frage nach einem Patentschutz softwarebezogener Erfindungen in
Europa de lege ferenda. Schließlich geht es natürlich auch ganz allgemein darum
– im Sinne einer Sensibilisierung – die Aufmerksamkeit auf die Diskussion um
die patentrechtliche Beurteilung softwarebezogener Erfindungen in Europa zu
lenken. Dies umso mehr, da sicherlich noch Viele bei dem Thema „geistiges Eigentum und Software" primär oder gar ausschließlich an das Urheberrecht –
„Copyright" – denken.

III. Gang der Darstellung

Nach der kurzen Erörterung einiger technischer Begriffe sowie rechtlicher
Grundlagen werden – gestützt auf eine Analyse der jüngsten Rechtsprechung
des BGH und der Technischen Beschwerdekammer des EPA – die wichtigsten
Anwendungsbereiche aufgezeigt, in denen Patentschutz für softwarebezogene
Erfindungen de lege lata in Deutschland und Europa in Betracht kommt. Im Anschluss daran erfolgt ein Überblick über den Stand des Rechtssetzungsverfahrens betreffend die Richtlinie über die Patentierbarkeit computerimplementierter
Erfindungen und über deren mutmaßliche Auswirkungen auf den Schutz softwarebezogener Erfindungen de lege ferenda.

---

1   Vgl. hierzu u.a. Heide, Patentschutz und Patentverletzungen im Internet, in Bettin-
     ger/Leistner, Werbung und Vertrieb im Internet, Kap. D., Rdn. 17 ff.; Nägele, Mitt.
     2004, 101.

B. Technisches und patentrechtliches Vorverständnis

I. Technische Grundlagen: Welche Begriffe sind zu klären?

1. Software

Der Begriff der Software wird in der DV bekanntlich – zwecks Abgrenzung von der Hardware – als Sammelbegriff für alle „weichen", immateriellen Teile, insbesondere alle auf einer DVA einsetzbaren Programme verwandt. Die Begriffe Computerprogramm und „Software" werden häufig – wie auch im vorstehenden Zusammenhang – synonym verwandt. Die Gleichsetzung ist jedoch nicht ganz exakt, weil der Begriff „Software"– außer dem Programm an sich – eine Fülle weiterer Gegenstände (Entwurfsmaterial, Dokumentationen, Begleitmaterial etc.) umfasst. Die begriffliche Differenzierung ist allerdings weniger für den patentrechtlichen als für den urheberrechtlichen Schutz von Software bedeutsam.

2. Computerprogramm

Ein Computerprogramm lässt sich definieren als „eine Folge von Befehlen, die nach Aufnahme in einen maschinenlesbaren Träger fähig sind, zu bewirken, dass eine Maschine mit informationsverarbeitenden Fähigkeiten eine bestimmte Funktion oder Aufgabe oder ein bestimmtes Ergebnis anzeigt, ausführt oder erzielt."[2]

3. Algorithmus

Algorithmen kommt in der Informatik bekanntlich grundlegende Bedeutung zu. Diese Bedeutung spiegelt sich auch in der patentrechtlichen Diskussion wider. Daher ist auch der Begriff des Algorithmus von Bedeutung: Ein Algorithmus beschreibt eine Methode, mit der eine Aufgabe gelöst werden kann. Er besteht aus einer (endlichen) Folge von Schritten, deren korrekte Abarbeitung die gestellte Aufgabe löst.[3] Hiermit im Einklang steht das dem Vorschlag für eine Softwarepatentierungsrichtlinie zugrunde liegende Verständnis, wonach der Begriff „Algorithmus" im weitesten Sinne jede detaillierte Handlungsfolge bezeichnet, die der Erfüllung einer bestimmten Aufgabe dient.[4] Da ein Computer

---

2 So bereits § 1(i) der von der WIPO entwickelten „Mustervorschriften für den Schutz von Computerprogrammen (MV)" aus dem Jahre 1977 – abgedruckt in GRUR Int. 1978, S. 286.; ferner Pierson, Der Schutz der Programme für die Datenverarbeitung im System des Immaterialgüterrechts, S. 19.

3 Goldschlager/Lister, Informatik – eine moderne Einführung, S. 11.

4 Richtlinienvorschlag der EG-Kommission über die Patentierbarkeit sog. computerimplementierter Erfindungen vom 20.02.2002 - KOM (2002) 92 endgültig; zur „Funktion von Algorithmen", Begründung S. 8, 2. Absatz - abrufbar unter http://europa.eu.int/eur-lex/de/com/pdf/2002/de_502PC0092.pdf (letzter Abruf: 03/2004).

eine Aufgabe nur dann lösen kann, sofern ihm der Problemlösungsweg durch eine detaillierte Folge von Befehlen mitgeteilt wird, liegt die Bedeutung von Algorithmen für die Informatik auf der Hand: Ohne Algorithmus gibt es kein Programm! – Der Algorithmusbegriff ist allerdings kein Exklusivbegriff der Informatik, sondern erfasst auch Methoden zur nicht dv-gestützten Lösung von Aufgabenstellungen (z. B. Montageanleitungen, Schnittmuster).[5]

4. Was unterscheidet den „Algorithmus" vom „Programm"?

Das Computerprogramm enthält einerseits eine *„Musterlösung"* des jeweiligen Problems, d.h. die Reihenfolge durchzuführender Operationen, deren Befolgung automatisch zur Lösung der gestellten Aufgabe führt – bei dieser „Musterlösung" handelt es sich um den *Algorithmus*. Andererseits enthält das Programm jedoch auch Befehle, welche die Durchführung der Operationen veranlassen. Diese sog. *Steueranweisungen* veranlassen den Rechner, die einzelnen Operationsschritte, wie sie der Algorithmus festlegt, durchzuführen. Der Algorithmus ist somit die Lösungsidee oder Struktur des Programms, das betriebsfertige Programm die Umsetzung der algorithmischen Problemlösung in einer Folge von automatengerechten Einzelanweisungen.[6] Der Richtlinienvorschlag differenziert entsprechend zwischen dem „abstrakten Algorithmus" einerseits und dessen praktischem Einsatz andererseits. Der abstrakte Algorithmus ist danach das isoliert von seiner physischen Umgebung betrachtete theoretische Konstrukt, das dort (in der physischen Umgebung) auch seine Wirkungen nicht entfalten kann; folglich könne der abstrakte Algorithmus seinem Wesen nach daher als nicht technisch und somit auch als nicht patentierbare Erfindung angesehen werden.[7] Abgesehen von dieser – für die patentrechtliche Beurteilung relevanten – Differenzierung zwischen dem Algorithmus und den sog Steueranweisungen decken sich allerdings die Begriffsmerkmale von Algorithmus und Programm.[8]

---

5   Pierson, Fußnote2, S. 22.

6   Zum Verhältnis von Algorithmus und Programm in diesem Sinne vgl. bereits Kienzle, Die Patentierbarkeit von Computerprogrammen, Berlin 1975, S. 40 f.; ferner Kolle GRUR 1977, S. 58, 66 und GRUR 1982, S. 443, 445.

7   Richtlinienvorschlag vgl. Fußnote 4, Begründung S. 8, 4. und 5. Absatz; vgl. ferner Erwägungsgrund 13c des Richtlinienvorschlages i. d. F. der 1. Lesung im EP vom 24.09.2003 - abrufbar unter http://www2.europarl.ep.ec/omk/sipade2?PUBREF=-//EP// NONSGML+REPORT+A5-2003-0238+0+DOC+PDF+V0//DE&L=DE&LEVEL=3&NAV=S&LSTDOC=Y

8   Pierson, Fußnote 2, S. 23

5. Was versteht man unter einer „computerimplementierten Erfindung"?

Während viele Jahre lang im Zusammenhang mit Softwarepatenten von „softwarebezogenen" oder „programmbezogenen Erfindungen" die Rede war, wird in jüngerer Zeit der – nun auch im Richtlinienvorschlag gebrauchte Begriff – der „computerimplementierten Erfindung" verwandt.[9] Unter „computerimplementierter Erfindung" soll jede Erfindung subsumiert werden, die sich auf einen Computer oder eine vergleichbare Vorrichtung stützt und durch Ablauf eines Computerprogramms realisiert wird.[10]

II. Patentrechtliche Grundlagen: Was versteht man unter Patentschutz?

1. Wo liegt der Ursprung des Patentwesens?

Die Idee des Patentschutzes als geistigem Eigentum für technische Erfindungen entstand im Zuge der Industrialisierung, der Entwicklung von Naturwissenschaften und Technik sowie der Einführung der Gewerbefreiheit im ausgehenden 18. und 19. Jahrhundert (erstes deutsches Reichs-Patentgesetz von 1877[11]). Der Grundgedanke war, einerseits einen Anreiz für technische Entwicklungen zu schaffen und andererseits einen Schutz vor Missbräuchen der neu geschaffenen Gewerbefreiheit zu bieten. Der Erfinder sollte dafür belohnt werden, dass er seine Erfindung der Öffentlichkeit vorstellte. Im Gegenzug für die Preisgabe der Erfindung sollte der Erfinder ein Schutzrecht erhalten, dass ihm für begrenzte Zeit die Möglichkeit der alleinigen Verfügung sicherte. Diese Erwägungen sind bis heute Kerngedanken des Patentschutzes und des gewerblichen Rechtsschutzes.[12]

2. Was sind die Voraussetzungen für die Erlangung von Patentschutz?

Das Patentrecht regelt die Erteilung von Patenten, d.h. zeitlich begrenzten Ausschließlichkeitsrechten für Erfindungen, und die Durchsetzung der mit patentfähigen Erfindungen zusammenhängenden Rechte. Ein Patent kann nur erteilt werden, wenn mehrere formelle und materielle Voraussetzungen erfüllt sind. Seit 1978 sind die materiellen Erfordernisse der patentierbaren Erfindung nach deutschem und europäischem Patentrecht deckungsgleich. Patente werden danach (§ 1 Abs. 1 PatG; Art. 52 EPÜ) erteilt für

---

9   Vgl. hierzu auch Anders, GRUR 2001, S. 555 ff. dort Fußn. 3.

10   Richtlinienvorschlag vgl. Fußnote 4, Erläuterung der Definition in Art. 2, S. 14; vgl. ferner die Neufassung Art. 2 Buchstabe a in der Fassung v. 24.09.2003.

11   Zur Geschichte des Patentwesens vgl. Benkard, Patentgesetz, Erläuterungsteil, Einleitung, S. 47 ff.

12   Vgl. Information des DPMA zum „Ursprung des Patentwesens" http://dpma.de/infos/broschuere/patente04.htm (Stand 11/2002).

- Erfindungen,
- die neu sind,
- auf einer erfinderischen Tätigkeit beruhen und gewerblich anwendbar sind.

a) Was versteht man unter einer Erfindung?

Obwohl sich der Gesetzgeber einer Definition des unbestimmten Rechtsbegriffs „Erfindung" enthalten hat, ist unstreitig, dass die patentfähige Erfindung eine Schöpfung auf dem Gebiet der Technik voraussetzt, d. h. eine „Lehre zum *technischen* Handeln". Das Merkmal des „Technischen" dient seit den Anfängen des Patentrechts dazu, die Grenze zwischen den patentfähigen und den dem Patentschutz nicht zugänglichen Leistungen zu ziehen. Die Beschränkung des Patentschutzes auf „technische" Erfindungen entspricht gefestigter Rechtsprechung zum geltenden nationalen und europäischen Recht.[13] Daraus folgt, dass den vorgenannten, im Patentgesetz ausdrücklich genannten Kriterien für die Erteilung eines Patents noch eine weitere materielle Patentierungsvoraussetzung hinzuzufügen ist, nämlich die des „technischen Charakters" der Erfindung.[14] – Erforderlich ist also stets die Technizität der Lehre. Technisch ist nach der Rechtsprechung des BGH eine Lehre zur „planmäßigen Benutzung beherrschbarer Naturkräfte außerhalb der menschlichen Verstandestätigkeit zur unmittelbaren Herbeiführung eines kausal übersehbaren Erfolges".[15] Das Erfordernis der Technizität erwies sich nach Maßgabe der patentrechtlichen Rechtsprechung bis in die jüngste Zeit als die entscheidende Hürde für die Patentierbarkeit einer softwarebezogenen Erfindung.[16] Ausdrückliche Bestätigung findet das Technizitätserfordernis auch im Vorschlag für eine Softwarepatentierungsrichtlinie, wonach sich die Weiterentwicklung des Patentsystems an den allgemeinen, historisch gewachsenen Grundsätzen des europäischen Patentrechts auszurichten hat: „Diese

---

13 BGH K&R 2000, 453, 454 „Sprachanalyseeinrichtung" m. w. Rspr.-Nachweisen. - Begründet wird die Beschränkung auf den Bereich der Technik vor allem damit, dass der Bereich der Technik das einzig brauchbare Abgrenzungskriterium gegenüber andersartigen Leistungen des Menschen darstellt – BGHZ 67, 22,33 = GRUR 1977, 96, 99 „Dispositionsprogramm"; ferner mit der Entstehungsgeschichte bzw. Sinn und Zweck des PatG – Schulte, Patentgesetz, Kommentar, § 1 Rdn. 22 m. w. Nachw.

14 Fehlt nämlich der Erfindung bereits der erforderliche technische Charakter, erübrigt sich die Prüfung der weiteren Patentierungsvoraussetzungen – Beyer, in FS „25 Jahre Bundespatentgericht", S. 189; ferner Gall, Mitt. 1985, S. 181, 185.

15 BGH GRUR 1981, 39, 41 „Walzstabteilung" im Anschluss an BGHZ 52, 74 „Rote Taube"; BGHZ 67, 22 „Dispositionsprogramm"; BGH GRUR 1980, 849 „Antiblockiersystem".

16 Vgl hierzu im Einzelnen die gesonderte Übersicht „Softwarepatente – Meilensteine der patentrechtlichen Rechtsprechung".

finden ihren besonderen Ausdruck in dem Grundsatz, dass eine Erfindung einen technischen Beitrag zum Stand der Technik leisten muss."[17]

b) Neuheit

Das Gebot der Neuheit beruht auf dem Wesen der Erfindung als einer Problemlösung, die sich vom bekannten Stand der Technik abhebt und einen neuen, bisher nicht bekannten Lösungsweg aufzeigt. „Eine Erfindung gilt als neu, wenn sie nicht zum Stand der Technik gehört" (§ 3 Abs. 1 S. 1 PatG). Nach der gesetzlichen Definition umfasst

> „der Stand der Technik alle Kenntnisse, die vor dem für den Zeitrang der Anmeldung maßgeblichen Tag (das ist der Anmeldetag) durch schriftliche oder mündliche Beschreibung, durch Benutzung oder in sonstiger Weise der Öffentlichkeit zugänglich gemacht worden sind" (§ 3 Abs. 1 S. 2 PatG).

Der Regelung liegt die Erwägung zugrunde, dass eine technische Lehre, die bereits offenbart wurde und damit der Fachwelt zugänglich ist, die Technik nicht mehr bereichert, so dass ihr Anmelder nicht mehr die Belohnung durch die Gewährung eines Ausschließlichkeitsrechts verdient.

c) Beruhen auf erfinderischer Tätigkeit

Für die Patentierbarkeit genügt jedoch nicht die Neuheit der Erfindung. Vielmehr muss sie, wie erwähnt, auch „auf einer erfinderischen Tätigkeit" beruhen. Eine Erfindung gilt als auf einer erfinderischen Tätigkeit beruhend, „wenn sie sich für den Fachmann nicht in nahe liegender Weise aus dem Stand der Technik ergibt" (§ 4 S. 1 PatG, Art. 56 S. 1 EPÜ). Um das Kriterium der erfinderischen Tätigkeit zu erfüllen, müssen computerimplementierte Erfindungen nach Maßgabe des Richtlinienvorschlages[18] einen technischen Beitrag leisten (Art. 4 Abs. 1). Ein „Technischer Beitrag" ist nach der Definition des Richtlinienvorschlages (Art. 2 Buchstabe b) „ein Beitrag zum Stand der Technik auf einem Gebiet der Technik, der für eine fachkundige Person nicht nahe liegend ist". Das „Gebiet der Technik" ist definiert als „ein gewerbliches Anwendungsgebiet, dass zur Erreichung vorhersehbarer Ergebnisse der Nutzung kontrollierbarer Kräfte der Natur bedarf" (Art. 2 Buchstabe ba). – Während das patentrechtliche Erfordernis der Technizität einer Erfindung als grundlegende Patentierungsvoraussetzung, wie zuvor dargestellt, über Jahrzehnte die entscheidende Hürde für die Erteilung von Softwarepatenten darstellte, erweist sich bei gebotener ganz-

---

17 Richtlinienvorschlag vgl. Endnote 4, Begründung S. 12, 3. Absatz; vgl. ferner Erwägungsgrund 10.

18 Richtlinienvorschlag i. d. F. der 1. Lesung im EP vom 24.09.2003 – vgl. Fußnote 7.

heitlicher Betrachtung – wie dies auch im Richtlinienvorschlag zum Ausdruck kommt – das Erfordernis des „Beruhens auf erfinderischer Tätigkeit" als das entscheidende Prüfungskriterium.[19]

d) Gewerbliche Anwendbarkeit

Das Erfordernis trägt der Zielsetzung der Patentgesetzgebung Rechnung, dass nur solche Erfindungen dem Patentschutz zugänglich sein sollen, deren Gegenstand auf irgendeinem gewerblichen Gebiet hergestellt und benutzt, d.h. praktisch verwertet werden kann (vgl. § 5 Abs. 1 PatG). Da dies bei den meisten Erfindungen offenkundig ist, ist die praktische Bedeutung dieses Merkmals sehr gering (Ausnahme medizinische Heilverfahren, § 5 Abs. 2 PatG).[20]

C. Volkswirtschaftliche Implikationen: Welche Bedeutung hat das Patentrecht – allgemeine und spezielle Implikationen?

I. Zweck des Patentrechts

Der Zweck des Patentschutzes ist es, wie bereits angesprochen, den Fortschritt auf dem Gebiet der Technik zu fördern. „Der Grund für die Verleihung des Ausschließlichkeitsrechts Patent wird im wesentlichen einerseits in der *Anerkennung* einer besonderen Leistung im Bereich der Technik und andererseits in der – auch als *Ansporn* für weitere Leistungen zu verstehenden – Gewährung einer Gegenleistung dafür gesehen, dass der Erfinder den technischen Fortschritt und das technische Wissen der Allgemeinheit bereichert hat."[21] Das Erfordernis erfinderischer Tätigkeit stellt sicher, dass Patente nicht bereits für technische Anweisungen erteilt werden, die sich als das Ergebnis *gewöhnlicher Alltagsarbeit* eines Technikers darstellen und deren Schutz eine *unangemessene Behinderung der technischen Entwicklung* zur Folge hätte. Die im Rahmen normaler technologischer Weiterentwicklung zustande gekommenen Neuerungen bedürfen keiner Förderung durch den Anspornungseffekt des Patentschutzes und rechtfertigen nicht die Belohnung in Form eines Ausschließlichkeitsrechts, da sie ledig-

---

19 Zur Veranschaulichung vgl. u.a. die Einordnung der Entscheidung des BPatG v. 29.04.2002 „Cyber Cash-Verfahren" in Pierson, „Softwarepatente – Meilensteine der patentrechtlichen Rechtsprechung", JurPC Web-Dok. 182/2004, abrufbar unter http://www.jurpc.de/aufsatz/20040182.htm

20 Näheres Pierson, Fußnote 2, S. 91.

21 St. Rspr. BGH: BGHZ 100, 67, 70 = GRUR, 231, 232 „Tollwutvirus" im Anschluss an BGH GRUR 1969, 534, 535 „Skistiefelverschluß"; BGHZ 45, 102, 108 = GRUR 1966, 312, 316 „Appetitzügler"; zum Zweck des Patentrechts vgl. ferner zuletzt BGH CR 2002, 88, 90 „Fehlerhafte Zeichenketten".

lich etwas vollziehen, was ohnehin im Rahmen routinemäßiger Tätigkeit durch andere Fachleute bewirkt worden wäre.[22]

II. Allgemeine volkswirtschaftliche Bedeutung

Patente wirken als Anreiz, die nötige Zeit und das nötige Geld für neue, erfinderische Entwicklungen aufzuwenden. Sie stimulieren auf diese Weise den Arbeitsmarkt. Die Gesellschaft profitiert von der Offenbarung der Erfindung, denn sie dient dem technischen Fortschritt, auf dem andere Erfinder aufbauen können.[23]

III. Volkswirtschaftliche Auswirkungen eines Patentschutzes für computerimplementierte Erfindungen

Die EG-Kommission hat im Vorfeld des von ihr unterbreiteten Richtlinienvorschlages eine Studie über die wirtschaftlichen Auswirkungen der Patentierbarkeit computerimplementierter Erfindungen[24] in Auftrag gegeben. Die Studie beschreibt die positiven Auswirkungen der Patentierbarkeit computerimplementierter Erfindungen auf die Entwicklung der Softwarebranche in den USA, anderseits verweist sie auch deutlich auf bedenkliche Aspekte, wie die Erteilung von (mangels Neuheit bzw. Erfindungshöhe) „eindeutig ungültigen Patenten", die Stärkung der Position mächtiger Marktteilnehmer und die mit der Patentierung einhergehende Kostenbelastung.[25]

D. Patentschutz für softwarebezogene Lehren de lege lata: Was sagt das geltende Patentrecht zum Schutz von Software?

I. Welche Gegenstände sind vom Patentschutz ausgeschlossenen (Negativkatalog)?

Nicht als Erfindungen im Sinne des Patentgesetzes werden insbesondere angesehen:

– Entdeckungen sowie wissenschaftliche Theorien und Methoden;

---

22   Bernhardt/Kraßer, Lehrbuch des Patentrechts, S. 163; ferner Denkschrift zum Straßburger Patentübereinkommen zu Art. 5, abgedruckt als Anlage zur BT-Drucks. 7/3712, S. 381 ; Pierson, Fußnote 2, S. 89.

23   Vgl. in diesem Sinne auch die Erwägungen des Richtlinienvorschlages vgl. Endnote 4, Begründung S. 2, 3. Absatz.

24   „The Economic Impact of Patentibility of Computer Programs" erstellt im Auftrag der Kommission vom "Intellectual Property Institute", London, abgeschlossen im März 2000, abrufbar unter http://europa.eu.int/comm/internal_market/en/indprop/study intro.htm (letzter Abruf: 04/2004).

25   Zu den wesentlichen Ergebnissen der in Fußnote 24 nachgewiesenen Studie vgl. die Begründung des Richtlinienvorschlages vgl. Endnote 4, S. 6.

-   ästhetische Formschöpfungen;
-   Pläne, Regeln und Verfahren für gedankliche Tätigkeiten, für Spiele und geschäftliche Tätigkeiten sowie für *Programme für Datenverarbeitungsanlagen*;
-   die Wiedergabe von Informationen.

Allerdings gilt der Ausschluss nur, sofern „für die genannten Gegenstände oder Tätigkeiten *„als solche"* Schutz begehrt wird (§ 1 Abs. 3 PatG; Art. 52 Abs. 3 EPÜ). Insbesondere die Anwendung dieser „als solche-Regelung", die bei den übrigen im Negativkatalog genannten Gegenständen keine Schwierigkeiten bereitet, hat sich im Zusammenhang mit der Frage nach den Möglichkeiten eines Patentschutzes für Computerprogramme als missglückt und rational kaum auflösbare gesetzgeberische Vorgabe erwiesen.[26]

II. Welche Bedeutung hat der sog. Negativkatalog?

Der Grund für den Ausschluss der im Negativkatalog genannten Gegenstände und Tätigkeiten liegt darin, dass diese „als solche" nicht-technischer Natur sind. Da das Erfordernis der Technizität, wie erörtert, bereits aus dem Begriff der dem Patentschutz zugänglichen Erfindung abgeleitet wird, sind die Sonderbestimmungen über die vom Patentschutz ausgeschlossenen Gegenstände und Tätigkeiten rein deklaratorischer Art. Die Begrenzung auf die genannten Gegenstände und Tätigkeiten „als solche" bedeutet, dass der Ausschluss vom Patentschutz nur insoweit gerechtfertigt ist, als sich die anmeldungsgemäße Lehre nach Aufgabe und Lösung in einer nicht-technischen Anweisung erschöpft. Dass einer der genannten Gegenstände oder eine dort genannte Tätigkeit Grundlage oder Ziel einer Lehre zum technischen Handeln ist, steht folglich der Qualifikation dieser Lehre als patentfähige Erfindung nicht entgegen. Die Grenzlinie zwischen Anmeldungen, deren Gegenstand sich in einem vom Schutz ausgeschlossenen „als solchen" erschöpft und Anmeldungen, die darüber hinaus auch einen hiermit verbundenen schutzfähigen Gegenstand enthalten, wird also durch den Technikbegriff markiert.[27]

---

26   Zu den diesbezüglichen Interpretationsbemühungen vgl. bereits den Überblick bei Pierson, Fußnote 2, S. 163 ff; 169 ff; 190 ff; aus jüngerer Zeit vgl. u.a. Schiuma, GRUR Int. 1998, S. 852, 854; Melullis, GRUR 1999, S. 843, 844ff., 850 ff.; Nack, GRUR Int. 2000, S. 853, 854; Anders, GRUR 2001, S. 555 ff. Tauchert, JurPC, Web-Dok. 40/2001, Abs. 26 ff.; zur Auslegung durch die Rechtsprechung des BGH und das EPA vgl. Pierson, „Softwarepatente – Meilensteine der patentrechtlichen Rechtsprechung", Fußnote 19, insbesondere Technische Beschwerdekammer EPA „Computerprodukt/IBM" und BGH „Suche fehlerhafter Zeichenketten".

27   Pierson, Fußnote 2, S. 26 f. m. w. Nachw. ; Tauchert, Web-Dok. 40/2001, Abs. 2; Melullis, GRUR 1999, S. 843, 844 f. ; Kraßer, GRUR 2001, S. 959.

III. Was besagt der Ausschluss der Computerprogramme „als solche"?

Die Bestimmung dieser Grenzlinie, d.h. dessen, was unter einem vom Patentschutz ausgenommenen Computerprogramm „als solchen" zu verstehen ist, hat sich als besonders schwierig erwiesen, weil ein Computerprogramm, das einen Rechner steuert, – anders als die sonstigen im Negativkatalog genannten Gegenstände und Tätigkeiten und anders als ein (abstrakter) Algorithmus – stets technischer Natur ist. Die generelle Technizität eines Computerprogramms folgt aus seiner Zweckbestimmung, nach Umsetzung in eine maschinenlesbare Darstellung, die eine Erkennung der Befehle durch elektromagnetische Signale und Impulse ermöglicht, die entsprechenden Schaltoperationen im Computer auszulösen und so zu steuern, bis das gewünschte Ergebnis erreicht ist.[28]

1. Interpretation der „als solche"-Regelung durch den BGH?

Während der BGH in seinen früheren Entscheidungen die Frage nach dem gebotenen Verständnis der gesetzlichen Regelung über den Ausschluss der Programme für die Datenverarbeitung „als solche" (§ 1 Abs. 2, Abs. 3 PatG; Art. 52 Abs. 2, Abs. 3 EPÜ) stets offen ließ, hat er hierzu erstmals 2001 in der Entscheidung „Suche fehlerhafter Zeichenketten"[29] ausführlich Stellung bezogen. Programme sind danach – wie auch die anderen „als solche" vom Patentschutz ausgeschlossenen Gegenstände – nur insoweit vom Patentschutz ausgeschlossen, als sie losgelöst von einer konkreten Umsetzung beansprucht werden. Soweit sie hingegen zur Lösung eines konkreten technischen Problems Verwendung finden, sind sie – in diesem Kontext – grundsätzlich patentfähig.[30]

2. Interpretation durch die Technische Beschwerdekammer des EPA?

Äußerst bemerkenswert – wenn auch nicht ganz widerspruchsfrei – sind auch die (nahezu akrobatisch anmutenden) Ausführungen der Technischen Beschwerdekammer des EPA zur „als solche"-Regelung (Art. 52 Abs. 2 und 3 EPÜ) und zur Technizität von Programmen: Zur Auslegung der „als solche-Regelung" stellt die Technische Beschwerdekammer in einer wichtigen Meilensteinentscheidung aus dem Jahre 1998[31] zunächst fest, dass „solche Programme

---

28   Kolle GRUR 1977, S. 58, 72; weitere frühe Nachweise zur Technizität vgl. Pierson, Fußnote 2, S. 199 ff.; aus jüngerer Zeit vgl. Schiuma, GRUR Int. 1998, S. 852, 854 m. w. Nachw.; ferner Richtlinienvorschlag vgl. Fußnote 4, Begründung S. 7.

29   BGH v. 17.10.2001 „Suche fehlerhafter Zeichenketten" CR 2002, S. 88 ff.; mit Anmerkung, CR 2002, S. 92 ff.

30   BGH CR 2002, 88, 91; zur Interpretation der „als solche"-Klausel in diesem Sinne vgl. bereits Pierson, Fußnote 2, S. 163 ff., 192, 216.

31   Techn. Beschwerdekammer des EPA v. 01.07.1998 „Computerprogrammprodukt/ IBM", GRUR Int. 1999, S. 1053 ff.

als rein abstraktes Werk ohne technischen Charakter gelten. Dies bedeutet, dass Computerprogramme dann als patentfähige Erfindungen anzusehen sind, wenn sie technischen Charakter aufweisen." (Entscheidungsgründe 5.2 und 5.3). Im Rahmen der sich anschließenden Überprüfung des technischen Charakters von Programmen kann zwar auch die Kammer nicht die Augen davor verschließen, dass einem Programm im Hinblick auf „bei der Ausführung von Programmbefehlen auftretenden physikalischen Veränderungen bei der Hardware" stets ein technischer Charakter zukommt. Da das Patentierungsverbot des Art. 52 Abs. 2 und 3 EPÜ nicht gegenstandslos werden dürfe, reiche diese (normale) Technizität jedoch nicht aus, so dass der erforderliche technische Charakter nur durch einen „weiteren technischen Effekt" begründet werden könne (Entscheidungsgründe unter 6.). Von Bedeutung ist jedoch, dass der „weitere technische Effekt" nach Auffassung der Kammer bekannt sein darf, so dass die Hürde für die Bejahung der Technizität gleichwohl niedriger geworden sein dürfte, mit der Folge dass sich die Prüfung der Patentierbarkeit auf die weiteren Patentierungsvoraussetzungen der Neuheit und erfinderischen Tätigkeit verlagert (Entscheidungsgrund 8.).[32]

E. Welche Patentierungsmöglichkeiten ergeben sich de lege lata nach Maßgabe der Rechtssprechung (BGH/EPA)?[33]

I. In welchen Fällen wurde eine Patentierbarkeit softwarebezogener Erfindungen von der Rechtsprechung bejaht?

Auf der Grundlage der Rechtsprechung der Technischen Beschwerdekammern des EPA sowie der des Bundesgerichtshofes lassen sich die folgenden Kategorien softwarebezogener Erfindungen beschreiben, in denen eine Patentierbarkeit auf der Grundlage der bestehenden patentrechtlichen Bestimmungen in Betracht kommt:

Kategorie 1

Das Programm ist „in technische Abläufe eingebunden, etwa dergestalt, dass es Messergebnisse aufarbeitet, den Ablauf technischer Einrichtungen überwacht oder sonst steuernd bzw. regelnd nach außen wirkt".[34] Betroffen ist damit das Gebiet der Regel-, Messtechnik und Prozesssteuerung. Kennzeichnend für diese

---

32 Anders, GRUR 2001, S. 555, 557.

33 Ausführlich hierzu vgl. Pierson, Softwarepatente - Meilensteine und Kategorien im Spiegel der patentrechtlichen Rechtsprechung, JurPC Web-Dok. 163/2004, abrufbar unter http://www.jurpc.de/aufsatz/20040163.htm .

34 Unter Bezugnahme auf die ABS-Entscheidung in BGH „Fehlerhafte Zeichenketten" CR 2002, S. 88, 90.

Kategorie ist, dass eine programmgesteuerte Datenverarbeitungsanlage unmittelbar in eine externe (traditionell technische) Umgebung eingreift[35] bzw. eng mit dieser verknüpft ist.[36]

Kategorie 2

„... ein Verfahren, mit dem vermittels einer Datenverarbeitungsanlage durch Prüfung und Vergleich von Daten ein Zwischenschritt im Rahmen der Herstellung technischer Gegenstände [im konkreten Fall: Chip-Produktion] erledigt werden kann, wenn diese Lösung durch eine auf technischen Überlegungen beruhende Erkenntnis und deren Umsetzung geprägt ist".[37] Kennzeichnend ist insoweit, dass die programmgemäße Lehre durch auf technischen Überlegungen beruhende Erkenntnisse geprägt ist.

Kategorie 3

Die (programmgemäße) Lehre betrifft die „Funktionsfähigkeit der Datenverarbeitungsanlage als solche" und ermöglicht „damit das unmittelbare Zusammenwirken ihrer Elemente".[38] Kennzeichnend ist, dass das Programm eine erfinderische Brauchbarkeit einer Datenverarbeitungsanlage lehrt (z. B. ein neues und erfinderisches Betriebssystem).

Kategorie 4

(Programmgemäße) „Anweisungen, die einen bestimmten Aufbau einer Datenverarbeitungsanlage lehren oder vorsehen, eine solche Anlage auf eigenartige Weise zu benutzen".[39] Kennzeichnend ist – ähnlich wie bei Kategorie 3 –, dass das Programm einen erfinderischen Aufbau einer Datenverarbeitungsanlage bzw. erfinderische Brauchbarkeit lehrt.

II. In welchen Fällen wurde eine Patentierbarkeit softwarebezogener Erfindungen von der Rechtsprechung verneint?

Gleichfalls auf der Grundlage der Rechtsprechung der Technischen Beschwerdekammern des EPA sowie der des Bundesgerichtshofes lassen sich weitere Kategorien softwarebezogener Erfindungen beschreiben, in denen eine Patentier-

---

35   BGH „Antiblockiersystem" GRUR 1980, S. 849, 851.

36   BGH „Tauchcomputer" GRUR 1992, S. 430.

37   Unter Bezugnahme auf die Entscheidung „Logikverifikation" in BGH „Fehlerhafte Zeichenketten" CR 2002, S. 88, 90.

38   Unter Bezugnahme auf die Entscheidung „Seitenpuffer" in BGH „Fehlerhafte Zeichenketten" CR 2002, S. 88, 90.

39   Unter Bezugnahme auf die Entscheidung „Dispositionsprogramm" in BGH „Fehlerhafte Zeichenketten" CR 2002, S. 88, 90.

barkeit auf der Grundlage der bestehenden patentrechtlichen Bestimmungen
verneint wurde:

Kategorie 5

„Im Vordergrund des Anmeldungsgegenstandes steht die Ordnung" von Daten.
Das „Ordnungssystem ist gedanklicher Art und bedient sich keiner Mittel, die
sich außerhalb der menschlichen Verstandestätigkeit auf technischem Gebiet befinden".[40] Kennzeichnend für die hiermit angesprochene Programm-Kategorie,
bei der ein Patentschutz ausscheidet, ist, dass es sich um eine reine Organisati-
ons- und Rechenregel ohne Bezug zu einem traditionell technischen Gebiet handelt. „Der Erfolg der Lehre steht und fällt mit den gedanklichen Maßnahmen des
Ordnens der verarbeiteten Daten."[41] Und: „Das vorgeschlagene Verfahren
zeichnet sich ... nicht durch eine Eigenheit aus, die unter Berücksichtigung der
Zielsetzung patentrechtlichen Schutzes – nämlich Problemlösungen auf dem
Gebiet der Technik zu fördern – eine Patentierbarkeit rechtfertigt".[42]

Kategorie 6

Bei der programmgemäßen Lehre stehen „markt- und betriebswirtschaftliche
Aspekte" „gegenüber den eingesetzten Naturkräften im Vordergrund".[43] Das
heißt, im Vordergrund der programmgemäßen Problemlösung stehen nicht auf
technischem (sondern z.b. betriebswirtschaftlichem) Gebiet liegende Verfahren
(Geschäftsmethoden/sog. Business Solutions). Wie das BPatG in seiner rich-
tungweisenden Entscheidung „Cyber-Crash-Verfahren"[44] gezeigt hat, scheitert
die Patentierbarkeit bei gebotener Prüfung jedoch nicht am Erfordernis der
„Technizität", sondern am Erfordernis erfinderischer Tätigkeit, d.h. eines „technischen Beitrags zum Stand der Technik".

---

40   BGH v. 01.06.1991 „Chinesische Schriftzeichen", GRUR 1992, S. 36 ff.; ähnlich BGH
     v. 17.10.2001 „Suche fehlerhafter Zeichenketten", CR 2002, S. 88 ff.; BPatG v.
     26.3.2002, 17. Senat, "Suche fehlerhafter Zeichenketten/Tippfehler", GRUR 2002,
     S. 871.

41   BGH v. 01.06.1991 „Chinesische Schriftzeichen" GRUR 1992, S. 36 ff.)

42   BGH v. 17.10.2001 „Suche fehlerhafter Zeichenketten", CR 2002, S. 88 ff.; BPatG v.
     26.3.2002, 17. Senat, "Suche fehlerhafter Zeichenketten/Tippfehler", GRUR 2002,
     S. 871.

43   BGH v. 11.3.1986 „Flugkostenminimierung" GRUR 1986, S. 531 ff. (rechnergestütztes
     Verfahren zur optimalen Regelung des Treibstoffdurchsatzes eines Flugzeuges); ferner
     BPatG v. 9.4.2002 „Geschäftliche Tätigkeit" (Geschäftsprozessoptimierung) GRUR
     2002, S. 869 ff.

44   BPatG v. 29.4.2002, 20. Senat, „Cyber-Cash-Verfahren" CR 2002, S. 559 ff.

Kategorie 7

Die programmgemäße Lehre ist „losgelöst von einer konkreten Umsetzung"[45] bzw. ein „rein abstraktes Werk ohne technischen Charakter", das keinen über die „ ‚normale' physikalische Wechselwirkung zwischen dem Programm (Software) und dem Computer (Hardware), auf dem es läuft", hinausgehenden technischen Effekt aufweist. Es handelt sich um ein vom Patentschutz nach Art. 52 Abs. 2, 3 EPÜ, § 1 Abs. 2, 3 PatG ausgeschlossenes „Computerprogramm als solches". Das heißt, es handelt sich um ein logisch-mathematisches Lösungsmodell, losgelöst von seiner funktionellen Verarbeitung im Zusammenwirken mit der einer Datenverarbeitungsanlage,[46] mit anderen Worten: die der Anweisung an den Rechner vorausgehende Konzeption.[47]

Fazit:[48]

Softwarebezogene Patentansprüche sind dann grundsätzlich patentierbar, wenn sie die Abarbeitung bestimmter Verfahrensschritte durch einen Computer vorschlagen, um ein Problem zu lösen, das auf den herkömmlichen Gebieten der Technik, also der Ingenieurwissenschaften, der Physik, der Chemie oder der Biologie besteht. Im Übrigen bedarf es einer Prüfung, ob eine computerimplementierte Erfindung sich gerade durch eine Eigenheit auszeichnet, die unter Berücksichtigung der Zielsetzung des Patentschutzes, Problemlösungen auf dem Gebiet der Technik zu schützen, eine Patentierbarkeit rechtfertigt.

---

45   BGH v. 17.10.2001 „Suche fehlerhafter Zeichenketten" ", CR 2002, S. 88 ff.

46   Vgl. bereits Pierson, Fußnote 2, S. 163 ff., 192, 216.

47   Melullis, GRUR 1998, S. 843, 852.

48   Sedlmaier, Roman/Gigerich, Jan, Kurzgutachten „Rechtliche Bedingungen und Risiken der Landeshauptstadt München für den Einsatz von Open-Source Software ", Rechtsgutachten im Auftrag der Landeshauptstadt München v. 10.09.2004. abrufbar unter http://www.ris-muenchen.de/RII/RII/DOK/SITZUNGSVORLAGE/517379.pdf (letzter Abruf: 30.10.2004).

F. Patentschutz für softwarebezogene Lehren de lege ferenda: Der EG-Richtlinienvorschlag betreffend die Patentierbarkeit computerimplementierter Erfindungen

I. Der Richtlinienvorschlag der Kommission vom 20.02.2002

Am 20.02.2002 hat die Kommission der Europäischen Gemeinschaften – nach mehrjährigen Vorarbeiten – den Vorschlag für eine Richtlinie über die Patentierbarkeit computerimplementierter Erfindungen erlassen.[49]

1. Ziel des Richtlinienvorschlages der EGK[50]

Ein wesentlicher Beweggrund für die Kommission zum Erlass des Richtlinien-Vorschlages war die Gewährleistung von Rechtssicherheit in der Gemeinschaft in Bezug auf computerimplementierte Erfindungen. Zwar unterliegen die nationalen Patentämter der Mitgliedstaaten und das EPA ähnlichen Rechtsvorschriften für die Erteilung von Patenten auf softwarebezogene Erfindungen. Andererseits besteht – wie die unterschiedliche Entwicklung in den Mitgliedstaaten Deutschland und UK zeigt – die Gefahr, dass sich die Anwendung der Vorschriften in Rechtsprechung und Praxis unterschiedlich entwickelt.[51] Unterschiede beim Rechtsschutz in der Praxis können jedoch negative Auswirkungen auf Investitionsentscheidungen und auf den freien Warenverkehr im Binnenmarkt haben. Ziel des Richtlinien-Vorschlages der EGK ist es daher, die Rechts- und Verwaltungspraxis in den Mitgliedstaaten zu harmonisieren und die Patentierungsvoraussetzungen für computer-implementierte Erfindungen transparenter zu machen.

2. Gewählter Ansatz[52]

Der Vorschlag der EGK geht davon aus, dass die erforderliche gemeinschaftsweite Harmonisierung des Rechtsschutzes computerimplementierter Erfindungen ohne eine abrupte Änderung der patentrechtlichen Rechtslage, insbesondere ohne irgendeine Ausdehnung der Patentierbarkeit auf Computerprogramme „als solche" erfolgen sollte. Zwar sei das Patentsystem, wo dies erforderlich sei, anzupassen, damit Erfindungen in neuen Bereichen der Technik den nötigen Schutz erhalten, diese Weiterentwicklung des Systems solle sich aber an den allgemeinen, historisch gewachsenen Grundsätzen des europäischen Patent-

---

49 Richtlinienvorschlag der EGK vgl. Fußnote 4.

50 Vgl. hierzu Richtlinienvorschlag der EGK, Fußnote 4, Begründung, S. 2 f., 10 ff.; ferner, Nägele, Mitt. 2004, S. 101,103.

51 Vgl. hierzu auch Brachmann / Moritz, TKMR 2003, S. 315 f.

52 Vgl. Richtlinienvorschlag der EGK, vgl. Fußnote 4, Begründung, S. 12 ff.

rechts ausrichten. Diese finde ihren besonderen Ausdruck in dem Grundsatz, dass eine Erfindung einen technischen Beitrag zum Stand der Technik leisten muss, damit sie patentierbar ist. Eine Ausweitung des Patentschutzes für computerimplementierte Erfindungen, etwa durch Verzicht auf das Kriterium des technischen Beitrages und entsprechend – nach dem Vorbild der USA – eine Öffnung des Patentschutzes für computerimplementierte Geschäftsmethoden wird ausdrücklich abgelehnt.

II. Der Richtlinienvorschlag in der geänderten Fassung des Europäischen Parlaments v. 24.09.2003

Das Europäische Parlament hat den Vorschlag der Kommission am 24.09.2003 nach erster Lesung gebilligt, allerdings in einer grundlegend geänderten Fassung, die vom ursprünglichen Kommissionsentwurf in wesentlichen Punkten abweicht und nach der die Voraussetzungen für eine Patentierung computerimplementierter Erfindungen erheblich verschärft würden.[53] Das Europäische Parlament hatte sich bei seiner Entschließung offenbar von den Argumenten der Kritiker – insbesondere Vertretern kleiner und mittelständischer Unternehmen sowie der Open–Source-Bewegung, die die innovationsfördernde Wirkung softwarebezogener Patente bestreiten – beeindrucken lassen.[54]

1. Zentrale Änderungen der EP-Fassung gegenüber dem Vorschlag der EGK

Die Fassung des vom Europäischen Parlament in 1. Lesung angenommenen Textes enthält eine so große Anzahl von Änderungen[55] gegenüber dem Vorschlag der EGK, dass eine vollständige Erörterung sämtlicher Änderungen den vorstehenden Rahmen bei Weitem sprengen würde. Zur Verdeutlichung der Reichweite der vom Parlament vorgenommenen Korrekturen beschränkt sich die nachfolgende Darstellung daher auf einige zentrale Änderungen.

a) Patentierbarkeitsvoraussetzungen

Im Ausgangspunkt stimmt die Fassung des EP noch weitgehend mit dem Richtlinien-Vorschlag der EGK überein: Um patentierbar zu sein, müssen computerimplementierte Erfindungen neu sein, auf einer erfinderischen Tätigkeit beruhen und gewerblich anwendbar sein. Und: Um das Kriterium der erfinderischen Tätigkeit zu erfüllen, müssen computerimplementierte Erfindungen einen techni-

---

53   Zur Fassung gemäß Vorschlag des EP v. 24.09.2003 vgl. Nägele, Mitt. 2004, 101,105 f.; ferner Sedlmaier / Gigerich, Kurzgutachten, Fußnote 48, S. 24 ff.

54   Metzger, CR 2003, 871.

55   Ausweislich des Kurzgutachtens von Sedlmaier / Gigerich, vgl. Fußnote 48, S. 24, wurden insgesamt 64 von 129 Abänderungsanträgen angenommen.

schen Beitrag leisten (vgl. Art. 4 Abs. 1 EP-RiL i.V.m. der Definition des „Technischen Beitrages" in Art. 2 b). Bei der Frage, wie der für eine Patentierbarkeit erforderliche „Technische Beitrag" zu ermitteln ist, ergeben sich jedoch zentrale Änderungen: So sollen bei der Ermittlung „des *signifikanten Ausmaßes* des technischen Beitrages" nur „alle technischen Merkmale" einzubeziehen sein (Art 4 Abs. 3 EP-RiL). Ferner soll bei der Feststellung, ob eine computerimplementierte Erfindung einen technischen Beitrag leistet, geprüft werden, ob diese im Hinblick auf Methode und Ergebnis „eine industrielle Anwendung im engeren Sinne dieses Ausdrucks hat" (Art. 4 Abs. 3a EP-RiL). Das heißt, Patentierungsvoraussetzung für eine computerimplementierte Erfindung wäre danach, dass diese stets eine „industrielle" Anwendung hat, d.h. eine Anwendung im Rahmen der „automatisierten Herstellung materieller Güter" (vgl. die Definition der „Industrie" in Art. 2 bb) EP-RiL).

b) Ausschluss von der Patentierbarkeit

Eine weitere wesentliche Änderung des Vorschlages des Parlaments besteht darin, dass dieser bestimmte Bereiche ausdrücklich von der Patentierbarkeit ausnimmt (Art. 4a, 4b). So sollen die Mitgliedstaaten nach dem Vorschlag des EP sicherstellen, dass die Datenverarbeitung nicht als Gebiet der Technik im Sinne des Patentrechts betrachtet wird und dass Innovationen im Bereich der Datenverarbeitung nicht als Erfindungen im Sinne des Patentrechts betrachtet werden (Art. 3a EP-RiL). Ferner sollen die Mitgliedstaaten dafür sorgen, „dass computerimplementierte Lösungen technischer Probleme nicht allein deshalb als patentfähige Erfindungen angesehen werden, weil sie Einsparungen von Ressourcen innerhalb eines Datenverarbeitungssystems ermöglichen" (Art. 4b EP-RiL).

c) Begrenzung des Schutzumfanges

Zentrale Änderungen des EP-Vorschlages zielen schließlich auf eine Begrenzung des Schutzumfanges von Patenten auf computerimplementierte Erfindungen (vgl. Art. 5 mit Unterabsätzen 1 bis 1d EP-RiL). Insbesondere sollen Verfahrensansprüche auf computerimplementierte Erfindungen nur dann in Betracht kommen, wenn es sich „um ein technisches Produktionsverfahren handelt" (Art. 5 Abs. 1 EP-RiL).

2. Auswirkungen des EP-Vorschlages

Die Auswirkungen der von den Kritikern des Kommissionsvorschlages nach wie vor propagierten Richtlinie in der Fassung der Entschließung des EP wären erheblich. Sie hätten eine – gemessen am Status quo – außerordentliche Einschränkung des Schutzes computerimplementierter Erfindungen zur Folge.[56] Die Forderung des EP, dass bei der Ermittlung des technischen Beitrages nur technische Merkmale der Erfindung berücksichtigt werden sollten (Art. 4 Abs. 3) führt in Verbindung mit der neu gefassten Definition des „Technischen Beitrages" (Art. 2 b), nach der der technische Beitrag als solches „neu und erfinderisch" sein muss, zu einer Wiedereinführung der in Erteilungspraxis und Rechtsprechung überwundenen sog. Kernbetrachtung (Kerntheorie). „Dies hätte bei strikter Beachtung zur Folge, dass Erfindungen, die nach geltender europäischer Rechtsprechung unstreitig patentfähig sind, wie beispielsweise die sog. ABS-Erfindung [vgl. oben Kategorie 1], dem Patentrecht nach der Parlaments-Richtlinie nicht mehr zugänglich wären, weil die technischen Merkmale (Bremse, Fühler, Vergleicher, Speicher etc.) weder neu noch erfinderisch sind und dasjenige Merkmal, das das erfinderische Neu der Erfindung ausmacht, als solches betrachtet, nicht technisch ist (Bremsregel)."[57] Ferner: Äußerst problematisch erscheinen ferner die apodiktische Ausgrenzung der Datenverarbeitung aus dem Patentrecht zugänglichen Gebiet der Technik (Art. 3a EP-RiL) sowie insbesondere die Einführung des zusätzlichen – dem Patentrecht fremden – Erfordernisses einer „industriellen Anwendbarkeit" im Falle computerimplementierter Erfindungen (Art. 4 Abs. 3a i.V.m. Art. 2bb, Art. 5 Abs.1 EP-RiL). Dies hätte zur Folge, das faktisch „ganze Gebiete moderner Technik, wie Teilgebiete der Nachrichtentechnik (Mobilfunk, Fernsehen, Rundfunk etc.) und der elektrischen Messtechnik, nicht mehr dem Patentschutz zugänglich wären."[58] Nicht unerheblichen Bedenken begegnet schließlich auch die Regelung, nach der computerimplementierte Lösungen nicht allein deshalb als patentfähige Erfindungen angesehen werden sollen, weil sie Einsparung von Ressourcen innerhalb eines Datenverarbeitungssystems ermöglichen (Art. 4 b EP-RiL). Die Forderung „widerspricht der bisherigen Rechtsprechung in Europa [s.o. Kategorien 3 + 4], nach der Lösungen technischer Probleme, die den Wirkungsgrad von Ressourcen einer DVA verbessern (z.B. Reduzierung des Speicherumfangs, Komprimierungsverfahren für Nachrichtenübermittlungen im Telekommunikationsbereich) patentfähig sind."[59]

III. Der gemeinsame Standpunkt des Rates vom 24.05.2004

Der Rat der Europäischen Union hat sich – nach Überprüfung des durch das EP wesentlich geänderten Vorschlages – in einem am 18.05.2004 verabschiedeten

56 Sedlmaier/Gigerich, Kurzgutachten, Fußnote 48, S. 27; Metzger, CR 2003, S. 871; Nägele, Mitt. 2004, S. 101, 105.
57 Sedlmaier/Gigerich, Kurzgutachten, Fußnote 48, S. 28.
58 Sedlmaier/Gigerich, Kurzgutachten, Fußnote 48, S. 29.
59 Sedlmaier/Gigerich, Kurzgutachten, Fußnote 48, S. 29.

Beschluss auf einen gemeinsamen Standpunkt zum Richtlinienvorschlag über die Patentierbarkeit computerimplementierter Erfindungen geeinigt.[60] Dieser neue Vorschlag des Rates knüpft weitgehend an einen eigenen früheren Vorschlag des Rates[61] sowie den Richtlinienvorschlag der Kommission an. Er kommt dem ursprünglichen Ziel der Richtlinie, nämlich einer Harmonisierung der einschlägigen Bestimmungen auf der Basis des Status quo nach und beschränkt sich im Wesentlichen auf gesetzliche Festschreibungen, die den Patentierungsmöglichkeiten computerimplementierter Erfindungen nach Maßgabe der gegenwärtigen Rechtsprechung entsprechen[62] (vgl. hierzu die o.a. Kategorien).

IV. Ausblick auf das weitere Rechtssetzungsverfahren

Das europäische Rechtssetzungsverfahren zum Vorschlag über die Patentierbarkeit computerimplementierter Erfindungen wird zur Zeit in vielen Ländern, insbesondere auch Deutschland durch eine recht hitzige Diskussion zwischen Befürwortern und Kritikern einer Patentierbarkeit softwarebezogener Erfindungen begleitet.[63] Die unterschiedlichen Positionen spiegeln sich hierbei zum einen in der sehr restriktiven, maßgeblich von den Kritikern einer Patentierung beeinflussten Richtlinien-Fassung des EP wieder, zum anderen in der Fassung des Rates, die von den Befürwortern einer Harmonisierung auf der Basis des Status quo unterstützt wird. Was das konkrete weitere Verfahren angeht, wird es eine Richtlinie im sog. Mitentscheidungsverfahren (Art 251 EGV) nur geben, wenn sich Rat und Parlament einigen. Es wird damit gerechnet, dass der Rat seinen im Mai dieses Jahres erzielten gemeinsamen Standpunkt offiziell Ende dieses Monats - November 2004 - verabschiedet und, dass sich das Parlament sodann Anfang 2005 in 2. Lesung mit dem Richtlinienvorschlag befasst.

H. Stellungnahme

Wesentliches Ziel des Vortrages war es einen Überblick über die Anwendungsbereiche aufzuzeigen, in denen Patentschutz für softwarebezogene Erfindungen de lege lata Europa in Betracht kommt; ferner einen Überblick über den Stand des Rechtssetzungsverfahrens betreffend die Richtlinie über die Patentierbarkeit computerimplementierter Erfindungen und über deren mutmaßliche Auswirkungen auf den Schutz softwarebezogener Erfindungen de lege ferenda. Eine ausführliche Darstellung und Erörterung der Streitpunkte, die sich mit der kontroversen Diskussion um das Für und Wider der Patentierbarkeit computerimple-

---

60   Richtlinienvorschlag des Rates der EU v. 24.05.2004, 9713/04 PI 46 CODEC 752.

61   Richtlinienvorschlag des Rates der EU vom 08.11.2002, 14017/02 PI 69 CODEC 1401.

62   Sedlmaier/Gigerich, Kurzgutachten, Fußnote 48, S. 32.

63   Vgl. hierzu fortlaufende Berichterstattung in der Rubrik des Internet-Magazins heise-online unter www.heise.de/newsticker.

mentierter Erfindungen verbinden, würde den hier zur Verfügung stehenden Zeitrahmen leider sprengen. Gleichwohl möchte ich meine Ausführungen zumindest mit einem kurzen Statement abschließen:

- Die Frage nach einem angemessenen Schutz von softwarebezogenen Entwicklungsleistungen im gewachsenen System zum Schutz geistigen Eigentums ist schwierig, wie die in Europa seit über 30 Jahren von Juristen, Ingenieuren, Informatikern und zunehmend Ökonomen geführte Diskussion belegt – einfache Antworten scheint es nicht zu geben.

- Um so mehr sollten sich alle Beteiligten in der schwierigen Diskussion vor Vereinfachungen hüten und sich um ein hohes Maß an Sachlichkeit bemühen.

- Die Befürchtungen der Kritiker – insbesondere freier Entwickler sowie kleiner und mittelständischer Unternehmen – vor einem ihnen vergleichsweise wenig vertrauten rechtlichen System wie dem Patentrecht, das zudem – anders als Urheberrecht – Monopolrechte mit Sperrwirkung gewährt, mit nicht unerheblichen Kosten verbunden ist und bislang vorwiegend von größeren Unternehmen genutzt und administrativ beherrscht wird, sind zwar verständlich – sie sind jedoch m.E. unbegründet und nicht berechtigt.

- Wie die auf eine Analyse der Rechtsprechung gestützte Darstellung der Patentierungsmöglichkeiten computerimplementierter Erfindungen in Europa gezeigt hat, ist der Patentschutz für softwarebezogene Erfindungen de lege lata grundsätzlich auf solche Lösungen beschränkt, die sich durch einen erfinderischen technischen Beitrag auszeichnen. Demgegenüber ist der Schutz softwarebezogener Lösungen, die keinen technischen Effekt bewirken, d.h. Lehren, die nicht über die „normale" physikalische Wechselwirkung zwischen Programm und Computer hinausgehen, ausgeschlossen.

- Der im Richtlinienvorschlag der Kommission und in der vom Rat beschlossenen Fassung verfolgte Regelungsansatz erscheint – anders als der zu einschränkende Vorschlag des Parlaments – durchaus geeignet, eine im Sinne der Rechtssicherheit wünschenswerte Harmonisierung des Schutzes computerimplementierter Erfindungen auf der Basis des Status quo in Europa zu gewährleisten und einem ausufernden Patentschutz für nicht schutzwürdige softwarebezogene Lösungen vorzubeugen.

- Soweit gerade in jüngster Zeit von Kritikern erneut die Forderung erhoben wurde, im Sinne der Rechtsicherheit seien die Voraussetzungen einer Patentierbarkeit von Computerprogrammen im Zusammenhang mit technischen Erfindungen in der Richtlinie anhand eindeutiger Kriterien noch klarer und eindeutiger festlegen,[64] so werden zweckdienliche Vorschläge, die auf ein noch höheres Maß an Klarheit und Rechtssicherheit der Richtlinie abzielen im weiteren Verfahren zu prüfen und ggfs. zu berücksichtigen sein.

---

64 Vgl. den Antrag der Bundestagsfraktion von SPD und Bündnis 90/Die Grünen v. 28.10.2004 – heise online v. 28.10.2004 http://www.heise.de/newsticker/meldung/52692

Peter Lang · Europäischer Verlag der Wissenschaften

Andreas Tank

China-Marketing

Erfolgsfaktoren für die Marktbearbeitung

Frankfurt am Main, Berlin, Bern, Bruxelles, New York, Oxford, Wien, 2005.
X, 175 S., zahlr. Abb., Tab. und Graf.
ISBN 3-631-54417-0 · br. € 39.–*

Bei der Bearbeitung des chinesischen Marktes beinhalten die Marketingmix-elemente Produkt, Distribution, Preis und Kommunikation zahlreiche Fehlerquellen. Diese lassen sich durch eine entsprechende Einweisung in den fremden Markt deutlich reduzieren, wenn nicht ganz vermeiden. Erstmals stellt dieses Buch ein umfassendes und fundiertes Kompendium über landesspezifische Erfolgsfaktoren im China-Marketing dar, welches Wissen aus Wirtschaft und Sinologie auf anwendungsorientierte Weise vereint.

China muss nicht zur Stolperfalle werden. Zwar unterscheidet sich das China-Business heute kaum noch vom Geschäft in anderen Regionen dieser Welt, Besonderheiten gibt es dennoch. Zurückzuführen sind sie zum großen Teil auf unterschiedliche Traditionen, Mentalität und eine Sprache, die sich von unserer nicht nur in der Schrift deutlich unterscheidet. Andreas Tank zeigt praxisnah, wie das Marketing deutscher Unternehmen darauf abgestimmt werden kann und muss. Ein Buch, das das Zeug hat, zum Standardwerk für das China-Marketing zu werden.
(Peter Tichauer, Chefredakteur des Wirtschaftsmagazins ChinaContact)

Wer China kennt, wird häufig über die treffenden Beobachtungen des Autors schmunzeln. Die Analyse des Konsumverhaltens von Chinesen macht das Buch für den fremden Markteroberer empfehlenswert. Nicht China-Pessimismus noch -Euphorie, sondern Zur-Sache-Kommen in Produktanpassung, Distribution, Preisgestaltung und Vermarktung zeichnen das Buch als Baustein für Erfolg im Aufbau Ihrer China-Strategie aus.
(Dr. Peter Kreutzberger, Leiter des Wirtschaftsdienstes im Generalkonsulat der Bundesrepublik Deutschland in ShangHai)

Frankfurt am Main · Berlin · Bern · Bruxelles · New York · Oxford · Wien
Auslieferung: Verlag Peter Lang AG
Moosstr. 1, CH-2542 Pieterlen
Telefax 00 41 (0) 32 / 376 17 27

*inklusive der in Deutschland gültigen Mehrwertsteuer
Preisänderungen vorbehalten
Homepage http://www.peterlang.de